Müstair, Kloster St. Johann

3

Eginoturm und Wirtschaftsbauten im Oberen Garten

Romanische Schlagglocke

Archäometallurgische Untersuchungen

Textilfunde

MÜSTAIR, KLOSTER ST. JOHANN

3
Eginoturm und Wirtschaftsbauten im Oberen Garten
Romanische Schlagglocke
Archäometallurgische Untersuchungen
Textilfunde

v/d/f Hochschulverlag AG an der ETH Zürich 2005

ID

Veröffentlichungen des Instituts für Denkmalpflege an der ETH Zürich
Band 16.3
Herausgeber: Hans Rudolf Sennhauser
Redaktion: Brigitt Sigel

Publiziert mit Unterstützung des Schweizerischen Nationalfonds
zur Förderung der wissenschaftlichen Forschung

Umschlag: Fred Gächter
Bildredaktion, Layout: Alfred Hidber
Lithos und Druck: Cavelti AG, Druck und Media, Gossau

© 2005 by
vdf Hochschulverlag AG an der ETH Zürich

ISBN 3-7281-2996-8

Inhalt

Hans Rudolf Sennhauser — Vorwort 7

Adriano Boschetti-Maradi

Eginoturm und Wirtschaftsbauten im Oberen Garten
Teilauswertung der Grabungen 1990 bis 1995

1. Einleitung 11
2. Baugeschichtliche Befunde aus der Grabung im Oberen Garten 15
2.1 Vorklosterzeitliche Spuren 15
2.2 Karolingische Phase 15
2.3 Nach dem Bau des Plantaturmes (Phase 1) 16
2.4 Nach dem Bau der Bischofsresidenz am Nordhof (Phase 2) 18
2.5 Das Gebäude P154 („Eginoturm") (Phasen 3–5) 19
2.6 Der Gewölbeanbau P380 und der Plantaturmanbau P155 (Phase 10)... 29
2.7 Die Bautätigkeit während der Neuzeit 32
3. Die Funde 33
3.1 Keramik 33
3.2 Lavezgefässe 47
3.3 Glasfunde 50
3.4 Metallfunde 54
3.5 Muscheln, Knochen- und Steingeräte 58
3.6 Architekturfragmente 60
4. Absolute Datierung der Fundkomplexe und Bauphasen 62
4.1 Phase 1: Die Schichten vom Bau des Plantaturmes bis zum Bau der Bischofsresidenz am Nordhof 62
4.2 Phase 2: Die Schichten vom Bau der Bischofsresidenz am Nordhof bis zum Bau des steinernen Gebäudes P154 62
4.3 Phase 3: Die Schichten vom Bau des steinernen Gebäudes P154 bis zu seinem zweiten Brand 64
4.4 Phase 4: Die Schichten des zweiten Brandes des steinernen Gebäudes P154 65
4.5 Phase 5: Die Schichten der letzten Benützungsphase des steinernen Gebäudes P154 65
4.6 Phase 6: Die älteren Schichten des Ofenhauses P513 66
4.7 Phase 7: Die Schicht P344 des letzten Brandes 66
4.8 Phase 8: Die Aschegrube P438 im Ofenhaus P513 67
4.9 Phase 9: Die Brand- und Abbruchschichten des Ofenhauses P513 67
4.10 Phase 10: Jüngere, unbearbeitete Fundkomplexe 68
5. Zu Architektur und Funktion des steinernen Gebäudes P154 70
5.1 Zusammenfassung des Bestandes und Rekonstruktion 70
5.2 Funktionale Deutung des steinernen Gebäudes P154 71
5.3 Zur Funktion der Nebenbauten 72
5.4 Bautypologische Einordnung des steinernen Gebäudes P154 74
5.5 Bischofsresidenz und Propstei – historische Zusammenhänge 76
6. Katalog der Funde 79
Anmerkungen 111
Abbildungsnachweis 119
Faltpläne F. 1–11 .... nach 190

Adriano Boschetti-Maradi

Eine romanische Schlagglocke

Einleitung 123
Fundzustand, Restaurierung und Herstellung von Kopien 123
Zur Gestalt der Schlagglocke 124
Inschrift 127
Zur Technik des Glockengusses 128
Glocken im mittelalterlichen Klosterleben 130
Zu einigen Glocken des Frühmittelalters 133
Eine romanische Glocke aus Verona 134
Die Gusswerkstätte von San Zeno in Verona 134
Niedersächsische Bronzegeräte des 12. Jahrhunderts 137
Überlegungen zur Epigraphik 138
Der historische Rahmen 139
Anmerkungen 141
Abbildungsnachweis 142

Walter Fasnacht

Die archäometallurgischen Untersuchungen an Funden aus der Klosteranlage

1. Einleitung 145
2. Analytisches Vorgehen 146
3. Resultate der Metallanalysen 147
4. Schlacken 156
5. Schlusswort 159
Bibliographie, Anmerkungen, Abbildungsnachweis 160

Antoinette Rast-Eicher

Textilfunde aus den Grabungen von 1976 bis 2000

1. Einleitung 163
2. Datierung 163
3. Faden, Seil, Metallfaden 164
4. Wollgewebe 167
5. Gewebe aus pflanzlichen Fasern 168
6. Seidengewebe 171
7. Mischgewebe 172
8. Bänder 172
9. Netz, Gestricke, Spitze, Stickerei 173
10. Befunde 173
11. Vergleiche 179
12. Zusammenfassung 180
13. Katalog 181
Glossar 188
Anmerkungen, Abbildungsnachweis 190
Adressen der Autoren 191

Vorwort

Band 1 der Reihe „Müstair, Kloster St. Johann" behandelt Lage, Anlage und Baugeschichte des Klosters Müstair und von den vorklösterlichen Befunden das prähistorische Pfostengebäude (1996). In Band 2 werden die Münzen- und Medaillenfunde behandelt (2004). Auch der vorliegende Band 3 ist wieder zweiteilig: es werden hier Befunde und Funde aus dem Klostergarten („Oberer Garten") vorgestellt und im Zusammenhang bearbeitet, während der zweite Teil den Textilfunden aus 25 Grabungsjahren gilt. Für diesen zweiten Teil bestanden keinerlei Vorarbeiten; Frau *Antoinette Rast-Eicher* hat ihn von Grund auf neu erarbeitet, während die Arbeit von *Adriano Boschetti-Maradi* auf einer Berner Lizentiatsarbeit (2000) des Autors in Ur- und Frühgeschichte beruht. Der Autor hat sich vorgängig durch längere Mitarbeit in Müstair mit den archäologischen Voraussetzungen, mit Funden und Befunden, mit unserer Arbeitsweise und unserer Dokumentation vertraut gemacht.

Adriano Boschetti-Maradi stellt in differenziertem Verfahren Residenz und Wirtschaftsbauten, Funde und Baubefunde aus dem Oberen Garten dar. Er gliedert die Darstellung nach den Epochen, die den grossen baulichen Veränderungen zugrunde liegen: die karolingische Phase, Plantaturm (erbaut nach 957/958), Bischofsresidenz nach 1035, Eginoturm (von Bischof Egino von Chur, 1163–1170, als neuer Wohnsitz erbaut, nachdem er die vor hundert Jahren errichtete Residenz den Klosterfrauen abgetreten hatte), und schliesslich die Anbauten an Klostermauer und Plantaturm. *Boschetti* bespricht neben den Baubefunden ausführlich die Kleinfunde, erarbeitet die Datierung, deutet und stellt die Schicksale des Eginobaues zusammenfassend dar.

Ein Fundstück aus dem Schutt des Eginobaues ist Gegenstand der zweiten Arbeit von *Adriano Boschetti-Maradi*: eine romanische Schlagglocke aus dem frühen 12. Jahrhundert, die aus einer Gusswerkstätte in Verona stammen dürfte und nach ihrer Inschrift die Schwestern zusammenrief. Sie ist für ein Nonnenkloster, wohl schon für Müstair, gegossen worden. Ein seltenes Stück hat hier eine eingehende schöne Würdigung erfahren.

Glockenbronze, Schmelzklümpchen, Gefäss- und Glockenfragmente bildeten das Ausgangsmaterial für die archäometallurgischen Untersuchungen von *Walter Fasnacht*. Die Schlagglocke erwies sich dabei mit ihrem Zinkgehalt als atypisch im Spektrum der Müstairer Metalle – wohl eben als Import. Erstaunlicherweise kann sich *Walter Fasnacht* bei seiner vielversprechenden Arbeit noch kaum auf vergleichbare Untersuchungen an mittelalterlichen Metallfunden berufen.

Die von *Antoinette Rast-Eicher* behandelten Textilreste stammen vor allem aus Gräbern: es sind aber auch verschiedene Fragmente auf dem 1492 eingezogenen Kirchengewölbe, hinter Wandtäfer und im Gebäudeversturz gefunden worden. Besonders auffällig ist der älteste Fund, ein Gewebeabdruck im karolingischen Malereiputz der Südapsis, bei dem sich der Gewebecharakter bestimmen lässt: es ist ein Diamantkaro-Köpergewebe, wie es seit römischer Zeit und im Frühmittelalter belegt ist. Dankbar wird der Leser sein für das beigegebene Glossar und die schematische Darstellung der wichtigsten Gewebebindungen.

Unser Dank gilt den Autoren, nicht zuletzt für die Geduld, die sie aufbrachten, bis der Band gedruckt werden konnte. Dank verdient haben alle, die am Zustandekommen des dritten Bandes in der Reihe mitgearbeitet haben, vor allem die beiden Garanten, das bewährte „Stammpersonal" der Reihe, Frau Dr. *Brigitt Sigel*, Textredaktorin, und *Alfred Hidber*, Bildredaktor und Schöpfer des Layouts.

Zurzach, November 2004

Hans Rudolf Sennhauser

Adriano Boschetti-Maradi

Eginoturm und Wirtschaftsbauten im Oberen Garten

Teilauswertung der Grabungen 1990 bis 1995

1. Einleitung[1]

1   Das Kloster St. Johann, Blick nach Westen. Aufnahme vor dem Jahr 1906, als der Abortturm P91 zwischen Plantaturm und Nordkreuzgang noch stand und die neue Gartenmauer noch nicht errichtet war.

Die Ausgrabungen im Oberen Garten, dem Gemüse- und Obstgarten auf der Nordseite des Klosters, haben eine Reihe bedeutender Resultate geliefert. Der vorliegende Bericht stellt vorwiegend den archäologischen Bestand und die Funde des 10. bis 14. Jahrhunderts vor.[2] Während dieser Zeit standen im Oberen Garten Residenz- und Wirtschaftsbauten des Klosters (Kap. 2). Es fanden sich Backöfen, Küchen sowie Spuren von Glas- und Metallverarbeitung. In gut datierten Schichten lagen zahlreiche Funde, die uns Einblick in den Alltag, das Handwerk und den Handel im Kloster gewähren (Kap. 3).

Im Zentrum des Interesses steht die Ruine des „Eginoturms", eines steinernen Gebäudes des ausgehenden 12. oder frühen 13. Jahrhunderts (Kap. 2.5 und 5). Der „Eginoturm" könnte als Residenz des Bischofs erbaut und vom Propst als Wohnbau genutzt worden sein. Hans Rudolf Sennhauser und Hans Rudolf Courvoisier haben im Rahmen eines ersten Überblicks über die Ausgrabungen im Oberen Garten die Bezeichnung „Eginoturm" für das steinerne Gebäude P154 geprägt.[3] Im folgenden Text über den archäologischen Bestand (Kap. 2–4) wird der Begriff „steinernes Gebäude P154" verwendet, weil damit noch nichts über Funktion und Alter des Gebäudes gesagt ist. Erst anschliessend sollen seine Funktion und sein Alter diskutiert und soll auf die historischen Zusammenhänge eingegangen werden (Kap. 5).

Hans Rudolf Sennhauser hat die Forschungsgeschichte des Klosters Müstair bereits dargelegt.[4] Deshalb genügt hier ein Hinweis auf jene Punkte, die den

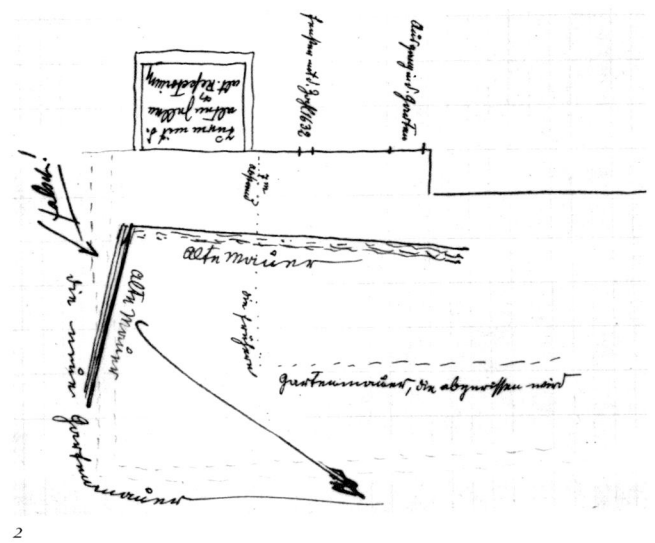

2

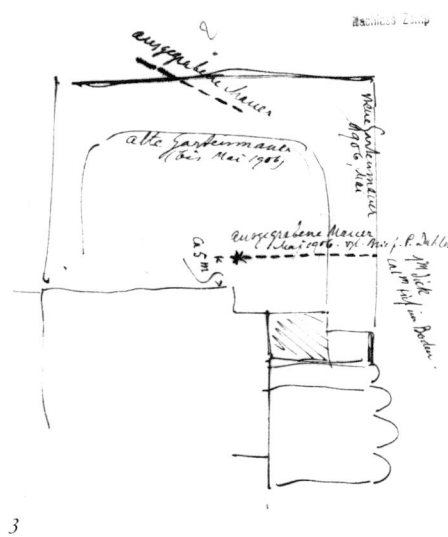

3

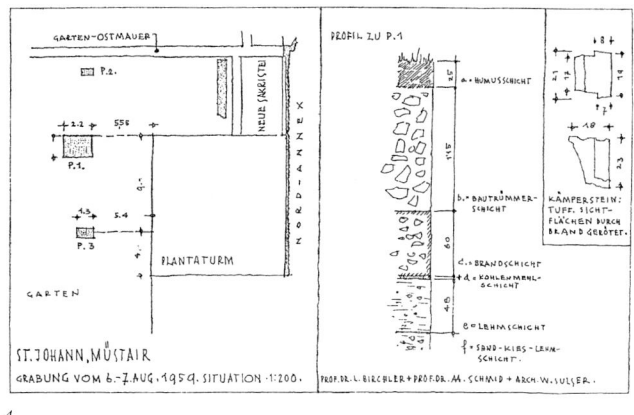

4

5

6

2   Oberer Garten, Skizze von Josef Zemp 1906. Eingetragen sind der Plantaturm („Turm mit d. alten Zellen & alt. Refectorium"), die Türe vom Nordkreuzgang in den Garten („Ausgang in d. Garten"), das Fenster vom Hohenbalkenzimmer („Fenster mit d. Zahl 1632") und die von Pater Albuin Thaler ergrabenen Mauerzüge („alte Mauer", „7 m Abstand"). Gestrichelt der Verlauf der alten und neuen Gartenmauer („die frühere Gartenmauer, die abgerissen wird", „die neue Gartenmauer").

3   Oberer Garten, Skizze von Josef Zemp 1906. Eingetragen sind die alte und die neue Gartenmauer („alte Gartenmauer bis Mai 1906", „neue Gartenmauer 1906, Mai") und der Verlauf der von Pater Albuin Thaler ergrabenen Mauerzüge („ausgegrabene Mauer Mai 1906. vgl. Brief P. Tahler / 1 m dick, ca. 1 m tief im Boden").

4   Oberer Garten, Skizze der drei Sondierungen von Walther Sulser vom 6.–7. August 1959. Sondierloch 1 liegt im steinernen Gebäude P154. Am Profil des Sondierloches 1 entsprechen f dem gewachsenen Boden R169, e dem Hanglehm W107, d den Niveaus P360–P343, c der Brandschicht P344 und b dem Abbruchschutt P47. Der brandgerötete Kämpferstein aus Tuff würde vielleicht zu den 1993 bis 1995 gefundenen Architekturfragmenten aus dem steinernen Gebäude P154 passen (Abb. 71). Er ist nicht mehr auffindbar.

5   Oberer Garten vor der Ausgrabung im Frühjahr 1993. Aufnahme vom Dach der Gartenmauer gegen Südwesten. Von links nach rechts: „alte Sakristei", Plantaturm, Nordkreuzgang und Nordtrakt.

6   Oberer Garten, Übersicht der Sondierschnitte von 1990. Massstab 1:200.

7   Oberer Garten, ausgegrabene Flächen, Mauern und das Vermessungsnetz. Die Linien bezeichnen den Verlauf der Hauptprofile A bis D (F. 1). Die Grautöne geben die unterschiedlichen Grabungsendzustände an: dunkelgrau – gewachsener Boden R169, mittelgrau – Hanglehm W107, hellgrau – höhere Schichten.

Oberen Garten betreffen. Josef Zemp beschreibt 1906 und 1909 von Pater Albuin Thaler entdeckte Mauern im Oberen Garten und nimmt an, dass es sich dabei um die karolingische Klosteranlage handelte (Abb. 2; 3).⁵ Heute wissen wir, dass sich die karolingische Klosteranlage nicht nördlich, sondern westlich der Kirche befand. Das damals aufgedeckte Mauerwerk ist jünger und gehört wahrscheinlich zum steinernen Gebäude P154, dem „Eginoturm".

Ab 1947 führte Walther Sulser im Rahmen von Restaurierungsarbeiten neue Untersuchungen in Müstair durch. Beim Ausheben des Grabens für einen Isoliergang nördlich der Sakristei hat er 1954 eine Mauer entdeckt, die älter sein muss als der Plantaturm (Abb. 4). Wie wir heute wissen, handelt es sich dabei um die karolingische Nordmauer eines Anbaus an den Kirchen-Nordannex. Im August 1959 legte Sulser im Oberen Garten nördlich des Plantaturmes drei Sondierlöcher an, um die von Zemp erwähnte Mauer wiederzufinden. Mauern kamen damals zwar nicht zu Tage. Sulser hat aber zurecht aufgrund einer über 1 m mächtigen Abbruchschicht und eines behauenen Kämpferstückes aus Tuff sowie eines bemalten Verputzstückes auf „Reste beträchtlicher Bauten" geschlossen (Abb. 4).⁶

8   Endzustand der Grabungsfläche unter dem Gewölbeanbau P380 im November 1995. Die Öfen P515 und P430 sind neben der Mauer P6 als Zeugen vor dem Zuschütten stehen gelassen worden.

Seit 1972 unterstützt der Schweizerische Nationalfonds die archäologischen Untersuchungen, die unter der Leitung von Hans Rudolf Sennhauser im Kloster Müstair durchgeführt werden. Im Sommer 1990 begannen Claudia Burkard und Jürg Goll die systematischen Ausgrabungen im Oberen Garten mit zwei Sondierschnitten. Die Sondierschnitte verliefen in Nord–Süd-Richtung, der eine nördlich des Plantaturmes, der andere nördlich des Nordtraktes (Abb. 6).⁷ Anhand der Sondierungen konnte die Existenz von Mörtelmischwerken, eines hochmittelalterlichen Gebäudes und spätgotischer Anbauten an die Nordfront der Klosteranlage nachgewiesen werden. Vom April 1993 bis im November 1995 wurden zwischen Nordtrakt und östlicher Gartenmauer flächige Ausgrabungen durchgeführt (Abb. 7). Sie standen unter der örtlichen Leitung von Roland Böhmer, Werner Fallet und Jürg Goll und sollten die Sanierung der feuchten Nordmauern des Klosters vorbereiten.⁸ Die räumliche Ausdehnung der Grabungsfläche wurde so festgelegt, dass die 1990 angeschnittenen Gebäude möglichst vollständig erfasst werden konnten.

Im Jahr 1993 wurde eine knapp 380 m² grosse Grabungsfläche nördlich und östlich des Plantaturmes geöffnet. In den beiden folgenden Jahren wurden diese Grabungsabschnitte abgeschlossen und eine nicht ganz 100 m² grosse Fläche im Bereich des so genannten Gewölbeanbaus P380 untersucht. Zunächst waren auch Sondierungen westlich und nördlich des Gewölbeanbaus P380 geplant. Aufgrund der unerwartet zahlreichen und dichten archäologischen Spuren zwischen Nordtrakt und östlicher Gartenmauer musste dieses Vorhaben aber fallen gelassen werden. Der Grabungsendzustand war auf den verschiedenen Flächen unterschiedlich, da einzelne Mauern, Öfen oder Böden als Zeugen stehen gelassen wurden (Abb. 8).

Die von Roland Böhmer verfassten Zusammenfassungen der Ausgrabungen von 1993 bis 1995 bilden die Grundlage der vorliegenden Arbeit.⁹ Jede Schicht, Mauer oder dergleichen erhielt während der Ausgrabung eine Positionsnummer, die im Oberen Garten in der Regel mit „P" wie Plantaturm beginnt, zum Beispiel die Schicht P40, die Mauer P105 oder der Graben P304. Die Nummern nehmen nicht Bezug auf die räumliche oder zeitliche Einordnung der nummerierten Reste, denn sie wurden auf der Grabung fortlaufend verteilt.

Grossformatige Abbildungen (Profile, steingerechte Phasenpläne und die Liste der Dendrodaten) befinden sich als Faltbeilagen am Schluss des Bandes. Sie sind mit F. 1 bis F. 11 durchnummeriert.

2. Baugeschichtliche Befunde aus der Grabung im Oberen Garten

2.1 Vorklosterzeitliche Spuren

Der gewachsene Boden R169, die bronzezeitliche Kulturschicht R98 und der Hanglehm W107 unterscheiden sich im Oberen Garten nicht von ihrer Erscheinung im übrigen Klosterareal.[10] Dort, wo im Oberen Garten die bronzezeitliche Kulturschicht R98 und der Hanglehm W107 untersucht wurden, sind weder Reste von Bauten noch Feuerstellen oder dergleichen zutage getreten.

Auf die wenigen Funde aus den vorklösterlichen Schichten kann hier nicht eingegangen werden.[11] Unter den Funden aus jüngeren Schichten sind jedoch zwei, die in vorklösterliche Zeit zu datieren sind (Abb. 9), nämlich der Bügel einer Certosa-Fibel (La Tène A / Golasecca III / Tessin D)[12] aus Phase 4 und eine Terra-sigillata-Wandscherbe aus Phase 1. Die Terra-sigillata-Wandscherbe war Teil einer Schüssel vom Typ Dragendorff 37 und dürfte aus obergermanischer Produktion stammen (2. H. 2. Jh.).[13]

2.2 Karolingische Phase

Die karolingische Phase ist die erste Siedlungsphase auf dem Hanglehm W107. Sie wird im Oberen Garten von den Bauschichten des Plantaturmes abgeschlossen. Der Bestand lässt sich folgendermassen zusammenfassen: Nördlich der Sakristei sind die Reste des äusseren Nordannexes freigelegt worden, der an den Kirchen-Nordannex angebaut war.[14] In den übrigen Grabungsflächen befinden wir uns ausserhalb des karolingischen Klosters. In die karolingische Phase gehören verschiedene Mulden, Gruben, Pfostenlöcher und ein Graben, deren Auswertung im Zusammenhang mit der karolingischen Klosteranlage vorgesehen ist.

Hier soll nur das karolingische Mörtelmischwerk P541 eingehender vorgestellt werden: Es liegt unter dem spätmittelalterlichen Gewölbeanbau P380, ungefähr 12 m nördlich der karolingischen Klostergebäude (Abb. 10; 11) und ist das einzige karolingische Mörtelmischwerk in Müstair.[15] Es besteht aus einer 30–40 cm tiefen, kreisrunden Mulde mit über 320 cm Durchmesser und einem zentralen Pfostenloch, das 66 cm tief eingegraben ist. Weil in der Grubenverfüllung zwischen den Keilsteinen auch Mörtelschollen liegen, könnte die angetroffene Situation mit der zentralen Pfostengrube einer Erneuerung der Anlage angehören. Am Mittelpfosten dürfte ein drehbares Rührwerk mit rechenartigen Stäben angebracht gewesen sein. Mit diesem Rührwerk wurden Sand, Kalk und weitere Zutaten zu Mörtel vermischt.

Am Boden der Mulde zeichnen sich im Kalkausfluss Negative von 25–35 cm breiten Bodenbrettern ab. Sie stossen nicht bündig an den Grubenrand; der Zwischenraum ist mit Sand aufgefüllt. Am Westrand der Mischgrube lassen sich spärliche Spuren einer zweiten Boden-Bretterlage erkennen. Mörtelreste blieben in der Mulde nicht erhalten, vermutlich weil man sie später mit den Bodenbrettern herausgerissen hat. Wie der Grubenboden muss auch der steile Grubenrand befestigt gewesen sein. Die Spuren einer Umzäunung der Mischgrube zeichnen sich in der Mörtelschicht einer späteren Benützungsphase ab. Die Umzäunung bestand aus 5 cm dicken Vierkantpföstchen, Hälblingen und vermutlich auch dünnen Rundlingen, um die herum ein Geflecht aus 1–2 cm dicken Ruten gewunden war.

Das Mörtelmischwerk P541 aus Müstair könnte aus der Zeit der Klostergründung um 774 stammen oder auch erst bei späteren Bauarbeiten im 9. Jahrhundert angelegt worden sein. Wie Daniel Gutscher 1981, Renata Windler 1991 und Simon Burnell 1998 gezeigt haben, stehen Mörtelmisch-

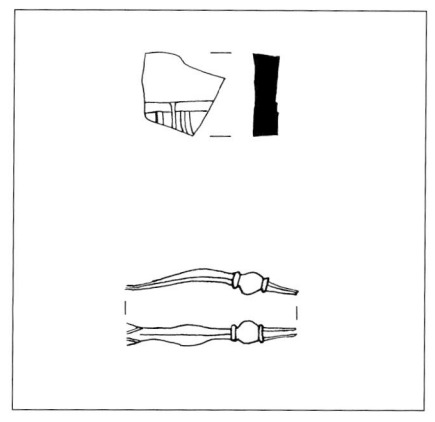

9 Vorklosterzeitliche Funde aus dem Oberen Garten. Massstab 1:2.
Oben: Wandscherbe einer reliefverzierten Terra-sigillata-Schüssel aus Grube P264 (Form Dragendorf 37, obergermanische Produktion, evtl. Rheinzabern). Zweite Hälfte des 2. Jahrhunderts. Fundnummer M93/14'749.
Unten: Bügel einer Bronzefibel aus Schicht P343 (Variante einer Certosafibel). La Tène A/Golasecca III. Fundnummer M94/16'118.

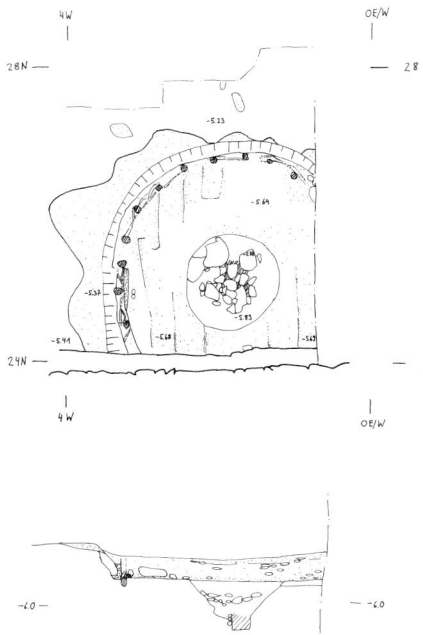

10 Aufsicht auf das karolingische Mörtelmischwerk P541 neben der Nordkreuzgang-Mauer P374 und Schnitt gegen Norden. Massstab 1:100.

11 Karolingisches Mörtelmischwerk P541, Blick nach Südwesten. Links die Nordkreuzgang-Nordmauer P374, rechts und am unteren Bildrand links die Mauern P6 des Gewölbeanbaus P380. Im Hintergrund links der Ofen P430 und in der Mitte rechts Ofen P515.

werke meistens in Zusammenhang mit Fundorten von hohem Status und sind in der Regel ins späte 8. bis 10. Jahrhundert zu datieren.[16] Für Müstair ist der Mörtelmischer vom Bischofssitz Säben im Eisacktal von besonderem Interesse.[17] Es handelt sich um eine kreisrunde, 10–12 cm tiefe Wanne mit etwa 280 cm Durchmesser, zentralem Pfostenloch und konzentrischen Drehrillen. Von den Ausgräbern ist sie als „Kalkablöschgrube" angesprochen und dem späten 4. bis frühen 6. Jahrhundert zugewiesen worden. Entweder handelt es sich um einen ausserordentlich frühen Vorläufer, oder die Datierung des Säbener Mörtelmischers muss später angesetzt werden.

2.3 Nach dem Bau des Plantaturmes (Phase 1, F. 2)

Der Plantaturm P270 wurde auf die Ruine des abgebrannten, karolingischen Gebäudes P340 und nördlich vor den Kirchen-Nordannex gebaut. Er ist ein viergeschossiger, annähernd quadratischer Wohn- und Wehrturm mit Pultdach (Abb. 1; 5). Als „Pyrgos", als Klosterturm östlicher Tradition, mag er in Notzeiten dem Konvent als Zufluchtsort gedient haben.[18]
In den Winkel östlich des Plantaturmes und nördlich des Nordannexes der Klosterkirche wurde der ummauerte Hof P339 gebaut (F. 2; Abb. 16).[19] Im Hof P339 muss die Treppe zum Hocheingang des Plantaturmes gestanden haben.[20] In der Nordostecke des Hofes P339 liegt die über 2,5 m tiefe Zisternengrube P195. Ein Kanal, der vielleicht das Dachwasser von der Klosterkirche hergeleitet hat, führt von Süden her in die Grube.[21]

Auf dem Plantaturm-Bauplatz sind *vier Mörtelmischwerke* ausgegraben und ein weiteres am Profil erfasst worden (F. 2).[22] Die Mischwerke sind mit Radien von etwa 90 cm beziehungsweise 150 cm wesentlich kleiner als das karolingische Mörtelmischwerk P541. Am meisten Details hat die Untersuchung des grössten Mischwerks P532 geliefert, obwohl es zur Hälfte vom Graben P304 zerstört ist (Abb. 14). Es weist mehrere übereinander abgebundene Mörtelschichten auf. Zehn Pfostenlöchlein von 2–4 cm Durchmesser am Rand können wie beim karolingischen Mörtelmischer P541 vom Rutengeflecht einer Umzäunung stammen. Strohhalme beim etwa 20 cm dicken Mittelpfosten gehören vermutlich zu einer Abdichtung des Holzpfostens gegen Wasser und nassen Kalk. Wie die Mittelpfosten aller anderen Mischwerke war auch derjenige von P532 starr eingegraben. Die Drehlager

12 „Palisadengraben" P451 und Umfassungsgraben P304 im Bereich zwischen der Nordkreuzgang-Nordmauer P374 (links) und der Mauer P6 des Gewölbeanbaus P380. Blick nach Westen.

13 Aufsicht auf das Plantaturmzeitliche Mörtelmischwerk P445.

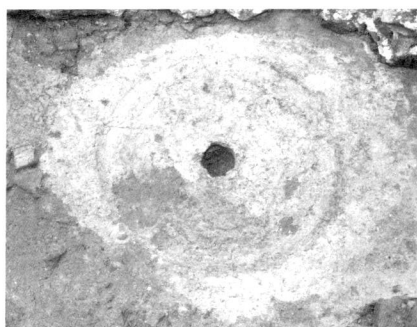

14 Aufsicht auf das Plantaturmzeitliche Mörtelmischwerk P532, vom Graben P304 geschnitten.

15 Schnitt durch die Plantaturmzeitlichen Mörtelmischwerke P27 und P31. Profil bei 9,60E gegen Osten mit Schichtbezeichnungen. Das Mörtelmischwerk P27 liegt unter dem Mischwerk P31, welches von der steinigen Planierungsschicht P32 überdeckt wird.

der Rührwerke müssen sich daher oben am Pfosten befunden haben. Das Mischwerk P532 zeigt – je nach Benützungsphase – zwei oder drei 6–7 cm breite Drehrillen der Rührstäbe. Das Mörtelmischwerk P445 hat fünf etwa gleich breite Drehrillen mit einem Abstand von etwa 10 cm (Abb. 13).

Die Mischwerke P27 und P532 könnten gemäss der Schichtabfolge unmittelbar mit dem Baubeginn des Plantaturmes P270 angelegt worden sein. Die anderen Mörtelmischer sind stratigraphisch jünger (Abb. 15), das jüngste Mischwerk ist P445. Der Umfassungsgraben P304 ist jünger als alle Mörtelmischwerke.

Ein aus Graben, Wall und Palisade bestehender *Befestigungsring* umgab den Plantaturm (F. 2; Abb. 12). Zu äusserst verlief der bis zu 3,5 m breite Graben P304, und zwischen Plantaturm und Umfassungsgraben stand die Palisade P451. Die Palisade P451 nahm die Flucht des karolingischen Korridors westlich der Abteikirche auf. Zwischen Palisade und Graben P304 könnte sich ein Wall befunden haben. Die gesamte Befestigung hat wahrscheinlich den Hof P339 miteinbezogen. Südlich angrenzend im Nordhof konnten keine Spuren des Befestigungsringes mehr erfasst werden.

Vergleichbare Befestigungsgräben, die um früh- oder hochmittelalterliche Kirchen führten, sind in Meikirch und Herzogenbuchsee (beide Kanton

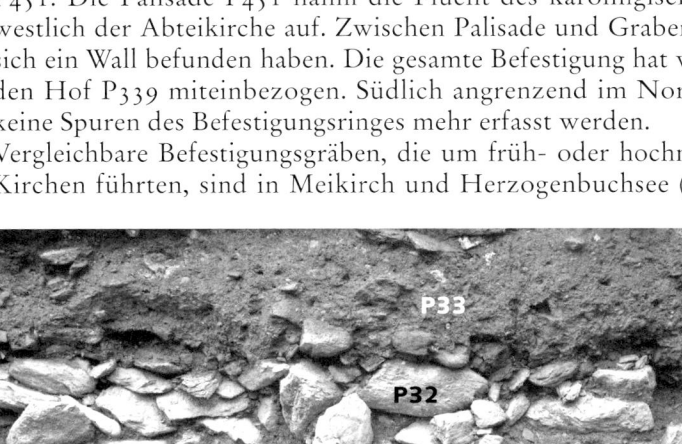

16 Ansicht der Nordmauer P105 des ummauerten Hofes P339 gegen Süden. Im Hintergrund die „Alte Sakristei" und rechts der Plantaturm.

Bern) und in St-Gervais in Genf entdeckt worden.[23] Diese Verteidigungsanlagen wurden möglicherweise unter dem Eindruck der Ungarneinfälle errichtet, die 899 bis 955 weite Gebiete Mittel-, West- und Südeuropas betrafen.[24] Verona wurde wiederholt von Ungarn heimgesucht, und auch in der Nordschweiz stellten die Ungarn eine Gefahr dar. Dies geht aus einer ungarischen Pfeilspitze vom Gross Chastel bei Olten, der Inschrift auf dem Sarkophag des Basler Bischofs Rudolf II. von 917 und vor allem dem berühmten Bericht des St. Galler Mönchs Ekkehard über die Ungarnzüge durch Alemannien 925 und 926 hervor.[25] Ekkehard erwähnte insbesondere Angriffe auf die Klöster St. Gallen und Säckingen sowie den Bischofssitz Konstanz.

2.4 Nach dem Bau der Bischofsresidenz am Nordhof (Phase 2, F. 3)

Die Residenz am Nordhof besteht aus vier Flügeln; im westlichen befindet sich der Norperttrakt mit der Ulrichs- und der Nikolauskapelle. Die ausgedehnte Anlage ersetzt den karolingischen Nordtrakt und nimmt die Nordflucht des Plantaturmes auf. Wir nehmen an, dass die Gebäude am Nordhof als bischöfliche Residenz erbaut worden sind.[26]
Die Mauer P374 ist zugleich die Nordmauer des Nordhofes und die Südmauer des Oberen Gartens (F. 8). Aufgrund ihres Verlaufs und der stratigraphischen Einordnung ist davon auszugehen, dass der untere Teil P497 der Mauer P374 zusammen mit dem gesamten Nordhof errichtet worden ist. Durch die Türe P547 konnte man vom Nordhof in den Oberen Garten gelangen, wo der Umfassungsgraben P304 bereits wieder aufgefüllt war.
Der Graben P511 führt von Norden her durch die Türe P547 in den Nordhof (F. 3). Er kann eine Wasserleitung enthalten haben. Der Graben P18 verläuft im rechten Winkel zum Graben P511 hin und könnte eine Zuleitung gewesen sein. Er ist aber mit seinen Keilsteinen vielleicht auch als Lager eines Schwellbalkens, das heisst als Wandgräbchen zu deuten.

An der Nordseite der Mauer P374 wurde das so genannte *Grubenhaus P516* errichtet (F. 3; Abb. 17). Es handelt sich um eine nur etwa 20 cm tiefe, rechteckige Mulde. Steinreihen ausserhalb der Mulde und Eckpfostenlöcher markieren die Lage der Hüttenwände des Grubenhauses P516. In der Mitte vor der Nordwand liegt eine Feuerstelle, deren Steine in verbrannten Lehm gebettet sind. Das „Grubenhaus" P516 ist also ein hölzerner Pfostenbau mit leicht eingetieftem Innenniveau. Es wird sich mit einem Pultdach an die Nordhofmauer P374 angelehnt haben. Der Eingang ins Grubenhaus P516 dürfte sich im Osten an der Nordhofmauer in unmittelbarer Nähe zur Tür P547 befunden haben. Im Verlauf der Benützungszeit des Grubenhauses P516 muss ein Brand gewütet haben. Das Haus wurde aber erst später aufgegeben und zugeschüttet.[27]

Eginoturm und Wirtschaftsbauten im Oberen Garten 19

17 Das an die Mauer P374 angelehnte Grubenhaus P516, das sich als dunkle, in einem Streifen geschnittene Verfärbung abzeichnet. Im Hintergrund rechts neben dem jüngeren Backofen P430 ist die Reihe der Pflocknegative P523 schwach erkennbar, vorne rechts der in den Boden eingetiefte Ofen P515 mit Arbeitsgrube. Am linken Rand die Nordmauer P374 des Nordkreuzganges, am rechten Rand die Mauer P6 des Gewölbeanbaus P380. Blick nach Westen.

Der *Ofen P515* stand nördlich des zugeschütteten Grubenhauses P516 (F. 3). Er war ursprünglich in den Boden eingegraben (Abb. 18). Im Osten des Ofens liegt vor dem Schürloch eine etwa 1 m tiefe Arbeitsgrube, die Reste einer Auskleidung mit Steinplatten aufweist (Abb. 19). Die Steine rings um das Schürloch und der untere Ofenraum – der Ascheraum – zeigen intensive Brandspuren. Über der sorgfältig mit Steinplatten ausgekleideten Ofensohle hat sich ein falsches Gewölbe erhoben.

Über dem Schürloch sind die Steine im Gegensatz zu den anderen Ofenmauern auf der gesamten Mauerbreite brandgerötet. Daraus kann geschlossen werden, dass sich über dem Schürloch eine weitere Öffnung befand. Diese Öffnung führte in den Feuer- und Backraum des Ofens P515, der im Gegensatz zum eingetieften Raum auf Bodenhöhe lag. Weil der Ofen bodeneben abgebrochen ist, fällt die Rekonstruktion des Oberbaus schwer (Abb. 20). Ein schützendes Dach über Ofen P515 und Arbeitsgrube muss aber vorausgesetzt werden.

2.5 Das Gebäude P154 („Eginoturm") (Phasen 3–5, 7, F. 4 und 5)

Vermutlich im freien Gelände nördlich des Plantaturmes wurde das steinerne Gebäude P154 errichtet (F. 4; Abb. 21). Es ist im Grundriss ein leicht verzogenes Rechteck mit einem Seitenverhältnis von 2:3. Das Gebäude P154 ist nicht nach dem karolingischen Kloster und dem Plantaturm orientiert, sondern richtet sich ebenso schräg aus wie die Nordmauer P105 des Hofes P339. Zwischen der Mauer P105 und der Südmauer des Gebäudes P154 verbleibt ein Zwischenraum von 3,60 m.

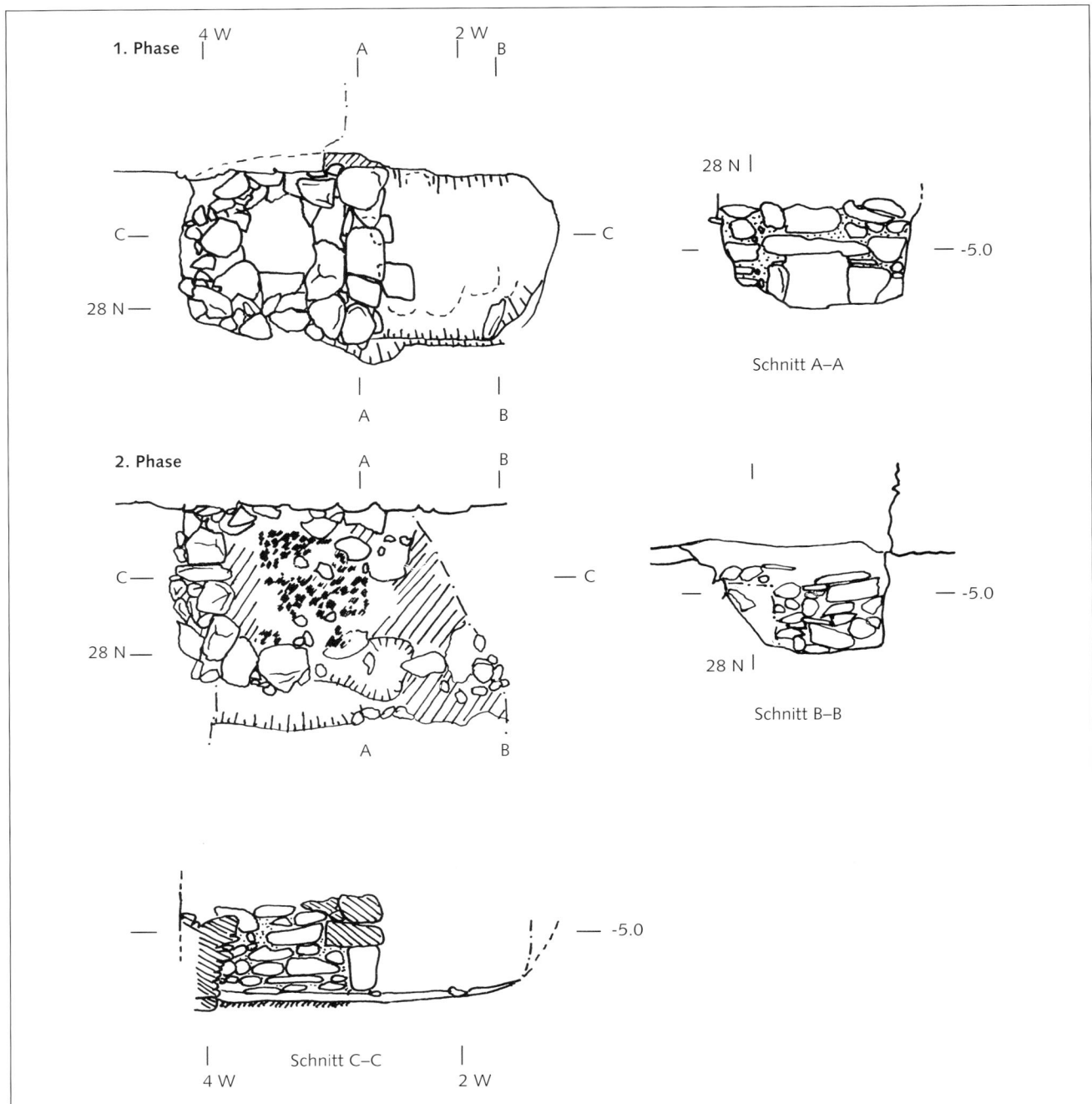

18 Ofen P515, Grundrisse und Schnitte Massstab 1:50.
Oben die erste Phase mit vorgelagerter Arbeitsgrube, in der Mitte die zweite, ebenerdige Phase.

Beim Bau wurden im Innern des Gebäudes P154 das anstehende Terrain abgesenkt und das natürliche Nord–Süd-Gefälle abgetragen (F. 1). Aus der Bauzeit stammen Gruben[28] an den Innenwänden; vielleicht haben sie Gerüstpfosten enthalten. Die später angefügte Treppe P46 zeigt, dass das Gebäude P154 mindestens zweigeschossig war. Im Innern haben sich stellenweise mehrere, dünne Brandschichten von insgesamt drei Bränden und Benützungsniveaus erhalten (F. 1). Nach dem dritten Brand wurde das steinerne Gebäude P154 abgebrochen.

2.5.1 Die Zeit vor dem ersten Brand (Phase 3, F. 4)

Die Fundamente des steinernen Gebäudes P154 sind gegen Erde gemauert. Sie bestehen aus drei bis sechs Steinlagen, deren unterste ohne Mörtel verlegt ist. Die Fundamente verlaufen nicht gerade, sondern wechselnd vorstehend und zurückgesetzt zu den aufgehenden Mauern. Die gut 90 cm mächtigen Mauern[29] sind zweihäuptig und 9 bis 13 Lagen hoch erhalten.

19 Ofen P515, Ansicht der Front mit dem Schürloch, gegen Westen.

Alle vier Mauern wurden in einem Vorgang erbaut (Abb. 24–26; F. 9).[30] Sie bestehen mehrheitlich aus zugerichteten Bruchsteinen, nämlich Gneisen, Graniten und Rauwacken. Die Lagen gehen meistens über die ganze Mauerlänge, sind unterschiedlich hoch und laufen stellenweise leicht auf und ab. Nur einzelne Lagen verlaufen nicht über die ganze Mauerlänge, sondern brechen ab (Abb. 26). Innerhalb einer Lage wechseln grosse, zum Teil quaderähnliche Steine mit kleineren, oft schräg gestellten Lesesteinen ab, so dass ein unregelmässiges, aber keineswegs regelloses Bild entsteht. Da die beiden östlichen Ecken unter der Gartenmauer von 1906 liegen und an die Nordwestecke die Treppe P46 und die Mauer P100 stossen (F. 4), ist nur die Südwestecke von aussen sichtbar. Sie zeigt einen ausgesprochen sauber gefügten Verband aus bearbeiteten Quadern (Abb. 25).

20 Rekonstruktionsversuch des Ofens P515 nach J. Goll/W. Fallet (Schnitt gegen Süden und Isometrie).

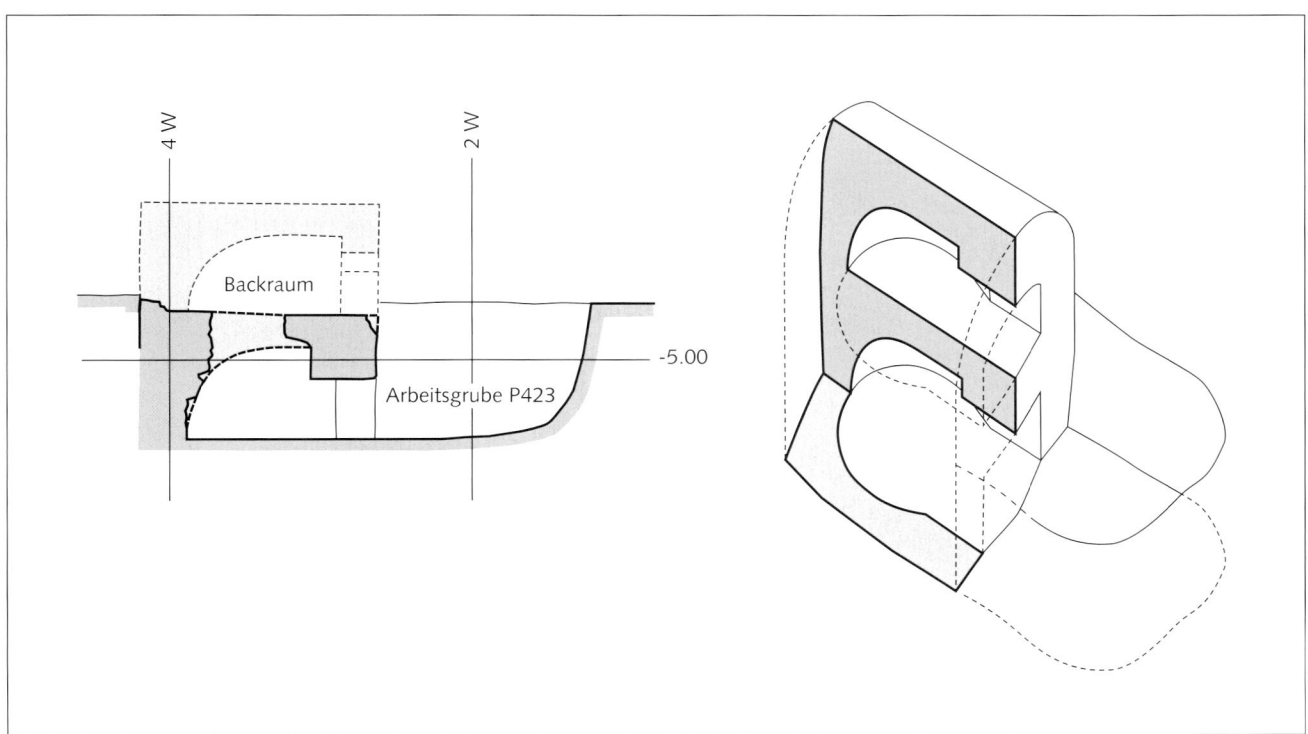

21 Übersicht über das steinerne Gebäude P154 vom Plantaturm aus gegen Norden. Die Ausgrabungsflächen rund um das steinerne Gebäude P154 sind zum Teil bereits zugeschüttet. Gut zu erkennen sind die Umfassungsmauern mit dem Cheminée P110, links die Treppe P46, das zentrale Pfostenloch P352 und rechts die Gartenmauer aus dem Jahr 1906. Die rechteckige Grube im steinernen Gebäude P154 geht auf die Sondierungen Walther Sulsers im Jahr 1959 zurück; es handelt sich dabei wahrscheinlich um Sulsers Sondierloch 1, vgl. Abb. 4.

Der Rasa-pietra-artig verstrichene Mauermörtel bildete vielleicht die ursprüngliche äussere Maueroberfläche des Gebäudes P154; Reste von einem deckenden Aussenverputz sind nicht erhalten.

Das originale Innenniveau des steinernen Gebäudes P154 ist nicht mehr erhalten. Spuren am Mauermörtel und Brandrötungen an den Innenseiten der Mauern (F. 9) zeigen aber, dass der ursprüngliche Boden eine leicht schiefe Ebene gebildet hat. Genau in der Mitte des Erdgeschossraumes P115 liegt das Pfostenloch P352 mit drei Unterlagssteinen (Abb. 21). Es ist das Fundament eines Pfostens, der einen Deckenunterzug getragen hat.

Zum ursprünglichen Bestand gehört der wandbündige Kamin P110 in der Nordmauer (Abb. 22; F. 9). Er wird seitlich von Rauwacke-Gewänden eingefasst. Möglicherweise gehört eine im Schutt gefundene Halbsäule aus Rauwacke mit Kämpferabschluss ebenfalls zum Kamin P110 (Abb. 71,2). Eine Steinsetzung vor dem Kamin P110 ergänzt den in die Mauer eingelassenen Teil zu einem Rund. Das Mauerwerk im Kamin-Halbrund zeigt starke Brandspuren.

Der ursprüngliche Zugang zum Erdgeschoss des steinernen Gebäudes P154 ist nicht mehr erhalten. Wahrscheinlich befand er sich an der Stelle des jüngeren Eingangs P86.[31] Da das Mauerwerk P64 unter der Schwelle des Eingangs P86 nicht gestört ist, kann die Schwellenhöhe der Vorgängertüre nicht tiefer als die erhaltene Türschwelle P86 gelegen haben.

2.5.2 Vom ersten bis zum zweiten Brand (Phase 3, F. 4)

Das steinerne Gebäude P154 erlitt einen ersten Brand, der den Rasa-pietra-Mauermörtel im Innern beschädigte. Rund um das Gebäude sind keine Brand- oder Schuttschichten dieses Brandes auszumachen. Das Innenniveau wurde nach dem Brand um knapp 10 bis 30 cm abgesenkt, so dass eine horizontale Ebene entstand. Der Boden der zweiten Benützungsphase ist nur noch in Form des hauchdünnen Benützungsniveaus P360 auf dem Hanglehm W107 erhalten (F. 1). Auf dem brandversehrten Rasa-pietra-Mauermörtel haftet im Innern des westlichen Raumteils der Verputz P109.

Türen und Treppen: Die Türe P86 in der Westmauer P64 wurde nach dem ersten Brand errichtet (Abb. 25; 27; F. 9). Sie misst im Licht 90 cm; die Türnische ist gegen den Innenraum gerichtet. In der südlichen Schwellenplatte nahe am Anschlag befindet sich das Loch für den Drehzapfen. Ein Stein ragt östlich davon in das Türlicht hinein; er verhinderte ein Abrutschen des

22 Innenansicht der Ruine des steinernen Gebäudes P154. Blick gegen Nordosten, links der Nordmauer P108 mit dem Cheminée P110, rechts die Ostmauer P114 und hinten die Gartenmauer von 1906.

23 Innenansicht der Ruine des steinernen Gebäudes P154. Blick gegen Südwesten, links die Südmauer P89, rechts die Westmauer P64 mit der Türe P86. Im Hintergrund Plantaturm und Nordkreuzgang.

Drehzapfens. Die Schwellenhöhe liegt fast 60 cm über dem Innenniveau P360 vor der Tür (F. 1). Zwei oder drei Stufen dürften diese Höhendifferenz überwunden haben.

Im südlichen Teil der Ostmauer P114 befindet sich der 1 m breite Ausbruch P277 (Abb. 29; F. 9). An der Innenseite fehlen Spuren einer Schwelle, und der Ostteil lässt sich nicht beurteilen, weil 1906 die Gartenmauer auf die Ostmauer gesetzt worden ist. Daher ist nicht klar, ob es sich um eine Türe oder eine Nische gehandelt hat.

Vor der Westmauer und dem Türgewände P86 liegt das mächtige Fundament der Freitreppe P46 (Abb. 24; F. 9). Im Vergleich zum Mauerwerk des steinernen Gebäudes P154 ist das Mauerwerk der Treppe P46 auffallend unregelmässig gefügt. Die Gneisplatten der beiden untersten Treppenstufen P46 sind erhalten; die Trittfläche beträgt 40 x 150 cm, die Tritthöhe 18 cm. Diese beiden Stufen versanken später in den vor dem Gebäude P154 anwachsenden Benützungsschichten P40.

Westlicher Raumteil: Das Gräblein P357 unterteilt nach dem ersten Brand den Erdgeschossraum P115 in einen ungefähr quadratischen Westteil und einen halb so breiten Ostteil (F. 4; Abb. 21). Auf der Linie des Gräbleins

P357 endet der Wandverputz P109 des Westteils. Daher ist das Gräblein als Rest einer hölzernen Raumtrennung zu deuten.

Westlich des Kamins P110 liegen die Asche- und Holzkohleschichtchen P361 und drei Pfostenlöchlein. Weil sich darunter brandgeröteter Lehm befindet, kann es sich um eine – vielleicht nur kurzfristig genutzte – Feuerstelle handeln. Es ist aber nicht auszuschliessen, dass das Schichtchen nur Abraum aus dem Kamin P110 darstellt.

Östlicher Raumteil: Vor der Ostmauer befindet sich die Feuerstelle P278, die aus der Feuerebene, den Resten von zwei seitlichen Einfassungen und dem in die Ostmauer eingebrochenen Zugloch P250 besteht (Abb. 28; F. 9). Die Einfassungen bestehen aus gemörtelten Steinreihen, oberhalb derer Steine aus der Front der Ostmauer hervorragen. Das Zugloch ist sorgfältig gemauert und weist eine gegen aussen ansteigende Sohle auf.[32]
Die beiden Steinplattenreihen P354 und P355 dritteln den Ostteil des Erdgeschosses und scheiden eine 3 m breite Zone rund um die Feuerstelle P278 aus. Reste einer Steinsetzung P359 nördlich der Feuerstelle P278 lassen vermuten, dass das mittlere Raumdrittel zwischen den Steinplattenreihen gepflästert war.[33]
Die Feuerstelle P356 in der Nordostecke ist von einer viertelkreisförmigen Einfassung begrenzt. Innerhalb und westlich der Einfassung zeichnen sich sechs konzentrisch angeordnete Pfostenlöchlein ab. Darin könnten die Ruten der Lehmkuppel eines Backofens oder des Sockels eines Kachelofens gesteckt haben. Ein ähnliches Kachelofen-Fundament ist in Winterthur ausgegraben worden.[34] Aus dem steinernen Gebäude P154 fehlt allerdings Ofenkeramik in genügender Zahl, um auf einen Kachelofen zu schliessen, und die kleine Nachfolge-Feuerstelle P348 zeigt keinerlei Spuren eines möglichen Ofens.

24/25 Westmauer P64 des steinernen Gebäudes P154 von aussen gegen Osten mit den untersten erhaltenen Stufen der Treppe P46 und der Türe P86.

26 Südmauer P89 des steinernen Gebäudes P154 von aussen gegen Norden.

27 Türe P86 des steinernen Gebäudes P154 mit Schwelle, Drehlager und Gewände gegen Süden. Der Innenraum befindet sich links.

28   Ostmauer P114 des steinernen Gebäudes P154 von innen gegen Osten mit dem Zugloch P250.

29   Ostmauer P114 des steinernen Gebäudes P154 von innen gegen Osten mit der Zumauerung von Tür beziehungsweise Nische P277.

Bauten westlich des Gebäudes P154: Die mit Steinen ausgelegten Gräben im Nordwesten des steinernen Gebäudes P154 enthielten vermutlich die Schwellbalken eines Holzgebäudes P280 (Abb. 32; F. 4). Möglicherweise bildete der nur in einem isolierten Teilstück freigelegte Graben P455 die Westbegrenzung des Gebäudes P280.

Der alte Ofen P515 wurde nach dem ersten Brand des steinernen Gebäudes P154 bodeneben abgebrochen (Abb. 18), und über seinen Resten wurde ein neuer Ofen P515 errichtet. Es haben sich lediglich die Reste der Südwestecke und der Westmauer sowie mehrere Benützungs- und Erneuerungsniveaus erhalten. Die Ausdehnung dieser Schichtchen auf die verfüllte Arbeitsgrube des ersten Ofens P515 zeigt an, dass sich das Schürloch des zweiten Ofens P515 auch im Osten befand.

Westlich des Ofens P515 befinden sich zwei nicht ganz konzentrische Reihen von Pflocknegativen P523 (F. 4). Die Löchlein von 4–6 cm Durchmesser gehörten wohl zu kleinen Zäunen, vielleicht zu einem Gehege.[35]

2.5.3 Der zweite Brand und die letzte Benützungsphase (Phasen 4, 5, F. 5)

Nach dem zweiten Brand blieben im steinernen Gebäude P154 und darum herum Brand- und Schuttschichten[36] liegen (F. 1), auf denen sich das neue Benützungsniveau bildete. Im Innern des Gebäudes P154 steigen diese Schichten gegen den Eingang P86 an und bilden eine fest getrampelte Rampe, welche zur Türe P86 führt.

Im Nord- und Süddrittel des östlichen Raumteils liegen die verkohlten Bretter des Holzbodens P350. Einziger Hinweis auf einen Holzboden im Westteil des Erdgeschossraumes P115 ist eine Steinplatte vor der Westmauer P64, welche die Unterlage eines Lagerbalkens gewesen sein könnte.

Der Pfosten P352 in der Raummitte musste nach dem zweiten Brand neu gesetzt werden (Abb. 30; 31), und der Graben P357, in dem die Trennwand stand, wurde zugeschüttet. Der Kamin P110, die Feuerstelle P278[37] und die Feuerstelle P356/P348 dürften weiterhin in Gebrauch gewesen sein (Abb. 31).

An den Mauern des Gebäudes P154 lassen sich zwar keine Schäden erkennen, die mit Sicherheit dem zweiten Brand zugeordnet werden können, aber der Verputz P109 östlich der Trennwand ist viel schlechter erhalten als westlich davon. Im Übrigen fanden sich Wandmalereifragmente nur im Schutt des zweiten Brandes und kaum mehr im Schutt des letzten Brandes (Kap. 3.6). Die beim zweiten Brand entstandenen Schäden wurden offenbar nicht vollständig ausgebessert.

30 Westteil des steinernen Gebäudes P154 gegen Norden mit den Niveaus P345 und P360. Am oberen Bildrand das Cheminée P110, rechts das Pfostenloch P352, links die Türe P86, vorne in der Mitte das Sondierloch 1 von Walther Sulser 1959, vgl. Abb. 4.

2.5.4 Die Holzhäuser westlich des steinernen Gebäudes P154
(Phase 5, Abb. 32; 33; F. 10)

Der *Hausgrundriss P159* liegt über dem Westteil des beim zweiten Brand zerstörten Gebäudes P280 (F. 5; 10) und ist auf das Gebäude P154 ausgerichtet. Aufgrund der Wandgräbchen rekonstruieren wir einen Holzbau mit Schwellbalken. In einer zweiten Phase wurde das Haus P159 als Pfostenbau neu errichtet. Vom neuen Haus sind die Pfostenlöcher P161 und P210 und ein Graben an der Ostseite erhalten. Die Ausdehnung des neuen Hauses lässt sich anhand der zugehörigen Benützungsschicht P145 erschliessen (F. 10).
Die *Feuerstelle P160* in der Nordostecke des Hauses P159 bildet ein Rechteck mit einer zentralen Feuerebene, die im Verlauf der Benützung wiederholt ausgeräumt wurde (Abb. 34). Das Schürloch der Feuerstelle liegt auf der Südseite, und eine Mulde davor könnte als Aschegrube gedeutet werden. Drei Steinplatten wurden später auf diese Mulde gelegt und decken die Sohle des Schürloches ab. Gleichzeitig wurde auch die Feuerebene mit Mörtel ausgekleidet. Zusammen mit dem Umbau des Hauses P159 wurde auch die Feuerstelle P160 mit einem hufeisenförmigen Feuerraum erneuert (F. 10; Abb. 35).[38]

Das *Holzgebäude P143* wurde auf den Abbruchschutt P194 des abgebrannten Hauses P159 gestellt (F. 10). Es war im Vergleich zu seinem Vorgänger rund 60 cm nach Westen gerückt und reichte weniger weit nach Süden; die Nord- und Südfluchten richteten sich nach der Nordfront des Klosters. Steinreihen sowie verkohlte Schwellbalken bilden die Ost- und Südseite, ein Wandgräbchen die Nordseite und ein gemörtelter Sockel oder Pfeiler die Südostecke. Neben dem östlichen Balken befindet sich ein Pfostenloch. Wir haben hier also die Reste eines Holzhauses mit Schwellenunterbau, Eckstützen und Wandpfosten vor uns. Das Holzhaus P143 schloss wie sein Vorgänger eine *Feuerstelle P134* ein, von der sich lediglich eine trocken verlegte Steinlage der Ostbegrenzung und zwei Steinplatten erhalten haben.

Nördlich des Ofenhauses P513 befinden sich *weitere Reste von Holzbauten*, die aber nur schwer einzuordnen sind (F. 5). Die einander wahrscheinlich ablösenden Balkengräbchen P462 und P408 können als Wandgraben eines Gebäudes westlich des Hauses P159/P143 gedeutet werden. Nördlich

31 Ostteil des steinernen Gebäudes P154 mit dem Niveau P360, dem Wandgraben P357, dem Pfostenloch P352 und der Steinreihe P353. Blick nach Norden.

32 Situation westlich des steinernen Gebäudes P154 nördlich der Treppe P46, die links am Rand noch im Bild ist. Blick gegen Westen. Der Wandgraben P280 liegt unter dem Mauerwinkel P100, der an der Nordwestecke des steinernen Gebäudes P154 unten links ansetzt.

des Balkengrabens P408 liegt die Steinsplitterschicht P401, die wahrscheinlich das Innenniveau dieses Gebäudes gebildet hat. Beim Mäuerchen P400 kann es sich um ein Pfeilerfundament handeln.

Die winkelförmige Mauer P100 verbindet die Nordostecke des Holzhauses P159/P143 mit der Nordwestecke des steinernen Gebäudes P154 (Abb. 32; 33). Die knapp 80 cm breite Mauer P100 scheint auf das jüngere Haus P159 ausgerichtet zu sein. Sie kann sowohl den Vorplatz des steinernen Gebäudes P154 gegen Norden abgeschlossen als auch ein mögliches Dach über dem Vorplatz gestützt haben.

33 Übersicht über die ausgegrabene Fläche westlich des steinernen Gebäudes P154 vom Plantaturm aus mit Blick gegen Norden. Im Vordergrund der spätmittelalterliche Plantaturmanbau P155 mit Mörtelboden, rechts das steinerne Gebäude P154 mit der Treppe P46, hinten der Mauerwinkel P100, links die Feuerstelle P160 im Haus P159 und der Sickerschacht der neuzeitlichen Aborte P90/P91.

2.5.5 Der letzte Brand (Phase 7, F. 5)

Das steinerne Gebäude P154, der Mauerwinkel P100 mit dem daran anschliessenden Holzgebäude P143 sowie der Hof P339 fielen einem verheerenden Brand zum Opfer. Danach wurden diese Bauten abgebrochen. Das im Laufe der Zeit gewachsene Konglomerat von Bauten im Oberen Garten wurde auf den Plantaturm P270, den Nordhof und den Nordtrakt reduziert. Inwieweit der Plantaturm und der Nordhof mit dem Nordtrakt vom Brand betroffen waren, wissen wir nicht. Im Innern des Gebäudes P154 liegt der umgelagerte und offenbar durchsuchte Brandschutt P344 (F. 1).

2.5.6 Der Backofen P430 und das Ofenhaus P513
(Phasen 6, 8, 9, F. 5; Abb. 36; 37)

Der Backofen P430 ist vermutlich der unmittelbare Nachfolger des abgebrochenen Ofens P515. Er steht im Winkel zwischen Nordhof und Nordtrakt und bildet im Grundriss ein Rechteck; der Feuerraum im Innern ist jedoch oval und mit einem falschen Gewölbe überdeckt (Abb. 37). Im Osten flankieren zwei Zungenmauern das Schürloch. Nach einer ersten Benützungszeit wurden eine Mauer südlich vor die nördliche Zungenmauer gesetzt und der Kalkverputz an den Aussenseiten aufgetragen. Der Backofen P430 stand sehr wahrscheinlich von Anfang an unter einem Dach. Spuren des Ofenhauses sind jedoch erst aus der folgenden Benützungsphase erhalten geblieben.

Vom Ofenhaus P513 sind eine mit Steinen umrandete Arbeitsfläche vor dem Schürloch, die Aschegrube P438 nördlich des Backofens und der Holzboden P481 erhalten (F. 5). Letzterer besteht aus Nord–Süd verlaufenden, ohne Nut aneinander stossenden Bohlen, die von zwei Ost–West verlaufenden Brettern unterteilt sind. Die durch den Bretterboden markierte Hausfläche umfasst auch die Aschegrube P438. Für die Rekonstruktion der Wände des Ofenhaus P513 liefert der Bestand im Boden keine Anhaltspunkte. Die Benützungsschicht P506 hat die gleiche Ausdehnung wie der darunterliegende, verbrannte Holzboden P481 (F. 1). Sie bildete vermutlich nach einem Brand des Ofenhauses P513 das letzte Innenniveau. Schliesslich

34 Feuerstelle P160 gegen Süden, erste Phase. Am oberen Rand die Platten im Schürloch.

35 Feuerstelle P160 gegen Süden, zweite Phase.

Eginoturm und Wirtschaftsbauten im Oberen Garten

36   Ofenhaus P513 gegen Westen. Links die Nordmauer P374 des Nordkreuzganges, hinten die Ostmauer P410 des Nordtraktes. Im Mauerwinkel der Ofen P430 mit der Grube P439 rechts davon. Der Hausgrundriss P513 ist an der Ausdehnung der Kohleschicht (Holzboden P481) zu erkennen. Am unteren Rand und rechts die jüngere Umfassungsmauer P6 des Gewölbeanbaus P380.

wurde das Ofenhaus abgebrochen und mit – wahrscheinlich herbeigeführtem – Material überschüttet (F. 1).[39]

Weil die Mauer des jüngeren Gewölbeanbaus P380 die Schichtverbindungen zerstört haben, kann der Brand des Ofenhauses P513 nicht sicher mit dem letzten Brand des steinernen Gebäudes P154 parallelisiert werden. Stratigraphie und Funde sprechen aber nicht dagegen, dass die beiden Brände gleichzeitig stattgefunden haben (Kap. 4.7–4.9).

2.6 Der Gewölbeanbau P380 und der Plantaturmanbau P155
(Phase 10, F. 6)

An der Stelle, wo das Ofenhaus P513 gestanden war, baute man den Gewölbeanbau P380. Über dem ausplanierten Abbruchschutt P422 errichtete man im Gebäudeinnern einen Mörtelboden, der stellenweise absackte und zerbrach. Offenbar enthielten die darunterliegenden Brand- und Abbruchschichten viel lockeres und organisches Material. Innen an die Nordwand des Gewölbeanbaus lehnt sich ein grosser Herd (Abb. 38). Der Gewölbeanbau war vom ersten Geschoss des Nordhofes durch die Tür P496 zugänglich (F. 8); die bisherige Tür P547 vom Nordhof musste aufgegeben werden. Vom Gewölbeanbau führte keine weitere Türe ins Freie.

Um den Gewölbeanbau P380 errichtete man den Mauermantel P6/P393, der wie eine Stütz- und Strebemauer schräg gegen die inneren Mauern P6 gebaut wurde. Der Anbau P380 wurde wahrscheinlich deshalb mit dem Mauermantel verstärkt, weil ein Tonnengewölbe den Raum P380 überspannte. Ein Tonnengewölbe ist aus zwei Gründen anzunehmen: 1. Der

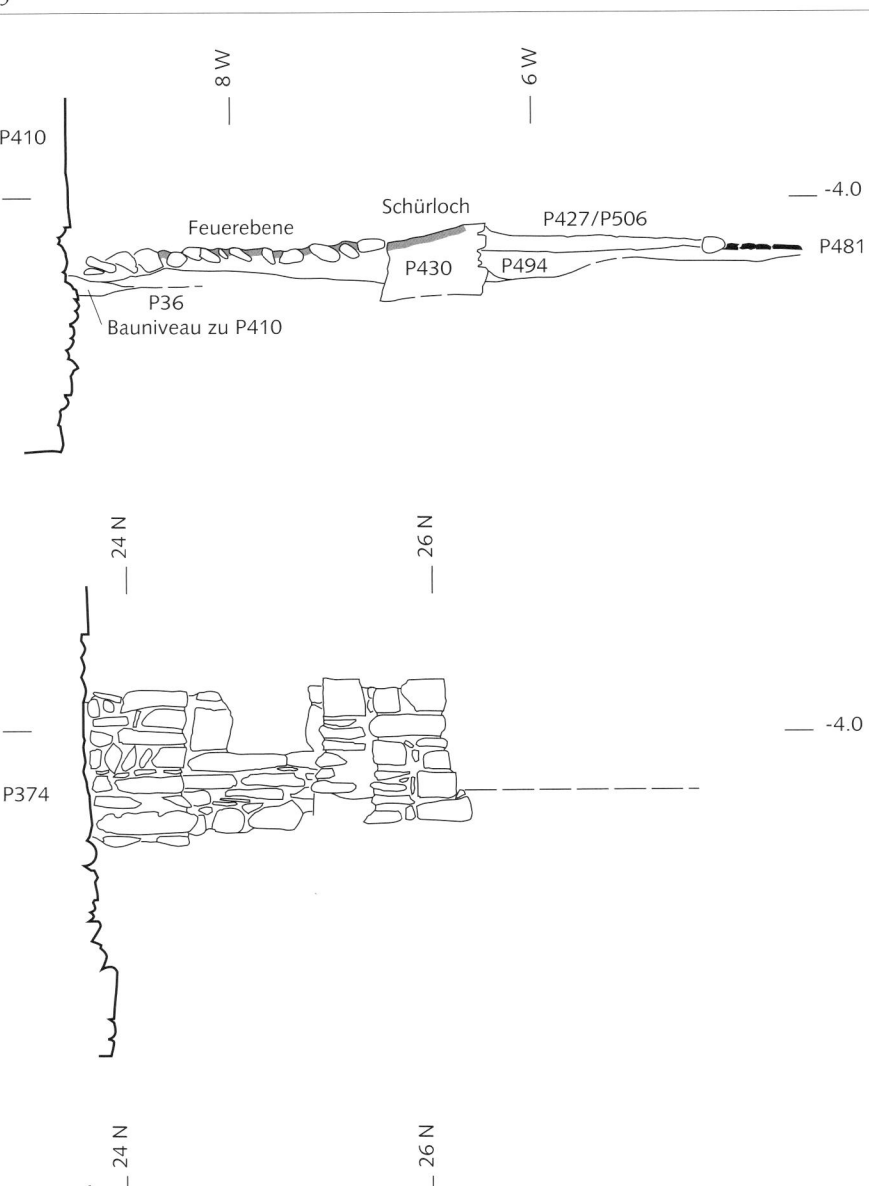

37 Ofen P430, Schnitte und Ansichten, Massstab 1:50.
Oben: Längsschnitt gegen Norden durch das Schürloch mit der Ostmauer P410 des Nordtraktes am linken Rand.
Mitte: Ansicht der Ofenfront gegen Westen.
Unten: Schnitt gegen Westen durch den Feuer- und Backraum und die Grube P438 mit der Nordmauer P374 des Nordkreuzganges am linken Rand.

Gewölbeanbau P380 mit seiner Herdstelle war sehr wahrscheinlich eine Küche, und Küchen schützte man oft durch ein gemauertes Gewölbe vor Bränden. 2. Über dem Gewölbeanbau und hinter dem bestehenden Verputz der Mauer P374 lässt sich auf einer Höhe von 2,2 m über dem Mörtelboden ein Bauch erkennen, welcher der Ansatz eines Tonnengewölbes sein könnte (F. 1).
Zwischen den Gewölbeanbau P380 und die Ruine des steinernen Gebäudes P154 wurde der Plantaturmanbau P155 gebaut (Abb. 39; F. 6). Vom Gewölbeanbau P380 führt der neue Durchgang P396 in den westlichen Vorraum P128 des Plantaturmanbaus. Im Vorraum befindet sich eine kleine Feuerstelle, und von diesem Raum aus ist auch der Kachelofen im mittleren

38 Gewölbeanbau P380, gegen Westen. Vor der Nordmauer P6 (rechts) steht die Herdstelle. Deutlich sind die Risse und Brüche im Mörtelboden zu erkennen, die durch Setzungen der darunterliegenden Brand- und Abbruchschichten des Ofenhauses P513 entstanden sein dürften.

Raum P127 beheizt worden. Der mittlere Raum mit dem Ofen und der östliche Raum P126 sind von einem Schwellenkranz im Mörtelboden umgeben; beide Räume waren getäferte Kammern mit Holzboden. Vermutlich handelte es sich um Stube und Kammer, die in dieser Abfolge dem gängigen Schema der Müstairer Äbtissinnenwohnungen entsprechen.[40] Der Plantaturmanbau hatte wie der Gewölbeanbau P380 keine Türe in den Oberen Garten und gehörte daher zur Klausur; vielleicht war er eine provisorische Äbtissinnenwohnung. Östlich das Plantaturmanbaus befindet sich die – nach Schichtabfolge ältere – Fäkaliengrube P153 des Abortes P170, der im zweiten Obergeschoss an der Nordseite des Plantaturmes angebracht war.

39 Plantaturmanbau P155, gegen Westen. Rechts die Nordmauer P2, links die Nordmauer P1 des Plantaturmes. Deutlich sind die verkohlten Balken der Böden und Innenwände zu erkennen: Zuvorderst der Raum P126, dahinter der Raum P127 mit dem Fundament des Kachelofens, zuhinterst der Ostrand des Raumes P128.

2.7 Die Bautätigkeit während der Neuzeit (Phase 10, F. 7)

Der Plantaturmanbau P155 und der Gewölbeanbau P380 brannten gleichzeitig ab. Danach wurden im Oberen Garten keine grösseren Bauvorhaben mehr in Angriff genommen. Nun bilden der Nordtrakt, die Nordmauer P374 des Nordhofes und der Plantaturm P270 die Nordfront des Klosters. An der Nahtstelle von Plantaturm und Nordhof wurden der Abortturm P90 und später sein Nachfolger P91 erbaut (Abb. 40). Unmittelbar westlich dieser Abortanlage schliesst die ehemalige Ostmauer des Oberen Gartens an (Abb. 1–3). Von der Klausur aus gelangt man durch die Tür P371 in den Garten. Diese Tür ist Nachfolgerin der Tür P496, die zuvor in den Gewölbeanbau führte. Die Lage der Türnische auf der Aussenseite weist darauf hin, dass die Tür P371 in einen nie errichteten Anbau führen sollte.

40 Das Kloster St. Johann mit Blick nach Südosten. Aufnahme aus dem Jahr 1906, als der Westtrakt im Bau war. Der Obere Garten war noch nicht gegen Osten erweitert, und der Abortturm P91 zwischen Plantaturm und Nordkreuzgang stand damals noch.

3. Die Funde (Abb. 41; Taf. 1–17)

3.1 Keramik

Insgesamt sind aus dem Oberen Garten 1157 Keramikscherben untersucht, von denen 37% der Geschirrkeramik, 47% der Ofenkeramik und 3% als Glashäfen oder Schmelztiegel zugewiesen werden können (Abb. 42–44). Die verschiedenen Phasen liefern sehr unterschiedliche Fundmengen: Nur 18% der Scherben stammen aus den Phasen 1–6.

In der Regel kann nur zwischen Keramik mit oder ohne Drehspuren unterschieden werden. Für eine zuverlässige Aufteilung in nachgedrehte und scheibengedrehte Ware sind die Funde meistens zu stark fragmentiert.[41] 92% der bestimmbaren Scherben haben Drehspuren. Selten sind im Innern – vor allem bei Bodenscherben – Spuren vom Aufbau von Hand zu erkennen.

Zur Datierung der Keramik aus Müstair sind Funde aus absolut datierten Fundkomplexen beigezogen worden. Sie stammen fast ausnahmslos aus dem schweizerischen Mittelland, weil aus Müstair selbst noch kein Vergleichskomplex vorliegt und von den Bündner Burgen fast keine Gefässkeramik bekannt ist.[42] Im Trentino, im Veneto und in der Lombardei setzt der Forschungsstand[43] sehr enge Grenzen, während die Situation in Tirol nicht ungünstig ist. Wichtig für den Vergleich ist insbesondere der Fundkomplex aus den Steinkellern unter dem Waltherplatz in Bozen (Abb. 46).[44] Seine Datierung ist zwar umstritten, die vom Ausgräber Lorenzo dal Ri vorgeschlagene Einordnung ins 12. und 13. Jahrhundert wird aber durch Thermolumineszenz-Datierungen sowie Münz- und Hohlglasfunde des 12. bis 14. Jahrhunderts gestützt.[45]

41 Tabelle der Fundmengen pro Phase, aufgegliedert nach Fundgruppen.

Phase		Geschirrkeramik-Scherben	Ofenkeramik-Scherben	technische Gefässe (z.B. Glashafen-Scherben)	Wirtel und Perlen aus Keramik oder Lavez	Lavez-Scherben	Hohlglas-Scherben	Weitere Glasscherben (Verarbeitungsreste, Flachglas etc.)	Eisenobjekte	Buntmetallobjekte	Ziegel	Bearbeitete Steine ohne Architekturfragmente	Knochengeräte, Muscheln	Münzen
1	Vom Bau des Plantaturmes bis zum Bau des Nordkreuzganges	0	0	5	0	4	4	1	15	1	16	1	0	1
2	Vom Bau des Nordkreuzganges bis zum Bau des steinernen Gebäudes P154	41	0	19	0	22	25	17	56	5	308	0	4	0
3	Vom Bau des steinernen Gebäudes P154 bis zu seinem zweiten Brand	6	2	0	1	3	3	0	10	4	17	0	0	0
4	Zweiter Brand des steinernen Gebäudes P154	9	8	0	1	1	7	8	48	0	5	0	1	2
5	Letzte Benützung des steinernen Gebäudes P154	92	15	4	0	3	13	0	49	4	18	4	0	4
6	Ältere Schichten des Ofenhauses P513	6	0	0	2	1	0	0	6	0	1	0	0	1
7	Letzter Brand des steinernen Gebäudes P154 (Schicht P344)	127	6	0	3	3	5	1	50	7	0	1	1	18
8	Grube P438 im Ofenhaus P513	33	22	0	1	0	217	0	20	0	0	1	1	0
9	Brand- und Abbruchschichten des Ofenhauses P513	116	489	1	3	67	18	0	52	4	0	2	17	8

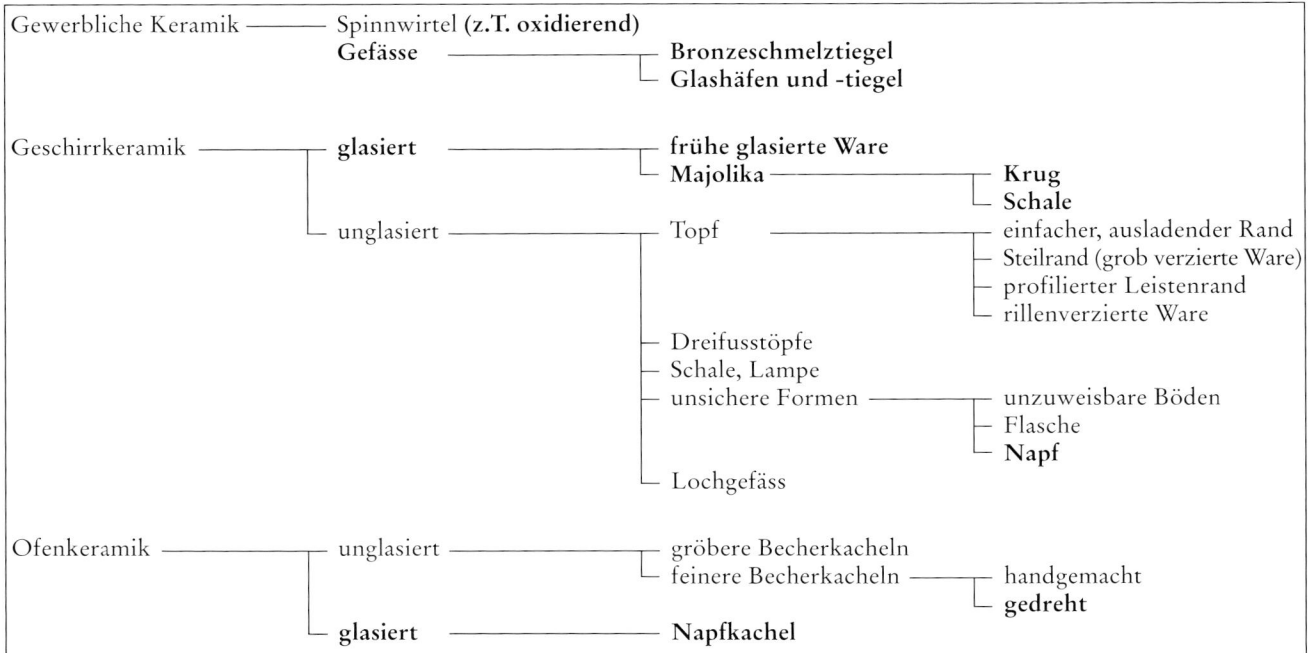

42 Typologische Gliederung der Keramik aus dem Oberen Garten in gewerbliche Keramik, Geschirrkeramik, Ofenkeramik und Untergruppen. Oxidierend (rot) gebrannte Ware ist fett gekennzeichnet.

3.1.1 Glasierte Gefässkeramik

Es fällt auf, dass unter unseren Funden spätmittelalterliche, glasierte Gefässkeramik, wie sie in Basel in der Mitte des 14. Jahrhunderts und in Winterthur gegen 1400 regelmässig auftritt, noch fehlt.[46] Im Oberen Garten tritt jedoch ab Phase 2 früh- oder hochmittelalterliche, *glasierte Gefässkeramik* auf. Es handelt sich um qualitätsvoll gefertigte, innen sorgfältig bräunlich oder dunkelgrün glasierte, gräuliche bis hellbraune Scherben (Taf. 1,4–6). Sehr wahrscheinlich sind die dünnwandigen Gefässe scheibengedreht. Zwei Ränder (Taf. 1,4; 1,6) könnten von Töpfen, ein weiterer Rand (Taf. 1,5) vielleicht von einer breiteren Gefässform stammen. Neben den Randscherben sind aus Phase 2 mindestens 32 Wandscherben dieser Ware vorhanden; Gefässe lassen sich aber nicht zusammensetzen. Jüngere Schichten führen nur noch vereinzelt derartige Scherben.

Die frühe, glasierte Ware muss aufgrund ihrer Fundlage wahrscheinlich in die Zeit zwischen 774 und 1034, vermutlich noch vor 958 datiert werden (Kap. 4.2).[47] Glasierte Keramik ist in Oberitalien während des ganzen Frühmittelalters bekannt.[48] In Müstair hat Paul Gleirscher bereits einige glasierte Keramikscherben anderer Warenart der vorklösterlichen Zeit zugewiesen.[49] Die glasierte Keramik aus Schicht P33 stammt aber kaum aus vorklösterlicher Zeit, denn sie fehlt bislang im vorklösterlichen Hanglehm W107. Ferne Verwandte dieser Keramik wurden andernorts bereits ins 10. Jahrhundert datiert.[50]

Aus Phase 4 stammt der verbrannte Henkel eines *Majolika*-Kruges der zweiten Hälfte des 13. Jahrhunderts (Taf. 3,1, Abb. 48). Weitere Scherben eines Majolika-Kruges sind in den Schichten der Phase 9 gefunden worden (Taf. 13,1, Abb. 48). Es könnten die Reste ein und desselben, bauchigen Krügleins sein. Der Scherben ist ziegelrot, wenig hart und fein gemagert. Innen ist das Krüglein farblos glasiert und weist tiefe und scharfkantige Drehrillen auf. Aussen scheint es mit einer weissen Glasur versehen und mit dem Pinsel in schwarzer und blauer Farbe bemalt zu sein.[51] Die Strichführung wirkt flüchtig: Die schwarzen Linien bilden einen Rahmen und Kreisaugen, die blauen Linien stellen eine Art abstraktes Pflanzenmuster dar. Der Henkel ist mit blauen und schwarzen Linien verziert.
Es handelt es sich um so genannte Majolika („maiolica arcaica"), eine hochmittelalterliche Fayence-Art mit kupfergrün-manganbrauner oder kobaltblau-manganbrauner Bemalung.[52] Der Krug ist der Leittyp der „maiolica

43 Die Hauptgruppen der unglasierten Geschirrkeramik aus dem Oberen Garten, von oben nach unten: Töpfe mit einfachem, ausladendem Rand – grob verzierte Töpfe mit Steilrand – Töpfe mit Leistenrand – Dreifusstöpfe und ähnliche Formen. Die Nummern verweisen auf die Tafeln.

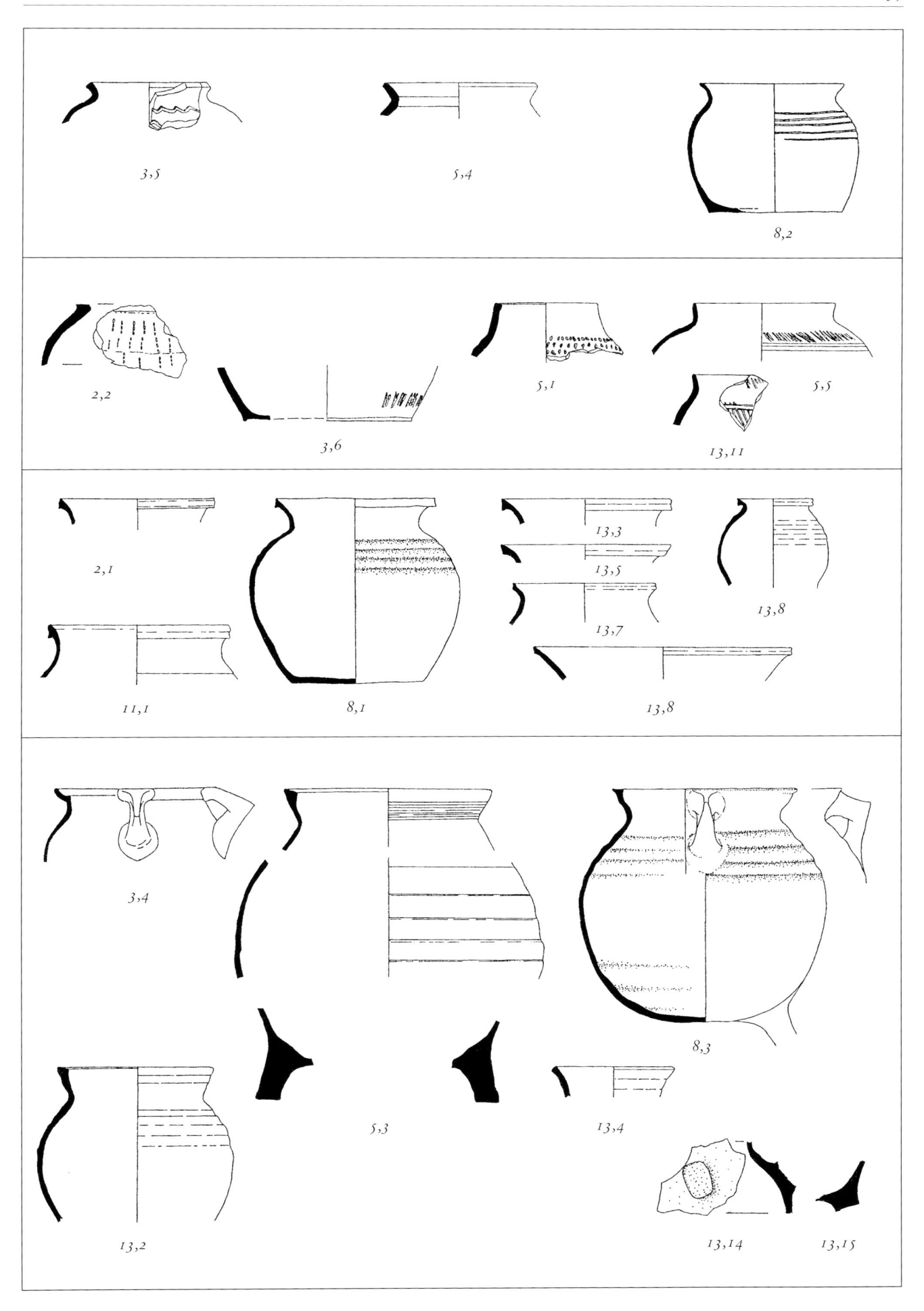

Eginoturm und Wirtschaftsbauten im Oberen Garten 35

Phasen		Total Scherben	Typ: Geschirrkeramik	davon oxidierend gebrannt	davon scheibengedreht oder nachgedreht (unsicher)
1	Vom Bau des Plantaturmes bis zum Bau des Nordkreuzganges	5 (2 BS, 3 WS)	–	–	–
2	Vom Bau des Nordkreuzganges bis zum Bau des steinernen Gebäudes	60 (6 RS, 54 WS)	41 (6 RS, 35 WS)	16	7 (34)
3	Vom Bau des steinernen Gebäudes P154 bis zu seinem zweiten Brand	8 (3 RS, 5 WS)	6 (1 RS, 5 WS)	3	2 (4)
4	Zweiter Brand des steinernen Gebäudes P154	17 (3 RS, 10 WS, 3 BS, 1 Henkel)	9 (2 RS, 4 WS, 2 BS, 1 Henkel)	2	4 (4)
5	Letzte Benützung des steinernen Gebäudes P154	111 (13 RS, 86 WS, 10 BS, 2 Füsse)	höchstens 92 (7 RS, 80 WS, 3 BS, 2 Füsse)	17	86 (6)
6	Ältere Schichten des Ofenhauses P513	6 (1 RS, 3 WS, 2 BS)	6 (1 RS, 3 WS, 2 BS)	3	5 (1)
7	Letzter Brand des steinernen Gebäudes P154 (Schicht P344)	133 (17 RS, 107 WS, 8 BS, 1 Fuss)	127 (16 RS, 104 WS, 6 BS, 1 Fuss)	1	127
8	Grube P438 im Ofenhaus P513	65 (11 RS, 47 WS, 7 BS), davon ist von 10 WS der Typ unklar.	33 (4 RS, 24 WS, 5 BS)	0	33
9	Brand- und Abbruchschichten des Ofenhauses P513	752 (199 RS, 419 WS, 134 BS), davon ist von 143 WS und 3 BS der Gefässtyp unklar.	116 (65 RS, 39 WS, 12 BS)	13	108 (8)
Total		1157 (253 RS, 734 WS, 166 BS, 1 Henkel, 3 Füsse)	430 (102 RS, 294 WS, 30 BS, 1 Henkel, 3 Füsse)	55	372 (57)

arcaica" im 13. Jahrhundert. Ähnliche frühe Majolika-Krüge sind zum Beispiel im Castello di Lusa bei Feltre zum Vorschein gekommen (Abb. 49).[53] Die frühen Majoliken des Veneto scheinen während der zweiten Hälfte des 13. und dem beginnenden 14. Jahrhundert noch aus mittel- und norditalienischen Produktionszentren importiert worden zu sein, während sie den Weg in den Alpenraum und die nordalpinen Städte nur selten fanden.[54] Die Majolika-Produktion im Veneto (z.B. in Padua oder Vicenza) begann wahrscheinlich erst im 14. Jahrhundert und wurde bald von der „graffita arcaica" (farbig glasierte, ritzverzierte Keramik) abgelöst.[55]

Aus Phase 4 stammt die Bodenscherbe einer glasierten Schale (Taf. 3,2, Abb. 48). Der äusserst qualitätsvolle Scherben ist beige und fein gemagert. Das Gefäss war sehr dünnwandig und innen über einem grün gemalten Muster farblos glasiert. Zu dieser glasierten Ware des 13. und 14. Jahrhunderts sind mir keine nahen Vergleichsbeispiele bekannt.[56]

44 Verteilung der Keramikscherben auf die 9 Phasen (RS – Randscherbe, WS – Wandscherbe, BS – Bodenscherbe).

3.1.2 Unglasierte Gefässkeramik

Vor allem die Schichten, die jünger sind als Phase 4, haben gedrehte Scherben geliefert, nämlich über 83% im Gegensatz zu nur 17–44% in den älteren Schichten. Unglasierte Gefässkeramik ist fast nur in Schichten gefunden worden, die jünger als Phase 3 sind. Es sind vor allem Töpfe vertreten (Abb. 43), und es macht den Eindruck, dass rot gebrannte Irdenware von der gedrehten Schwarzware verdrängt wird. Bei der Schwarzware handelt es sich vorwiegend um harte Keramik mit mittelgrober Magerung.[57]

Töpfe mit einfachen, ausladenden Rändern (Abb. 43) sind in den Phasen 4, 5 und 6 je einmal nachgewiesen (Taf. 3,5; 5,4; 8,2). Die grau gebrannten Gefässe sind vermutlich auf der Töpferscheibe nachgedreht – mit Bestimmtheit lässt sich dies freilich einzig beim gut erhaltenen Töpfchen (Taf. 8,2) sagen. Der Randdurchmesser beträgt nur 10 bis 12 cm. Die Ränder haben entweder eine ausladende oder eine oben abgestrichene Lippe. Ein Gefäss (Taf. 3,5) ist mit Wellenlinien verziert, ein Töpfchen (Taf. 8,2) hat eine einfache Verzierung aus mehreren Horizontallinien.

Typ: Ofenkeramik (nur sichere Zuweisungen)	davon oxidierend gebrannt	davon scheibengedreht oder nachgedreht (unsicher)	Typ: Glashäfen (auch Lavez) oder Bronzeschmelztiegel
–	–	–	5 (2 BS, 3 WS)
–	–	–	19 WS (?)
2 RS	0	2	–
8 (1 RS, 6 WS, 1 BS)	6	8	–
mindestens 15 (6 RS, 2 WS, 7 BS)	12	13	4 WS (?)
–	–	–	–
6 (1 RS, 3 WS, 2 BS)	6	6	–
22 (7 RS, 13 WS, 2 BS)	19	21 (1)	–
489 (133 RS, 237 WS, 119 BS)	443	477 (7)	1 RS
542 (150 RS, 261 WS, 131 BS)	486	527 (8)	29 (1 RS, 26 WS, 2 BS)

Mit zwei Rändern (Taf. 3,5; 5,4) sind vor allem Formen des 12. und 13. Jahrhunderts zu vergleichen, wie sie – als jüngste Vertreter – noch auf Urstein (Abb. 45) und unter der Barfüsserkirche in Basel, also vor 1277 beziehungsweise 1288, nachgewiesen sind.[58] Weitere Töpfe mit einfachem, ausladendem Rand gehören zu den Funden von der Ruine Erpfenstein in Tirol (nach 1306 aufgegeben, Abb. 51).[59] Der Rand mit Wellenband-Verzierung (Taf. 3,5) hat gute Parallelen in Bozen-Waltherplatz (Abb. 46). Dorthin passt auch das Töpfchen (Taf. 8,2) mit einer überaus gedrungen-breiten Gesamtproportion. Ähnlich niedrige und zugleich breite Gefässe sind allenfalls noch unter der ersten Barfüsserkirche in Basel gefunden worden (vor 1256).[60]

Gefässe mit Steilrand haben einen fast senkrecht stehenden Rand (Abb. 43, Phasen 3–5, 9) und sind grob verziert, nämlich mit Fingernagel-Eindrücken (Taf. 5,1) oder grobem Kammstrich (Taf. 5,5; 13,11). Weitere Scherben mit Kammstempel- (Taf. 2,2) oder Kammstrichverzierung (Taf. 3,6) können hinsichtlich der Verzierung auch zu dieser Gruppe gehören, obwohl die zugehörigen Ränder unbekannt sind. Die Keramik dieser Gruppe kann sowohl ziegelrot (Taf. 5,1; 13,11) als auch grau gebrannt sein. In der Regel sind Spuren der Herstellung oder des Nachdrehens auf der Töpferscheibe zu erkennen. Nur bei der kammstrichverzierten Bodenscherbe (Taf. 3,6) lässt sich eindeutig sagen, dass sie von Hand geformt und auf der Scheibe überformt ist.

Töpfe mit Steilrand kommen vom 12. bis ins 14. Jahrhundert vor. Es finden sich vorwiegend in Bozen-Waltherplatz (Abb. 46) und auf dem Peterköfele (vor 1291, Abb. 47)[61] Vergleiche, aber auch im Münzschatzgefäss von Winterthur-Haldengut (14. Jahrhundert) und in einzelnen Funden von der Ruine Erpfenstein in Tirol (aufgelassen nach 1306, Abb. 51).[62] Nach Bozen und Peterköfele – und damit eher ins 13. Jahrhundert – weist auch die flächige Kammstrichverzierung.

Töpfe mit Leistenrand sind scheibengedreht und grau bis schwarz gebrannt („Schwarzware", Abb. 43). Ihr Randdurchmesser beträgt 11–14 cm, Ausnahmen bilden ein sehr kleines Töpfchen (Taf. 13,6) und ein weiter, profi-

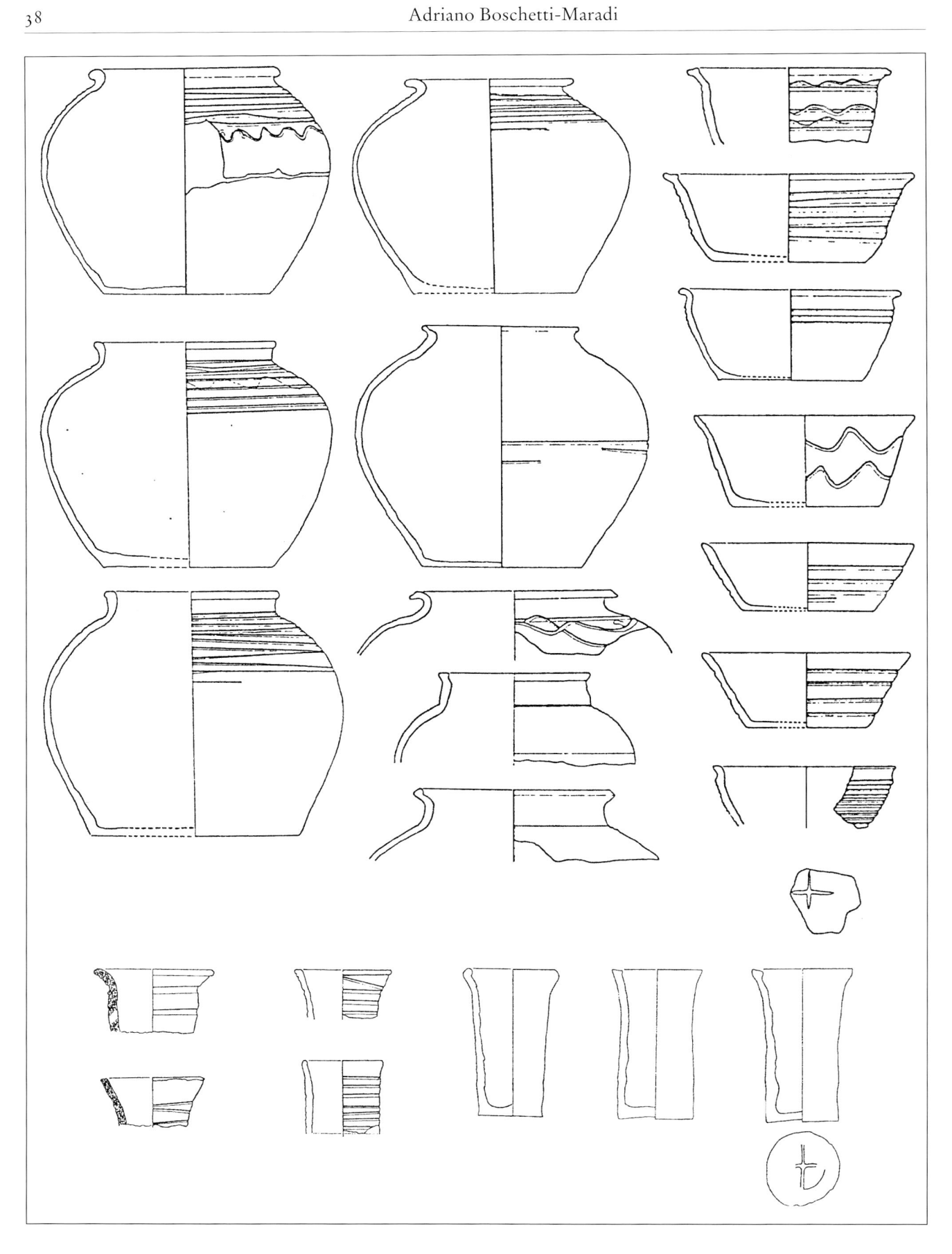

45 Urstein (Appenzell Ausserrhoden), Auswahl der Geschirr- und Ofenkeramik, datiert vor 1274–77. Massstab 1:4.

46 Bozen-Waltherplatz (Südtirol), Auswahl der Geschirrkeramik aus den Schichten I–III, datiert ins 13. Jahrhundert. Schicht I liegt stratigraphisch zuunterst. Massstab 1:4.

Eginoturm und Wirtschaftsbauten im Oberen Garten

I

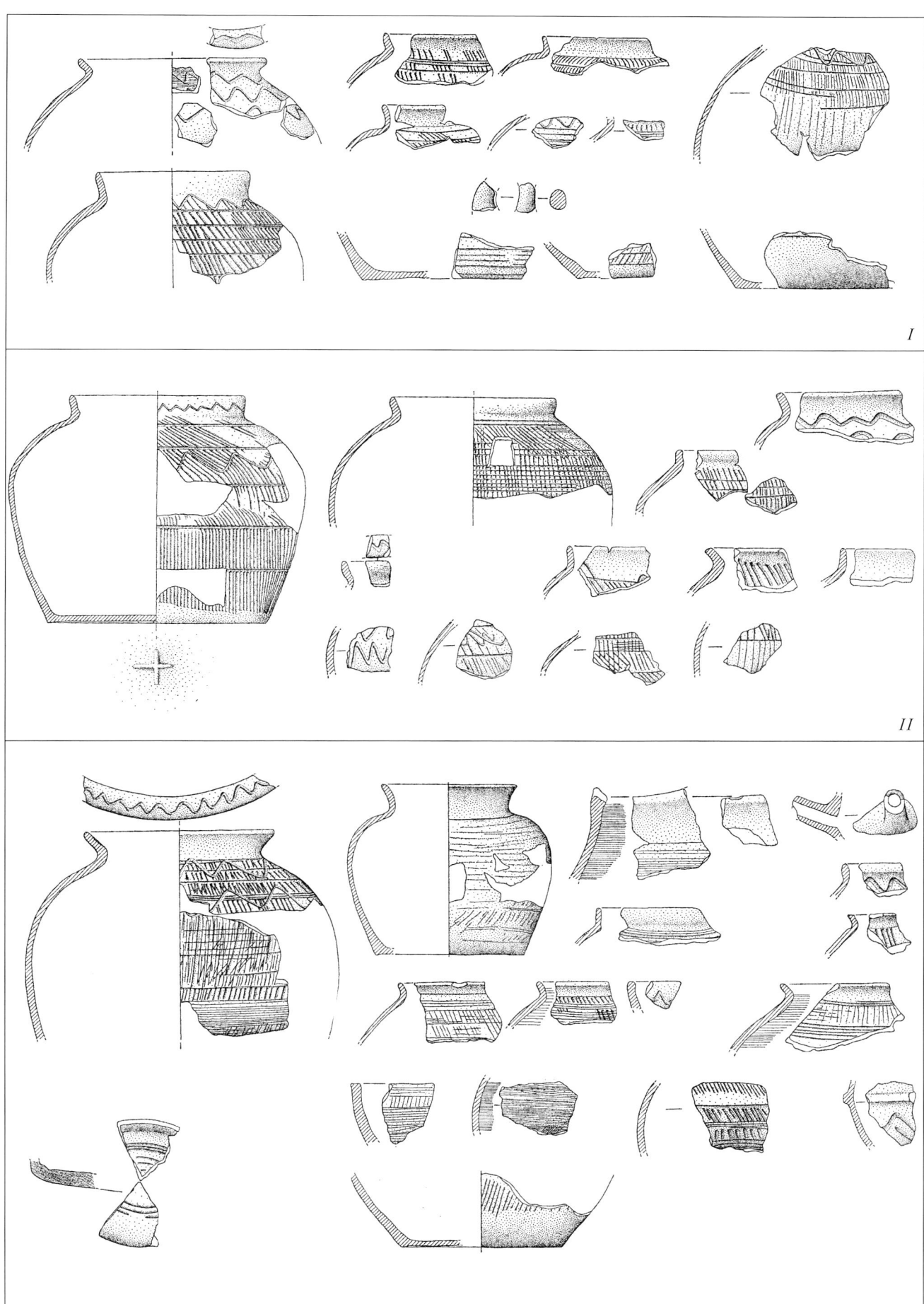

II

III

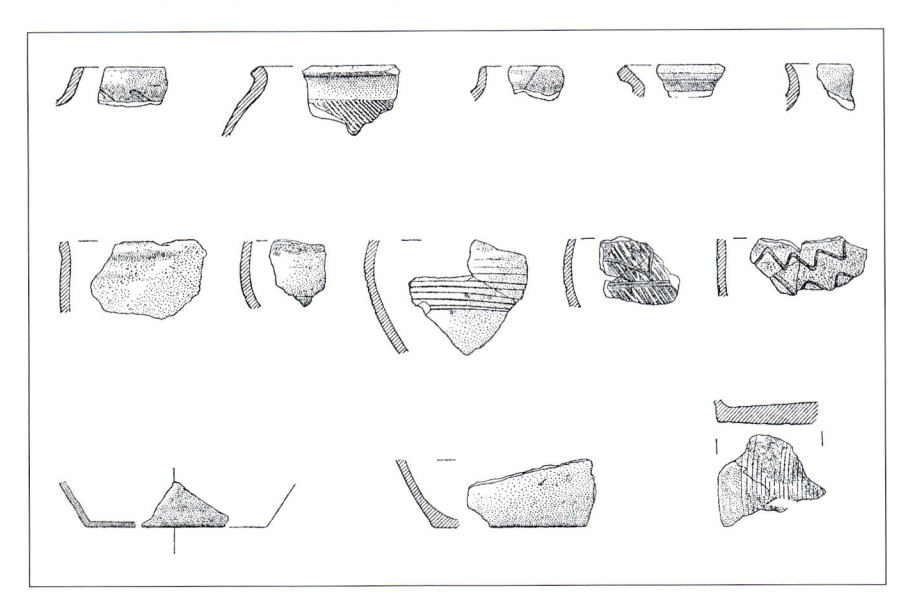

47   Leifers-Peterköfele (Burg Liechtenstein, Südtirol), Keramik vor 1284–91. Massstab 1:4.

48   Die Majolika aus dem Oberen Garten: links die Schale (Taf. 3,2), rechts die Fragmente der Krügchen (Taf. 3,1 und 12,1).

49   Feltre-Castello di Lusa, Majolikakrug des 13./14. Jahrhunderts. Massstab 1:4.

lierter Rand (Taf. 13,8). Der ganz erhaltene Topf aus dem Brandschutt P344 (Taf. 8,1) zeigt auf der Schulter Riefen, eine gedrungene, kugelige Form und hat Flachboden. In seinen Proportionen gleicht er dem Miniaturtöpfchen aus Phase 9 (Taf. 13,6), wobei das Miniaturgefäss vielleicht mit einem Rundboden zu ergänzen wäre. Der stratigraphisch älteste, profilierte Leistenrand stammt aus Phase 3 (Taf. 2,1), der nächst jüngere aus Phase 7. Die Phasen 8 und 9 haben weitere Leistenränder geliefert (Taf. 11,1; 13,3; 13,5–8). Leistenränder treten erstmals unter der ersten Barfüsserkirche in Basel (vor 1250–1256) und im Hinterstädtli von Wangen an der Aare (vor oder um 1252–1257) auf.[63] In der Ostschweiz scheinen sie sich erst später durchgesetzt zu haben, denn sie fehlen auf der Ruine Urstein (vor 1277, Abb. 45).[64] Die Gesamtproportion des erhaltenen Topfes (Taf. 8,1) ist schlanker als diejenige der Töpfe von Oberwinterthur-St. Arbogast (um 1270, Abb. 52), aber gedrungener und breiter als diejenige der Töpfe von Aarburg-„Alte Post" (vor 1312, Abb. 52), Madeln (vor 1356) und Bischofstein (vor 1356).[65] Ziemlich ähnlich ist die Proportion einzelner Töpfe von Basel-Augustinergasse (Latrine 3, vor 1290/1300, Abb. 52).[66] Daraus ergibt sich eine typologische Datierung des Müstairer Topfes (Taf. 8,1) in die Zeit kurz vor oder um 1300.

Der gut erhaltene *Dreifusstopf* aus Phase 7 (Taf. 8,3) hat zwei randständige Knickhenkel und einen erhaltenen Fuss. Seine Gesamtform ist kugelig, die Schulter mit Riefen verziert und der verdickte Rand oben abgeflacht. Zu

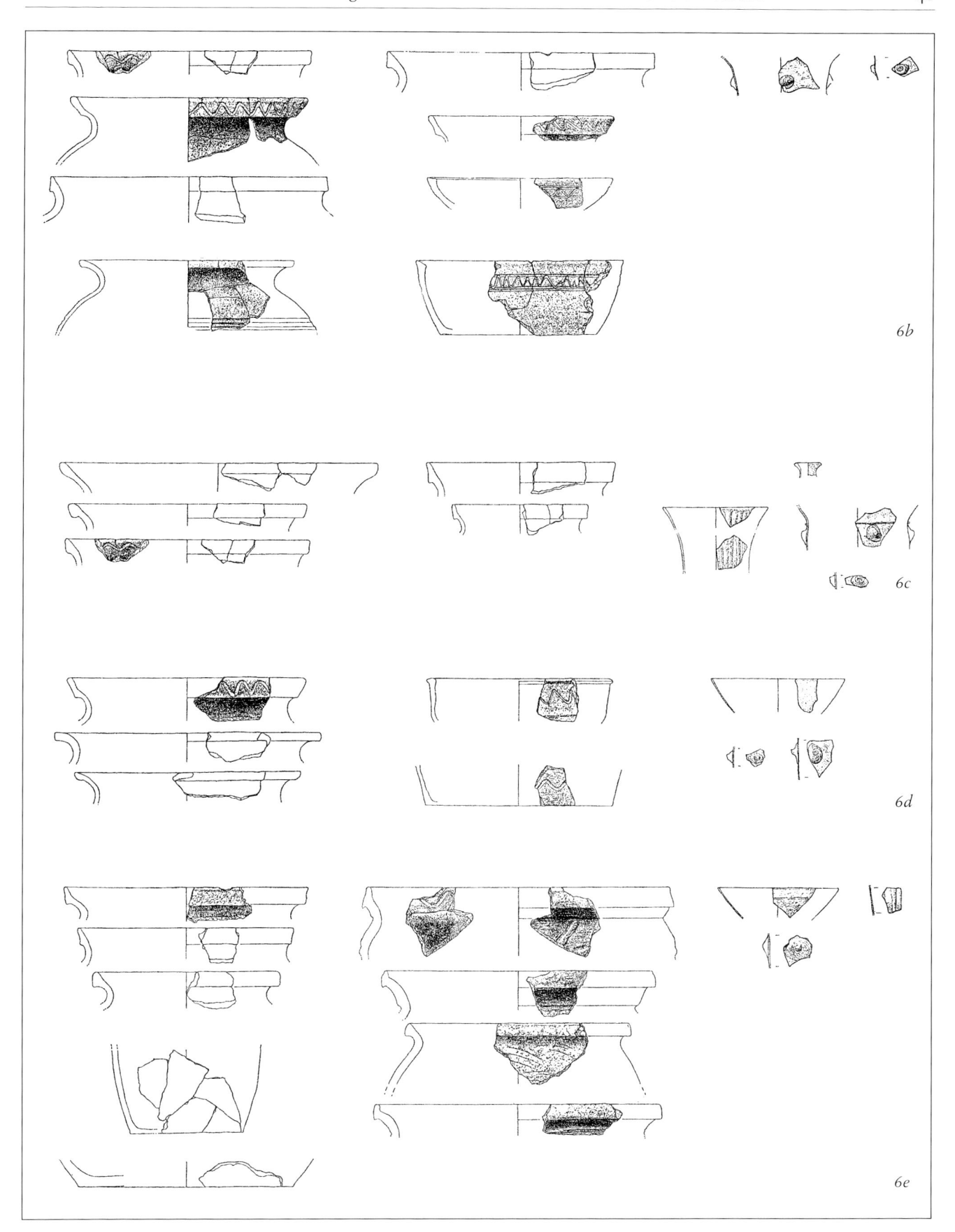

50   *Flaschberg (Kärnten), Auswahl der Keramik und Gläser der Schichten 6e bis 6b, datiert ins 13. Jahrhundert. Schicht 6e liegt stratigraphisch zuunterst. Massstab 1:4.*

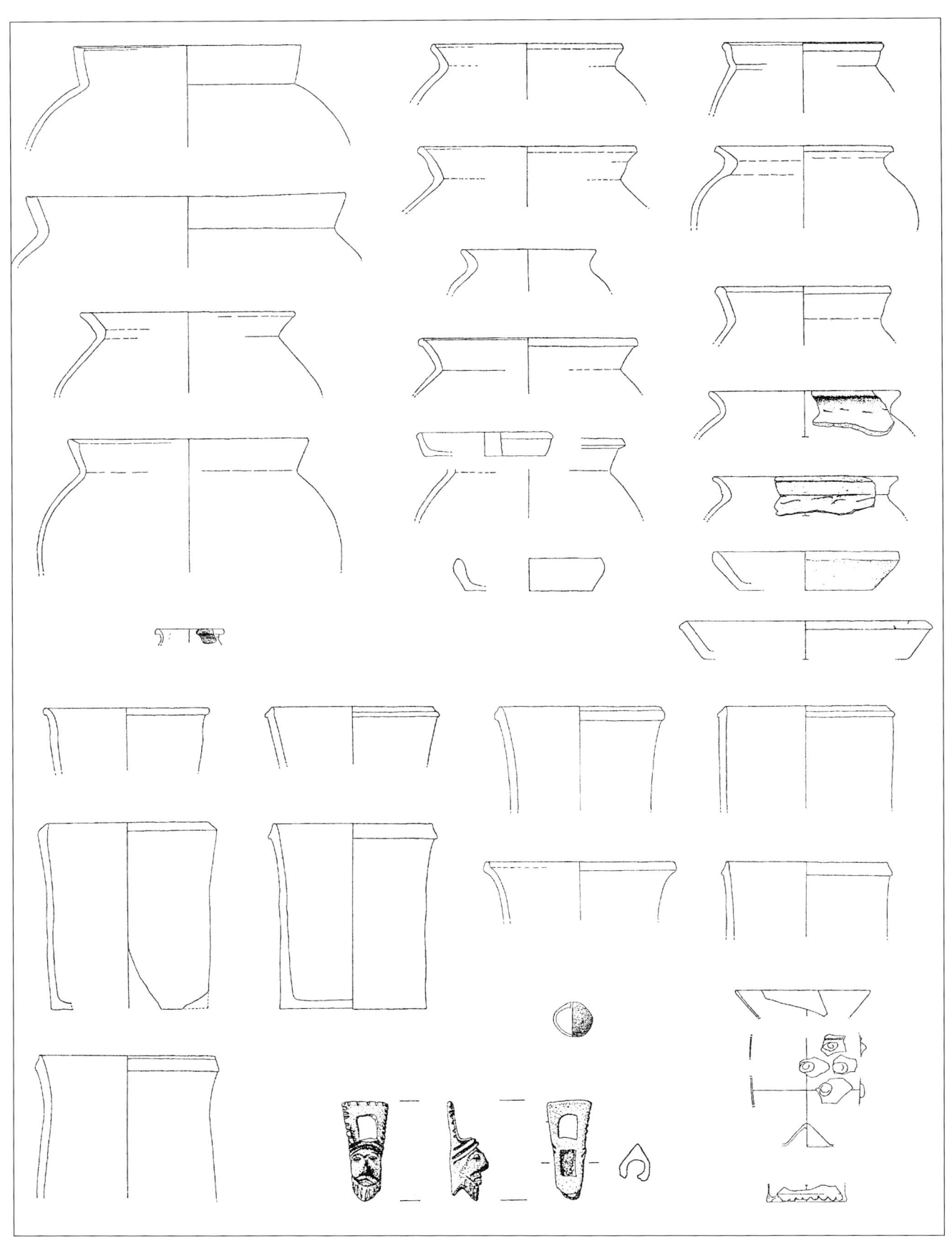

51 Kirchdorf-Erpfenstein (Tirol), Auswahl der Geschirr- und Ofenkeramik sowie der Gläser, frühes 14. Jahrhundert.
Massstab 1:4, Bronzeanhänger 1:1.

Eginoturm und Wirtschaftsbauten im Oberen Garten

52 Vergleichsfunde zum Leistenrand-Topf aus der Brandschicht P344 (Taf. 8,1). Von links nach rechts: Schallgefäss in der Kirche St. Arbogast in Oberwinterthur um 1270, Topf aus der Latrine 3 von Basel-Augustinergasse vor 1290/1300 und eingemauerter Topf von Aarburg-„Alte Post" vor 1312. Massstab 1:4.

einem anderen Gefäss mit Knickhenkel gehört ein innen gekehlter Rand aus Phase 4 (Taf. 3,4). Vermutlich zu einem dritten Dreifusstopf gehören verschiedene Scherben – darunter zwei Füsse – aus Phase 5 (Taf. 5,3). Hals und Schulter sind gerieft, die Randlippe ist dick und innen leicht schräg abgestrichen. Aus Phase 9 stammen ein Henkel- (Taf. 13,14) und ein Fussansatz (Taf. 13,15). Ferner weisen Gefässe aus Phase 9 (Taf. 13,2; 13,4) leicht trichterförmige Ränder mit Riefen am Hals auf. Es sind zwar nicht nachweisbar Dreibeintöpfe, aber bezüglich Material, Randausbildung und Gesamtproportion sehr ähnliche Gefässe. Alle Dreifusstöpfe sind grau gebrannt und scheibengedreht.

Dreifusstöpfe treten wie die Leistenränder seit der Mitte des 13. Jahrhunderts auf.[67] Die ältesten Stücke sind unter der ersten Barfüsserkirche in Basel (vor 1256) und als Schallgefässe in der Kirche St. Arbogast in Oberwinterthur (um 1260/70) gefunden worden.[68] Dreifusstöpfe sind auch in Bozen und im Bündner Rheintal ausgegraben worden.[69] Sie lassen sich vor allem anhand der Füsse nachweisen, und ihr Anteil nimmt vom 13. zum 14. Jahrhundert zu.[70] Die kugelige Gesamtform des einen Topfes (Taf. 8,3) entspricht sehr gut Dreibeintöpfen von Basel-Augustinergasse (Latrine 3, vor 1290/1300).[71]

Weitere Formen: Zu Phase 4 gehört eine steilwandige Randscherbe mit Loch (Taf. 3,5), die an ein Siebgefäss vom Martinsplatz in Chur erinnert.[72] Bei der grauen, scheibengedrehten Schale (Taf. 7,1) aus Phase 6 handelt es sich um ein Lämpchen. Die relativ steile Wandung und die einfache Randlippe sind auch auf der Ruine Erpfenstein bei Kirchdorf in Tirol (Abb. 51) belegt und nicht jünger als die erste Hälfte des 14. Jahrhunderts.[73]

Aus Phase 5 stammt ein Topf-Oberteil mit ausgeprägtem, leicht gekehltem Trichterrand (Taf. 5,6). Das Gefäss ist scheibengedreht und reduzierend gebrannt. Es muss eine relativ schlanke Gesamtform gehabt haben und war sowohl mit einer Wellenlinie als auch mit zwei Fingertupfen-Leisten verziert. Aus Phase 9 stammen die Scherben eines hohen Gefässes mit kleinem Randdurchmesser, vielleicht eines Kruges oder einer Flasche (Taf. 13,10). Es ist scheibengedreht, unsauber rötlich-grau gebrannt und mit einzelnen, feinen Riefen beziehungsweise Wülsten verziert.

Zur rillenverzierten Keramik: Mehrere dunkelgraue, schwarze oder dunkelbraune Scherben weisen aussen eine feine Rillenverzierung auf und sind auf der Innenseite sorgfältig geglättet. Sehr wahrscheinlich sind sie scheibengedreht oder zumindest nachgedreht. Die Rillen verlaufen vorwiegend horizontal, kleinere Felder sind aber auch diagonal und vertikal verziert. Die rillenverzierte Schwarzware stammt aus den Phasen 4, 5 und 9 (Taf. 3,3; 5,2; 13,12–13).

Viele ähnliche rillenverzierte, schwärzliche Scherben stammen aus umgelagerten Schichten im Nordhof; Paul Gleirscher erwägt für sie eine Datierung ins Frühmittelalter.[74] Ein Fragment, das er dieser Ware vom „Typ Waltherplatz" zuweist, wurde gemäss petrographischer Untersuchung in der Region Bozen hergestellt.[75] Die rillenverzierte Schwarzware wurde aber im Südtirol bis ins 13. Jahrhundert hergestellt, wie Funde von Bozen-Waltherplatz und Peterköfele zeigen (Abb. 46; 47).[76] Die Gefässe von Bozen-Waltherplatz unterscheiden sich von den spätantik-frühmittelalterlichen aus Invillino und Säben (6./7. Jahrhundert) dadurch, dass sie flächigere, zum Teil wellige Verzierungen, höhere Schultern, bisweilen Steilränder und eher selten eine Innenrillung aufweisen.[77] Bezüglich ihrer Machart sind die Scherben aus Müstair zwar feiner und scheinen typologisch älter als die Ware von Bozen-Waltherplatz.[78] Eine Datierung ins 11.–13. Jahrhundert ist aber möglich, da im Oberen Garten die rillenverzierte Schwarzware in älteren Schichten fehlt. Eine hinreichende Beurteilung bleibt jedoch wegen der starken Fragmentierung schwierig.

Regionale Einordnung der Gefässkeramik: Ohne naturwissenschaftliche Bestätigung kann keine Keramikproduktion in Müstair nachgewiesen werden. Eine lokale Herstellung ist aber bei keiner Fundgruppe ausser der Majolika grundsätzlich auszuschliessen. Wenn im Folgenden versucht wird, den geographischen Rahmen der unglasierten Gefässkeramik von Müstair abzustecken, so geschieht dies unter dem Vorbehalt, dass die bisherige Forschung die Bedeutung der Nordschweiz zu sehr betont.
In der näheren Umgebung Müstairs finden sich kaum Parallelen zum reichen Keramikbestand aus dem Oberen Garten. Durch den Vergleich mit weiter entfernten Fundorten der Nord- und Ostschweiz sowie Nord- und Südtirols lassen sich aber für fast alle Funde Parallelen finden (ausser Taf. 5,6). Leistenränder, Dreifusstöpfe und Kammstempelverzierung verweisen einerseits in die Nordschweiz. Die frühe glasierte Ware, die rillenverzierte Keramik, die senkrechten Steilränder, die Proportion eines Töpfchens (Taf. 8,2) und die zahlreichen, flächigen und groben Verzierungen (Abb. 46; 47) zeigen andererseits nach Süden (Bozen-Waltherplatz und Peterköfele).[79] Flächige Verzierungen sind allerdings auf der Ostschweizer Burg Urstein (Abb. 45) nicht allzu selten, und die Steilränder kommen auch auf Erpfenstein in Nordtirol (Abb. 51) vor.[80] Weitere Vergleiche mit Funden aus Nordtirol und Kärnten zeigen aber, dass die Gemeinsamkeiten mit diesen Gebieten schwach sind.[81]
Mit aller Vorsicht kann folgendes Fazit gezogen werden: Auch wenn der Forschungsstand nicht einheitlich ist, finden sich im Süden doch überraschend enge Parallelen. Sie beginnen mit der frühen glasierten Ware vielleicht im 9. oder 10. Jahrhundert und dauern bis zur Majolika und zur Irdenware des 13. Jahrhunderts an. Die Parallelen mit der nordalpinen Schweiz zeigen sich vor allem in der Schwarzware und der Ofenkeramik (vgl. unten) des 13. und 14. Jahrhunderts. Im Gegensatz zur Keramik illustrieren die Lavezgefässe (Kap. 3.2) die Verbindung zur näheren Umgebung Graubündens und der Südtäler.

3.1.3 Ofenkeramik

Von den Ofenkeramik-Scherben sind 90% oxidierend gebrannt, was einen eklatanten Unterschied zur Geschirrkeramik ergibt (Abb. 44).[82] Fast alle Scherben weisen Spuren der Herstellung oder Überarbeitung auf der Töpferscheibe auf.
Die *dickwandigeren Becherkacheln* stammen aus den Schichten der Phase 4 (Taf. 3,7–8). Sie sind möglicherweise auf der Töpferscheibe nachgedreht. Ein Boden weist grobe Kammstrichverzierung auf. Weil besser erhaltene Vergleichsbeispiele nicht bekannt sind, ist es nur eine Hypothese, dass es sich um Ofenkacheln handelt.
Die *feineren Becherkacheln* machen die überwiegende Mehrheit der Ofenkeramik aus. Sie stammen aus den Phasen 3 bis 9 (Taf. 2,3–4; 5,7–14; 8,4; 11,3–6; 14,3–14; 15, 1–12). Bei den zahlreichen Scherben aus Phase 9 muss es sich nach der Anzahl der Bodenscherben um mindestens 34 Becherkacheln gehandelt haben. Die Meisten sind scheibengedreht, zum Teil un-

Fundort	Datierung	Durchschnittlicher Mündungsdurchmesser aller glasierten und unglasierten Becher- und Napfkacheln	Glasierte Ofenkeramik vorhanden
Winterthur-Metzggasse	nach 1208 (Dendrodatum)	7,8 (n=17)	
Burg Urstein	vor 1277 (historisch)	7,5 (n=13)	
Wintethur-St. Laurentius Schicht 88	vor 1300 (Münzen)	9,8 (n=86)	
Stadt Alt-Eschenbach Gruben 21, 22, 23	vor 1309 (historisch)	9,3 (n=15)	
Burg Maschwanden	vor 1309 (historisch)	9,4 (n=16)	
Burg Altbüron	vor 1309 (historisch)	10,7 (n=10)	
Müstair, Brand- und Abbruchschichten des Ofenhauses P513	*nach 1316 (unsicheres Dendrodatum)*	*10,2 (n=30)*	*(1 RS)*
Burg Rohrberg b. Auswil	vor 1337 (historisch)	14,4 (n=4)	●
Burg Bischofstein	vor 1356 (historisch)	15,1 (n=14)	●
Burg Madeln	vor 1356 (historisch)	16,8 (n=31)	●
Burg Hasenburg bei Willisau	vor 1389 (historisch)	16,6 (n=17)	●
Burg Schenkon	vor 1389 (historisch)	17,5 (n=7)	●
Burg Alt-Wartburg	vor 1415 (historisch, Münzen)	13,7 (n=74)	●

53 Die Entwicklung der Ofenkeramik im 13. und 14. Jahrhundert anhand absolut datierter Fundkomplexe: Die Mündungsdurchmesser der Becher- beziehungsweise Napfkacheln nehmen in zwei Schritten zu, und glasierte Ofenkeramik ist erstmals in den 1337 und 1356 zerstörten Burgen nachgewiesen.

sauber oxidierend gebrannte Gefässe. Die Böden weisen eine grobe Unterseite auf; die Aussenseite trägt bisweilen einfache Rillen in der Gegend des Bodens (Taf. 15,6–12). Zwei zusammensetzbare Kacheln sind etwa 11 cm hoch (Taf. 8,4 und 14,3). Knapp die Hälfte dieser Becherkacheln ist innen russig, was darauf hinweist, dass sie mit dem Boden nach aussen versetzt gewesen sind. Eine handgemachte und reduzierend gebrannte Kachel (Taf. 15,3) ist vielleicht ein lokal gefertigtes Ersatzstück.
Aus Phase 9 liegt ein einziger, innen grün glasierter Rand einer *Napfkachel* vor (Taf. 14,2). Der Scherben ist ziegelrot und fein gemagert.

Die unglasierten, feineren Becherkacheln sind typologisch nicht leicht zu ordnen, da ihre Grundform sehr einfach ist und dennoch verschiedene Rand- und Bodenformen auftreten. Sie lassen sich aber trotzdem relativ gut mit anderen Fundkomplexen vergleichen und ins späte 13. Jahrhundert oder in das beginnende 14. Jahrhundert datieren. Eine Besonderheit der Müstairer Kacheln scheinen die Rillen zu sein, die bisweilen auf der Aussenseite in Bodennähe eingeritzt sind.
Da in Graubünden datierte Ofenkeramik noch selten ist und gesicherte Funde vor dem 13. Jahrhundert fehlen, stammen die besten Vergleichsfunde der unglasierten Becherkacheln aus der Nordschweiz.[83] Der Mündungsdurchmesser der Becher- und Napfkacheln nimmt im Verlauf des 13. und 14. Jahrhunderts zu (Abb. 53). Der Kachelofen im 1208 erbauten Haus in Winterthur besteht aus Bechern kleinerer Durchmesser.[84] Auch die Ofenkacheln der Ruine Urstein im Kanton Appenzell (vor 1277) haben geringere Durchmesser von 7–8 cm (Abb. 45).[85] In den unteren Schichten von Chur-Rabengasse 3–7 kommen handgeformte Röhrenkacheln zusammen mit einem Krüglein mit Leistenrand vor, das ins 13. Jahrhundert datiert werden muss (Abb. 54).[86] Dieser Fundzusammenhang kann ein Hinweis darauf

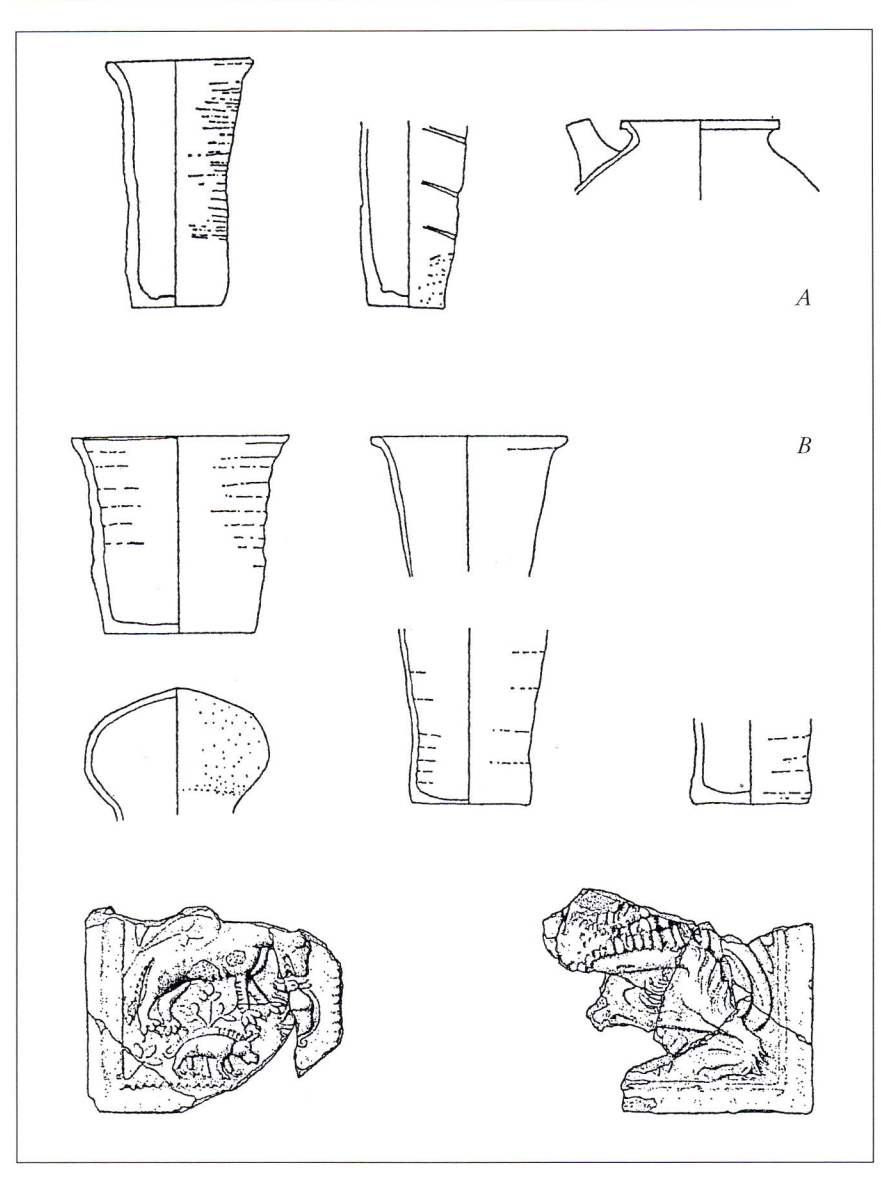

54 Chur-Rabengasse 3–7, Auswahl der Keramik.
A: Röhrenkacheln und Kanne mit Leistenrand aus den unteren Schichten 239 und 439.
B: Becher-, Napf-, Pilz-, und Blattkacheln aus den oberen Schichten 71 und 73. Massstab 1:4.

55 Reste der Glasverarbeitung aus Phase 1, darunter auch die beiden Böden von Glashäfen (Taf. 1,1–2).

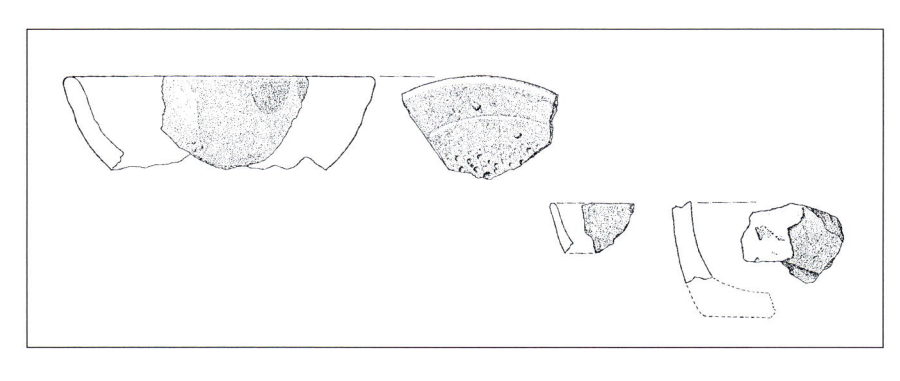

56 Glashafen-Fragmente aus Corvey. Diese Glashäfen passen gut zu den Glashäfen aus dem Graben P304 (Taf. 1,1–2). Massstab 1:4.

sein, dass die typologisch älteste, ohne Drehscheibe geformte Ofenkeramik in Graubünden bis ins 13. Jahrhundert vorkommt. Vor 1300 werden die Becherkacheln grösser, und ihre Formenvielfalt nimmt zu.[87] Konische und innen russige Becherkacheln sind unter anderem in Konstanz-Lanzenhof belegt (1. Hälfte 14. Jahrhundert).[88]

Von der Burgruine Grünenfels in Waltensburg liegen 17 Randscherben scheibengedrehter Becherkacheln und noch keine glasierte Ofenkacheln vor; die Burg dürfte um die Mitte des 14. Jahrhunderts aufgelassen worden sein.[89] Dies deckt sich mit den Beobachtungen in der Nordschweiz, wo die glasierte und reliefierte Ofenkeramik um 1330/50 die unglasierten Becherkacheln verdrängt. Die ältesten, datierten und glasierten Ofenkacheln sind von der spätestens 1337 zerstörten Burgruine Rohrberg im Berner Oberaargau bekannt.[90] Dann treten sie gehäuft in Fundkomplexen auf, die 1356 beim Basler Erdbeben abgelagert worden sind (Abb. 53).[91] Die reliefierten und glasierten Ofenkacheln der 1384 zerstörten Gestelnburg im Wallis datiert Gabriele Keck aus stilistischen Gründen in die Zeit um 1330 bis 1350.[92] In jüngeren Fundkomplexen treten immer glasierte Ofenkacheln auf, so in den im Sempacher Krieg um 1389 zerstörten Luzerner Burgen Schenkon und Hasenburg und auch in der 1415 grösstenteils zerstörten Alt-Wartburg.[93] Die glasierte Napfkachel aus Phase 9 (Taf. 14,2) kann also frühestens in die Mitte des 14. Jahrhunderts datiert werden.

3.1.4 Technische Keramik

In den Schichten der Phase 1 sind zwei Gefässböden aus sehr hartem, hellbeige-gelblichem Ton gefunden worden (Taf. 1,1–2, Abb. 55). Es handelt sich um die Reste zweier *Glashäfen*, die vor 1034 – vielleicht sogar vor 958 – zu datieren sind. Innen sind Wülste vom Aufbau von Hand, aussen Spuren vom Nachdrehen auf der Töpferscheibe erkennbar. Auf dem einen Boden (Taf. 1,1) haften braune, rote und grüne Glasreste; an seiner Aussenseite klebt Schlacke. Die Gefässwand wurde wahrscheinlich mit Absicht an ihrer dicksten Stelle unmittelbar über dem Boden abgeschlagen, um die Glasreste im Innern zu gewinnen. Andere, dunkelrot verbrannte Scherben mit anhaftenden Glasresten stammen von Glashäfen aus Lavez (Abb. 55 und 61).[94] Weitere Spuren von Glasherstellung oder Glasverarbeitung sind Tesserae, Tropfen und Schlacken (Kap. 3.3.4).

Für Glashäfen wird ein spezieller, hitzebeständiger Ton benötigt. Theophilus erwähnte um 1120 in seinem Traktat „De diversis artibus", dass weisser Ton verwendet werden soll („*lutum album, ex quo componuntur ollae*").[95] Hochmittelalterliche Vergleiche für die Glashäfen aus Müstair sind im Gebiet des Klosters und der Stadtwüstung Corvey gefunden worden (Abb. 56).[96] Sie werden in die Zeit zwischen der Klostergründung 822 und der Zerstörung der Stadt 1265, mehrheitlich aber ins 9./10. Jahrhundert datiert. Die Glashäfen aus Corvey sind im Vergleich mit jüngeren auffallend klein und passen aufgrund ihrer Grösse gut zu den Müstairer Exemplaren.[97]

Aus Phase 9 stammt das Fragment eines *Bronzeschmelztiegels* (Taf. 14,1). Der Scherben ist hart, porös und relativ leicht. Auf der Innenseite ist er verschlackt; Tropfen von Bronzeresten kleben unter dem Rand.[98] Tiegelfunde aus Bonn (vermutlich 12. Jahrhundert) und den Klosterwerkstätten von Corvey zeigen, dass Bronzeschmelztiegel ähnlicher Form im Hochmittelalter verwendet worden sind.[99]

3.2 Lavezgefässe

Den Phasen 1 bis 9 sind 104 Lavezscherben zuzuweisen (Abb. 57). Alle Lavezgefässe sind gedreht; kein einziges Exemplar ist von Hand ausgehauen. Einige Lavezscherben sind durch ihre Verwendung als Kochtöpfe auf

Phase		Lavezscherben	Verhältnis Lavez zu Geschirrkeramik (Scherben)	Durchschnittliche Wanddicke der Lavezscherben (in mm)	Durchschnittlicher Ø der Lavezgefässe (n = Gefässe mit messbarem Ø)
1	Vom Bau des Plantaturmes bis zum Bau des Nordkreuzganges	4	4 : 0	6,8	24 (n=1)
2	Vom Bau des Nordkreuzganges bis zum Bau des steinernen Gebäudes P154	22	1 : 1,8	5,8	21,5 (n=4)
3	Vom Bau des steinernen Gebäudes P154 bis zu seinem zweiten Brand	3	1 : 2	6,3	30 (n=1)
4	Zweiter Brand des steinernen Gebäudes P154	1	1 : 9	–	–
5	Letzte Benützung des steinernen Gebäudes P154	3	ca. 1 : 30	5,7	15,5 (n=2)
6	Ältere Schichten des Ofenhauses P513	1	1 : 6	–	–
7	Letzter Brand des steinernen Gebäudes P154 (Schicht P344)	3	ca. 1 : 40	7,5	15 (n=1)
8	Grube P438 im Ofenhaus P513	–	–	–	–
9	Brand- und Abbruchschichten des Ofenhauses P513	67	1 : 1,7	3,6	19 (n=1)

57 Verteilung der Lavezscherben auf die 9 Phasen im Oberen Garten und ihre Wanddicken beziehungsweise Mündungsdurchmesser.

der Aussenseite russig geworden (Taf. 1,3; 1,9; 9,1). Viele Scherben sind durch einen sekundären Brand verfärbt, beschädigt und spröde, was eine optische Klassierung erschwert.

Lavez ist ein Material, das im Vergleich zur Keramik bei der Formgebung nur geringe Gestaltungsmöglichkeiten zulässt. Eine typologische Ordnung der Lavezfunde ist deshalb nicht einfach. Sofern die Böden erhalten sind, handelt es sich um Wackelböden (Taf. 1,3; 9,1; 16,5; 16,8). Viele Wandscherben haben Drehrillen an der Innenseite (Taf. 6,1–2; 16,4–5). Ein chronologisch aussagekräftiges Merkmal bei den Laveztöpfen kann die Entwicklung der Wanddicken sein.[100] Die Wanddicke unserer Stücke beträgt in der Regel 6–7,5 mm. Nur die Lavezscherben der jüngsten Phase 9 unterscheiden sich vom Rest mit einer durchschnittlichen Wanddicke von weniger als 4 mm (Abb. 57). Das Verhältnis von Lavez zu Gefässkeramik beträgt etwa 1:4 und entspricht der in Graubünden üblichen Verteilung (Abb. 57).

Lavez (Speckstein, Steatit) steht in den Walliser Südtälern, im Aostatal, in den Ossola-Tälern, im Sopraceneri, Misox und Calancatal, in der Surselva, im Oberengadin, Veltlin und Bergell an.[101] Der hochmittelalterliche Lavezabbau in Graubünden ist nach Erwin Poeschel unter anderem dadurch belegt, dass Otto der Grosse 956 und 960 dem Churer Bischof *vasellarii* aus Obersaxen und dem Bergell übertrug.[102] Seit dem 11. Jahrhundert liegen regelmässig Nachrichten über den Tiefbau zur Lavezgewinnung in Piuro östlich von Chiavenna vor.[103] Auf der Burg Norantola bei Cama im Misox sind mittelalterliche Halbfabrikate von Lavezbechern ausgegraben worden. Es handelt sich um gedrehte Becher, in denen zum Teil noch der Kern steckt, das eigentliche Abfallprodukt. Sie stammen aus dem Brandschutt im Südtrakt der Burg, die im 13. Jahrhundert erbaut und 1480/83 zerstört worden sein dürfte.[104] Die nächsten Lavezvorkommen bei Müstair befinden sich in Schuls/Scuol und Ftan. Von diesen Orten ist aber kein Abbau bekannt.

Ein Vergleich der Lavezfunde vom Oberen Garten mit den römischen Funden aus Chur zeigt sofort einige Unterschiede: Im Oberen Garten fehlen Becher, Schüsseln und Schalen sowie gehauene, massive Töpfe mit Vertikal-

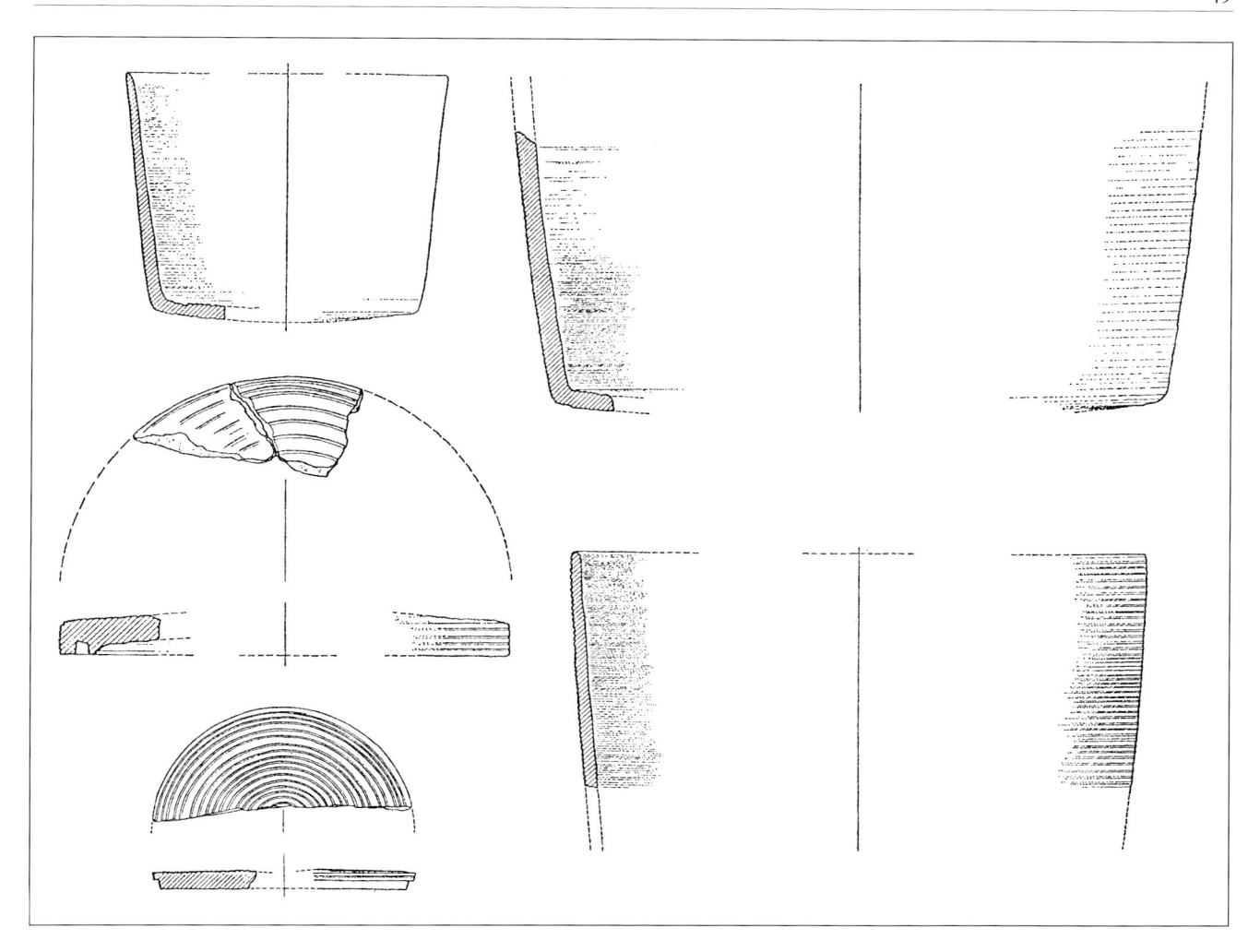

58 Lavezfunde aus Lugano-Maghetti. Sie müssen älter sein als der Bau der Stadtmauer 1512 und stellen die beste Parallele zu den Lavezfunden aus dem Oberen Garten dar. Massstab 1:4.

furchen, die nach Anne Hochuli-Gysel ins 1. oder 2. Jahrhundert zu datieren sind.[105] Die Chronologie mittelalterlicher Lavezgefässe ist noch unklar, weil zeitlich eng datierte Fundkomplexe fehlen.[106] Aus dem Frühmittelalter stammen wahrscheinlich die Funde von Castelseprio in der Lombardei (5.–8. Jahrhundert?).[107] Der einzige Vergleichskomplex für hoch- oder spätmittelalterliches Lavez stammt aus Lugano, wo zehn Gefässe und vier Deckel vor 1512 zu datieren sind (Abb. 58).[108] Im Südtirol und im weiteren Ostalpenraum sind mittelalterliche Lavezgefässe seltener als in Graubünden und den südlichen Alpentälern. Bezüglich der feinen Kanneluren sowie der geringen Wanddicken und Mündungsdurchmesser passen die Lavezfunde aus Lugano am besten zu den Funden aus dem Oberen Garten, die deshalb in hoch- oder spätmittelalterliche Zeit datiert werden können.

Paul Gleirscher hat die bis 1988 in Müstair geborgenen Lavezfunde bereits umfassend vorgelegt und in den Zeitraum von der frühen Römischen Kaiserzeit bis ans Ende des Frühmittelalters datiert.[109] Es handelt sich dabei aber nur zum Teil um Funde, die aufgrund ihrer Lage im Hanglehm W107 der vorklösterlichen Zeit zugewiesen werden müssen. Mehrheitlich stammen diese Scherben aus jüngeren Schichten, die im Gegensatz zum Oberen Garten viel umgelagertes Material enthalten. In einem groben Überblick lassen sich diese Funde – abgesehen von den Deckeln und den Scherben mit getreppter Wandung – gut mit den stratifizierten Funden aus dem Oberen Garten vergleichen. Daher ist zu vermuten, dass viele dieser Lavezfunde auch ins Hoch- oder Spätmittelalter datiert werden können. Eine eingehendere Beurteilung ist vielleicht möglich, wenn auch die Lavezfunde aus den karolingischen Schichten in Müstair untersucht sind.

3.3 Glasfunde

3.3.1 Glasgefässe

Von den 297 Hohlglasscherben sind fast drei Viertel grün oder blaugrün, knapp ein Viertel ist farblos oder sehr schwach farbstichig (Abb. 59). Die Hohlglasscherben verteilen sich sehr ungleichmässig auf die verschiedenen Phasen. Besonders zahlreich sind sie mit 218 Stück in der Grube P438 (Phase 8). Aus Phase 2 liegen immerhin 25 Scherben vor, die vermutlich Produktionsabfälle sind.

Der am meisten vertretene Hohlglastyp ist der *Nuppenbecher*. Es handelt sich vorwiegend um Becher vom „Schaffhauser Typ" aus hellgrüner oder hell blau-grüner Glasmasse. Die Gesamtproportion der Nuppenbecher kann zwar beträchtlich variieren, ihr Aufbau ist aber ausgesprochen einheitlich: Über gekniffenem Fussring und hochgestochenem Boden stehen am Bauch in mehreren diagonalen Reihen je vier bis sechs Nuppen. Ein Faden trennt den Gefässbauch vom unverzierten Trichterrand. Mindestens sieben Nuppenbecher lagen in der Aschegrube P438 (Phase 8, Taf. 12, Abb. 60). Zu den Phasen 5, 7 und 9 gehören weitere meist kleine Wandscherben (Taf. 6,3–4; 6,10; 9,2–3; 16,11–12; 16,14–15; 16,17–19), unter denen vor allem ein paar farblose Fragmente bemerkenswert sind (Taf. 6,3; 9,2; 16,11–12). In den Schichten der Phasen 4 und 5 fanden sich Fragmente von Bechern mit grossen, flachen Nuppen (Taf. 3,10; 6,10–11).[110]
Nuppenbecher traten in Sizilien und Apulien bereits im 12. Jahrhundert auf und verbreiteten sich daraufhin über ganz Europa.[111] Das Hauptverbreitungsgebiet der grünen Nuppenbecher vom „Schaffhauser Typ" liegt in Süddeutschland, Österreich, der Schweiz und im Elsass. Farblose Nuppenbecher sind seltener und kommen nördlich der Alpen in Fundkomplexen aus der Zeit vor 1290 bis vor 1356 vor.[112] In der mittelitalienischen Hafenstadt Tarquinia sind aber farblose Nuppenbecher mit glattem Fussring ausgegraben worden, die aufgrund von Münz- und Bleisiegelfunden erst 1382 beziehungsweise 1400 in den Boden gelangt sind.[113] Datierte, grüne Nuppenbecher des „Schaffhauser Typs" stammen aus Fundkomplexen, die nach 1224/1301 bis nach 1399 datiert sind.[114] Es scheint, dass die farblosen Nuppenbecher zwar früher auftreten, aber später beide Typen gleichzeitig verwendet worden sind.

In der Aschegrube P438 sind die Scherben einer *Scheuer* gefunden worden (Phase 8, Taf. 11,9, Abb. 60). Scheuern sind relativ kleine, stark gebauchte Becher mit Henkel, die als Bodenfunde von 1278 bis nach 1399 nachgewiesen sind.[115] Die Müstairer Scheuer besteht aus farblosem Glas und hat einen kobaltblauen Rand. Die sehr dünne, gebauchte Wandung zeigt feine Vertikalrippen. Das Fragment eines bandförmigen Ringhenkels mit Mittelrippe kann zwar nicht angepasst werden, gehört aber sehr wahrscheinlich zur Scheuer.

Aus den Phasen 5 und 9 stammen drei Scherben von *emailbemalten Bechern* (Taf. 6,5; 16,9). Es handelt sich um eine Rand- und zwei Wandscherben aus farblosem bemaltem Glas. Die Bemalung besteht aus einer rot-gelb-roten Horizontallinie und Spuren einer weissen Schrift. Emailbemalte Becher weisen ein nur wenig geschwungenes, oft fast gerades bis konisches Profil mit Trichterrand auf. Die Bemalung ist insgesamt recht einheitlich: Über einer rot-gelb-roten Horizontallinie zieren figürliche Darstellungen den Mittelteil des Bechers. Den oberen Abschluss bildet meist ein weisses Schriftband zwischen zwei weiteren rot-gelb-roten Linien. Datierte emailbemalte Becher stammen aus der Zeit zwischen 1224 und 1364.[116] Emailbemalte Gläser sind in ganz Europa regelmässig zusammen mit anderen Gläsern gefunden worden und daher kaum als ausgesprochene Schaustücke anzusprechen. Aufgrund ihrer einheitlichen Form wird aber vermutet, dass alle in der Region um Murano hergestellt worden sind.[117]

Phase		Grün/blaugrün	Farblos oder mit sehr schwachem Farbstich	Gelb	Braun	Rot	Blau	Total	Anteil der Glasscherben an der Gesamtmenge der Keramik- und Glasscherben in %
1	Vom Bau des Plantaturmes bis zum Bau des Nordkreuzganges	4 WS						4 WS	44
2	Vom Bau des Nordkreuzganges bis zum Bau des steinernen Gebäudes P154	2 RS, 1 Henkel, 14 WS	1 WS	2 WS		2 WS	3 WS	2 RS, 22 WS, 1 Henkel	29
3	Vom Bau des steinernen Gebäudes P154 bis zu seinem zweiten Brand	2 WS			1 RS			1 RS, 2 WS	27
4	Zweiter Brand des steinernen Gebäudes P154	4 WS	1 RS, 1 WS	1 WS				1 RS, 6 WS	29
5	Letzte Benützung des steinernen Gebäudes P154	10 WS	1 RS, 4 WS		1 WS			1 RS, 15 WS	13
6	Ältere Schichten des Ofenhauses P513								0
7	Letzter Brand des steinernen Gebäudes P154 (Schicht P344)	2 WS	1 BS, 1 WS	1 WS				4 WS, 1 BS	4
8	Grube P438 im Ofenhaus P513	25 RS, 111 WS, 27 BS	7 RS, 33 WS, 11 BS, 1 Henkel	3 WS				32 RS, 147 WS, 38 BS, 1 Henkel	77
9	Brand- und Abbruchschichten des Ofenhauses P513	2 RS, 9 WS, 1 BS	3 RS, 3 WS					5 RS, 12 WS, 1 BS	2
Total		29 RS, 156 WS, 28 BS, 1 Henkel	12 RS, 43 WS, 12 BS, 1 Henkel	7 WS	1 RS, 1 WS	2 WS	3 WS	43 RS, 212 WS, 40 BS, 2 Henkel	

59 *Verteilung der Hohlglasscherben auf die 9 Phasen (RS – Randscherbe, WS – Wandscherbe, BS – Bodenscherbe).*

Aus den Phasen 5 und 9 stammen Wandscherben farbloser *Rippenbecher* (Taf. 6,6; 16,13). Farblose Rippenbecher sind vor allem in Süddeutschland und der Schweiz, aber noch nicht in Italien gefunden worden. Ihre Grundform ist zylindrisch mit grosszügig ausladendem Rand.[118] Ein farbloser Becher mit kräftig vortretenden Rippen diente in der Kirche St. Lucius und Florinus in Walenstadt als Reliquienbehälter. Sein Wachsdeckel trug das Siegel des Churer Bischofs Siegfried von Gelnhausen (1298–1321); der Altar wurde am 20. März 1306 geweiht. Die Scherbe mit schwächer ausgeprägten Vertikalrippen (Taf. 16,13) ist eher mit einem jüngeren Reliquienglas aus einem 1403 geweihten Altar in Bildechingen in Baden-Württemberg verwandt.[119]

Aus Phase 7 stammt die Wandscherbe eines Gefässes mit *optisch geblasener Musterung* (Taf. 9,5). Sie besteht aus relativ dickwandigem, dunkelgrünem Glas und ist mit versetzt angeordneten, kleinen Dellen verziert. Solche Dellen-Verzierungen sind typisch für „optisch geblasene" Becher. Ein farbloser

Becher mit einem ähnlichen Dekor stammt von Basel-Augustinergasse (vor 1290/1300),[120] und eine weitere farblose Scherbe mit ähnlichem Dekor ist auf der Ruine Grünenfels bei Waltensburg gefunden worden, die um die Mitte des 14. Jahrhunderts aufgelassen worden ist.[121]

60 *Die Hohlgläser aus der Grube P438 im Ofenhaus P513 (vgl. Taf. 11 und 12).*

Verschiedene Scherben stammen sehr wahrscheinlich von *Glasflaschen*. Zu Phase 3 gehört eine gelb-hellbraune Randscherbe (Taf. 2,7) und zu Phase 9 ein grünes Halsfragment mit einem nach aussen gestauchten Wulst (Taf. 16,16). Ähnliche verdickte Ränder sind von verschiedenen Flaschen bekannt, so von einer Flasche mit Stauchungsring, die in einer Latrine unter der Augustinerkirche in Basel gefunden worden ist (vor 1290/1300), oder von einem Stück aus der Latrine des Augustinereremiten-Klosters in Freiburg (nach 1278).[122] Eine weitere Flaschen-Scherbe aus Phase 9 besteht aus farblosem Glas mit einer gewellten, kobaltblauen Fadenauflage (Taf. 16,10). Weitere mögliche Scherben von Flaschen liegen aus den Phasen 5 und 7 und aus der Aschegrube P438 vor (Taf. 6,7 und 6,8 mit Fadenauflage; 9,4; 11,15).

Zwei frühe hellblaue bis grüne Randscherben von Bechern sind aus Schichten der Phase 2 geborgen worden (Taf. 1,11–12). Aus einer leicht gelbstichigen Randscherbe aus Phase 4 muss ein Gefäss mit ausgeprägtem Trichterrand rekonstruiert werden (Taf. 3,11). Trichterbecher dienten im 9./10. Jahrhundert als Trinkgläser und *Lampen* und fanden als Hängelampen bis ins Spätmittelalter Verwendung. Aus der Aschegrube P438 (Phase 8) stammen die farblosen Scherben von kleinen, unverzierten (Lampen-?) Schälchen (Taf. 11,10–11, Abb. 60).[123]

3.3.2 Flachglas

Aus Phase 4 stammen Flachglasscherben, die durch die Lagerung im Boden stark korrodiert sind. Im Kern ist aber ersichtlich, dass das Glas ursprünglich schwach grünstichig war. Auf den Scherben sind zwei Pinselstriche eines schwachen Schwarzlot-Auftrages, der zu einem Faltenwurf gehört haben könnte. Die Qualität des Glases ist sehr gut, es ist ausgesprochen flach und weist – soweit erkennbar – keine Bläschen auf. Aufgrund der Glasqualität möchte Stefan Trümpler die Scherben eher ins späte als ins frühe 13. Jahrhundert datieren. Wir kennen aber die fortgeschrittene italienische Glastechnik jener Zeit viel zu wenig, um eine frühere Datierung ausschliessen zu können.[124]

Die Flachglasscherben weisen auf eine bemalte Fenster-Verglasung hin, die vor dem zweiten Brand zum Obergeschoss des steinernen Gebäudes P154 gehört haben kann. Die wenigen Scherben könnten zwar auch von einem anderen Ort, zum Beispiel aus der Kirche, an ihren Fundort gelangt sein. Da aber im gleichen Zusammenhang auch Wandmalereireste gefunden worden sind (Kap. 3.6), ist die Möglichkeit verglaster Fenster im Gebäude P154 zu prüfen. Ekkehard IV. erwähnt im 10. Jahrhundert, dass das Skriptorium von St. Gallen verglast war, und im Ordo Farfensis wird ungefähr zur gleichen Zeit beschrieben, dass das Dormitorium und das Refektorium der Abtei Farfa bei Rom Glasfenster hatten.[125] In den Erzählungen des Parzival beschreibt Chrétiens de Troyes um 1160/70 den Palas der Gralsburg und erwähnt das reich bemalte Fensterglas. Auch Wolfram von Eschenbachs Parzival nennt um 1210/20 die Verglasung („... einhalp der kemenaten want vil venster hete, da vor glas ..."). [126] Archäologische Fensterglasfunde stammen vom Runden Berg bei Urach (9./10. Jahrhundert), von der 1209 geschleiften Burg Oberwittelsbach und aus Memmingen (um 1200).[127] Bei diesen Funden könnte es sich freilich auch um die Verglasungen von Kapellen handeln. Aus England stammen aber sicherere Belege:[128] Ein Glasfenster mit einer Heiligendarstellung schmückte vor 867 das Gästehaus von Jarrow, und im Jahr 1179 wurde in England ein Glaser bezahlt „*ad reparandas fenestras vitreas domus Regis de Westmousterie*". Im Verlauf des 13. Jahrhunderts häufen sich die Informationen zu Glasmalereien in englischen Königsresidenzen, wobei nicht nur Palastkapellen, sondern auch Profanräume geschmückt wurden. Eine farbige Verglasung in Wohnräumen von Klöstern und Residenzen des Hochmittelalters ist daher nicht von der Hand zu weisen.

61 *Die Reste von Glasverarbeitung aus Phase 2. Links Fragmente von Glashäfen, rechts Glastropfen, Glasbruch und Tesserae.*

3.3.3 Glasperle

Aus der Phase 4 stammt eine unregelmässig bikonische Perle aus korrodiertem Glas. (Taf. 3,12). Ursprünglich war das Glas blau-grün mit vier gelben „Augen". Die Augen bestehen aus eingeschmolzenen, schleifen- oder spiralförmigen Glasfäden. Die Glasfläche im zentralen Loch, das sich leicht konisch verjüngt, ist sehr sauber und gerade.

Zur Datierung der Glasperle kann nichts Genaues gesagt werden, da sie hinsichtlich ihrer Form, gröberen Machart und unsorgfältigen, gelben Augenverzierung zu keinem bekannten Perlentyp gehört. Es ist nicht auszuschliessen, dass die Perle aus Müstair ein umgelagertes frühmittelalterliches Schmuckstück ist.[129] Glasperlen gehören zum Beispiel auch zu den Funden des Gräberfeldes von Bonaduz,[130] und in Ost- und Nordeuropa sind Schmuckperlen aus Glas noch während des 8. bis 11. Jahrhunderts geläufig.[131] Im Hoch- und Spätmittelalter sind Glasperlen für Gebetsschnüre verwendet worden.[132] Eine schwarze Glasperle mit blauen, gelben und weissen Faden-

und Augeneinlagen ist auf der hochmittelalterlichen Burg Romatsried bei Kaufbeuren in Bayern gefunden worden.[133]

3.3.4 Reste von Glasverarbeitung

Neben den erwähnten Fragmenten von Glashäfen oder -schmelztiegeln (Kap. 3.1.4) sind weitere Verarbeitungsreste gefunden worden. Vorwiegend der Phase 2 sind Tesserae, Glastropfen, bunte Scherben und Glasbröckchen zuzuweisen (Abb. 61). Aber auch die Schichten der Phasen 1 und 5 haben einzelne Tesserae oder Glastropfen geliefert.

Die acht Tesserae haben eine Kantenlänge von etwa 5 mm und bestehen aus opaker grüner, dunkelroter oder blauer Glasmasse. Für das 7. und 8. Jahrhundert ist die Produktion von Tesserae in Norditalien, insbesondere in Ravenna und Torcello, belegt. Diese Produktion ging zum Teil in karolingische Mosaike ein, diente aber mehrheitlich der Glasverarbeitung als Rohmaterial.[134] In Müstair fehlt jeglicher Hinweis auf karolingische Mosaike, was die Deutung der Tesserae-Funde im Oberen Garten als Teile der Glasverarbeitung nahe legt.

Mehrere tropfenförmige Stücke können Fragmente geschmolzener Glasmasse oder Schaumbröckchen (Abb. 61 rechts oben) sein. Weitere Schlacken müssen noch untersucht werden, um ihre Zuweisung zur Glasverarbeitung zu bestätigen. Zusammen mit den Glashäfen belegen diese kleinen Glasreste aber eine Glasverarbeitung im Kloster Müstair, die sicher vor 1035, eher aber in karolingische Zeit zu datieren ist (Kap. 4.2). Glasverarbeitungsreste sind auch im Süd- und Osttrakt des karolingischen Klosters Müstair gefunden worden.[135]

Ähnliche Abfallprodukte sind im Kloster San Vincenzo al Volturno und im wikingerzeitlichen Handelsplatz Haithabu gefunden worden.[136] In den vergangenen Jahren sind vor allem in England, Nordeuropa und Mähren vermehrt Glaswerkstätten des 8. bis 11. Jahrhunderts nachgewiesen worden.[137] Die süd- und zentraleuropäischen Werkstätten liegen vorwiegend bei Klöstern, Bischofssitzen oder Königspfalzen, so in Arles, Augsburg, Corvey, Paderborn, Ravenna, Torcello, San Vincenzo al Volturno und Müstair.[138]

3.4 Metallfunde

Zur Phase 3 gehört ein dünnes geprägtes *Bronzeplättchen mit der Darstellung eines Löwen* (Taf. 2,8). Das nach links schreitende Tier ist von einem Perlrand umgeben und sehr naturnah abgebildet. Der Schwanz ist S-förmig geschwungen, hat einen Mittelknoten und einen ausgeprägten Schweif. Das Plättchen enthält zwei Nietlöcher und kann als Beschlag eines Gürtels, Kästchens oder Zaumzeugs gedient haben.[139] Geprägte Beschlägplättchen mit graviertem Zickzack-Rand sind auf der 1233 zerstörten Burg Wilnsdorf in Westfalen (Abb. 62) und weitere Zierbeschläge auf der 1138 zerstörten Entersburg bei Trier gefunden worden.[140] Von der Burg bei Rodewald (Niedersachsen) stammt eine vergoldete Plakette mit einem nach rechts schreitenden Löwen.[141] Diese Plakette ist aber etwas grösser als das Müstairer Blech und scheint gegossen zu sein.

Die Löwendarstellung des Müstairer Plättchens erinnert an heraldische Motive auf Siegeln. Vergleichbar sind etwa das Siegel Wilhelms von Lüneburg aus der Zeit nach 1202 und das Siegel Ottos des Kindes von 1229 (Abb. 63).[142] Beide zeigen einen ähnlich proportionierten, nach links schreitenden Löwen mit S-förmigem Schwanz mit Mittelknoten. Die typische Darstellung des Löwen legt eine Datierung auch des Müstairer Löwenplättchens in die erste Hälfte des 13. Jahrhunderts nahe.

Ein *Schliessbügel* aus vergoldeter Bronze (Taf. 2,9; Abb. 64) lag im steinernen Gebäude P154 (Phase 3). Er setzt sich aus zwei durch ein Scharnier

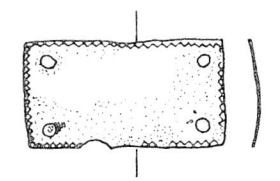

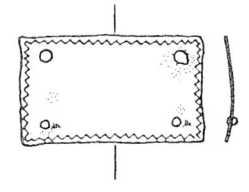

62 Wilnsdorf in Westfalen, Zierplättchen aus Buntmetall, datiert vor 1233. Das Plättchen entspricht dem Bronzeplättchen aus Schicht P38 (Taf. 2,8). Massstab 1:2.

63 Siegel mit Löwendarstellungen. Oben: Wilhelm von Lüneburg kurz nach 1202. Unten: Otto das Kind 1229. Die Löwendarstellungen entsprechen derjenigen auf dem Bronzeplättchen aus Schicht P38 (Taf. 2,8). Ohne Massstab.

Eginoturm und Wirtschaftsbauten im Oberen Garten

64   Der bronzene und vergoldete Schliessbügel aus dem steinernen Gebäude P154 (Taf. 2,9). Er lag in der Oberfläche des Hanglehms W107, direkt unter dem ersten Benützungsniveau P360. Ohne Massstab.

65   Essen-Domschatz, Minnekästchen um 1200. Die Schliesse entspricht derjenigen aus dem steinernen Gebäude P154 (Taf. 2,9). Ohne Massstab.

66   Cappenberger Barbarossakopf um 1155/60. Die Füsse entsprechen dem Köpfchen des Schliessbügels aus dem steinernen Gebäude P154 (Taf. 2,9). Ohne Massstab.

miteinander verbundenen Teilen zusammen, einem ehemals befestigten Teil mit Palmettenende und einem beweglichen Teil mit Öse. Der eine Teil weist eine siebeneckige Palmette, einen gerippten Schaft und ein Nietloch auf. Der andere Teil mit der Verschlussöse hat einen gerippten Schaft, der über das vorstehende Schlosskästchen gebogen war. Er ist als Tier ausgebildet, dessen Kopf weit geöffnete, mandelförmige Augen und eine deutlich ausgebildete Schnauze zeigt.

Der Schliessbügel muss als Verschluss einer kleinen Truhe, etwa eines Reliquienschreins oder Minnekästchens, gedeutet werden. Ein Minnekästchen aus der Zeit um 1200, das einen Schliessbügel mit Tierkopf aufweist, wird im Domschatz Essen aufbewahrt (Abb. 65).[143] Ähnliche Tierköpfe sind auch als Füsse von Reliquiarien, Leuchtern und Kreuzständern zu beobachten. Sie werden in der Regel dem niedersächsischen, lothringischen oder rheinländischen Bronzehandwerk des mittleren und späten 12. Jahrhunderts zugewiesen.[144] Der Cappenberger Barbarossakopf von 1155–1160 (Abb. 66) und das Alexander-Reliquiar, das Godefroid de Huy 1145 in Stavelot gestaltet hat, zeigen solche Tierfüsse.[145] Daher muss der Müstairer Schliessbügel um die Mitte des 12. Jahrhunderts datiert werden.

Aus Phase 5 stammt ein stark fragmentiertes hülsenförmiges Bronzeblech (Taf. 6,15). Nach den spärlichen Resten zu schliessen, handelt es sich um eine Hülse, die auf einem achteckigen Stab angebracht gewesen ist. Das Blech ist mit schraffierten Ritzlinien verziert; ein *plastisch getriebenes Köpfchen* bildet den Abschluss. Diesbezüglich ist ein gegossener Anhänger mit bärtigem Köpfchen vergleichbar, der auf der nach 1306 aufgelassenen Ruine Erpfenstein in Tirol gefunden worden ist (Abb. 51).[146]

Zu Phase 7 gehören die verbeulten Reste eines *getriebenen Bronzekessels* mit Eisenkette (Taf. 9,6; Abb. 67). Der Kessel war einst kugelförmig mit abgesetztem schmalem Trichterrand von ursprünglich 14,9 cm Durchmesser. Am Rand waren mit je zwei Nieten eiserne Ösen für die Aufhängekette angebracht. Während die eine Öse noch am Kessel gefunden wurde, kam die andere (Taf. 9,7) getrennt vom Kessel zum Vorschein. Unter der einen Aufhängung befindet sich eine Ausgusstülle aus einem zusammengerollten Blech, das mit Bronzenieten befestigt ist. Auf der Innenseite bilden 25 ausgestochene Löcher ein Sieb an der Stelle des Ausgusses. Der Kessel ist innen am Boden mit einem angenieteten Blech geflickt.

Der beste Vergleichsfund stammt aus dem unteren Teil der Zisterne der Burgruine Sonnenburg in Natters bei Innsbruck (Abb. 68).[147] Der Kessel aus Natters gleicht demjenigen aus Müstair bis auf das fehlende Sieb beim Ausguss. Er war mit einem Randdurchmesser von 19 cm etwas breiter, aber

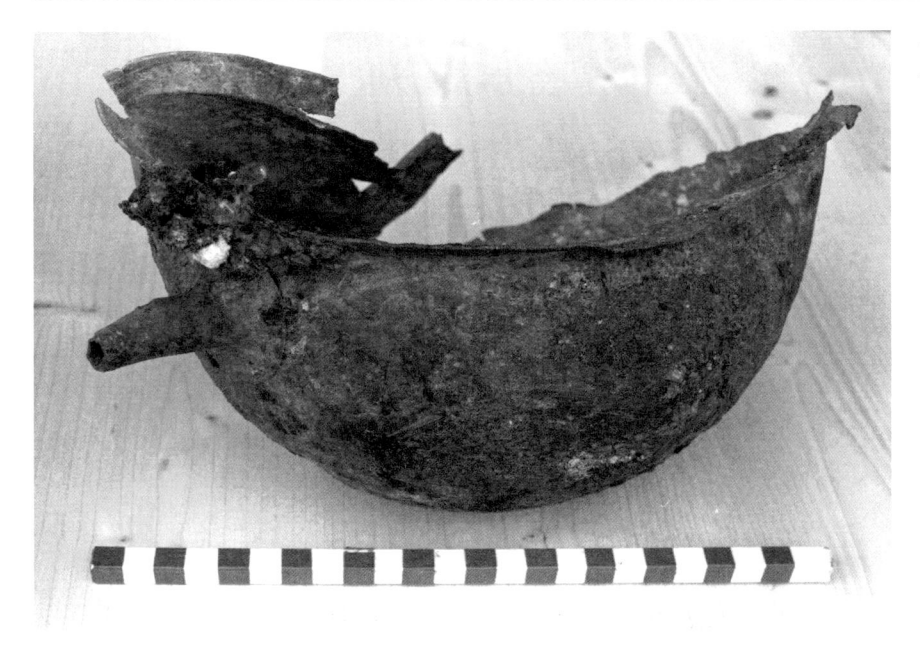

67 Der Kessel aus der Brandschicht P344 (Taf. 9,8) im Fundzustand.

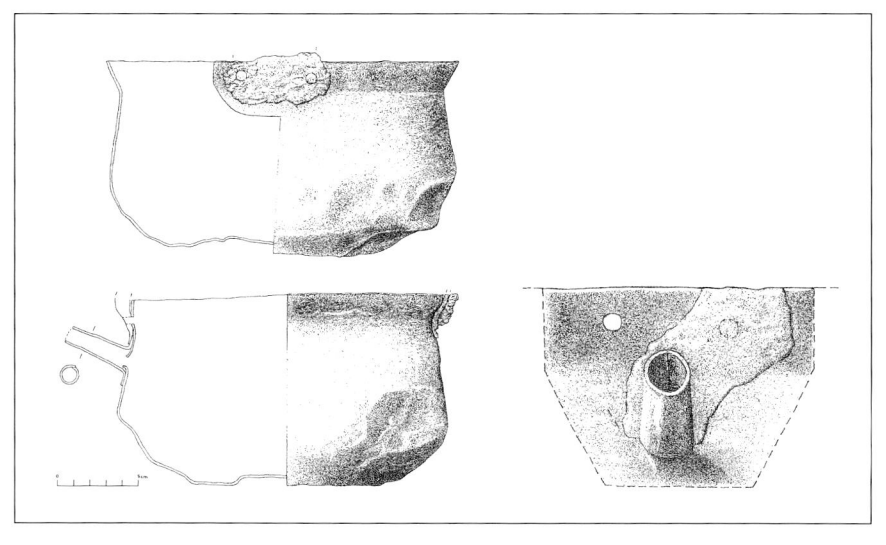

68 Bronzekessel aus der Burg Natters-Sonnenburg bei Innsbruck. Dies ist das beste Vergleichsstück für den Kessel aus der Brandschicht P344 (Taf. 9,8). Ohne Massstab.

ungefähr gleich hoch. Die Form des Ausgusses und die Eisenkette entsprechen dem Kessel aus Müstair.

Mehrere *Attaschen* und *Schnallen* stammen aus der Phase 7. Lilienförmige Bronzebleche stammen von mindestens drei Attaschen (Taf. 9,6), die in der Mitte Nietlöcher aufweisen und an einem Holzeimer oder Holzkästchen angebracht gewesen sein könnten.

Zwei Schnallen dürften zu Gürteln oder Schuhriemen gehört haben (Taf. 9,10–11). Die eine Schnalle hat einen profilierten, gegossenen Bügel. Ein ähnlicher, profilierter Schnallenbügel stammt von der Burgruine Grünenfels bei Waltensburg, die nach 1321 aufgelassen worden ist (Abb. 69).[148] Schnallen mit profiliertem Bügel waren im 13. und frühen 14. Jahrhundert in ganz Europa von England bis Ungarn und Polen, von Skandinavien bis Italien verbreitet.[149]

Die *Bleirute* einer Fenster-Verglasung stammt aus der Phase 2 (Taf. 1,19). Karolingische Ruten wurden zum Beispiel in Paderborn und San Vincenzo al Volturno, hochmittelalterliche auf der Ruine Schiedberg bei Sagogn und dem Bischofstein bei Sissach gefunden.[150] Die Profile der erhaltenen Bleie aus der Zeit vor dem 13. Jahrhundert sind aber etwas anders. Aufgrund der Höhe von 6 mm und der beidseitigen Einbuchtung zu einer Art H-Profil wäre es möglich, die Bleirute aus Müstair zur Fassung von relativ dünnen

69 Waltensburg-Grünenfels, profilierte Bronzeschnalle des 13. oder frühen 14. Jahrhunderts. Vergleichsfund zur Bronzeschnalle aus der Brandschicht P344 (Taf. 9,11). Masstab 1:2.

Phase		Nägel	Messer	Schlüssel	Schlossbestandteile	Identifizierbares Gerät	Beschläge, Stifte etc.
1	Vom Bau des Plantaturmes bis zum Bau des Nordkreuzganges	12	1?	–	–	–	2
2	Vom Bau des Nordkreuzganges bis zum Bau des steinernen Gebäudes P154	50	1	1	–	1 Haken	4
3	Vom Bau des steinernen Gebäudes P154 bis zu seinem zweiten Brand	8	1	–	–	–	1
4	Zweiter Brand des steinernen Gebäudes P154	32	–	2	1 Türriegel, 1 Schloss	1 Axt, 1 Angelhaken	10
5	Letzte Benützung des steinernen Gebäudes P154	34	2	4	1 Schlossriegel	–	8
6	Ältere Schichten des Ofenhauses P513	4	–	–	–	1 Geschossspitze, 1 Schnalle	–
7	Letzter Brand des steinernen Gebäudes P154 (Schicht P344)	23	2	2	1 Schloss, 1 Scharnier	1 Axt, 1 Hufeisen, 1 Kesselhenkel, 2 Fassbänder, 1 Kette	mind. 9
8	Grube P438 im Ofenhaus P513	20	–	–	–	–	–
9	Brand- und Abbruchschichten des Ofenhauses P513	41	1	2	–	1 Schere	mind. 8
Total		224	8	11	5	12	mind. 42

70 *Verteilung der Eisenfunde auf die 9 Phasen, gegliedert nach Typen.*

und kleinen Gläsern zu gebrauchen. Die Profilmasse und Länge des Stücks sowie seine eng gebogene Form lassen Stefan Trümpler[151] an eine Bleilasche zur Befestigung von verstärkenden Windstangen an Glasfenstern denken. Dünne Eisenstangen wurden zur Verstärkung der Bleifelder gegen den Winddruck über die Scheiben gelegt und mit kleinen Laschen an Kreuzungspunkten angelötet. Das Müstairer Stück wäre ein seltener Beleg für diese Technik schon in früher Zeit.

Von den 302 *Eisenfunden* der ausgewählten Fundkomplexe sind 74% Nägel (Abb. 70). Der Erhaltungszustand vieler Eisenobjekte ist sehr schlecht, viele sind nicht näher bestimmbar. Der Anteil an Waffen und Hufeisen ist mit je einem einzigen Stück erstaunlich gering. Auch landwirtschaftliche Geräte sind relativ selten (2 Äxte). Bei Burgengrabungen werden dagegen in der Regel anteilsmässig mehr Waffen, Steigbügel, Sporen, Hufeisen und landwirtschaftliche Geräte gefunden.[152]

Vor allem in den Schichten des steinernen Gebäudes P154 sind einige *Schlüssel* und *Schlossteile* gefunden worden (Phasen 4, 5, 7, 9: Taf. 4,5–6; 6,17–20; 9,14–15; 17,2–3). Die Schlüssel zeigen keine grossen Unterschiede: Fast alle sind etwa 6 bis 10 cm lang, haben eine runde Öse und – sofern erkennbar – einen hohlen Dorn. Ähnliche Schlüsselformen des 13. und 14. Jahrhunderts sind auf vielen mittelalterlichen Siedlungen in grosser Zahl vertreten.[153]

Aus Phase 4 stammen zwei Fragmente eines Türschlosses (Taf. 4,2). Sie weisen konzentrische Rippen zur Führung des Bartes auf und dürften zu einem Schloss gehört haben, das im Holz versenkt war. Die Rippen zeigen an, dass der Schlüsselbart auf der Vorderseite zwei Führungsrillen aufwies, von denen die obere tiefer war. Auf der Rückseite befand sich eine Führungsrille (vgl. Schlüssel Taf. 6,17).

Im Brandschutt P344 lagen ein Tür- oder Truhenschloss und zwei Teile eines Scharniers (Phase 7, Taf. 9, 13; 10,1). Beim Schloss handelt es sich um einen um 2,4 cm tiefen, 15 auf 12 cm messenden Kasten aus Eisenblech, in dem der Schliessmechanismus mit Riegel und Feder befestigt ist. Auf der Gegenseite war ein kleineres Blech mit einer Schlüsselführung angebracht. Ähnliche rechteckige Schlösser mit Schlüsselloch, Riegel und Schlossfeder wurden in der Grottenburg Riedfluh gefunden (12. Jahrhundert).[154] Eine dendrochronologisch „um oder nach 1179" datierte Urkundentruhe aus dem Kloster Ebstorf bei Lüneburg zeigt auch ein ähnliches Schloss.[155]

Ein einzelner *Schlossriegel* stammt aus Phase 5 (Taf. 6,23). Ähnliche Schlossriegel kommen immer wieder unter den Funden mittelalterlicher Burgen vor.[156] Möglicherweise ist ein weiteres Fragment als Schlossöse zu deuten (Taf. 1,23). Ein gut 30 cm langer Türriegel mit zwei Ankerhaken gehört zu Phase 4 (Taf. 4,1).

Die acht *Messerfragmente* verteilen sich auf die Fundkomplexe der Phasen 2, 3, 5, 7 und 9 (Abb. 70, Taf. 1,21; 2,12; 6,21–22; 9,12; 17,1). Teils handelt es sich um sehr kleine Fragmente, so dass die Deutung als Messer unsicher bleibt. Bei einem Messer (Taf. 9,12) ist die Schneide gerade und die Oberkante gekrümmt, eine Form, die auf Burgen mit Funden des 12. Jahrhunderts häufiger auftritt als später.[157] Das stratigraphisch jüngste Messer (Taf. 17,1) trägt den Abdruck des Griffholzes.

Zwei *Äxte* gehören zu den Phasen 4 und 7 (Taf. 4,4; 10,3). Die besser erhaltene Axt (Taf. 4,4) hat eine abgesetzte Tülle mit trapezförmigem Querschnitt und eine gerade Oberkante. Eine ähnliches Stück stammt von der Ruine Schiedberg bei Sagogn.[158]

Ein *Angelhaken* stammt aus Phase 4 (Taf. 4,3). Auf der Burg Niederrealta bei Cazis in Graubünden wurde ein ähnlicher Angelhaken gefunden.[159]

Der einzige „militärische" Fund, eine *Geschossspitze*, gehört zu Phase 6 (Taf. 7,4). Die Waffe hat eine weidenblattförmige Spitze mit rhombischem Querschnitt und einen Dorn, der in den Schaft gesteckt ist. Weidenblattförmige Geschossspitzen mit rhombischem Querschnitt treten auf Schweizer Burgen im 13. Jahrhundert auf und sind bis ins 15. Jahrhundert belegt.[160]

Aus Phase 7 stammt ein *Hufeisen* mit drei erhaltenen Hufnägeln (Taf. 10,2). Das Eisen hat ein längsgerichtetes, verdicktes Stollenende und eine mondsichelförmig verjüngte Rute. Ursprünglich hatte das Eisen wohl insgesamt sechs Nagellöcher; die Nägel weisen keinen ausgeprägten Kopf auf. In Fundkomplexen des 9. bis 12. Jahrhunderts sind nur Hufeisen mit Wellenrand und üblicherweise sechs Nagellöchern vertreten.[161] Hufeisenfunde von den Burgen Schönenwerd, Lägern, Scheidegg und von Basel-St. Jakobsbrücke lassen vermuten, dass im 13./14. Jahrhundert Hufeisen mit Mondsichelruten und acht Nagellöchern auftreten und mindestens bis im 15. Jahrhundert verwendet wurden. Aufgrund von Form und Anzahl Nagellöchern gehört das Eisen aus Müstair zu den frühen Hufeisen mit Mondsichelruten. Insbesondere von der zwischen 1348 und 1460 abgebrochenen St. Jakobsbrücke über die Birs in Basel stammt ein gutes Vergleichsbeispiel für unser Hufeisen.[162] Es zeigt ein ähnliches längsgerichtetes, verdicktes Stollenende.

Zu den Phasen 5 und 7 gehören Fragmente von *Fassriemen* (Taf. 10,5). Diejenigen aus dem Brandschutt P344 (Phase 7) gehören zu dem Fass, dessen Deckel gemäss Dendroanalyse nach 1306 hergestellt worden ist (F. 11). Das Fass stand in der Südostecke des Erdgeschoss-Raumes P115 des steinernen Gebäudes P154.

3.5 Muscheln, Knochen- und Steingeräte

Zu den Phasen 2, 4 und 7 gehören Fragmente von *Muscheln* (Taf. 1,13; 3,13; 9,9). Sie sind so stark fragmentiert, dass keine Befestigungslöcher mehr erkennbar sind, die Hinweise auf ihre Tragweise liefern würden. Zwei Muschelfragmente (Taf. 1,13 und 3,13) wurden zwar in verschiedenen Schichten, aber unmittelbar übereinander gefunden, so dass sie zusammen-

gehört haben könnten. Es handelt sich um Grosse Kammmuscheln (*Pecten maximus* nach Linnaeus 1758), die im Ostatlantik von der norwegischen Küste bis nach Spanien und zu den Azoren heimisch sind.[163]
Die Grosse Kammmuschel ist das besondere Abzeichen der Pilgerfahrt zum Grab des Apostels Jakobus in Santiago de Compostela. Sie kann am Wallfahrtsort erworben werden und dient als Nachweis der Pilgerfahrt. Im 11. Jahrhundert setzte die Jakobsfahrt in grösserem Umfang ein, und die Pilgermuschel wurde rasch zum generellen Pilgerattribut, etwa für Jakobs-Bruderschaften oder auch für die Wallfahrt zum Mont Saint-Michel. Kurt Köster hat Muschelfunde aus ganz Westeuropa und Skandinavien zusammengestellt.[164] Die ältesten Funde datieren ins 11. Jahrhundert; unser Stück aus Phase 2 zählt daher zu den frühen Muschelfunden (Taf. 1,13). Müstair ist zudem einer der südöstlichen Fundpunkte. Die meisten Muschelfunde stammen aus Gräbern, zum Teil auch von Klosterfrauen.[165] Nur 15% der Muschelfunde stammen wie unsere Stücke aus Siedlungen oder Klöstern.

Das Fragment einer *Knochenflöte* aus Phase 9 (Taf. 16,22) ist aus der Tibia eines Schafes oder einer Ziege geschnitzt. Gleichartige Knochenflötchen wurden auf den Ruinen Schiedberg bei Sagogn, Marmorera am Julierpass, Grünenfels bei Waltensburg und Frohburg geborgen.[166] Aus Müstair sind neben dem vorliegenden Exemplar zwei weitgehend unversehrte Stücke aus karolingischen Schichten bekannt.[167]
Aus Phase 9 liegen auch 16 flache *Beinringlein* vor (Taf. 16,23–24), die wahrscheinlich einst zu Gebetsketten beziehungsweise Paternosterschnüren gehört haben. Gebetsketten konnten aus 10 bis 150 Bein-, Elfenbein- oder Glasperlen bestehen. Sie waren schon in karolingischer Zeit bekannt und erfreuten sich seit dem 13. Jahrhundert einer weiten Verbreitung. Auch bei der kleinen, runden Perle aus Phase 8 kann es sich um eine Paternosterperle handeln (Taf. 11,8).[168]
Ein *Kammfragment* mit drei erhaltenen Zähnen gehört zu Phase 2 (Taf. 1,15). Es ist nicht zu bestimmen, ob es sich um einen einseitigen oder zweiseitigen Kamm gehandelt hat. Ein verziertes, rechteckiges Plättchen mit zwei Löchern für Nieten könnte als Mittelsteg für einen zweiseitigen Dreilagenkamm gedient haben (Taf. 1,16). Es stammt aus der gleichen Phase wie das Kammfragment und weist senkrechte Ritzlinien und Fischgrätritzungen auf, wie sie Kammstege des 11. bis 13. Jahrhunderts aus der norddeutschen Handelsstadt Schleswig zeigen.[169]

Wetzsteine von etwa 10 cm Länge und mit rechteckigem Querschnitt sind in den Schichten der Phasen 5 und 9 gefunden worden (Taf. 6,13–14; 16,20).[170] Sie bestehen aus Kieselkalk mit Schwammnadeln. Die nächsten Vorkommen dieses Gesteins befinden sich beiderseits des Südendes des Lago di Livigno. Diese Gesteinseinheit zieht sich über das Engadin und nördlich des Albulapasses bis südöstlich von Tiefencastel. Kieselkalke treten auch rund um das Nordende des Gardasees und vom Monte Bré über Como bis zum Lago d'Iseo auf. Abbaustellen sind ausser im Tessin nicht genauer bekannt.[171] Wahrscheinlich ist das gelochte Steinstück aus Phase 5 ebenfalls ein Wetzstein (Taf. 6,12). Ähnliche, beidseitig gelochte und aufhängbare, stangenförmige Wetzsteine sind in Haithabu gefunden worden.[172]

Im Brandschutt P344 (Phase 7) lag das Fragment eines *Mörsers* mit Brandspuren (Taf. 10,6, Abb. 72). Das Gerät hat die Form eines Kelchs mit hohem Fuss, besteht aus Rauwacke und ist sehr grob bearbeitet. Mittelalterliche Mörser sind nicht selten; kein Vergleichsbeispiel hat aber eine Kelchform, verbreiteter sind flachere Mörser mit Griffknospen.[173] Im Mörser lagen Getreidereste, die Danièle Martinoli im Labor für Archäobotanik der Universität Basel untersucht hat.[174] Sie setzen sich vor allem aus Körnern und Dreschresten von Saatgerste sowie unbestimmbaren Krusten zusammen. Daneben fanden sich wenige Hafer- und Roggenkörner, Unkräuter sowie Eierschalen- und Tierknochenfragmente.

3.6 Architekturfragmente

Die *steinernen Werkstücke* (Abb. 71) bestehen aus Rauwacke, einer günstig zu bearbeitenden und witterungsbeständigen Kalksteinart, die am Ofenpass ansteht und lokal im Geschiebe des Rombaches in grösseren Mengen auftritt.[175] Es handelt sich um Bogensteine[176] und Säulenfragmente[177] mit Durchmessern von 13 bis 17 cm. Viele Architekturfragmente sind im Abbruchschutt P47 des steinernen Gebäudes P154 (Phase 10) gefunden worden, den – was die Kleinfunde betrifft – eine grosse Vermischung mit jüngerem Material kennzeichnet.[178] Aber auch in unvermischten älteren Schichten sind vergleichbare Architekturfragmente gelegen: Das Fragment eines runden Säulchens[179] mit 14 cm Durchmesser stammt aus Phase 4 (Abb. 71,3), und Fragmente von Bogensteinen[180] sind in den Brandschichten der Phasen 4 und 7 gefunden worden (Abb. 71,1 und 4). Wir vermuten daher, dass alle Stücke vom steinernen Gebäude P154 stammen.

Aus den Bogensteinen sind mindestens vier Bögen von 50 cm Breite zu rekonstruieren. Sie dürften zu Fenstern gehört haben, die zusammen mit den Säulchen als Mittelstützen zu Biforien ergänzt werden können. Die Innenfläche der Bogensteine war verputzt. Die Steine sind gut 40 cm, seltener nur 30 cm tief. Zwei aneinander gefügte Werkstücke ergeben ungefähr die Mauerstärke des Gebäudes P154, die im Obergeschoss vielleicht etwa 70 bis 80 cm gemessen haben könnte. Die vier rekonstruierbaren Bögen dürften zu mindestens zwei Biforien gehört haben.

Im Brandschutt der Phase 7 lag das Fragment einer sich nach oben verjüngenden Halbsäule mit einem wulstförmigen Kämpferabschluss (Abb. 71,2).[181] Es könnte sich dabei um die Laibung des Kamins P110 handeln. Die Halbsäule ist allerdings etwas breiter als diejenigen Gewändesteine, die in der Nordmauer P108 des steinernen Gebäudes P154 eingemauert sind (F. 9).

Ziegel[182] sind in den Phasen 1 bis 5 mit knapp 350 Fragmenten relativ häufig, während in den jüngeren Phasen kein einziges Ziegelfragment nachgewiesen ist (Abb. 41). Bemerkenswert ist, dass selbst die Abbruchschicht P47 des steinernen Gebäudes P154 keine Ziegel geliefert hat. Das heisst, dass das steinerne Gebäude P154 und seine Nebenbauten nicht mit Ziegeln gedeckt waren (Kap. 5.1).

Trotz der starken Fragmentierung lassen sich Flach- und Hohlziegel unterscheiden, wobei die Hohlziegel deutlich seltener sind. Einige Flachziegel sind eindeutig als Reste von Leistenziegeln anzusprechen; kein Ziegelfragment zeigt hingegen eindeutige Merkmale jüngerer Flachziegeltypen (z. B. Nasen), wie sie im 12. Jahrhundert erstmals auftreten.[183] Wahrscheinlich handelt es sich bei den Ziegeln aus dem Oberen Garten um die Reste einer Leistenziegelbedachung mit *imbrices*. Mindestens die stratigraphisch ältesten Funde müssen älter sein als der Plantaturm. Da aber vom Abbruch des karolingischen Anbaus P340 bis zum Abbruch des Gebäudes P154 im Oberen Garten keine grösseren Abbruchschichten vorliegen, stammen vermutlich alle Ziegelfunde aus der Zeit vor dem Bau des Plantaturmes.

Im Westhof sind innerhalb des Hanglehms W107 vermutlich spätrömische Ziegelfehlbrände gefunden worden. Daher ist eine Datierung in vorklösterliche Zeit zwar nicht auszuschliessen.[184] Die Fundstelle der Ziegelfehlbrände liegt aber zu weit vom Oberen Garten entfernt, um einen unmittelbaren Zusammenhang mit den Funden im Oberen Garten nachweisen zu können.[185] So scheint es wahrscheinlicher, dass die Leisten- und Hohlziegel zum karolingischen Kloster gehört haben. In St. Gallen sind Leistenziegel gefunden worden, die mit grosser Wahrscheinlichkeit zur Bedachung des karolingischen Klosters gehört haben, und Romainmôtier soll noch im 11. Jahrhundert mit Leistenziegeln bedeckt gewesen sein.[186]

Wandmalereifragmente: Im Brandschutt des zweiten Brandes von Gebäude P154 fanden sich einige Fragmente von *al fresco* bemaltem Verputz (Phase 4).[187] Die helle Farbigkeit und die intensiven Rottöne der Malerei sind ty-

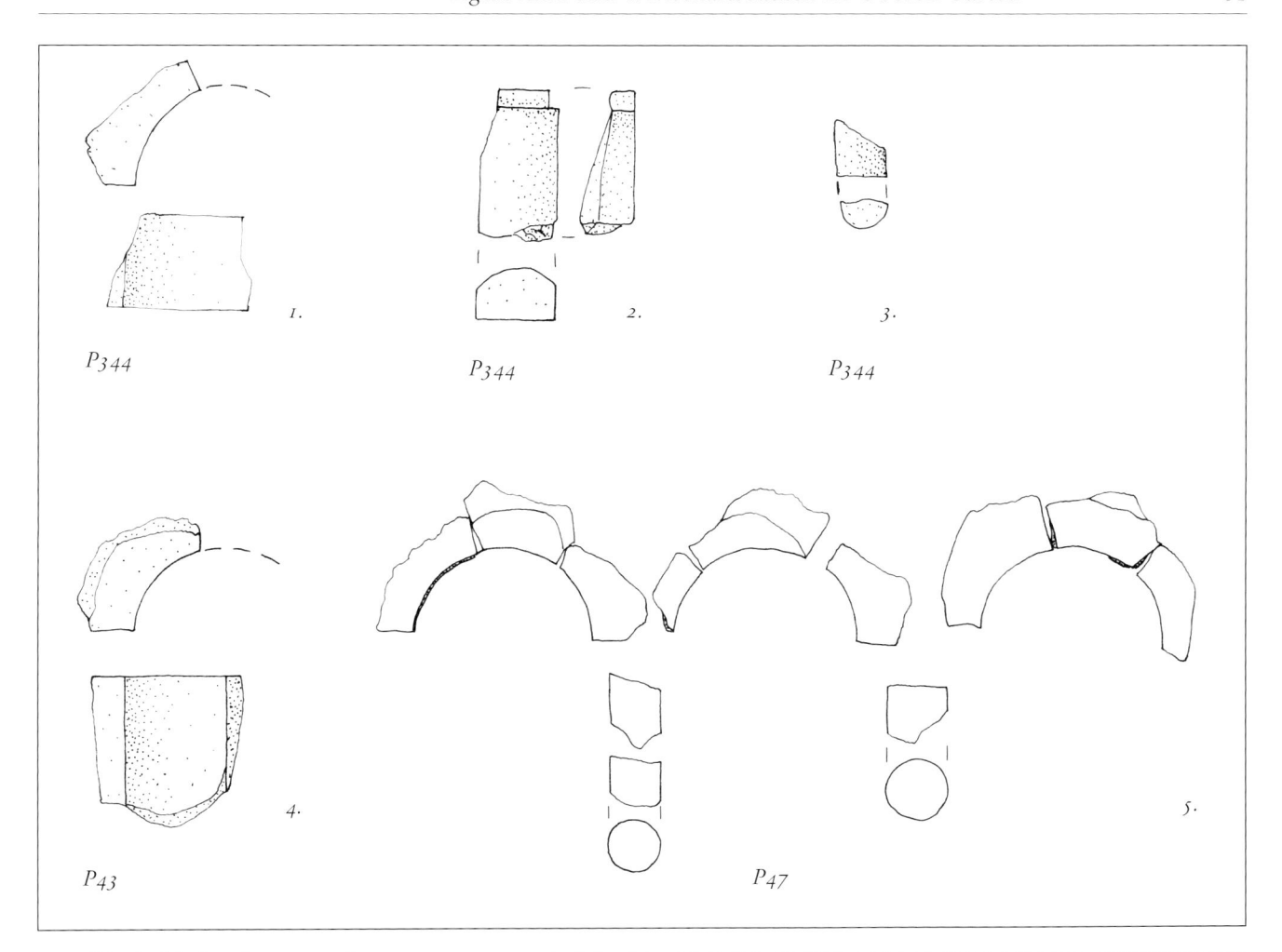

Eginoturm und Wirtschaftsbauten im Oberen Garten 61

71   Die Architekturfragmente des steinernen Gebäudes P154 mit Angabe der Fundschichten. Alle Stücke bestehen aus Rauwacke. Massstab 1:20.

72   Der Rauwacke-Mörser aus der Brandschicht P344 (Taf. 10,6) im Fundzustand.

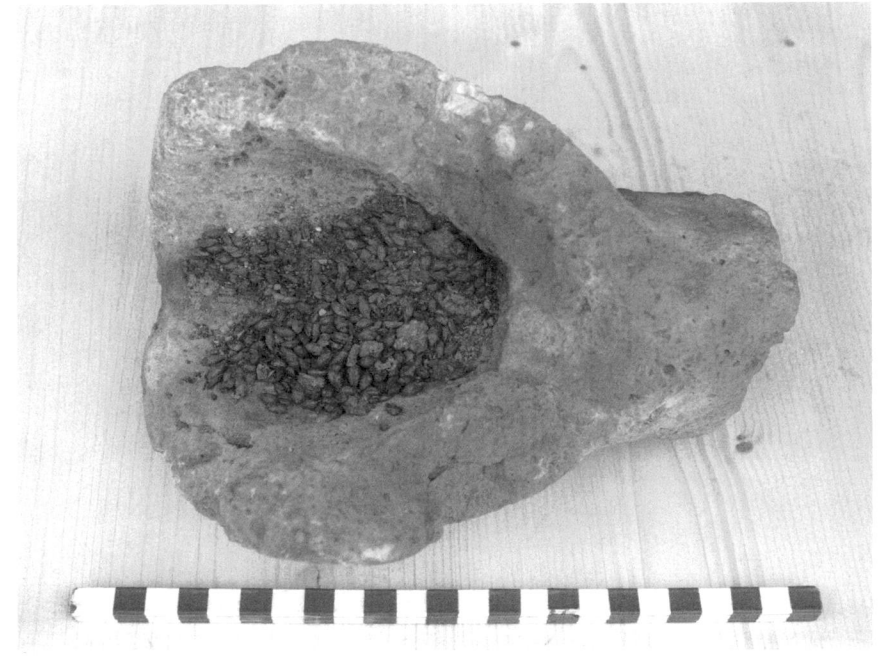

pisch für romanische Fresken im Südtirol. Die Malereifunde können auch mit den leuchtend bunten Farben der romanischen Apsisausmalung der Klosterkirche von Müstair verglichen werden (letztes Drittel des 12. Jahrhunderts).[188] Alle Fragmente sind im Innern des steinernen Gebäudes P154 gefunden worden und stammen vermutlich von diesem Gebäude. Weil die erhaltenen Mauern des Erdgeschosses keinerlei Malereireste zeigen, dürften Teile des Obergeschosses ausgemalt gewesen sein.

4. Absolute Datierung der Fundkomplexe und Bauphasen

Neben den Fundmünzen[189], datierbaren Kleinfunden und historischen Überlegungen sind es vor allem dendrochronologische Daten, die zur absoluten Datierung der Phasen beitragen (F. 11).[190] Ein besonderes Problem in Müstair ist, dass die meisten Hölzer aus Fichte oder Lärche sind und bei Fichte und verbrannter Lärche das Splintholz nicht erkennbar ist. Wenn die Waldkante nicht vorliegt, liefert der letzte datierte Jahrring nur einen *terminus post quem*.

4.1 Phase 1: Die Schichten vom Bau des Plantaturmes bis zum Bau der Bischofsresidenz am Nordhof

Datierung: 958/59 bis 1034/35.
Kriterien: Dendrodaten, eine Münze.
Bestand: Hof P339, Plantaturm, Aushubschichten, Mörtelmischwerke, Befestigungsring.

Dendrodaten: Vom Plantaturm stammen drei Dendrodaten mit Waldkante von 958/959, drei weitere von 959/960, eines von 959 und ein Datum ohne Waldkante von 939 (F. 11).
Münze: Aus der Zisternengrube P195 im Hof P339 stammt ein Denar Ottos III. (996–1002).[191] Weitere datierende Funde sind in diesem Fundkomplex nicht vorhanden.
Fundführende Schichten (F. 1 und 2; Abb. 73):
- Aushub- und Planierungsschichten P32, P59, P68, P262 und P275 wurden beim Bau des Plantaturmes abgelagert. Da sie bei Baubeginn ausplaniert worden sind, enthalten diese Schichten vor allem ältere (karolingische) Funde.
- Die Gruben P195 und P264 sowie das Pfostenloch P254 liegen im Hof P399. Die meisten anderen Schichten in diesem Grabungsbereich können nicht eingeordnet werden.
- Die Verfüllung des „Palisadengrabens" P451 und des Grabens P304. Letzterer wurde zwar erst beim Bau der Mauer P374/P479 eingebracht, könnte aber aus dem abgetragenen Wall bestehen. Das würde bedeuten, dass die Funde älter als der Plantaturm sind.

4.2 Phase 2: Die Schichten vom Bau der Bischofsresidenz am Nordhof bis zum Bau des steinernen Gebäudes P154

Datierung: 1034/35 bis Ende des 12. Jahrhunderts (?).
Kriterien: Dendrodaten.
Bestand: Bau der Bischofsresidenz am Nordhof, Planierungsschichten, Grubenhaus, Ofen.

Dendrodaten: Die Dendrodaten, die den Baubeginn der Bischofsresidenz am Nordhof um 1034/35 datieren, stammen aus dem Norperttrakt im Westen des Nordhofes (F. 11).[192] Die Nordmauer P374/P479 (F. 8) des Nordhofes könnte zwar im Bauablauf jünger sein (zur Problematik der Mauerwerksdatierung: Kap. 5). Der grosszügige und einheitliche Bauplan der Residenz und die Schichtabfolge belegen aber, dass die Mauer P374/P479 nicht viel später erbaut worden sein kann.
Datierende Funde: Dieser Fundkomplex hat keine gut datierbaren Funde geliefert. Die glasierte Keramik (Taf. 1,4–6) kann möglicherweise datiert werden, wenn sie dereinst in einem anderen Zusammenhang gefunden wird.

73   Schema der Stratigraphie des Oberen Gartens, gemäss dem Schichtaufbau von unten nach oben zu lesen. Aufgeführt sind alle erwähnten Schichten und die wichtigsten Bauten. Auf dem Schema sind Parallelisierungsversuche berücksichtigt, weshalb die Gliederung in die 9 Phasen entfällt. Die waagrechten Trennlinien markieren Leithorizonte.

Humus **Aborte P90 und P91** Brandschichten P55 und P80 sowie Abbruchschutt P52 von Gewölbe- und Plantaturmanbau Abbruchschutt P47 **Plantaturmanbau P155** Benützungsschicht P51 Abbruchschutt P60 **Gewölbeanbau P380** Fäkaliengrube P153		ab Ende 14. Jh.
Abbruchschuttplanie P422 Brandschutt P427 Abbruchschutt P440 Benützungsschicht P506 Grube P438 Holzboden P481 **Ofenhaus P513** Backofen P430 Benützungsschicht P401 Abbruchschutt P494 des Ofens P515	**3. Brand:** Brandschicht P344 Holzhaus P143 / P159, Mauerwinkel P100 Benützungsschichten P347 und P40	ab Mitte 13. Jh.
Nordtrakt Pflocknegative P523	Brandschutt P343 und P43 / P152 **2. Brand:** Brandschicht P345 Gebäude P280 Benützungsschichten P360 und P38 Treppe P46 **1. Brand** Benützungsschicht P36 Lehm P34 **Steinernes Gebäude P154**	ab Ende 12. Jh.
Ofen P515 Verfüllung P476 des Grubenhauses P516 Grube P527 **Grubenhaus P516** Schichtenpaket P426 Lehm P33 **Bischofsresidenz am Nordhof**		ab 1035
Hof P339 mit Grube P195 Graben P304, «Palisadengraben» P451 Steiniger Lehm P32 Mörtelmischwerke P27, P31, P445, P532 und P544 Bauniveaus P25 und P443 des Plantaturmes Aushubschichten P262, P275 und P59 **Plantaturm P270**		ab 958
Holzkohlige oder lehmige Schichtchen P221, P311 und P534 Lehm P388 Mörtelmischwerk P541 Anbau P340		ab 774
Hanglehm W107 Bronzezeitliche Kulturschicht R98 Gewachsener Boden R169		

Die Glasscherben (Taf. 1,11–12) unterscheiden sich von den jüngeren Hohlgläsern des 13./14. Jahrhunderts. Die möglichen Kammfragmente (Taf. 1,15–16) haben entfernte Parallelen in Schleswig (11. bis 13. Jahrhundert).
Fundführende Schichten (F. 1 und 3; Abb. 73):
- Die 10–30 cm dicken Planierungsschichten P33 und P303 über dem zugeschütteten Graben P304 wurden gesiebt. Die Schicht P33 kann unter anderem auch Material aus dem ausgeebneten Wall enthalten haben, der zwischen dem Graben P304 und dem „Palisadengraben" P451 zu vermuten ist. In diesem Fall können die Funde älter als der Plantaturm, also karolingisch sein (glasierte Keramik, Glasverarbeitungsreste, Dachziegel).
- Das holzkohlige Benützungsschichtchen P426 auf Planie P33.
- Die Grube P527 beim Grubenhaus P516 und die Verfüllung P476 des Grubenhauses P516.

4.3 Phase 3: Die Schichten vom Bau des steinernen Gebäudes P154 bis zu seinem zweiten Brand

Datierung: Ende des 12. bis Mitte des 13. Jahrhunderts (?).
Kriterien: Bautypologie (Kap. 5.4), Funde.
Bestand: Bau des steinernen Gebäudes P154 und des Nordtraktes, Benützungsschichten, Holzgebäude.

Datierende Funde: Alle Schichten vom Bau bis zum zweiten Brand des steinernen Gebäudes P154 sind in einer Phase zusammengefasst, weil sie nur wenige Funde geliefert haben. Aus diesen Schichten liegen weder Dendrodaten noch Münzen vor. Unter den Funden sind aber einige gut datierbare Stücke: Der Schliessbügel (Taf. 2,9) stammt aus der zweiten Hälfte des 12. Jahrhunderts und das Löwenplättchen (Taf. 2,8) aus der ersten Hälfte des 13. Jahrhunderts. Während die kammstempelverzierte Scherbe (Taf. 2,2) eher noch in die Zeit vor 1250 datiert werden sollte, ist der Leistenrand (Taf. 2,1) nicht vor der Mitte des 13. Jahrhunderts einzuordnen. Die beiden Becherkacheln (Taf. 2,3–4) sowie der gläserne Flaschenrand (Taf. 2,7) können allgemein ins 13. Jahrhundert passen.
Dendrodaten des Nordtraktes: Die Ostmauer P410 des Nordtraktes muss aus stratigraphischen Überlegungen nach dem Bau des steinernen Gebäudes P154, aber vor dessen zweitem Brand erbaut worden sein (F. 1; Abb. 37). Drei Stöcke eines originalen Fensters im westlichsten Kellerraum des Nordtraktes sind nicht vor 1154 gefällt worden (F. 11). Die Dendrodaten des Nordtraktes können aber nicht auf die Grabung im Oberen Garten bezogen werden, denn bei den kurzen Fensterbrettern ist nicht auszuschliessen, dass sie alle zusammen von einem älteren Bau übernommen worden sind.
Fundführende Schichten (F. 1 und 4; Abb. 73):
- Die Gruben P363 und P366 im steinernen Gebäude P154 sind älter als der erste Brand und enthielten lediglich Baukeramik-Fragmente.
- Die älteste Benützungsschicht P36 zum steinernen Gebäude P154 ist älter als der erste Brand und erstreckt sich westlich vor dem Gebäude P154.
- Das Niveau P360 und die mögliche Feuerstelle P361 im steinernen Gebäude P154 sind jünger als der erste Brand. Die höchstens 5 cm dicke Schicht P360 wurde gesiebt.
- Die älteste Benützungsschicht P38 zur Treppe P46 ist jünger als der erste Brand und erstreckt sich westlich vor dem steinernen Gebäude P154.
- Der Wandgraben P280 des Gebäudes P280 westlich des steinernen Gebäudes P154 ist jünger als der erste Brand. Die Gräben P280, P286 und P289 schneiden in den Lehm P38.

Datierung des steinernen Gebäudes P154: Für die Datierung des steinernen Gebäudes P154 liegen nur wenige absolute Daten vor. Es wurde zwischen der 1035 errichteten Bischofsresidenz und vor dem zweiten Brand erbaut, der anhand der Funde um die Mitte des 13. Jahrhunderts anzusetzen ist. Bemerkenswert ist, dass im Oberen Garten keine Funde vorliegen, die sicher in das 11. oder frühe 12. Jahrhundert zu datieren sind. Vermutlich hängt dies damit zusammen, dass das steinerne Gebäude P154 erst im späten 12. Jahrhundert erbaut wurde und der Obere Garten vorher eher spärlich besiedelt war. Bessere Anhaltspunkte liefert die architekturhistorische Einordnung des steinernen Gebäudes P154; auch sie verweist in die zweite Hälfte des 12. Jahrhunderts oder ins frühe 13. Jahrhundert (Kap. 5.4).

4.4 Phase 4: Die Schichten des zweiten Brandes des steinernen Gebäudes P154

Datierung: Mitte des 13. Jahrhunderts.
Kriterien: Münzen, Funde.
Bestand: Brand- und Schuttschichten.

Münzen: Die Schichten des zweiten Brandes des steinernen Gebäudes P154 lieferten zwei Fundmünzen: Einen *Denaro scodellato* aus Verona (1056–1183) aus Schicht P131 und einen *Denaro scodellato* aus Verona (vor 1185 bis etwa 1270) aus Schicht P43.[193]
Datierende Funde: Obwohl die Schichten des zweiten Brandes von Gebäude P154 relativ wenige Funde enthalten haben, ermöglicht die Keramik eine Datierung des zweiten Brandes in die Mitte des 13. Jahrhunderts. Die Majolika (Taf. 3,1–2) und der Henkeltopf (Taf. 3,4) können kaum vor die Mitte des 13. Jahrhunderts datiert werden; einzelne Formen (Rand Taf. 3,5 und Scherbe Taf. 3,6) verschwinden hingegen bald nach der Mitte des 13. Jahrhunderts aus dem Spektrum der Vergleichskomplexe.
Fundführende Schichten (F. 1; Abb. 73):
– Die Brandschicht P345 mit begangener Oberfläche konnte nur in den westlichsten 2 m des steinernen Gebäudes P154 nachgewiesen werden. Diese Schicht wurde gesiebt.
– Die Grube P358 im steinernen Gebäude P154 gehört zwischen die Schichten P345 und P343.
– Der ausplanierte Brandschutt P343 liegt auf der Brandschicht P345 und bildet die Unterlage für die letzte Nutzungsphase des steinernen Gebäudes P154. Die Ausgräber haben die Schicht P343 gesiebt.
– Die Schuttschicht P43 ausserhalb des steinernen Gebäudes P154 ist beim zweiten Brand abgelagert worden und trägt ein Niveau, das nach dem zweiten Brand entstanden ist.

4.5 Phase 5: Die Schichten der letzten Benützungsphase des steinernen Gebäudes P154

Datierung: Mitte des 13. bis in die erste Hälfte des 14. Jahrhunderts.
Kriterien: Münzen, ein Dendrodatum, Funde.
Bestand: Benützungsschichten, Bauten westlich des steinernen Gebäudes P154.

Münzen und Dendrodaten: Die Schichten der letzten Nutzungsphase des steinernen Gebäudes P154 lieferten vier Münzen: einen *Obolo* aus Cremona unter der Feuerstelle P134 (1155–1330), einen *Denaro scodellato* aus Verona aus der Schicht P40 (vor 1185–ca. 1270) und zwei *Denari scodellati* aus Brescia aus den Schichten P347 und P40 (1186–ca. 1254).[194] Ein Schwellbalken des Holzhauses P159 konnte dendrochronologisch „nach 1217" datiert werden (F. 11). Aufgrund dieser Daten ist die letzte Nutzungsphase des steinernen Gebäudes P154 mehrheitlich ins 13. Jahrhundert zu datieren. Das trifft sich mit der Datierung des zweiten Brandes um die Mitte des 13. Jahrhunderts.

Datierende Funde: Vor allem die Glasscherben (Taf. 9,3–9) und der Dreifusstopf (Taf. 5,3) legen eine Datierung ins spätere 13. Jahrhundert nahe.
Fundführende Schichten (F. 1 und 5; Abb. 73): Die Phase 5 enthält fast nur Funde aus der Umgebung des steinernen Gebäudes P154. Das letzte Inventar des Erdgeschoss-Raumes P115 entspricht der Phase 6 mit der Brandschicht P344 des letzten Brandes. Folgende Schichten zwischen zweitem und drittem Brand des steinernen Gebäudes P154 enthalten Funde:
- Das Niveau P347 im steinernen Gebäude P154 ist nicht im ganzen Erdgeschoss-Raum P115 vorhanden und bildet lediglich die Oberfläche des planierten Brandschuttes P343.
- Das Benützungsschichten-Paket P40 liegt westlich vor dem steinernen Gebäude P154. Es ist 10–20 cm dick und wurde gesiebt. Die Keramikfunde der Schicht P40 sind nicht sehr fragmentiert; einige Gefässe bestehen aus mehreren Scherben (Taf. 5,1; 5,3; 5,6). Das spricht für die Qualität des Fundkomplexes[195] und hängt vielleicht davon ab, dass auf die Schicht P40 keine intensiv begangene Benützungsschicht mehr gefolgt ist.
- Das Steinbett unter der Feuerstelle P134, die zum Holzhaus P143 gehört (F. 10).

4.6 Phase 6: Die älteren Schichten des Ofenhauses P513

Datierung: Mitte und zweite Hälfte des 13. Jahrhunderts.
Kriterien: Ein Dendrodatum, eine Münze, Funde.
Bestand: Abbruch und Bau eines Ofens, Benützungsschichten, Bauten westlich des steinernen Gebäudes P154.

Zur Stratigraphie: Zu Phase 6 gehören Schichten, die jünger sind als der Ofen P515 und älter als der Holzboden P481 um den Backofen P430. Sie gehören daher zur ersten Phase des Backofens P430. Die Schichten lassen sich stratigraphisch mit den untersten Benützungsschichten P40 nach dem zweiten Brand von Gebäude P154 parallelisieren.
Münzen: Unter einem Brett des Holzbodens P481 lag ein Tiroler Berner (1253/55–1259).[196]
Datierende Funde: Die Keramiklampe (Taf. 7,1) kann ins 13. oder frühe 14. Jahrhundert und die Geschossspitze (Taf. 7,4) ins 13. bis 15. Jahrhundert datiert werden.
Fundführende Schichten (F. 1, 4 und 5; Abb. 73):
- Der umgelagerte Abbruchschutt P494 wurde in der Bauzeit des Backofens P430 ausplaniert. Die Funde aus dem Abbruchschutt P494 sind daher älter als der Backofen P430.
- Das Niveau unter dem Holzboden P481 um den Backofen P430 (Abb. 37 oben).
- Die Benützungsschicht P401 und der Wandgraben P408 nördlich des Ofenhauses P513 gehören wahrscheinlich zu einem westlich an das Holzgebäude P159 angebauten Haus.[197]

4.7 Phase 7: Die Schicht P344 des letzten Brandes

Datierung: Erste Hälfte des 14. Jahrhunderts.
Kriterien: Dendrodaten, Münzen, Funde.
Bestand: Brandschicht.

Münzen und Dendrodaten: Aus der Brandschicht P344 des letzten Brandes von Gebäude P154 stammen mehrere Münzen: Ein *Denaro scodellato* aus Brescia (1186–ca. 1254), ein *Denaro scodellato* aus Verona (1185–ca. 1270), eine Börse (?) mit 15 aneinander korrodierten Tiroler Zwanzigern (1274/75–1363) und ein *Denaro piccolo scodellato* aus Mantua (1276–1328).[198] In

der Brandschicht P344 lagen die Reste eines runden Holzdeckels, von dem zwei Proben dendrochronologisch auf „nicht vor 1265" und „nicht vor 1306" datiert werden konnten (F. 11). Der Umstand, dass vier der sechs *termini post quos* dicht nacheinander zwischen 1265 und 1306 liegen, lässt den Schluss zu, dass sich der letzte Brand nicht viel später ereignet hat.[199]
Datierende Funde: Der Topf mit Leistenrand (Taf. 8,1) und der Dreifusstopf (Taf. 8,3) sind kurz vor oder um 1300, die konische Becherkachel (Taf. 8,4) ist in die erste Hälfte des 14. Jahrhunderts und die Glasscherben (Taf. 9,2–5) sind ins späte 13. oder ins 14. Jahrhunderts zu datieren. Die profilierte Bronzeschnalle (Taf. 9,11) passt ins 13. oder frühe 14. Jahrhundert, der Kessel (Taf. 9,8) ebenfalls ins 13. oder 14. Jahrhundert und das Hufeisen (Taf. 10,2) ins 13. bis 15. Jahrhundert. Es fehlt Keramik aus der zweiten Hälfte des 14. Jahrhunderts.
Weitere absolute Daten: Ein Kragbalken des Aborterkers P170 ist 1363/1364 geschlagen worden (F. 11). Der Aborterker hing an der Plantaturm-Nordmauer P1 und öffnete sich in die Fäkaliengrube P153, die zwischen dem Plantaturm und dem steinernen Gebäude P154 lag (F. 6). Das Datum 1363/1364 besagt erstens, dass damals am Plantaturm Umbauten nötig waren, möglicherweise infolge des verheerenden, letzten Brandes des steinernen Gebäudes P154. Zweitens ist der Abort P170 vielleicht besser vorstellbar, wenn der Durchgang zwischen Hof P339 und dem steinernen Gebäude P154 nicht mehr genutzt und das steinerne Gebäude P154 aufgegeben war.
Die Schicht P344: Die Brandschicht P344 ist Schutt des letzten Brandes von Gebäude P154. Im Ostteil des Raums P115 besteht der untere Teil der Schicht P344 aus kreuz und quer liegenden, verkohlten Hölzern (F. 5). Die Ausgräber haben die Schicht P344 gesiebt, und die Funde der Schicht P344 sind überdurchschnittlich gut erhalten. Daraus ist zu schliessen, dass das Fundensemble einen Teil der letzten Ausstattung des Erdgeschoss-Raumes P115 darstellt. Mehrere Mulden in der Oberfläche der Brandschicht P344 weisen jedoch darauf hin, dass die Schicht P344 durchwühlt wurde. Die Mulden sind mit dem Abbruchschutt P47 des steinernen Gebäudes P154 gefüllt, aber nur wenige Passscherben (Topf Taf. 8,2) stammen aus dem Abbruchschutt P47.[200]

4.8 Phase 8: Die Aschegrube P438 im Ofenhaus P513

Datierung: Ende des 13. bis erste Hälfte des 14. Jahrhunderts.
Kriterien: Funde, eine Münze, ein Dendrodatum.
Bestand: Grube.

Stratigraphie und absolute Daten: Die ausgemauerte Aschegrube P438 neben dem Backofen P430 ist älter als der Holzboden P481 (F. 5; Abb. 37). Die Grube enthielt viele Gläser, Asche sowie Eierschalen und Tierknochen. Die Grubenfüllung bestand aus unterschiedlichen Schichtchen, denen sich die Funde aber nicht zuweisen lassen. Aufgrund der Fragmentierung der Funde kann vermutet werden, dass die gut erhaltenen Gläser gleichzeitig und die stärker fragmentierte Keramik vielleicht erst mit dem Abbruch des Ofenhauses P513 in die Grube P438 gelangt sind.[201]
Datierende Funde: Unter den Funden passen der gekehlte Leistenrand (Taf. 11,1) und die Becherkacheln (Taf. 11,3–6) gut in das späte 13. Jahrhundert oder in das 14. Jahrhundert. Die Glasscheuer (Taf. 11,9) und die Nuppenbecher (Taf. 12) können nur allgemein ins 13./14. Jahrhundert datiert werden.

4.9 Phase 9: Die Brand- und Abbruchschichten des Ofenhauses P513

Datierung: Erste Hälfte des 14. Jahrhunderts.
Kriterien: Münzen, Funde.
Bestand: Brand und Schuttschichten.

Zu den Brand- und Abbruchschichten des Ofenhauses P513 werden jene Schichten gezählt, die jünger als der Holzboden P481 und älter als der Mörtelboden des Gewölbeanbaus P380 sind.

Münzen: Die Brand- und Abbruchschichten haben folgende Fundmünzen geliefert: Einen *Denaro scodellato* aus Como (Schicht P427, 1178–1186), einen *Mezzano* oder *mezzo Denaro* aus Pavia (Schicht P427, 1250–1359), einen *Denaro piccolo scodellato* aus Mantua (Schicht P422, 1257–1276), einen Tiroler Berner (Schicht P506, 1. Hälfte des 14. Jahrhunderts), einen *Denaro* aus Mailand (Schicht P427, 1310–1313), zwei *Denari* aus Verona (Schicht P427, 1312–etwa 1350) und einen Tiroler Vierer (Oberfläche der Schicht P427, 1395–1406).[202]

Dendrodatum: Ein Rundling der *zweiten* Bretterlage des Holzbodens P481 wurde dendrochronologisch mit Vorbehalt „nach 1316" datiert (F. 11). Vielleicht handelt es sich um einen Flicken des Holzbodens P481.

Datierende Funde: Die zahlreichen unglasierten Becherkacheln (Taf. 14 und 15) aus den Brand- und Abbruchschichten des Ofenhauses P513 stammen aus der Zeit um 1300 oder der ersten Hälfte des 14. Jahrhunderts. Die einzelne, glasierte Scherbe einer Napfkachel (Taf. 14,2) kann nicht zur Datierung des gesamten Komplexes herangezogen werden. Ins späte 13. bis frühe 14. Jahrhundert passen die Glasscherben (Taf. 16,9–19), die Fragmente von möglichen Dreifusstöpfen (Taf. 13,2; 13,4), die Leistenränder (Taf. 13,3 und 13,5–8) und das Majolika-Krüglein (Taf. 13,1).

Fundführende Schichten in stratigraphischer Folge (F. 1 und 5; Abb. 73):
1. Die jüngste Benützungsschicht P506 im Ofenhaus P513 liegt auf dem Holzboden P481. Vielleicht handelt es sich nur um eine provisorische, kurzfristige Phase nach einem zerstörenden Brand.
2. Beim Brandschutt P427 handelt es sich vor allem um herbeigeführten Schutt, denn die Verputzfragmente und mindestens 34 Ofenkacheln können nicht vom Backofen P430 stammen, und die Funde sind stark fragmentiert. Die Schicht P427 ist gesiebt worden.[203] Sie tritt auch ausserhalb östlich der Umfassungsmauern P6 des Gewölbeanbaus P380 auf.
3. Der Abbruchschutt P440.
4. Die Abbruchschuttplanie P422 besteht aus Material der Schichten P227 und P440, was zahlreiche Passscherben belegen. Die Schicht wurde aber erst nach dem Bau der Umfassungsmauern P6 des Gewölbeanbaus P380 ausplaniert.

Zum gegenseitigen Verhältnis der verschiedenen Phasen: Es ist zwar nicht nachweisbar, aber stratigraphisch und absolutchronologisch möglich, dass das steinerne Gebäude P154 und das Ofenhaus P513 in einem einzigen, verheerenden Brand gleichzeitig zerstört worden sind. Darauf muss ein Siedlungsunterbruch im Oberen Garten gefolgt sein. Eine Münze Leopolds IV. von 1395 liefert nämlich den *terminus post quem* für den Mörtelboden des Gewölbeanbaus P380.[204]

4.10 Phase 10: Jüngere, unbearbeitete Fundkomplexe

Die Abbruchschichten des steinernen Gebäudes P154 (Phase 10a)
Datierung: Ende des 14. Jahrhunderts bis ins 17. Jahrhundert (?).
Kriterien: Funde (erste Durchsicht).
Bestand: Abbruchschutt.

Die Abbruchschichten des steinernen Gebäudes P154 (Abb. 73) haben keine absoluten Daten geliefert. Die erste Abbruchschicht P60 liegt aber auf der Baugrube des Mauermantels P393 des Gewölbeanbaus P380 und unter dem Verputzniveau der Mauer P393. Sie ist also beim Bau des Mauermantels abgelagert worden (nach 1395 und vor etwa 1453).

Untere Teile der eigentlichen Abbruchschicht P47 sind älter als der Plantaturmanbau P155. Schon eine erste Durchsicht hat aber gezeigt, dass die

Funde deutlich jünger als diejenigen aus der letzten Brandschicht P344 sind. Die Abbruch- beziehungsweise Zerfallsschichten des steinernen Gebäudes P154 müssen sich während einer längeren Zeit abgelagert haben, in welcher die Ruine des steinernen Gebäudes P154 als Schutthalde gedient hat.[205]

Gewölbeanbau P380 und Plantaturmanbau P155 (Phase 10b)
Datierung: Nach 1395 bzw. nach 1453 bis 1499 (?).
Kriterien: Dendrodaten, Münzen, historische Überlegungen.
Bestand: Bau und Benützung von Gewölbeanbau und Plantaturmanbau.

Wie eine Münze (Kap. 4.9) unter dem Mörtelboden beweist, ist der Gewölbeanbau nach 1395 erbaut worden. Acht Dendrodaten von Brettern des Holzbodens im Plantaturmanbau P155 fallen in die Zeit von 1433 bis 1453 (F. 11). Daher wird der Plantaturmanbau nicht viel nach 1453 errichtet worden sein.[206] Beim Bau des Plantaurmanbaus P155 wurde zunächst der Mauermantel P393 des Gewölbeanbaus P380 abgetragen. Nach den Fundamenten wurden der Mörtelboden und die Holzkammern eingebracht; schliesslich wurden die Mauern hochgezogen.

Die Zerstörung von Gewölbeanbau P380 und Plantaturmanbau P155 (Phase 10c)
Datierung: 1499 und 16. Jahrhundert.
Kriterien: Historische Überlegungen, Dendrodaten, eine Münze.
Bestand: Brand- und Abbruchschichten.

Der Brand: Der Gewölbeanbau P380 und der Plantaturmanbau P155 sind gleichzeitig einem zerstörenden Brand zum Opfer gefallen. Als Datum für den Brand bietet sich der 11. Februar 1499 an, als im Schwabenkrieg das Kloster Müstair überfallen, ausgeraubt und angezündet wurde. Zahlreiche Inschriften und Dendrodaten (F. 11) belegen die darauffolgenden intensiven Instandstellungs- und Bauarbeiten unter der Äbtissin Angelina Planta (1478–1509).[207] Sie baute nach dem Schwabenkriegbrand auch den Plantaturm neu aus und lieh dem Turm ihren Namen. Wenn der Plantaturm so stark beschädigt worden ist, müssen auch der Gewölbeanbau P380 und der Plantaturmanbau P155 grossen Schaden genommen haben.
Der Abbruch: Der Gewölbeanbau P380 war im 16. Jahrhundert eine Ruine, denn im Abbruchschutt P80 lag ein Zuger Angster (1564–1584).[208] Möglicherweise ist er aber schon vor 1516 abgebrochen worden: Der stilistisch spätgotische Aussenverputz des Nordtraktes hängt vermutlich mit der dendrochronologisch auf das Jahr 1516 datierten Erneuerung des Dachstuhls des Nordtraktes zusammen (F. 11) und kann erst nach dem Abbruch des Gewölbeanbaus P380 angebracht worden sein. Die Äbtissin Barbara von Castelmur (1510–1534) führte damals die rege Bautätigkeit ihrer Vorgängerin Angelina von Planta fort und richtete im Nordtrakt ihre prunkvolle Wohnung ein.[209]

Die Gartenschichten und die Abortanlagen P90 und P91 (Phase 10c)
Datierung: 17. Jahrhundert bis 1906.
Kriterien: Historische Nachrichten, Inschrift.
Bestand: Aborte, Gartenschichten.

Der Abort P90 gehört zum Priorat der Ursula V. Karl von Hohenbalken im Obergeschoss des Nordhofes.[210] Das Priorat ist durch Inschriften am Täfer und am Fenster auf 1630 beziehungsweise 1632 datiert. Möglicherweise ist der Abort P90 der Nachfolger des Aborterkers P170, der vor dem Bau des benachbarten Fensters 1762 zerstört worden ist, als Äbtissin M. Angela Hermanin (1747–1779) das Refektorium im Plantaturm erneuern liess. Im Jahr 1906 sind der Abort P91, der Nachfolger von P90, und die alte Gartenmauer abgebrochen sowie die heutige Gartenmauer errichtet worden (Abb. 40).

5. Zu Architektur und Funktion des steinernen Gebäudes P154

Die typologische Einordnung des steinernen Gebäudes P154 kann Hinweise auf seine Funktion und Datierung liefern. Dabei steht weniger die Datierung des Mauerwerks als die Datierung des gesamten Bautyps im Vordergrund. Eine genauere Datierung des Mauercharakters ist nämlich kaum möglich, weil absolut datierte Mauern des 11. bis 13. Jahrhunderts in der Umgebung von Müstair selten sind.[211] Im Übrigen kann Mauerwerk nach verschiedensten Kriterien beurteilt werden, deren chronologische Aussagekraft oder regionale Besonderheit im Einzelnen noch kaum geklärt sind.[212]

5.1 Zusammenfassung des Bestandes und Rekonstruktion

Die Rekonstruktion des steinernen Gebäudes P154 beruht nicht auf dem ursprünglichen Bauzustand, da nur wenige Reste aus der ersten Phase erhalten sind.

Das Gebäude P154 bedeckte bei einer Mauerstärke von knapp 95 cm eine Fläche von 9,5 auf 12,7 m. Die Aussenseite war möglicherweise nur mit einem Rasa-pietra-Verputz versehen. Eine Tür in der westlichen Schmalseite öffnete sich in den Erdgeschossraum hinein, der seit dem ersten Brand einen flächigen Verputz trug. Der einfache Boden bestand höchst wahrscheinlich aus festgetrampeltem Lehm. Als Lichtquellen sollten wir uns kleine Schlitze in der Süd- und allenfalls in der Ostmauer vorstellen. Das Erdgeschoss war durch eine Holzwand in einen annähernd quadratischen Vorderraum und in einen schmalen Hinterraum geteilt. Ungefähr auf der Mittelachse des Vorderraumes war in der Nordmauer ein wandbündiger halbrunder Kamin eingelassen. Der zweimal unterteilte Hinterraum beherbergte zwei Feuerstellen, eine in seiner Nordostecke und eine vor der Mitte der Ostmauer. Der Boden vor der zweiten dieser Feuerstellen war vermutlich gepflästert und von einem möglichen Holzboden nördlich und südlich davon abgesetzt. Im südlichen Teil der Ostwand befand sich eine Tür oder ein Wandschrank. Die flache Holzdecke des Erdgeschossraumes ruhte auf einem Unterzug, der auf einem Mittelpfosten abgestützt war und vermutlich den grösseren Mauerabstand überbrückte, also in Ostwestrichtung verlief.[213]

Die später angefügte Freitreppe zeigt, dass das steinerne Gebäude P154 mehrgeschossig war. Die Freitreppe führte wahrscheinlich auf eine Holzlaube an der Nordseite des steinernen Gebäudes P154, wo sich der Eingang ins Obergeschoss befand.[214] Wir müssen es uns als *piano nobile*, als Raum mit besonderer, repräsentativer Nutzung vorstellen. Rauwacke-Fragmente weisen darauf hin, dass es mit Bogenfenstern belichtet war, die vielleicht mit Säulchen zu Biforien zusammengefasst waren.[215] Wahrscheinlich war das Obergeschoss mit Fresken und möglicherweise sogar mit bemalten Glasfenstern geschmückt. Das Gebäude dürfte durch ein Satteldach in der Längsrichtung des Hauses bedeckt gewesen sein. Das Dach bestand wahrscheinlich aus Schindeln, denn Ziegel wurden nicht gefunden, und Schiefer steht im Münstertal nicht an.

Das steinerne Gebäude P154 wurde mit einem gewissen Abstand in den Schatten des mächtigen Plantaturmes gestellt. Eine 3,6 m breite Gasse trennte das steinerne Gebäude P154 von der Klosternordfront (Abb. 74). Möglicherweise führte ein Weg von Osten her auf diese Gasse zu, so dass das Gebäude P154 nicht an der Peripherie der Klosteranlage stand. Eine Türe führte vom Nordhof auf den Platz westlich vor dem steinernen Gebäude P154. Westlich des Gebäudes P154 befanden sich kleinere Häuser und Hütten, die vermutlich wie das Gebäude P154 einen Abstand zur Klosternordfront bewahrten und Raum für die westliche Fortsetzung der genannten Gasse liessen.

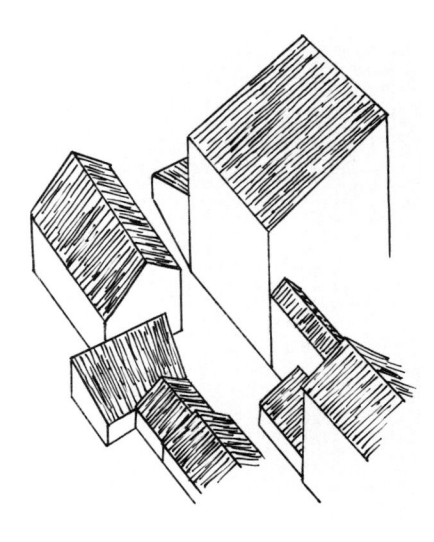

74   *Rekonstruktionsskizze mit den Baukörpern im Oberen Garten vor dem letzten Brand des steinernen Gebäudes P154. Dachformen und Gebäudehöhen sind unsicher. Deutlich zeichnet sich die Gasse nördlich des Nordhofes und des Plantaturmes (oben rechts) ab. Sie trennt den Gebäudekomplex um das steinerne Gebäude P154 (links) von der Klausur.*

Nach dem zweiten Brand stand westlich des steinernen Gebäudes P154 ein mehrmals umgebautes hölzernes Ofenhaus, dem sich weiter westlich ein weiteres Haus angeschlossen haben dürfte. Diese Holzhäuser waren durch eine winkelförmige Mauer mit dem steinernen Gebäude P154 verbunden. Die winkelförmige Mauer schloss zugleich den kleinen Vorplatz gegen Norden ab und kann damit darauf hinweisen, dass nördlich des Gebäudes P154 keine weiteren Bauten standen. Sinn und Zweck der beachtlichen Mauerstärke der winkelförmigen Mauer sind kaum erklärbar. Möglicherweise stützte sie ein am steinernen Gebäude P154 angelehntes Pultdach, das auch die Treppe und den Erdgeschoss-Eingang des steinernen Gebäudes deckte.

5.2 Funktionale Deutung des steinernen Gebäudes P154

Das Erdgeschoss des steinernen Gebäudes P154 beherbergte Küche und Vorratsraum. Direkt in den Brandschichten des zweiten und des letzten Brandes lagen verbrannte Getreidevorräte, die im Labor für Archäobotanik der Universität Basel bestimmt worden sind.[216] Aufgrund der Getreide- und Unkrautarten kann der zweite Brand in die Zeit nach dem Einbringen der Sommergetreide gesetzt werden, der letzte Brand nach dem Einbringen der Wintergetreide. In beiden „Brandkomplexen" sind sowohl Brotgetreide (Emmer bzw. Roggen) als auch Getreide vertreten, die vorwiegend zu Brei verarbeitet wurden (Hafer bzw. Gerste). Gewebereste und Mäusekot sprechen für die Lagerung des Getreides in Säcken. Auch Tierknochen[217], Krusten, Eierschalen, Fischschuppen und Kohlreste sind gefunden worden, was auf die Nutzung des Erdgeschossraumes als Küche und nicht nur als Getreidespeicher hinweist.

Auf die Funktion des Erdgeschosses als Küche weisen auch die drei Feuerstellen hin. Mindestens zwei davon könnten als Herdstellen gedient haben, nämlich der Kamin im Vorderraum und die Feuerstelle P278 im Hinterraum. Ob der Vorderraum mit seinem aufwändig gestalteten Kamin zeitweise auch als Wohnraum verwendet worden ist, muss offen bleiben. Bis heute dienen aber ähnliche Feuerstellen in den südlichen Alpentälern und in Alphütten zugleich als Herdstelle, Lichtquelle und Wärmespender. Vergleichbare wandbündig eingelassene Kamine des bündnerischen Mittelalters sind aus Burgen wie Hohenrätien, Riom/Parsonz und Sta. Maria di Calanca erhalten.[218]

Für eine Küche überrascht allerdings die geringe Zahl möglicher Kochgefässe aus dem Brandschutt P344, nämlich drei Keramiktöpfe, eine Becherkachel, ein Bronzekessel und ein Laveztopf. Weitere Trink- oder Essgefässe aus Holz sind vermutlich restlos verbrannt. Die Grottenburg Riedfluh im Kanton Basel-Landschaft, die nach einem verheerenden Brand um 1200 zerfiel, lieferte insgesamt auch nur fünf zusammensetzbare Töpfe.[219] Die allgemein geringen Fundmengen von Gefässkeramik in hochmittelalterlichen Küchen entsprechen also der spärlichen Ausstattung hochmittelalterlicher Haushalte.

Die breite Aussentreppe führte wahrscheinlich in einen Wohn- oder Festsaal im Obergeschoss. Die Biforien sowie die Wand- und Glasmalereireste dürften aus diesem *piano nobile* stammen. Ein repräsentativer Saal im Obergeschoss und die Lage des Gebäudes neben dem Kloster weisen darauf hin, dass es der Repräsentationsbau eines Herrn war, der zwar mit dem Kloster in Verbindung stand, aber nicht zum Konvent gehörte. Auch die Funde zeigen, dass sich das steinerne Gebäude P154 in seiner Funktion von den benachbarten Holzbauten unterscheidet.[220] Von 16 Schlüsseln und Schlossteilen aus dem Oberen Garten stammen 13 aus dem Gebäude P154 und der letzten Benützungsschicht P40 westlich davor. Im Gebäude P154 selbst sind immerhin vier Münzen und die Reste einer Münzbörse gefunden worden (Abb. 76). Schliesslich kommt fast die Hälfte aller Spinnwirtel – fünf Stück – aus dem Gebäude P154 (Abb. 75), und das Spinnen wird in der Regel als häusliche Tätigkeit angesehen.[221]

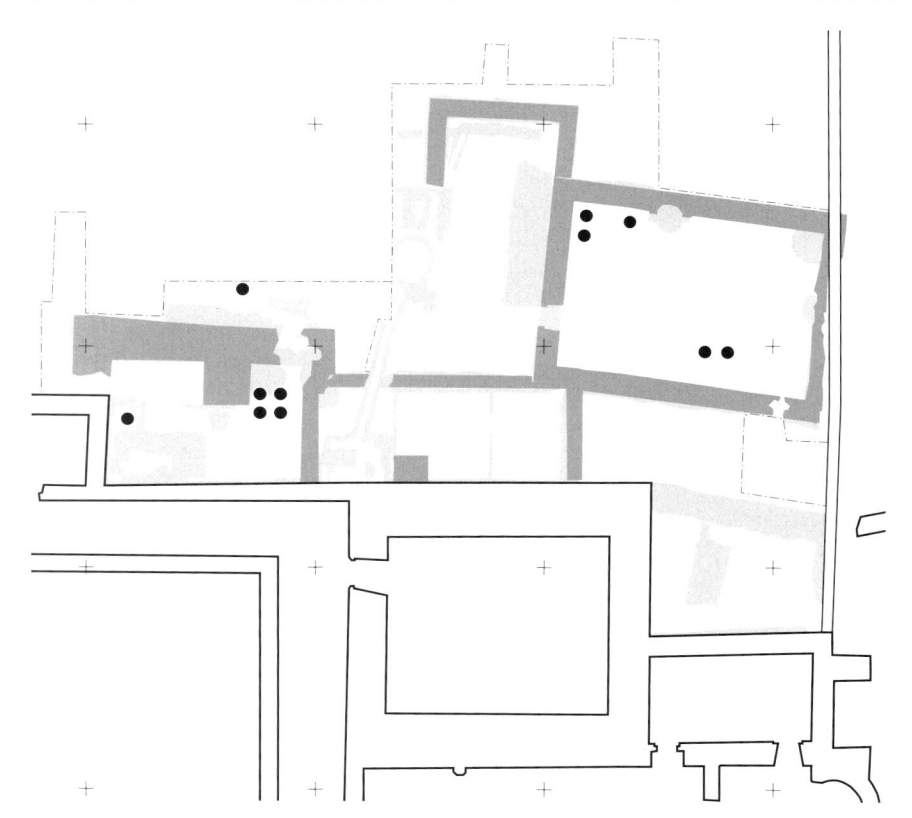

75 *Die Fundorte der Spinnwirtel aller Phasen. Die vier Exemplare im Gewölbeanbau P380 lagen in den Brand- und Abbruchschichten des Ofenhauses P515 und wurden wahrscheinlich mit dem Abbruchschutt von einem anderen Ort dorthin gebracht. Die fünf Exemplare im steinernen Gebäude P154 gingen hingegen wahrscheinlich im Gebäude selbst verloren.*

Das Gebäude P154 verlor spätestens mit dem zweiten Brand in der Mitte des 13. Jahrhunderts an Bedeutung. Der verbrannte Verputz im Erdgeschoss wurde nicht mehr erneuert, und im Schutt des letzten Brandes fanden sich fast keine Wandmalereireste mehr. Die gehobene Nutzung des Obergeschosses trifft daher vermutlich nur für die Zeit vor dem zweiten Brand zu, der somit eine Zäsur in der Nutzungsgeschichte des Gebäudes P154 darstellt. Spätestens im frühen 14. Jahrhundert hatte das steinerne Gebäude P154 seine ursprüngliche Funktion vollends verloren, sonst wäre es nach dem letzten Brand nicht aufgegeben worden.

5.3 Zur Funktion der Nebenbauten

Die Holzbauten, die westlich und südwestlich des steinernen Gebäudes P154 standen, beherbergten eine stattliche Anzahl verschiedener Feuerstellen. In den südwestlichen Nebenbauten standen die Öfen P515 und P430, die sich wahrscheinlich unmittelbar ablösten. Im Gegensatz zum in seiner ersten Phase eingetieften Ofen P515 (Abb. 18) war der Ofen P430 ein fast ebenerdiger Kuppelofen, bei dem Feuer- und Ascheraum nicht getrennt sind (Abb. 37). Ein vergleichbarer Ofengrundriss des 13. oder 14. Jahrhunderts ist in Chur-Metzgermühle ausgegraben worden.[222] In der Nordostecke der Häuser P159/P143 lag ein weiterer Ofen (F. 10). Bei dieser grossen Anzahl von Feuerstellen drängt sich die Frage nach ihrer Funktion auf.[223]

Eine *gewerblich-handwerkliche Nutzung* der Feuerstellen und Holzhäuser ist zunächst nicht auszuschliessen. Zu den Grabungsfunden gehören zahlreiche Schlackenreste, von denen zumindest ein Teil von Eisenverarbeitung stammt. Sie sind allerdings nicht bestimmten Feuerstellen zuzuweisen. Dazu kommt das Fragment eines Bronzeschmelztiegels im Abbruchschutt P422 (Taf. 14,1). Die Reste von Glasverarbeitung sind indes älter als die Feuerstellen. Die Klosterbetriebe und die bischöflichen Betriebe in Müstair produzierten nicht nur für den Eigenbedarf. Ein Markt bestand nachweislich 1239, war aber wahrscheinlich älter. Die historischen Quellen belegen, dass im 14. Jahrhundert zur Klosterwirtschaft und zur bischöflichen Grund-

76 *Die Fundorte der Münzen aller Phasen. Die genaue Lage der acht Exemplare in den Brand- und Abbruchschichten des Ofenhauses P515 lässt sich nicht bestimmen. Die 15 Exemplare im steinernen Gebäude P154 sind zusammenkorrodiert und stammen vermutlich von einer Börse.*

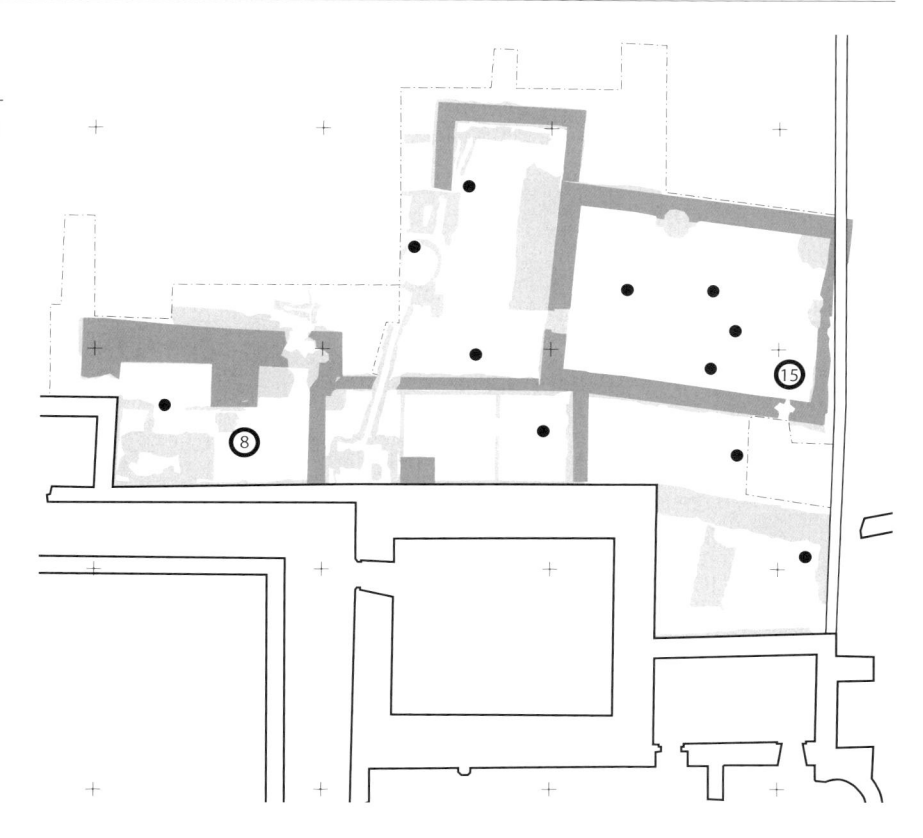

herrschaft verschiedenste Handwerker gehörten, nämlich Kürschner, Küfer, Bäcker, Koch, Müller, Schmied und andere.²²⁴

Der um 820/30 auf der Reichenau gezeichnete St. Galler Klosterplan zeigt eine ganze Reihe gewerblicher Betriebe, die zum Teil auch Feuerstellen benötigten oder deren Werkstätten zumindest während der kalten Jahreszeit mit einem Feuer geheizt worden sein dürften (Abb. 77 unten).²²⁵ Die Werkstätten befinden sich alle südlich des Klosters: Im Haus und der Werkstatt des Kämmerers *(domus et officina camerarii)* befinden sich Sattlerei *(sellarii)*, Schuhmacherei *(sutores)*, Schwertfegerei oder Messerschleiferei *(emundatores vel politores gladiorum)*, Schildmacherei *(scutarii)*, Bildschnitzerei *(tornatores)* und Gerberei *(coriarii)*. In einem zweiten, benachbarten Haus sind Goldschmiede *(aurifices)*, Eisenschmiede *(fabri ferramentorum)* und Walke *(fullones)* mit Stuben für die Knechte untergebracht *(eorundem mansiunculae)*. In eigenen Häusern sind Darre *(locus ad torrendas annonas)*, Stampfe *(pilae)* und Mühle *(molae)* zusammen mit Kammern für die Knechte *(eorundem famulorum cubilia)* untergebracht. Die Werkstätten der Küfer und Drechsler *(domus tunnariorum et tornariorum)* sowie die Scheune für das Getreide sind zusammen in einem Haus mit Kammern für die Knechte *(famulorum cubilia)* angeordnet.

Die Nutzung der Holzhäuser als *Küchen oder Backhäuser* erscheint jedoch wahrscheinlicher als eine gewerblich-handwerkliche Nutzung. Um 1290/98 arbeiteten in Müstair ein Koch und ein Bäcker als bischöfliche Bedienstete.²²⁶ Neben ihnen müssen weitere Bäcker und Köche dem Kloster selbst gedient haben. Der Ofen P430 scheint aufgrund seiner Form und der benachbarten, mit Eierschalen und Tierknochen gefüllten Aschegrube P438 tatsächlich ein Backofen gewesen zu sein. Wenn dies zutrifft, könnte sein Vorgänger P515 die gleiche Funktion gehabt haben. Auch das Haus P159/P143 mit seiner Feuerstelle könnte als Backhaus gedeutet werden. Vielleicht handelte es sich um das Backhaus, das dem steinernen Gebäude P154 und seiner Küche im Erdgeschoss zugeordnet war, während das andere Backhaus mit den Öfen P515 und P430 zum Plantaturm oder zur Klausur um den Nordhof gehörten.

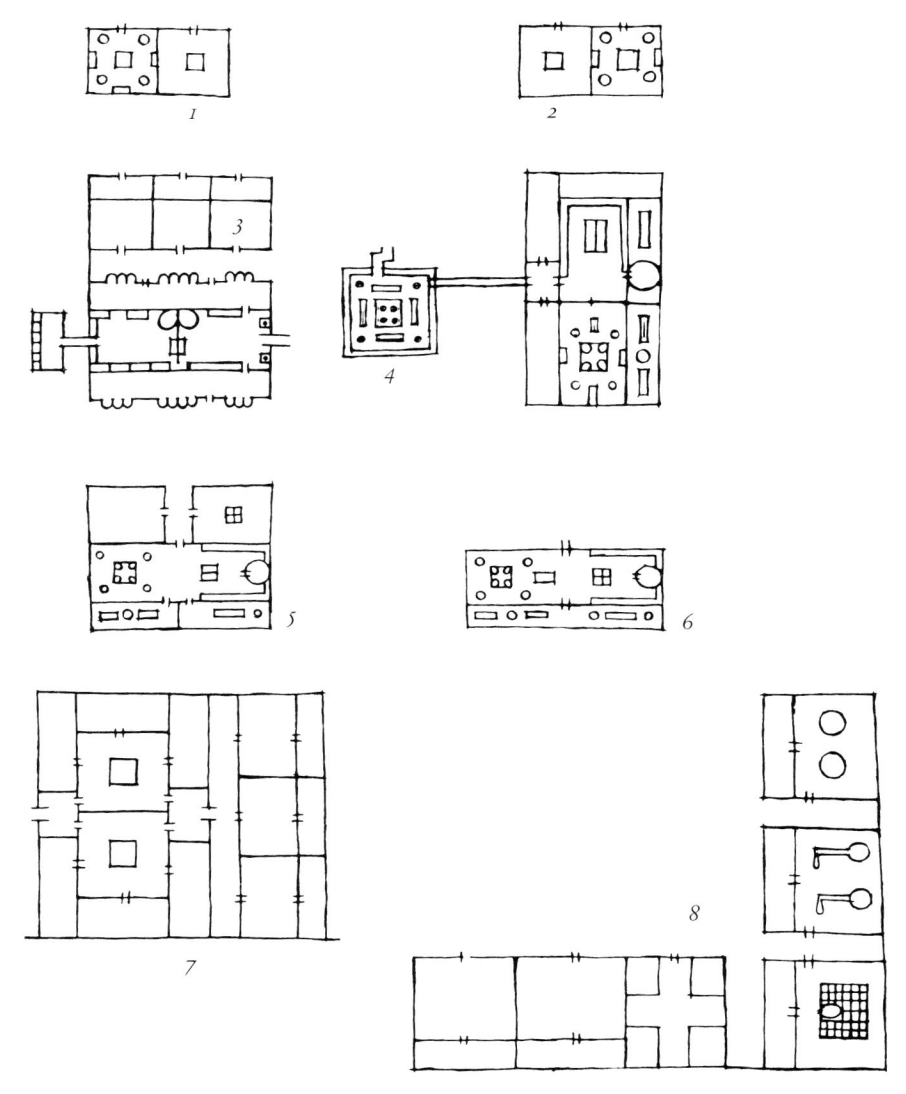

77 Die Küchen des St. Galler Klosterplans:
1 und 2) Küchen für das Krankenhaus (coquina eorundem et sanguinum minuentum) und für das Noviziat. Sie bilden mit den zugehörigen Badestuben ein Haus.
3) Küche (coquina) für das Abtshaus nördlich der Kirche (auf dem Plan nicht eingerichtet).
4) Südwestlich des Konvents steht die Mönchsküche, die durch einen Gang vom Refektorium aus erreichbar ist. Im Zentrum steht ein freistehender, grosser Herd über Wölbungen (fornax super arcus). In einem benachbarten Haus sind Bäckerei und Brauerei untergebracht (hic fratribus conficiatur cervisa, pistrinum fratrum, caminus). Der runde Backofen (caminus) ist vom Hauptraum aus bedienbar. Hier steht der Knettrog (alueolus). Die vier Nebenräume dienen als Vorratskammer für das Mehl (repositio farine), Lagerraum für das Bier (hic coletur celia) und Schlafräume (uernarum repausationes).
5) Küche, Brauerei und Bäckerei für die vornehmen Gäste befinden sich in einem Haus nordwestlich der Kirche, bestehend aus fünf Räumen: Die Küche mit einem freistehenden Kochherd (culina hospitum), die Vorratskammer oder Anrichte (promptuarium), die Backstube (pistrinum) im Hauptraum mit dem wandbündigen, runden Backofen (fornax), die Kammer zur Teigbereitung (interendae pastae locus), der Kühlraum für das Bier (hic refrigeratur cerusia) und die Brauerei (domus conficiendae celiae).
6) Küche, Brauerei (bracitorium) und Bäckerei (pistrinum) für die Pilger liegen in einem Haus südwestlich der Kirche, bestehend aus einem Hauptraum mit freistehendem Kochherd, wandbündigem, rundem Backofen (fornax) und Teigtrog (locus conspergendi) und einem Kühlraum für das Bier (ad refigerendam cerusiam).

Unten die Werkstätten:
7) Haus und Werkstatt des Kämmerers mit (oben) Goldschmiede, Eisenschmiede und Walke.
8) Mühle, Stampfe, Darre, Getreidespeicher, Küferei, Drechslerei (im Uhrzeigersinn).

Dass zu einem Kloster und seinen verschiedenen Teilen mehrere Küchen gehört haben können, zeigt auch der St. Galler Klosterplan. Im Klosterplan sind sieben Küchen eingezeichnet (Abb. 77 oben).[227] Es scheint daher durchaus möglich, dass mehrere Küchen, Brauereien oder Bäckereien in unmittelbarer Nachbarschaft nebeneinander bestanden.

5.4 Bautypologische Einordnung des steinernen Gebäudes P154

Das steinerne Gebäude P154 ist ein so genannter Saalgeschossbau. Dieser Begriff bezeichnet vertikal gegliederte Wohnbauten mit einem Erdgeschoss geringeren Ranges sowie einem grossen repräsentativen Saal im Obergeschoss.[228] Als herausragende Kennzeichen können der ebenerdige Zugang ins Erdgeschoss und die Aussentreppe bezeichnet werden.
Bauten mit einem repräsentativen Saal im Obergeschoss stehen vermutlich in der Tradition byzantinischer Palastbauten[229], die im 7. bis 9. Jahrhundert in Rom und Asturien zum Vorbild genommen wurden.[230] Seither waren Saalgeschossbauten in Italien verbreitet, was Hinweise aus der Forschung[231] sowie die jüngeren, oberitalienischen Kommunalpaläste in abgewandelter Form (z.B. in Como) zeigen. Saalgeschossbauten treten nördlich der Alpen erst in nachkarolingischer Zeit auf, und zwar als Palasbauten auf Königspfalzen und landesherrlichen Residenzen seit ottonischer Zeit[232], besonders aber in staufischer Zeit[233]. Ob das zweigeschossige Steinhaus, das im Testament des Churer Bischofs Tello von 765 in Sagogn erwähnt ist, auch als Saalgeschosshaus zu rekonstruieren ist, entzieht sich unseren Kenntnissen.[234]

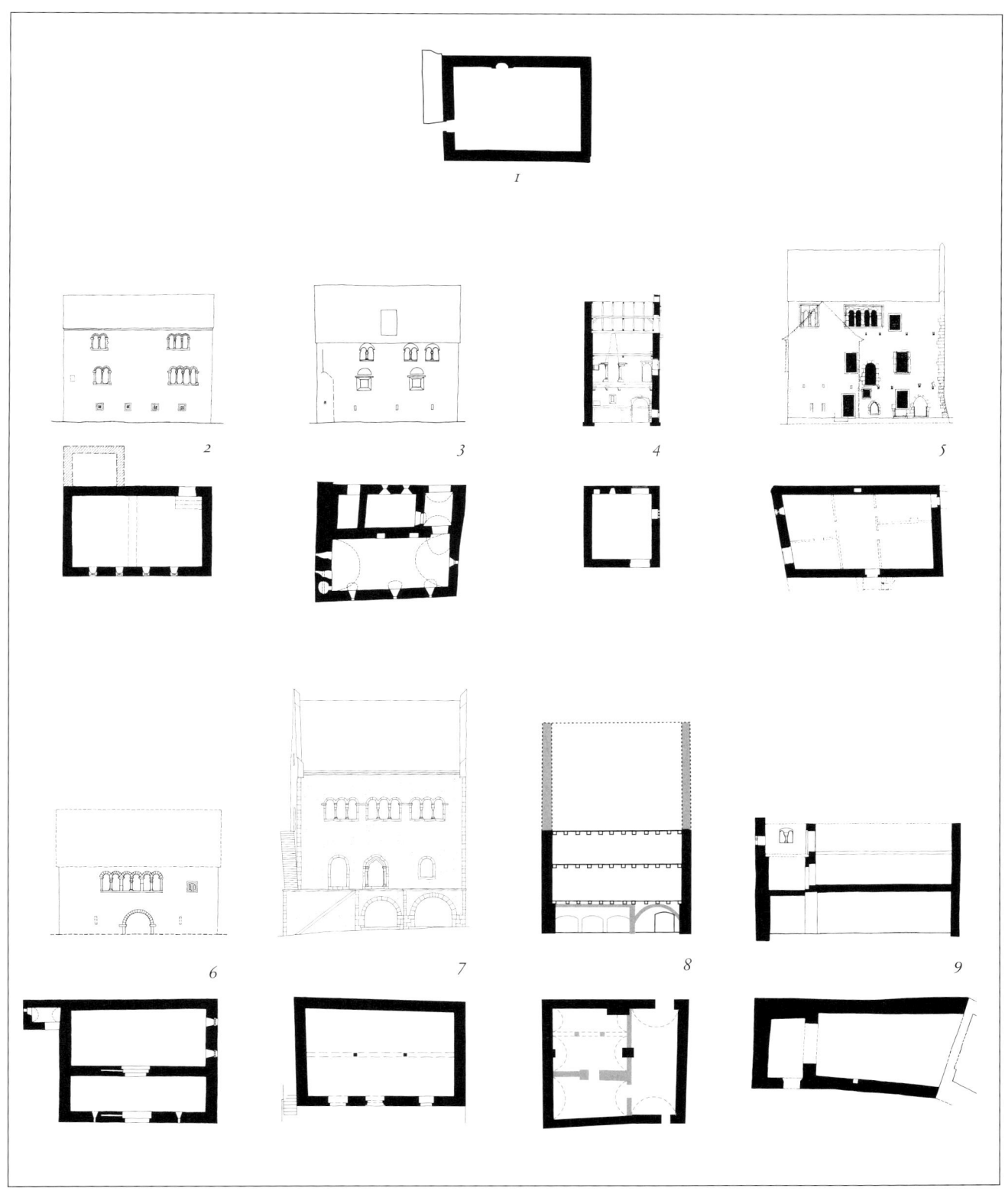

Eginoturm und Wirtschaftsbauten im Oberen Garten 75

78 Grundrisse und Ansichten beziehungsweise Schnitte von deutschen Vergleichsbeispielen zum steinernen Gebäude P154. Alle Massstab 1:500.
1) Müstair, steinernes Gebäude P154 im Oberen Garten („Eginoturm").
2) Das Heimbachhaus in Niederlahnstein war vielleicht das Stadthaus des Stiftes Dietkirchen. Es ist ein dreigeschossiger Bau von 8 auf 13 m mit Flachdecken in allen Geschossen und einer quergerichteten Trennwand im Erdgeschoss. Alle Geschosse haben Aussenzugänge. Aufgrund der Fensterformen datiert Anita Wiedenau das Haus um die Mitte des 12. Jahrhunderts.
3) Das heutige Heimatmuseum in Münstereifel ist um 1167 im Immunitätsbezirk des Stiftes erbaut worden: Der dreigeschossige Rechteckbau von 10 auf 12 m hat ein halb eingetieftes Erdgeschoss mit ebenerdigem Eingang. Eine Freitreppe muss zur Obergeschosstür auf der Schmalseite geführt haben. Eine längsgerichtete Zwischenwand unterteilt den Bau.
4) Das Steinhaus (domus lapidea) in Rosheim im Elsass schenkte die nobilis matrona Willebite 1178 dem Kloster Odilienberg. Das annähernd quadratische, dreigeschossige Haus mit etwa 7,5 m Seitenlänge hat einen Erdgeschossraum mit eigenem Eingang. (5–9 s. S. 68)

Die besten zeitgenössischen Vergleichsbeispiele für das steinerne Gebäude P154 sind aus westdeutschen Städten (Abb. 78) und dem Tiroler Burgenbau bekannt (Abb. 79).[235] Weitere Vergleichsbeispiele wären zwar auch in anderen Städten und Burgen zu finden; sie sind aber entweder schlechter erhalten oder nicht absolut datiert.[236] Die Erdgeschosse der Vergleichsbeispiele sind leicht eingetieft und durch kleine Fenster belichtet. Die in der Regel zwei Obergeschosse sind zum Teil mit Bogenfenstern ausgestattet. Bezüglich Grösse und Form sind die Häuser von Niederlahnstein, Aschaffenburg und Gelnhausen[237] (Abb. 78, Nr. 2, 5, 8) sowie die Palasse von Runkelstein und Sprechenstein[238] (Abb. 79, Nr. 1, 3) dem steinernen Gebäude P154 sehr ähnlich.

Alle Vergleichsbauten stammen aus der Zeit zwischen etwa 1150/70 und 1240/50 und sind vom höheren Adel, Stiften oder Klöstern erbaut worden. Unsere kleine Auflistung (Abb. 78, 79) lässt vermuten, dass zwischen der Bauform dieser Saalgeschossbauten und geistlichen Institutionen (Stiften, Klöstern) ein Zusammenhang besteht: Die Häuser von Münstereifel, Stadthagen und Bamberg[239] (Abb. 78, Nr. 3, 6, 9) sind in oder am Rand von Immunitätsbezirken erbaut worden, das Haus von Niederlahnstein und vielleicht auch die Palasse von Runkelstein und Reineck[240] sind unter geistlicher Herrschaft errichtet worden, und die Häuser von Rosheim[241] und Aschaffenburg sind später in geistlichen Besitz gelangt.

Für die Datierung des steinernen Gebäudes P154 wäre es wichtig zu wissen, ob es vergleichbare Saalgeschossbauten vor 1150/70 gegeben hat. In den westdeutschen Städten hat Anita Weidenau beobachten können, dass die Wohnbauten vor 1170 entweder Wohntürme[242] oder grössere Saalgeschossbauten („Turmbauten") von etwa 10 auf 20 m sind.[243] Der Bautyp des Saalgeschossbaus kann aber bei Residenzen höheren Ranges durchaus älter sein, und das erste Auftreten städtischer Bauten dieser Art in Italien ist nicht datiert. Trotz dieser Vorbehalte möchten wir das steinerne Gebäude P154 anhand seiner – sehr ähnlichen – Vergleichsbeispiele in die 2. Hälfte des 12. Jahrhunderts oder in das frühe 13. Jahrhundert datieren.

5.5 Bischofsresidenz und Propstei – historische Zusammenhänge

Hans Rudolf Sennhauser hat das steinerne Gebäude P154 als Residenz des Churer Bischofs Egino gedeutet und „Eginoturm" genannt.[244] Müstair war seit 882 bischöfliches Eigenkloster.[245] Das Kloster, die bischöfliche Pfalz und die zugehörige *curtis dominica* bildeten eine besitzrechtliche Einheit.[246] Im 11. Jahrhundert war die bischöfliche Residenz im so genannten Norperttrakt untergebracht. Er wurde 1034/35 an der Stelle des karolingischen Nordtraktes errichtet und schloss gegen Westen ein Atrium ab, das sich in den Nordannex der Klosterkirche öffnete. Um einen Turm im Westtrakt gruppierten sich zwei Wohnflügel und die doppelstöckige Ulrichs- und Nikolauskapelle, die Bischof Thietmar (1040–nach 1057, †1070) weihte.[247] Vor 1170 schenkte Bischof Egino (1163–1170) von Chur dem inzwischen von Frauen bewohnten Kloster diverse Güter, darunter die Nikolaus- und Ulrichskapelle.[248] Daraus ist zu schliessen, dass die beiden Kapellen – und mit ihnen der ganze Norperttrakt – vorher dem Bischof als Residenz zur Verwaltung seiner Güter und Wahrnehmung seiner Rechte im Vinschgau gedient haben. Auch nach 1170 blieb aber Müstair für Bischof Egino ein wichtiger Stützpunkt.[249] Erst im Jahre 1253 erhielt Bischof Heinrich III. von Montfort nach einem Sieg über den einheimischen Adel die Erlaubnis, zwischen Calven (?) und Latsch eine Burg zu errichten. 1259 stellte er in „Curberch" eine Urkunde aus. Die Churburg in Schluderns dürfte nun die Rolle der bischöflichen Residenz im Vinschgau übernommen haben. Doch sie ging bald in den Besitz der Herren von Matsch über, worauf Bischof Konrad III. von Belmont unterhalb des Klosters Marienberg 1278–1282 die Fürstenburg anlegen liess.[250] Spätestens jetzt verlor das Kloster Müstair seine Bedeutung als bischöfliche Pfalz. Auf der Fürstenburg residierten die Churer Bischöfe

5) Das Steinhaus (domus lapidea, curtis dominicalis) an der Pfaffengasse 5 in Aschaffenburg wurde 1182 dem Stift St. Peter verkauft. Das dreigeschossige Haus von 8 auf 14 m hat ein leicht eingetieftes Erdgeschoss. Zum Eingang ins Obergeschoss mit dem Festsaal muss eine Freitreppe geführt haben.
6) Das ehemalige Rathaus in Stadthagen war vielleicht die Propstei des um 1170 gegründeten und 1230–1243 aufgehobenen Zisterzienserinnenklosters Bischopingerode. Das Steinhaus von etwa 11 auf 13 m liegt am Rand des geistlichen Bezirks.
7) Das 1191 erstmals erwähnte Graue Haus in Winkel war Burgsitz der Herren von Winkel. Der zweigeschossige Rechteckbau von 11 auf 14 m hat einen ebenerdigen Erdgeschosseingang. Eine Aussentreppe auf der Schmalseite muss in den Saal im Obergeschoss (mit Kamin und Arkadenreihe) geführt haben.
8) Das laut Dendrodaten 1185 erbaute Alte Rathaus in Gelnhausen war vielleicht Sitz des kaiserlichen Vogtes. Der merkwürdige, dreigeschossige Bau von 9 auf 14 m hat eine durch Arkaden zugängliche Erdgeschosshalle und einen Vorbau mit Aussentreppe.
9) Das 1361 erstmals erwähnte Haus Zum Marienbild in Bamberg liegt im Bereich der Immunität des Domkapitels. Der dreigeschossige, verzogene Rechteckbau von etwa 9 auf 18 m hat einen ebenerdigen Erdgeschosseingang und einen Treppenvorbau. Anita Wiedenau datiert das Haus aufgrund der Fensterformen um 1200/30.

79 Grundrisse von Südtiroler Vergleichsbeispielen zum steinernen Gebäude P154. Alle Massstab 1:500.
1) Die Burg Runkelstein wurde ab 1237 unter der Herrschaft des Hochstiftes Trient erbaut. Sie birgt zwei Palasbauten an den gegenüberliegenden Ringmauerseiten. Der Westpalas ist ein dreigeschossiger Rechteckbau von 12 auf 9 m mit Zinnenbekrönung und Wandgemälden. Ins Erdgeschoss führt eine ebenerdige Rundbogentüre, ins Obergeschoss ein über eine Treppe erreichbarer Hocheingang an der Nordseite. Der Ostpalas ist ein turmartiger Bau von 10 auf 12 m. Es ist nicht restlos geklärt, ob einzelne Elemente auf spätere Umbauten zurückzuführen sind.
2. Die Burg Reineck bei Sarnthein war um 1170 vermutlich bischöfliche Vogtei der Grafen von Eppan. Der Palas im Westen des Burghofes stammt aufgrund der Fenster, die mit denjenigen der Rathäuser von Como und Brescia vergleichbar sind, aus der Zeit nach 1215 beziehungsweise 1226. Es ist ein zweigeschossiger, unregelmässig verzogener Rechteckbau, der talseitig ein freies Untergeschoss mit bergseitigem, kellerartigem Einstieg aufweist. Im bergseitigen Erdgeschoss befindet sich der grosse, repräsentative Saal mit fünf Fenstern an der Westfront.
3) Die Burg Sprechenstein im Wipptal stand im Jahr 1241 im Besitz der Trautson als Lehen der Tiroler Grafen und war damals wahrscheinlich im Bau. Das Steinhaus von 7 auf 5 m steht neben einem wenig älteren Wohn- und Wehrturm und bildet den Kernbau des heutigen Westtraktes. Das kellerartige Erdgeschoss hat eine zentrale Stütze und einen ebenerdigen Eingang. Die Lage des Eingangs lässt eine unmittelbar daneben ansetzende Freitreppe ins Obergeschoss vermuten.

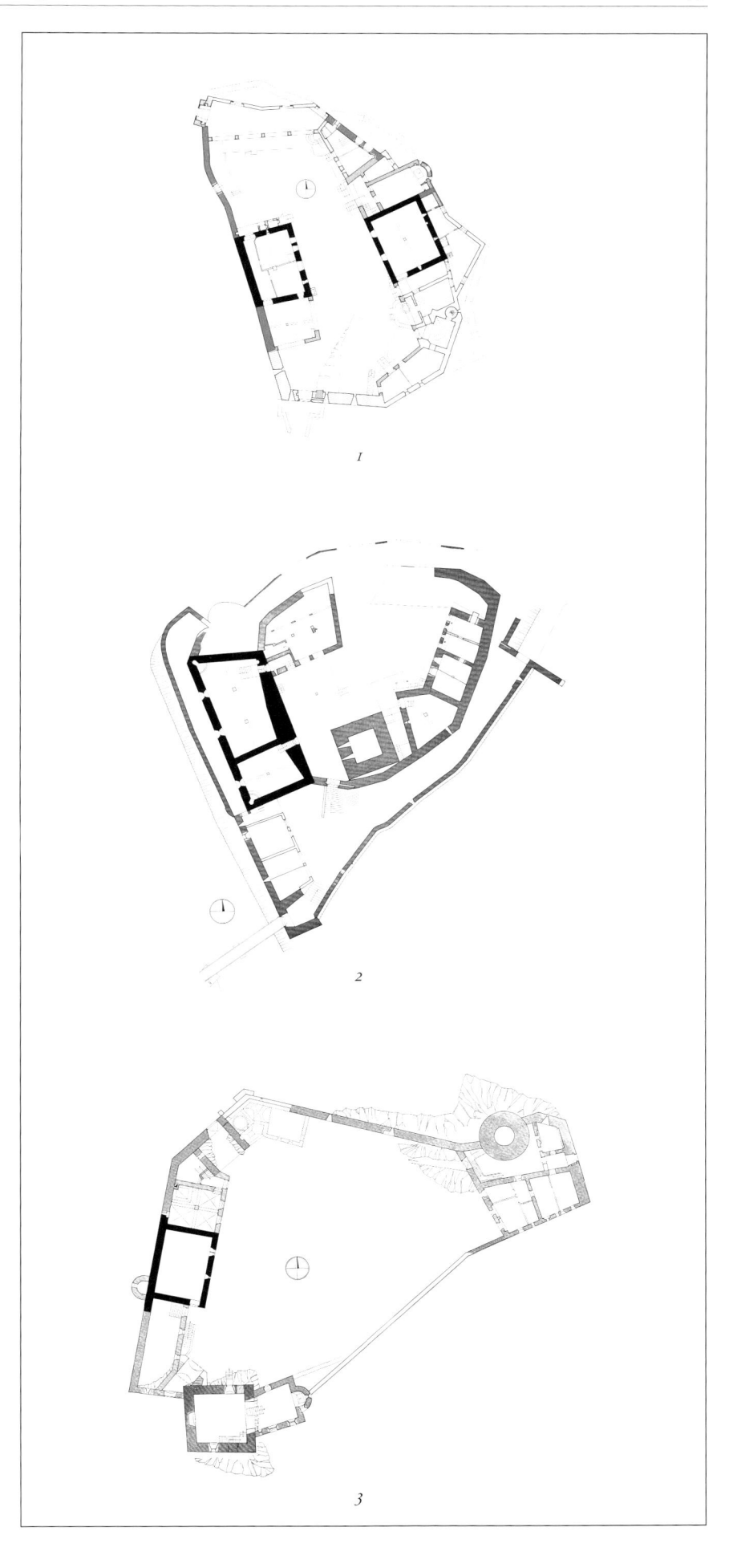

während knapp 400 Jahren, bis Äbtissin Ursula V. Karl von Hohenbalken 1642–1659 das „Fürstenzimmer" im Westtrakt von Müstair einrichten liess. Damals, im Jahr 1657, trat Bischof Johann VI. Flugi von Aspermont auch die Gerichtsbarkeit über den Vinschgau dem Tiroler Landesfürsten ab.

Auch nach der Schenkung Eginos blieb der Bischof Ortsherr in Müstair, hielt dort Gericht und liess seine Grundherrschaft verwalten. Das steinerne Gebäude P154 könnte unter Bischof Egino als Ersatz für die Residenz um den Nordhof erbaut worden sein und nach dem Bau der Churburg 1253 seine Funktion eingebüsst haben.[251] Eine Bauzeit des Gebäudes P154 um 1170 ist möglich, und tatsächlich scheint es mit dem zweiten Brand um die Mitte des 13. Jahrhunderts einen Bedeutungsverlust erlitten zu haben.
Nur scheinbar ist die Residenz um das steinerne Gebäude P154 im Vergleich zum Nordhof und zur Churburg sehr bescheiden dimensioniert. Wahrscheinlich gehörte auch der Plantaturm zur klösterlichen Residenz, die wie eine Burg im Norden der Abteikirche gewirkt haben dürfte. Der jüngere Eginoturm mag die gesteigerten Ansprüche an Wohnkomfort und Repräsentation besser als der Plantaturm erfüllt haben. Im Jahr 1282 ist ein Turm mit Hofstatt im Kloster St. Johann als bischöfliches Eigen erwähnt, damals als Lehen in der Hand des bischöflichen Vizedoms von Rotund-Reichenberg.[252] Ob damit der Planta- oder der Eginoturm gemeint war, muss offen bleiben.

Der Propst *(prepositus)* ist in Müstair seit 1211 nachgewiesen.[253] Es ist aber anzunehmen, dass dieses Amt bereits seit der Umwandlung in einen Frauenkonvent (1087 oder um 1130) bestanden hat. Einerseits oblag dem Propst als Administrator die äussere Verwaltung des Frauenklosters. Andererseits war er als bischöflicher Beamter mit der Verwaltung der bischöflichen Grundherrschaft betraut, die zum Kloster gehörte.[254] Im Jahr 1291 nannte sich Propst Bertol (1275–1301) *divina permissione prepositus ecclesie Monasteriensis*, im Jahr 1292 *venerabilis domus Bertoldus prepositus Monasterii*. Besonders während der vom Marienberger Chronisten Goswin erwähnten Sedisvakanz in Müstair von 1331 bis 1360 hatte der Propst als Rektor des Klosters grosse Bedeutung. Auch in anderen Benediktinerinnenklöstern wird der Administrator Propst genannt. In Fahr ist der Propst seit 1130 Konventual der Mutterabtei Einsiedeln, in Hermetschwil oblag die weltliche und geistliche Leitung des Klosters von 1083 bis um 1300 dem Propst aus der Mutterabtei Muri.[255]
Der Propst könnte als bischöflicher Beamter im Eginoturm residiert und das Haus bei Bedarf seinem Herrn als Pfalz zur Verfügung gestellt haben. Nach dem Bau der Churburg 1253 stand der alte Eginoturm dann ausschliesslich dem Propst zur Verfügung. Die vergleichbaren Saalgeschossbauten erfüllten zum Teil ähnliche Funktionen, das Haus in Stadthagen ist sogar als Propstei des Zisterzienserinnenklosters Bischopingerode erwähnt. Das Gebäude P154 wäre demnach sowohl als Residenz wie auch als Verwaltungssitz zu deuten. Kommt hinzu, dass mit der Propstei zahlreiche bischöfliche und klösterliche Ämter verbunden waren. Abgesehen vom Kellermeister und Kämmerer sind auch Handwerker wie Kürschner, Küfer, Müller und Schmied sowie 1290/98 auch Bäcker und Koch erwähnt. Es ist gut möglich, dass dieser Bäcker im Ofenhaus P159/P143 gebacken hat. Sowohl die gewerblichen Betriebe im Umfeld als auch die Getreidevorräte im Eginoturm passen zum Amt des Administrators.
Das steinerne Gebäude P154 scheint also nach 1170 als Eginoturm erbaut und dem Propst zur Verfügung gestellt worden zu sein. Bis 1253 war der Eginoturm die bischöfliche Residenz. Zudem war das Gebäude das wirtschaftliche Zentrum des Klosters und der bischöflichen Grundherrschaft. Nach dem Brand des steinernen Gebäudes P154 im frühen 14. Jahrhundert musste sich der Propst an einem anderen Ort eine neue Residenz bauen. Im Jahr 1394 ist unterhalb der Landstrasse – südlich des Klosters – ein Turm als Lehen des Sohnes von Propst Otto erwähnt.[256]

6. Katalog der Funde

Der Fundkatalog ist anhand der Phasen nach Fundkomplexen gegliedert. Es sind nur die abgebildeten Funde aufgeführt. Über die weiteren Funde und ihre Mengenverhältnisse geben Tabellen im Text Auskunft. Bei der Beschreibung der Magerung ist die Grösse der Magerungsanteile und nicht deren Menge oder Verteilung gemeint. Zu den Begriffen „handgemacht", „nachgedreht" und „scheibengedreht" s. Kap. 3.1.

Abkürzungen:
RS – Randscherbe, WS – Wandscherbe, BS – Bodenscherbe
Wo nicht anders angegeben, sind alle Funde im Massstab 1:2 abgebildet.

Taf. 1

Phase 1: Die Funde aus den Schichten vom Bau des Plantaturmes bis zum Bau des Nordkreuzganges (958/59–1034/35)

1
Keramik. BS eines Glashafens. Hellbeiger, sehr harter, mittel gemagerter Scherben. Sekundär verbrannt. Auf der Innenseite braune, grüne und rote Glasreste. Oberer Rand der steinigen Grabenverfüllung P304. M93/15'001-1.

2
Keramik. BS eines Glashafens (?). Hellbeige-gelblicher, harter, mittel gemagerter Scherben. Innen Wülste vom Aufbau von Hand, aussen Rillen vom Abdrehen auf der Töpferscheibe. Verfüllung des Grabens P304. M94/16'392.

3
Lavez. BS eines Topfes mit Linsenboden. Aussen geschwärzt. Wanddicke 9,1 mm, Bodendicke 13,3 mm. Verfüllung des Grabens P304. M94/16'796.

Phase 2: Die Funde aus den Schichten vom Bau des Nordkreuzganges bis zum Bau des steinernen Gebäudes P154 (1034/35 bis Ende des 12. Jahrhunderts ?)

4
Keramik. Zwei RS. Gräulich-hellbrauner, mittelharter, mittel gemagerter Scherben. Innen braun glasiert, aussen auf einem dünnen Streifen am Hals grün glasiert. Schicht P33. M93/14'969-1, M93/15'430.

5
Keramik. Drei RS. Gräulich-hellbrauner, mittelharter, mittel gemagerter Scherben. Aussen braun glasiert. Schicht P33. M93/14'969-2, M94/16'424-1, M93/16'434-2.

6
Keramik. RS. Grauer, mittelharter, mittel gemagerter Scherben. Scheibengedreht? Innen dunkelgrün glasiert. Schicht P33. M93/16'434-1.

7
Lavez. 3 RS wahrscheinlich desselben Topfes. Drehrillen innen. 5,7 mm dick. Schicht P33. M93/15'429-1, M93/15'429-2, M94/16'427-1.

8
Lavez. RS beidseitig geschwärzt. 6,2 mm dick. Schicht P33. M93/15'402.

9
Lavez. RS aussen geschwärzt. 4,8 mm dick. Schicht P33. M93/15'421-2.

10
Lavez. 4 WS vielleicht desselben Topfes. Drehrillen bzw. -rippen innen eng und aussen 8–12 mm weit stehend. 5–8 mm dick. Schicht P33. M93/14'968-3, M94/16'427-2, M94/16'463-1. Schicht P303. M94/16'226.

11
Glas. RS. Hellgrünes Glas mit Bläschen. Wanddicke 2 mm. Schicht P33. M93/15'428.

12
Glas. RS. Hell grünblaues Glas. Wanddicke 1,2 mm. Schicht P33 (= P85). M90/11'069.

13
Fragment einer Grossen Kammmuschel (Pecten maximus, nach Linnaeus 1758). Rechte, konvexe Schalenhälfte. Bestimmung durch M. Gosteli, Naturhistorisches Museum der Burgergemeinde Bern. Schicht P33. M95/18'260.

14
Bein. Bruchstück eines rechteckigen Knochenplättchens mit sechs kleinen und zwei grösseren Löchern sowie einer Rille. Schicht P33. M94/16'251.

15
Bein. Fragment eines Kammes mit noch drei Zähnen. Grube P527. M95/18'290.

16
Bein. Fragment eines Plättchens mit Ritzlinien und zwei Löchern. Schicht P425. M94/17'166.

17
Bronze. Ring mit rundem Querschnitt. Durchmesser 16,9–18,7 mm. Schicht P33. M94/16'441.

18
Bronze. Gebogenes Plättchen. Schicht P33. M93/15'436.

19
Blei. Rute mit H-Profil (vermutlich Teil einer Verglasung). Schicht P33. M94/16'425.

20
Eisen. Fragment eines Schlüssels. Verfüllung P476 des Grubenhauses P516. M95/18'472-1.

21
Eisen. Fragment eines Messers. Schicht P85. M93/14'454.

22
Eisen. Haken. Schicht P181. M93/14'893.

23
Eisen. Blech mit Öse. Schicht P198. M93/14'579.

24
Eisen. Ring. Verfüllung P476 des Grubenhauses P516. M95/18'472-2.

Phase 1

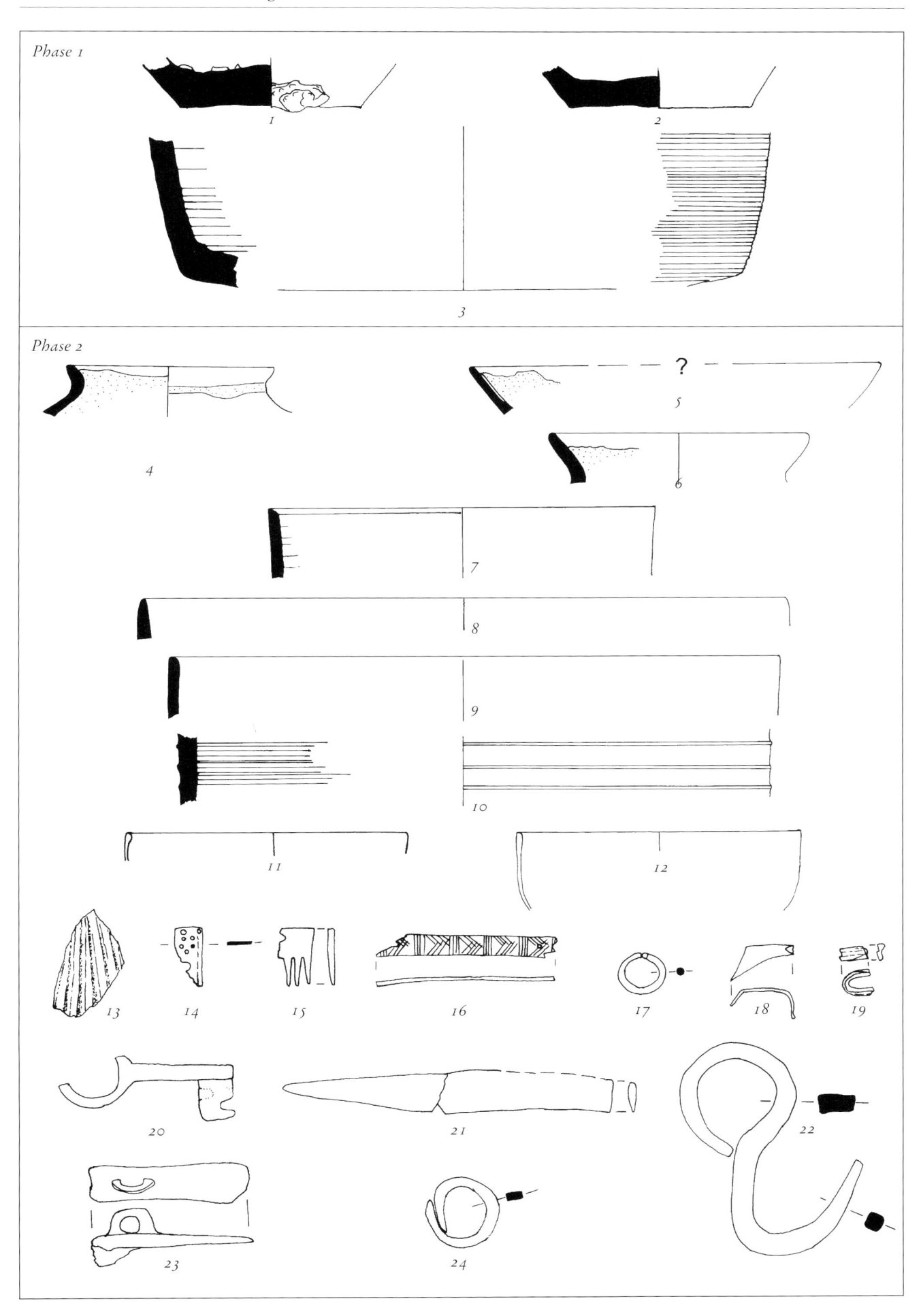

Phase 2

Taf. 2

Phase 3: Die Funde aus den Schichten vom Bau des steinernen Gebäudes P154 bis zu seinem zweiten Brand (Ende des 12. bis Mitte des 13. Jahrhunderts?)

1
Keramik. RS eines Topfes. Im Kern grauer, an der Oberfläche brau-roter, weich–mittelharter, grob gemagerter Scherben. Scheibengedreht. Schicht P38 (=P148). M93/15'659-1.

2
Keramik. WS eines Topfes. Grau-schwarzer, harter, mittel gemagerter Scherben mit wenig Glimmer. Auf der Aussenseite Kammeinstich-Verzierung. Scheibengedreht. Schicht P38 (=P148). M93/14'748.

3
Ofenkeramik. RS einer Becherkachel. Im Kern grauer, an der Oberfläche stellenweise roter, mittelharter, mittel gemagerter Scherben. Scheibengedreht. Auf beiden Seiten Mörtelspuren. Schicht P38 (=P148). M93/15'659-2.

4
Ofenkeramik. RS einer Becherkachel. Im Kern grauer, an der Oberfläche aussen roter, mittelharter, grob gemagerter Scherben. Scheibengedreht. Schicht P38 (=P148). M93/14'066-1.

5
Keramik. Spinnwirtel. Ziegelroter, mittelharter Scherben. Feuerstelle P361. M94/16'089.

6
Lavez. RS. Drehrillen bzw. -rippen innen eng und aussen 8 mm weit stehend. 6,3 mm dick. Schicht P38. M93/15'019.

7
Glas. RS einer Flasche. Hellbraunes Glas mit vielen Bläschen. Schicht P38 (=P148). M93/14'095.

8
Bronze. Geprägtes, rechteckiges Plättchen mit geprägter Löwendarstellung und Perlrand. 22,4 x 30,1 mm. Zwei Löcher für Nieten (?). Schicht P38 (= P204). M93/14'401.

9
Vergoldete Bronze. Verschlussbügel mit Scharnier. Der palmettenförmige Teil mit einem Loch für eine Befestigung, der tierförmige, bewegliche Teil mit einem Bügel für ein Schloss. An der Oberfläche des Lehms W107, direkt unter dem Trampelniveau P360. M94/15'944.

10
Bronze. Halbkugeliges Glöckchen mit Aufhängung. Schicht P38 (=P148). M93/14'094-1.

11
Eisen. Zangenartiger Beschlag. Schicht P38. M93/14'843.

12
Eisen. Messer (?). Schicht P38. M93/14'843.

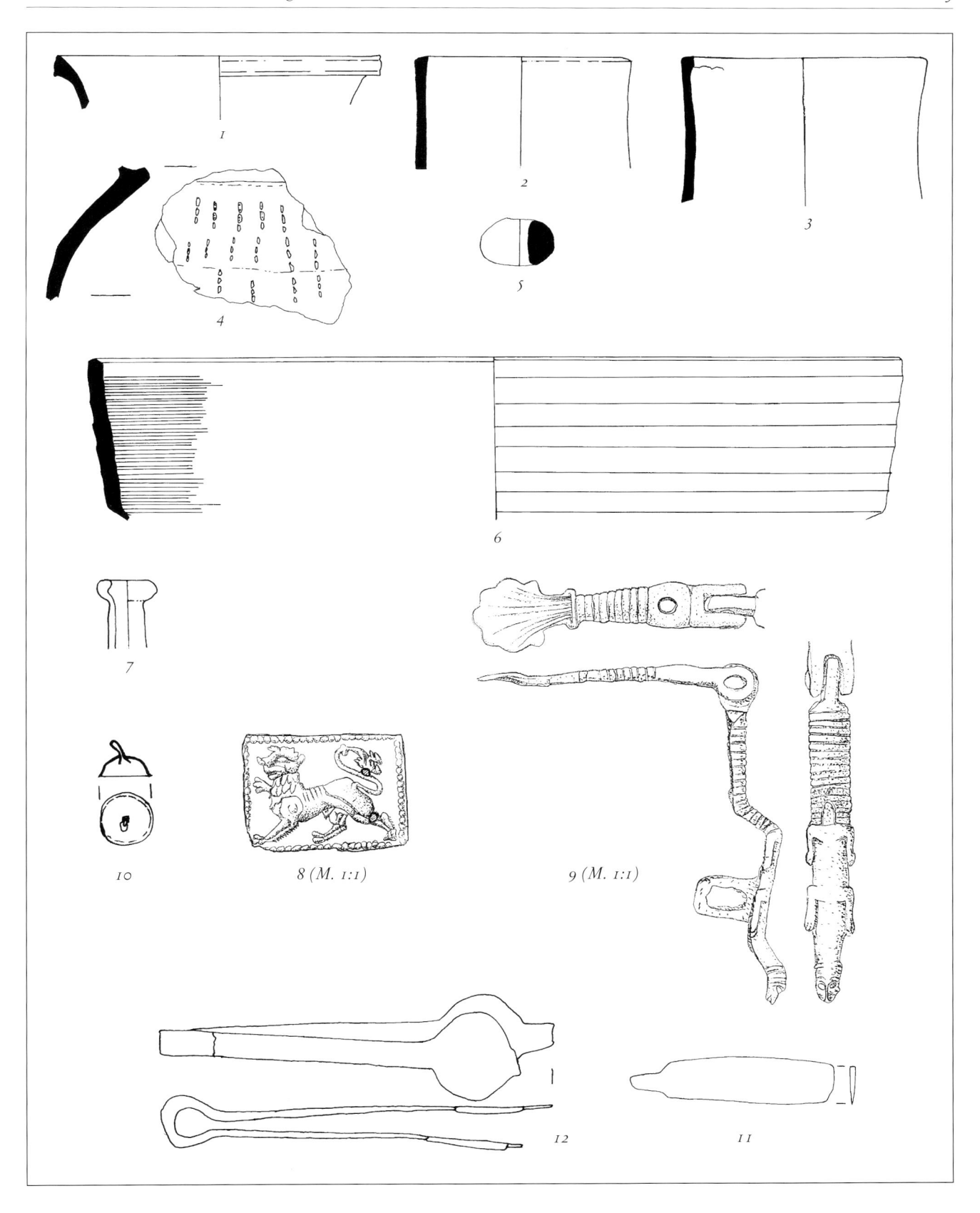

Eginoturm und Wirtschaftsbauten im Oberen Garten

Taf. 3

Phase 4: Die Funde aus den Schichten des zweiten Brandes des steinernen Gebäudes P154 (Mitte des 13. Jahrhunderts)

1
Keramik. Henkel eines Majolika-Kruges. Ziegelroter, mittelharter, fein gemagerter Scherben. Deckend weisse Glasur mit einem blauen, zwei schwarzen und einem blauen Streifen (von oben nach unten). Oberfläche matt und porös, sekundär verbrannt. Schicht P343. M94/15'921.

2
Keramik. BS. Beige-roter, mittelharter, fein gemagerter Scherben. Innen durchsichtige Glasur mit grünem Zickzack-Muster. Schicht P43 (= P131). M93/14'614.

3
Keramik. 2 WS. Grauer, mittelharter, grob gemagerter Scherben, einer mit Rillen verziert. Schicht P343. M94/16'000.

4
Keramik. RS mit Knickhenkel eines Dreibeintopfes (?). Grau-brauner, mittelharter, mittel gemagerter Scherben mit wenig Glimmer. Stellenweise geschwärzt. Schicht P343. M94/15'925.

5
Keramik. 1 RS und 1 WS eines Topfes. Dunkelgrauer, mittelharter, mittel bis grob gemagerter Scherben. Aussen zwei Wellenband-Rillen. Scheibengedreht (?). Innen geschwärzt. Schicht P43 (= P131). M93/14'283.

6
Keramik. BS eines Topfes. Grauer, harter, mittel gemagerter Scherben. Aussen Ritzmuster. Innen handgemacht, aussen Rillen vom Nach- oder Überdrehen. Schicht P43 (= P131). M93/14'238-1.

7
Keramik. RS. Braun-schwarzer, mittelharter, grob gemagerter Scherben. Loch unter dem Rand. Scheibengedreht. Schicht P43 (= P131). M93/14'330-3.

8
Ofenkeramik. 1 BS und 1 WS einer Becherkachel. Innen grauer, aussen roter, harter, mittel gemagerter Scherben. Aussen Kammstrichmuster mit einem Instrument mit vier Zähnen. Innen handgemacht, aussen wahrscheinlich überdreht. Schicht P43 (= P131). M93/14'330-1, -2.

9
Keramik. Fragment einer Perle. Roter, weicher, fein gemagerter Scherben. Schicht P343. M94/15'926.

10
Glas. WS eines Nuppenbechers. Hell blaugrünes Glas mit einer Nuppe. Wanddicke 1,4 mm. Schicht P43 (= P131). M93/14'452.

11
Glas. RS. Farbloses Glas mit Gelbstich. Wanddicke 2,7 mm. Schicht P43. M93/14'314.

12
Glas. Perle aus opakem, grün-braun maseriertem Glas mit gelben Streifen. Schicht P345. M94/16'010.

13
Fragment einer Grossen Kammmuschel (*Pecten maximus*, nach Linnaeus 1758). Rechte, konvexe Schalenhälfte. Bestimmung durch M. Gosteli, Naturhistorisches Museum der Burgergemeinde Bern. Schicht P43. M93/14'315.

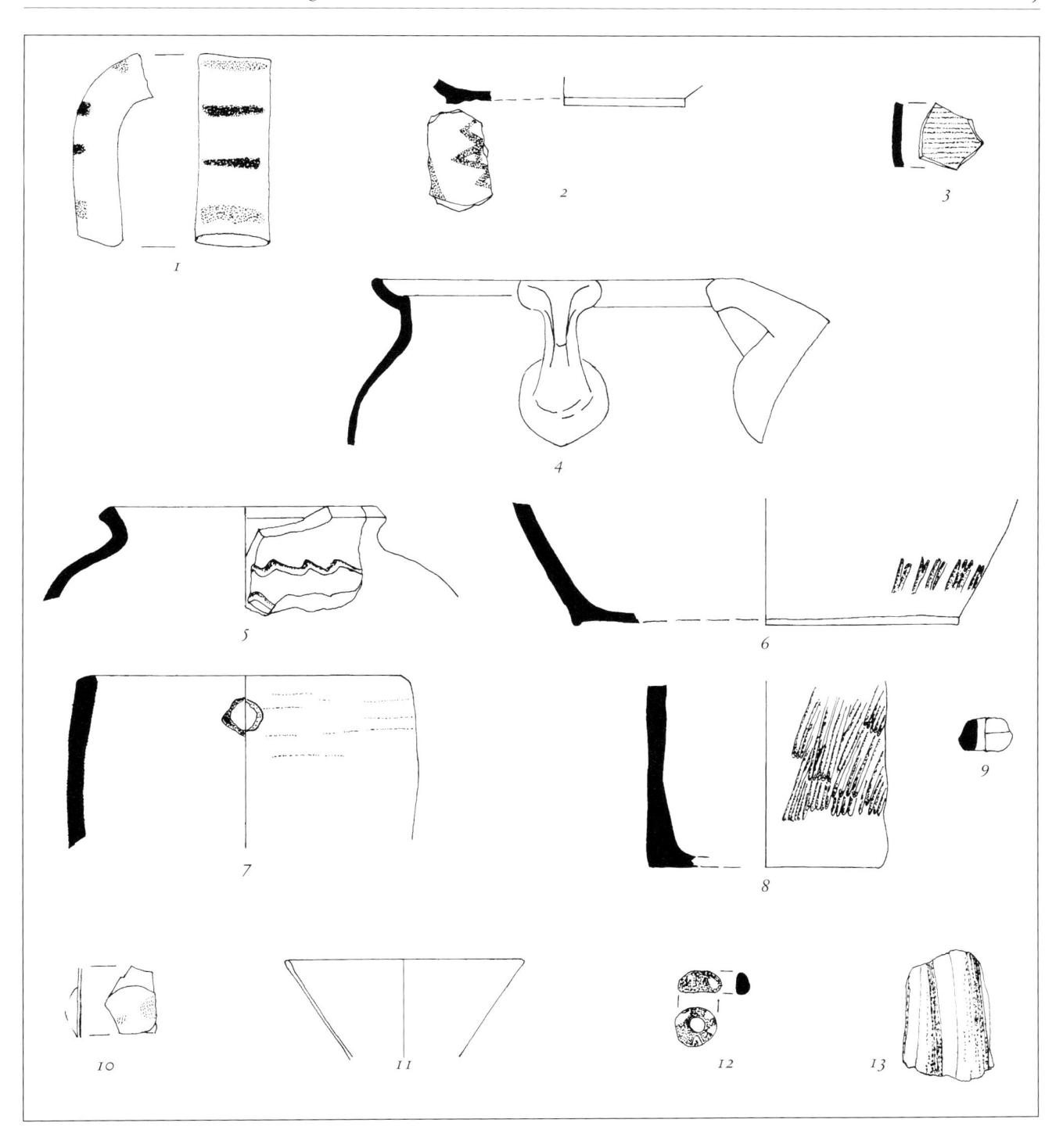

Eginoturm und Wirtschaftsbauten im Oberen Garten 85

Taf. 4

Fortsetzung Phase 4: Eisenfunde aus den Schichten des zweiten Brandes des steinernen Gebäudes P154 (Mitte des 13. Jahrhunderts)

1
Eisen. Türriegel mit zwei Ankerösen. Schicht P358. M94/15'840.
2
Eisen. Zwei Teile eines Schlosses. Schicht P343. M94/15'870.
3
Eisen. Angelhaken (?). Schicht P343. M94/16'116.
4
Eisen. Axt. Schicht P343. M94/15'870.
5
Eisen. Schlüssel. Schicht P343. M94/15'922.
6
Eisen. Schlüssel. UK Schicht P43 (=P131). M93/14'328.

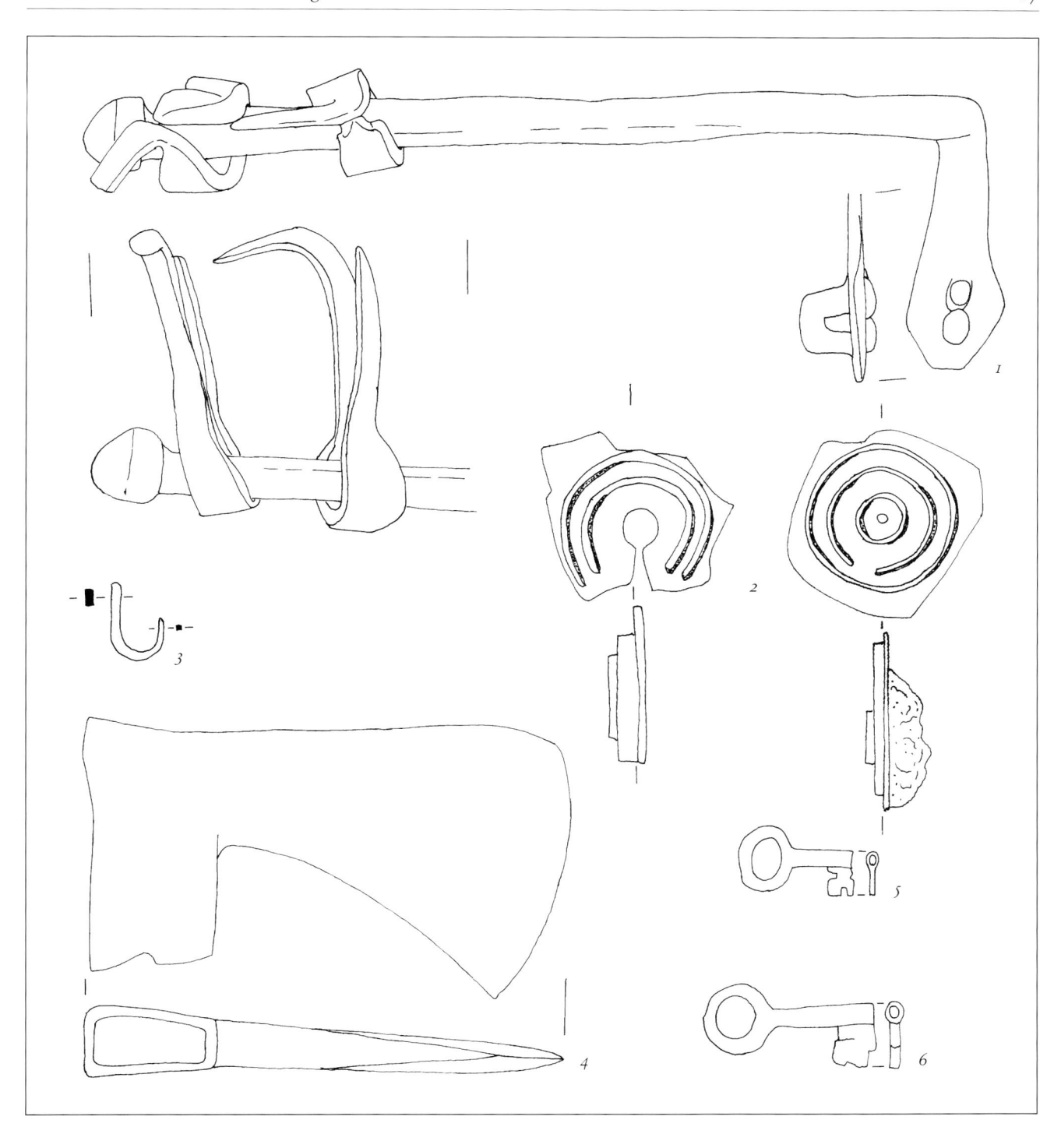

Eginoturm und Wirtschaftsbauten im Oberen Garten 87

Taf. 5

Phase 5: Die Funde aus den Schichten der letzten Benutzungsphase des steinernen Gebäudes P154 (Mitte des 13. bis in die erste Hälfte des 14. Jahrhunderts)

1
Keramik. RS in vier Teilen eines Topfes. Roter, mittelharter, mittel–grob gemagerter Scherben. Aussen mit Fingernagel-Eindruckreihen verziert. Scheibengedreht. Schicht P40. M94/15'791-1.

2
Keramik. WS in vier Teilen. Grauer, mittelharter, mittel gemagerter Scherben. Aussen feine Riefung. Scheibengedreht. Schicht P40. M94/15'791-5–8.

3
Keramik. 2 RS, 2 Füsse und 34 WS eines Dreifusstopfes. Orange-grauer, harter, mittel gemagerter Scherben. Mit leichter Riefung. Scheibengedreht. Sekundär verbrannt, stellenweise weisser Kalkschleier. Schicht P40. M90/10'963 (ausser -5, -6, 18, -24, -41, -43), M90/11'082-1, M90/11'082-2, M90/11'082-4, M90/11'082-5, M90/11'148.

4
Keramik. RS eines Topfes. Grauer, harter, mittel–grob gemagerter Scherben. Scheibengedreht (?). Schicht P40. M94/14'783.

5
Keramik. RS eines Topfes. Grau-brauner, harter, mittel gemagerter Scherben. Schulterzone mit Kammstrich verziert. Scheibengedreht. Schicht P40. M93/14'743.

6
Keramik. 2 RS und 12 WS eines Topfes. Grau-brauner, harter, mittel gemagerter Scherben mit wenig Glimmer. Schulterzone mit Einstichreihen und Wellenband verziert. Scheibengedreht. Aussen und am Rand stellenweise geschwärzt, sekundär verbrannt. Schicht P40. M90/10'963-5, M90/10'963-6, M90/10'963-18, M90/10'963-24, M90/10'963-41, M90/10'963-43, M90/11'006, M90/11'082.

7
Ofenkeramik. RS einer Becherkachel. Orange-gräulicher, harter, mittel gemagerter Scherben mit wenig Glimmer. Scheibengedreht. Sekundär verbrannt, weisser Kalkschleier. Schicht P40. M93/14'288-1.

8
Ofenkeramik. RS einer Becherkachel. Orange-gräulicher, harter, grob gemagerter Scherben. Handgemacht (?). Sekundär verbrannt. Schicht P40. M94/15'795-1.

9
Ofenkeramik. RS einer Becherkachel. Oranger, harter, mittel gemagerter Scherben. Scheibengedreht. Sekundär verbrannt (?). Schicht P40. M93/15'451-3.

10
Ofenkeramik. RS einer Becherkachel. Orange-grauer, harter, grob gemagerter Scherben. Scheibengedreht. Sekundär verbrannt. Steinbett unter Feuerstelle P134. M93/14'286-2.

11
Ofenkeramik. BS einer Becherkachel. Oranger, harter, mittel gemagerter Scherben. Scheibengedreht. Weisser Kalkschleier. Schicht P40. M93/14'610-5.

12
Ofenkeramik. BS einer Becherkachel. Grauer, harter, mittel gemagerter Scherben. Scheibengedreht. Stellenweise geschwärzt. Schicht P40. M94/15'779-2.

13
Ofenkeramik. BS einer Becherkachel. Orange-gräulicher, mittelharter, mittel gemagerter Ton. Scheibengedreht. Schicht P40. M93/14'269-1.

14
Ofenkeramik. BS einer Becherkachel. Orange-gräulicher, mittelharter, mittel gemagerter Scherben mit wenig Glimmer. Scheibengedreht. Weisser Kalkschleier. Schicht P40. M93/14'668-2.

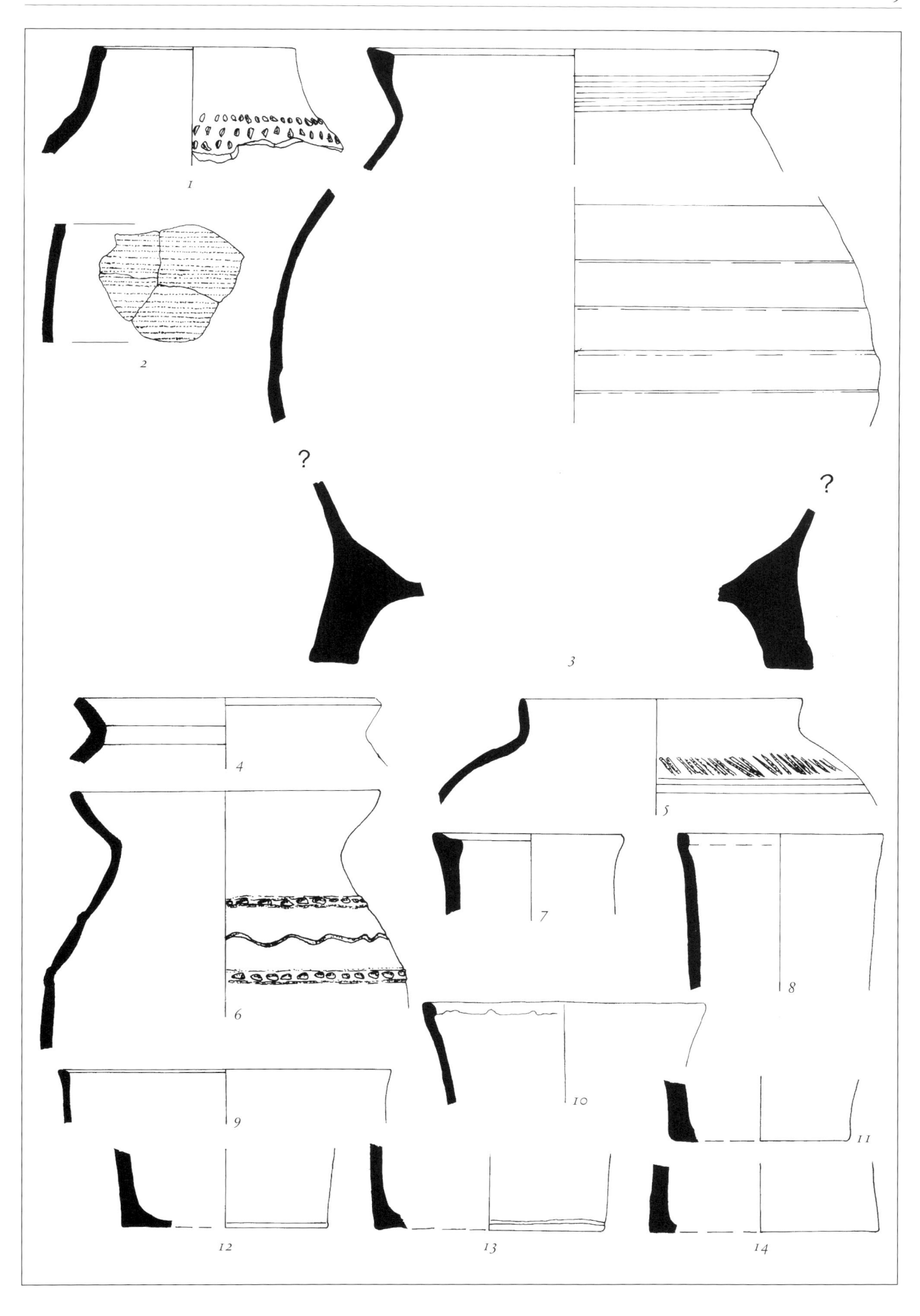

Eginoturm und Wirtschaftsbauten im Oberen Garten 89

Taf. 6

Phase 5 (Fortsetzung): Stein-, Glas- und Metallfunde aus den Schichten der letzten Benutzungsphase des steinernen Gebäudes P154 (Mitte des 13. bis in die erste Hälfte des 14. Jahrhunderts)

1
Lavez. RS 5,1 mm dick. Innen dünne Drehrillen. Schicht P40. M94/15'790-1.

2
Lavez. RS 4,8 mm dick. Innen dünne Drehrillen. Schicht P40. M94/15'790-2.

3
Glas. RS eines Bechers. Farbloses Glas mit Fadenauflage. Wandstärke unten 0,8 mm. Schicht P40. M93/15'450-1.

4
Glas. WS eines Nuppenbechers. Hell blaugrünes Glas mit spitz ausgezogener Nuppe. Schicht P40. M93/15'450-2.

5
Glas. WS eines emailbemalten Bechers. Farbloses Glas mit rötlich-braunem Stich. Emailfarben: weisse Schrift (...BIS... oder ...RT...?) und rot-gelb-rote Horizontallinie. Wandstärke 1,1 mm. Schicht P40. M93/14'556.

6
Glas. WS eines Rippenbechers (?). Farbloses Glas mit vertikaler Rippe. Wandstärke 1,3 mm. Schicht P40. M93/15'536.

7
Glas. Fragment eines Flaschenhalses oder Stängels (?). Wandstärke 3,1 mm. Das spezifische Gewicht beträgt 2,45 g/cm^3 und entspricht damit dem üblichen Wert. Es handelt sich also nicht um Bleiglas, das ein spezifisches Gewicht von etwa 5 g/cm^3 hat. Die Messung hat Arminio Boschetti, Departement für Biochemie der Universität Bern, vorgenommen. Schicht P40. M93/15'500.

8
Glas. WS. Farbloses Glas mit hellgrünem Stich mit Fadenauflage. Wandstärke 0,6 mm. Schicht P40. M93/15'785.

9
Glas. Fragment einer Nuppe (?) mit Fadenauflage aus transparent grünem Glas. Schicht P40. M93/15'516-2.

10
Glas. WS eines Nuppenbechers. Hell blaugrünes Glas mit zwei breiten Nuppen. Wandstärke 1,4 mm. Schicht P40. M90/10'961.

11
Glas. WS eines Nuppenbechers. Hell blaugrünes Glas mit einer breiten Nuppe. Wandstärke 1,8 mm. Schicht P40. M93/14'470.

12
Wetzstein. Kieseliger, schwach mergeliger Kalk mit reichlich Schwammnadeln (Spongienkalk). Bestimmung durch Benno Schwizer, Geologisches Institut der Universität Bern. Schicht P40. M93/14'270.

13
Wetzstein. Kieseliger Kalk mit reichlich Schwammnadeln (Spongienkalk). Bestimmung durch Benno Schwizer, Geologisches Institut der Universität Bern. Schicht P40. M93/14'719.

14
Stein. Poliertes Fragment mit zweiseitig gebohrter Lochung. Schicht P40. M94/15'794.

15
Bronze oder Messing. Hülsenförmiger Aufsatz aus Blech (0,3 mm dick), mit acht Kanten und eingeritzter Schraffur. Etwa 16 x 10 mm. Das geschlossene Ende zeigt ein getriebenes Köpfchen. In 7 Fragmenten. Schicht P40. M93/15'748.

16
Bronze (?). Knopf mit abgebrochenem Stift in der Mitte der Rückseite. Vorderseite mit Kügelchenornament. Durchmesser 8 mm. Schicht P40. M90/11'021.

17
Eisen. Schlüssel. Schicht P40. M93/14'230.

18
Eisen. Schlüssel. Schicht P40. M93/14'231.

19
Eisen. Schlüssel. Schicht P40. M94/15'539.

20
Eisen. Schlüssel. Schicht P40. M94/15'786.

21
Eisen. Messer. Schicht P40. M93/15'539.

22
Eisen. Messer. Schicht P40. M90/10'962.

23
Eisen. Schlossriegel. Schicht P40. M93/15'539.

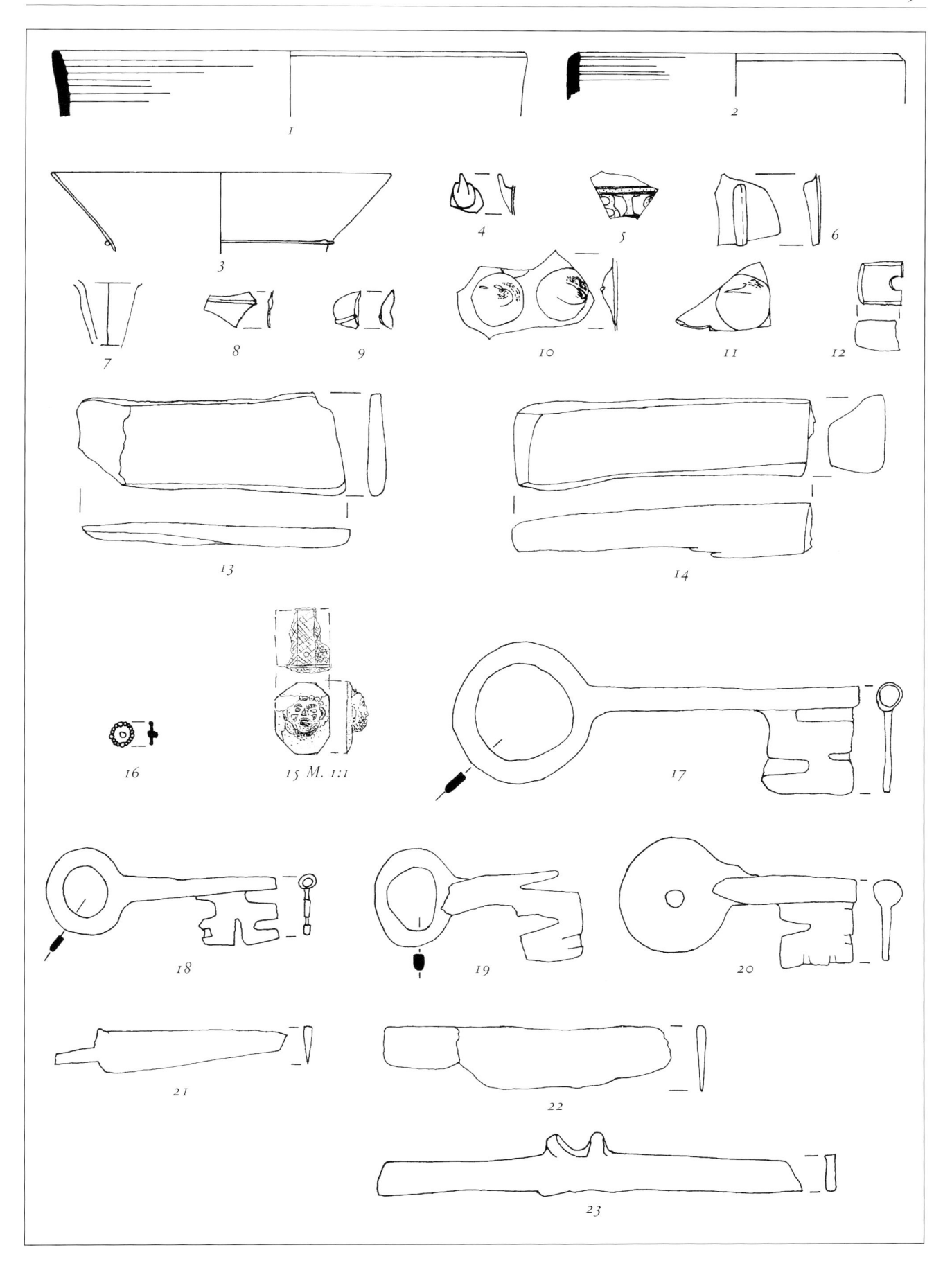

Eginoturm und Wirtschaftsbauten im Oberen Garten

Taf. 7

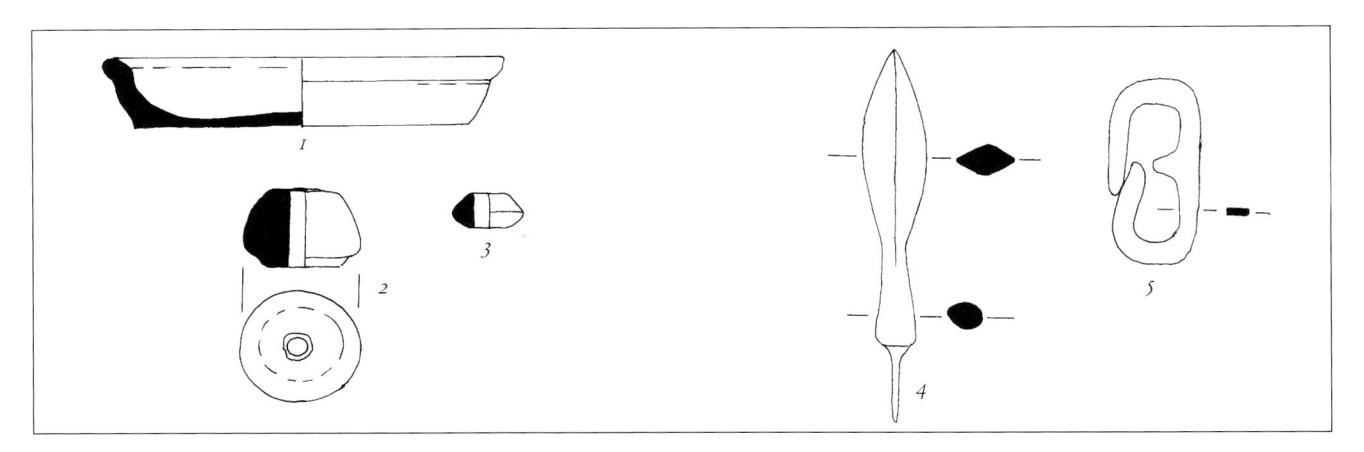

Phase 6: Die Funde aus den älteren Schichten des Ofenhauses P513 (Mitte und zweite Hälfte des 13. Jahrhunderts)

1
Keramik. RS/BS einer Lampe. Grauer, mittelharter, mittel gemagerter Scherben. Scheibengedreht. Boden abgeplatzt, sekundär verbrannt. Unter dem Holzboden P481. M95/17'686.

2
Keramik. Spinnwirtel. Ziegelroter, weicher, mittel gemagerter Ton. Stellenweise lassen sich Arbeitsnähte erkennen: Das Loch ist (mit ähnlichem Ton) verschmälert und die Unterseite flach ausgestrichen worden. Oberfläche stellenweise abgeplatzt, sekundär verbrannt. Schicht P494. M95/18'065.

3
Lavez. Perle (oder Wirtel). Klar grüner Speckstein mit vertikalen Rillen. Stark verwittert. Schicht P401. M94/17'059.

4
Eisen. Geschossspitze. Graben P408. M94/17'102.

5
Eisen. Schnalle (?). Schicht P494. M95/18'067-1.

Taf. 8

Phase 7: Die Funde aus der Brandschicht P344, letzter Brand des steinernen Gebäudes P154 (erste Hälfte des 14. Jahrhunderts)

1
Keramik. 7 RS, 51 WS und 5 BS eines nahezu vollständig erhaltenen Topfes. Grau-schwarzer, mittelharter, mittel gemagerter Scherben mit wenig Glimmer. Riefenverzierung auf der Schulter (25 WS). Scheibengedreht. Oberfläche stellenweise geschwärzt und mit weissem Kalkschleier, sekundär verbrannt. M94/15'800.

2
Keramik. 1 RS, 7 WS, 1 BS eines Töpfchens. Innen grauer, aussen oranger, mittelharter, mittel gemagerter Scherben mit wenig Glimmer. Auf der Schulter Rillenverzierung (1 RS, 6 WS). Boden innen handgemacht, Aussenseite nachgedreht. Oberfläche stellenweise geschwärzt, sekundär verbrannt. M94/16'092.

3
Keramik. 8 RS, 45 WS und 1 Standfuss eines mehrheitlich erhaltenen Dreibeintopfes mit zwei Henkeln am Rand. Grauer, mittelharter, mittel gemagerter Scherben mit wenig Glimmer. Riefenverzierung auf der Schulter (13 WS). Scheibengedreht (?). Oberfläche stellenweise abgeplatzt, einige Scherben nach dem Bruch sekundär rötlich verbrannt. M94/15'871, M94/15'939, M94/15'955, M94/16'121 (Passscherben aus Abbruchschutt P47).

4
Ofenkeramik. 1 RS, 3 WS, 2 BS einer Becherkachel. Rötlichoranger, harter, mittel gemagerter Scherben mit wenig Glimmer. Scheibengedreht. Unregelmässige Form (Rand- und Bodenebene sind nicht ganz parallel). Oberfläche aussen unten stellenweise abgeplatzt, sekundär verbrannt. M94/15'877-2, M94/15'948.

5
Keramik. Spinnwirtel. Dunkelgrauer, mittelharter, fein (?) gemagerter Scherben. Oberfläche stellenweise abgeplatzt, sekundär verbrannt. M94/15'962.

6
Keramik. Spinnwirtel. Dunkelgrauer, mittelharter, fein (?) gemagerter Scherben. Oberfläche stellenweise abgeplatzt. M94/15'951-1.

7
Keramik. Spinnwirtel. Hellgrauer, harter, fein (?) gemagerter Scherben. M94/15'951-2.

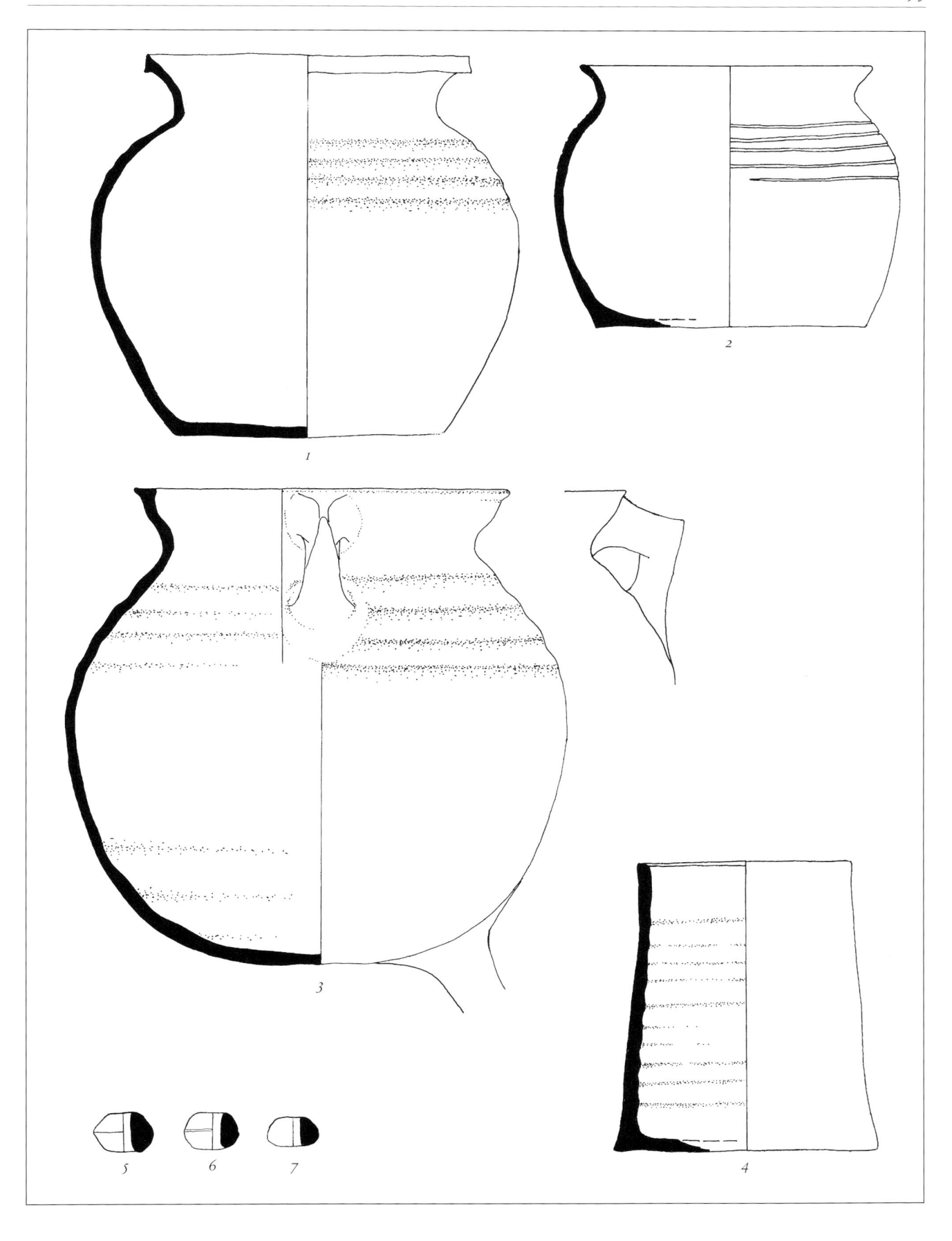

Taf. 9

Funde der Phase 7 aus der Brandschicht P344 im steinernen Gebäude P154.

1

Lavez. 3 BS eines Topfes. 6–9 mm dick. Drehrillen innen und aussen. Aussenseite geschwärzt. M94/15'878.

2

Glas. BS eines Nuppenbechers mit gekniffenem Fussring. Farbloses Glas mit Grünstich. Wandstärke 1 mm. M94/15'958.

3

Glas. WS (Nuppe) eines Nuppenbechers. Hell blaugrünes Glas. M94/15'956-1.

4

Glas. WS mit Fadenauflage. Transparent gelbes Glas. Wandstärke 0,8 mm. M94/15'956-2.

5

Glas. WS eines Bechers mit optisch oder formgeblasenem Dekor. Transparent grünes Glas mit Bläschen. Die Verzierung besteht aus versetzt angeordneten, kleinen Dellen. Wandstärke 2,1 mm. M94/15'833.

6

Bronze. Mindestens 3 lilienförmige Attaschen. Vielleicht zum Bronzekessel. M94/15'820, M94/15'950, M94/15'959.

7

Eisen. Gegenstück der am Kessel erhaltenen Aufhängung. M94/15'949.

8

Bronze und Eisen. Getriebener Kessel, in drei Fragmenten erhalten. Durchmesser am Rand einst 14,9 cm, Randumfang 46,8 cm. Der Ausguss ist mit neun Nieten befestigt und durch ein Sieb geöffnet. Blechflick mit acht Nieten am Boden. Aufhängung (mit zwei Nieten) und Kette aus Eisen auf der Achse des Ausgusses. Konserviert 1994–1995 im Rätischen Museum Chur von Josef Maria Lengler und Annina Bertogg. M94/15'820.

9

Verbrannte Fragmente einer Grossen Kammmuschel (*Pecten maximus*, nach Linnaeus 1758). Rechte, konvexe Schalenhälfte. Bestimmung durch Margret Gosteli, Naturhistorisches Museum der Burgergemeinde Bern. M94/15'995.

10

Bronze. Schnalle (?) aus Blech in drei Teilen: Beschläg mit einer Niete, Bügel und Gegenbeschläg. M94/15'959-1.

11

Bronze Schnalle in zwei Teilen: Beschläg mit zwei Nieten und profiliertem Bügel. M94/15'950-1.

12

Eisen. Messerfragment. M94/15'961-2.

13

Eisen. Scharnier in zwei Teilen. M94/15'994-1.

14

Eisen. Schlüssel. M94/15'990-1.

15

Eisen. Fragment eines Schlüssels (?). M94/15'957.

95

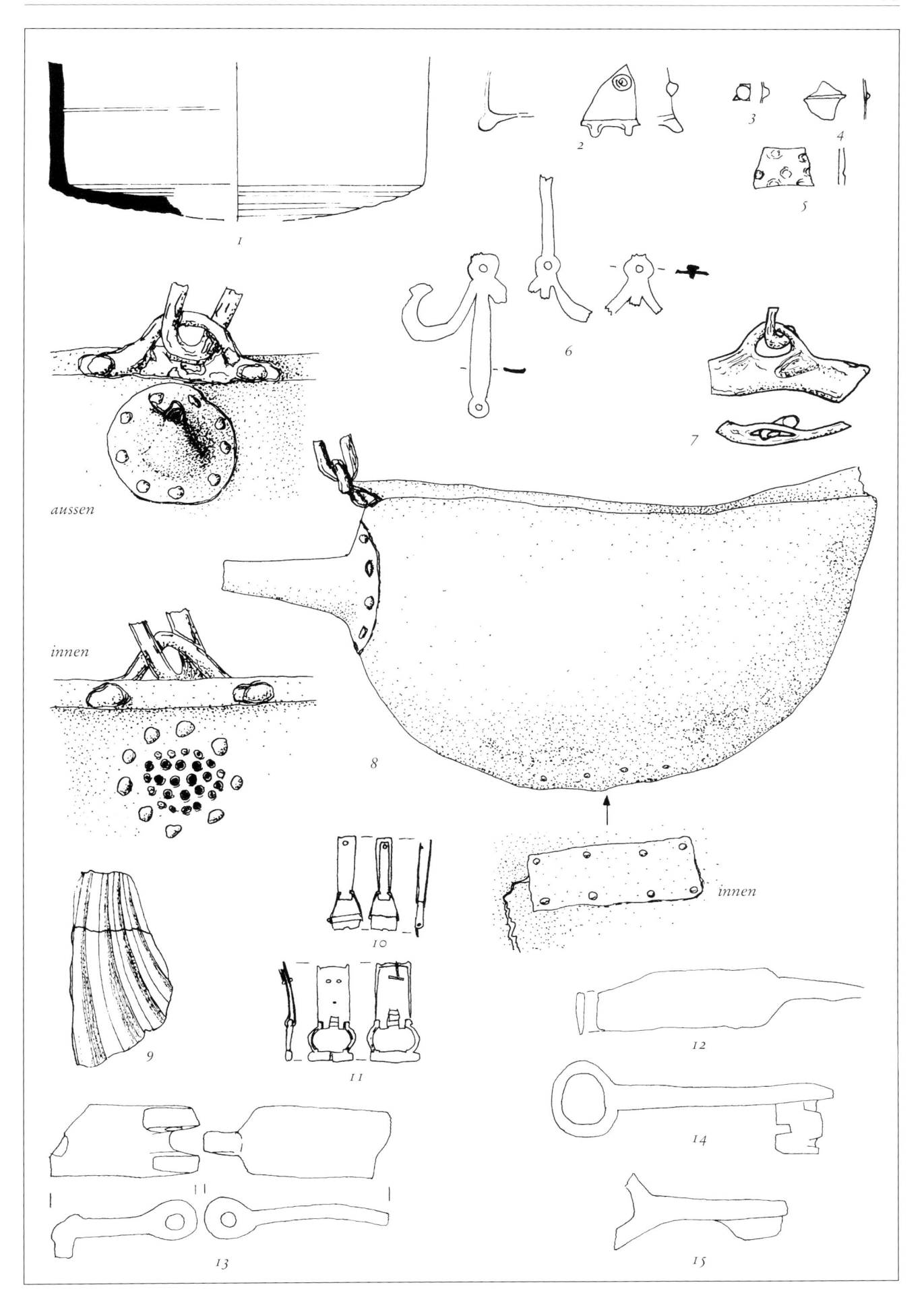

aussen

innen

innen

Taf. 10

Funde der Phase 7 aus der Brandschicht P344 im steinernen Gebäude P154.

1
Eisen. Türschloss in 10 Fragmenten. Dazu möglicherweise weitere, nicht identifizierbare Fragmente. Verbrannt. M94/15'990-2.
2
Eisen. Hufeisen mit drei Hufnägeln. M94/15'957-1.
3
Eisen. Axt (?). M94/15'821.
4
Eisen. Griff oder Henkel eines Kessels. M94/15'823-1.
5
Eisen. Band eines Fasses. M94/15'823-2.
6
Rauwacke. Verbranntes Fragment eines Mörsers. M94/15'830.

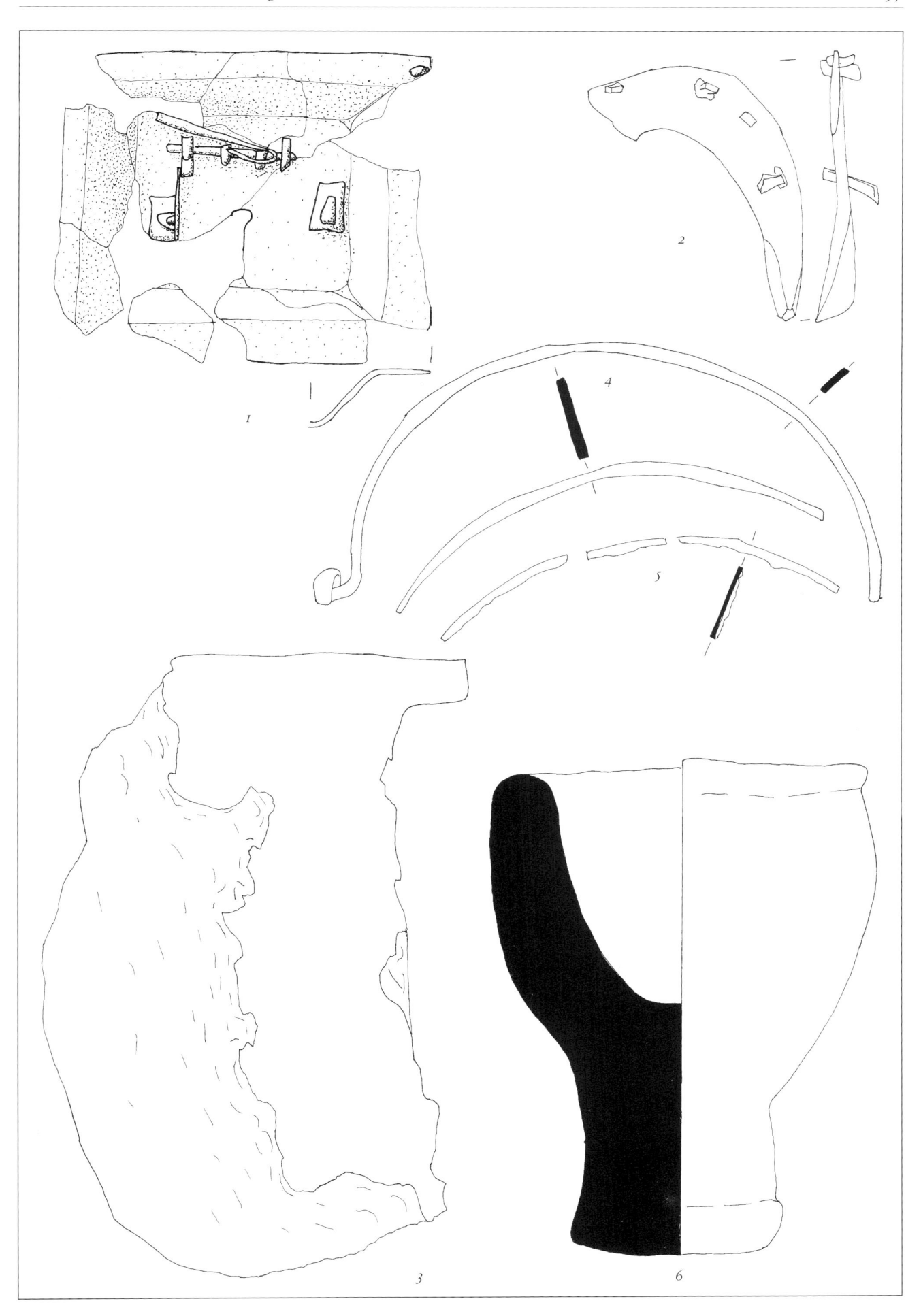

Eginoturm und Wirtschaftsbauten im Oberen Garten

97

1

2

4

5

3

6

Taf. 11

Phase 8: Die Funde aus der Aschegrube P438 im Ofenhaus P513 (Ende des 13. bis erste Hälfte des 14. Jahrhunderts)

Beim Beschriften der Keramikscherben aus den Komplexen M95/17'856 und M95/17'865 sind die beiden vermischt worden; alle Funde erhielten auf der Grabung die Nummer M95/17'856. Zum Glück haben beide Fundkomplexe das gleiche Datum (16. Mai 1995) und die gleiche Fundlage (Grube P438).

1
Keramik. 4 RS und 3 WS eines Topfes. Grauer, harter, mittel gemagerter Scherben. Scheibengedreht. M94/17'356, M95/17'404-1, M95/17'856-1, M95/17'856-2, M95/17'856-4, M95/17'856-5.

2
Keramik. BS eines Topfes. Grauer, mittelharter, mittel gemagerter Scherben. Scheibengedreht. M95/17'856-13.

3
Ofenkeramik. 2 RS einer Becherkachel (?). Im Kern grauer, an der Oberfläche roter, mittelharter, grob gemagerter Scherben. Scheibengedreht. Sekundär verbrannt. M95/17'856-33 und M95/17'734-261 (Abbruchschutt P422).

4
Ofenkeramik. 2 RS einer Becherkachel (?). Rötlich-brauner, mittelharter, mittel gemagerter Scherben. Scheibengedreht. M95/17'404-11, M95/17'404-12.

5
Ofenkeramik. BS einer Becherkachel. Rötlicher, mittelharter, mittel–grob gemagerter Scherben. Scheibengedreht. M95/17'856-19.

6
Ofenkeramik. 2 RS einer Becherkachel. Rötlicher, mittelharter, mittel–grob gemagerter Scherben. Scheibengedreht. Mit weissem Kalküberzug. M95/17'856 und M95/17'734-74 (Abbruchschutt P422).

7
Keramik. Spinnwirtel. Schwarzer, mittelharter Scherben. Sekundär verbrannt. M95/17'858.

8
Geweih oder Knochen. Perle. Bestimmung durch Elsbeth Büttiker, Naturhistorisches Museum der Burgergemeinde Bern. M95/17'859.

9
Glas. 3 RS, 32 WS, 4 BS und 1 Henkelfragment einer Scheuer mit gekniffenem Fussring und senkrecht gerippter Wand. Farbloses Glas mit kobaltblauem Rand. Wandstärke 0,2 (!) bis 2 mm. M94/17'403, M94/17'355, M95/17'855.

10
Glas. 3 RS, 1 WS und 1 BS eines Becherchens oder Lämpchens. Farbloses Glas. Wandstärke 1 mm. M95/17'855.

11
Glas. RS aus farblosem Glas. Wandstärke 1,2 mm. M95/17'855.

12
Glas. BS eines Bechers (?). Farbloses Glas. Wandstärke 1,2 mm. M95/17'855.

13
Glas. BS (Standring ?). Farbloses Glas. Wandstärke 0,8 mm. Durchmesser unklar. M95/17'403.

14
Glas. BS (Standring ?). Farbloses Glas. Wandstärke 3 mm. M95/17'855.

15
Glas. RS (Mündung einer Flasche ?). Farbloses Glas. Wandstärke 0,8 mm. M95/17'855.

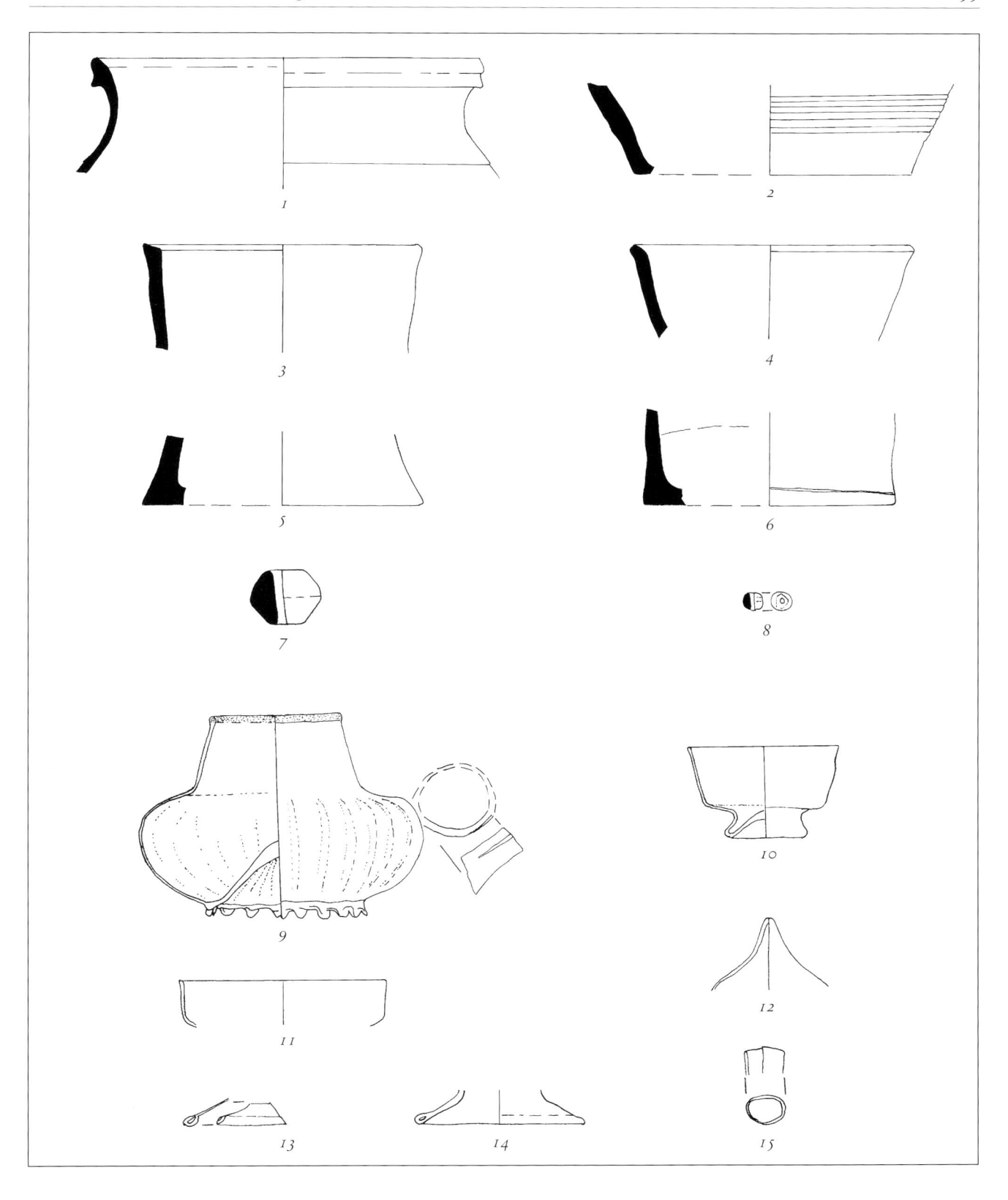

Eginoturm und Wirtschaftsbauten im Oberen Garten 99

1

2

3

4

5

6

7

8

9

10

11

12

13

14

15

Taf. 12

Phase 8 (Fortsetzung): Glasfunde aus der Grube P438 im Ofenhaus P513.

1
Glas. 3 RS und 1 WS eines Nuppenbechers. Transparent grünes Glas mit Bläschen. Wandstärke 1–1,2 mm. M94/17'403, M95/17'855.

2
Glas. 3 RS und 1 WS eines Nuppenbechers. Transparent grünes Glas. Wandstärke 0,8 mm. M95/17'855.

3
Glas. 3 RS und 3 WS eines Nuppenbechers, vermutlich 3 weitere RS desselben Gefässes. Transparent grünes Glas. Wandstärke 1 mm. M94/17'403, M95/17'855, M95/17'887.

4
Glas. 4 RS eines Nuppenbechers, vermutlich 2 weitere RS desselben Gefässes. Transparent grünes Glas mit Bläschen. Wandstärke 1 mm. M94/17'403, M95/17'855.

5
Glas. WS eines Nuppenbechers. Transparent grünes Glas mit Bläschen. Wandstärke 0,8 mm. M94/17'403.

6
Glas. WS eines Nuppenbechers. Transparent grünes Glas mit Bläschen. Wandstärke 0,6 mm. M95/17'855.

7
Glas. 36 WS und 8 BS eines Nuppenbechers mit gekniffenem Fussring. Transparent grünes Glas. Wandstärke 1–1,4 mm. M94/17'403, M95/17'855.

8
Glas. 6 WS und 1 BS eines Nuppenbechers mit gekniffenem Fussring. Transparent grünes Glas. Wandstärke 1–1,8 mm. M94/17'403, M94/17'355.

9
Glas. 6 WS und 3 BS eines Nuppenbechers mit gekniffenem Fussring. Transparent grünes Glas. Wandstärke 1,2 mm. M94/17'403, M95/17'855.

10
Glas. 1 WS und 3 BS eines Nuppenbechers mit gekniffenem Fussring. Transparent grünes Glas. Wandstärke 0,8 mm. Korrodiert. M94/17'403.

11
Glas. 3 BS eines Nuppenbechers mit gekniffenem Fussring. Transparent grünes Glas. Wandstärke 1 mm. M94/17'403.

12
Glas. 3 BS eines Nuppenbechers mit gekniffenem Fussring. Transparent grünes Glas. Wandstärke 1 mm. M95/17'855. Fund aus moderner Störung M94/17'135.

13
Glas. 1 BS eines Nuppenbechers mit gekniffenem Fussring. Transparent grünes Glas. Wandstärke 0,8 mm. M95/17'855.

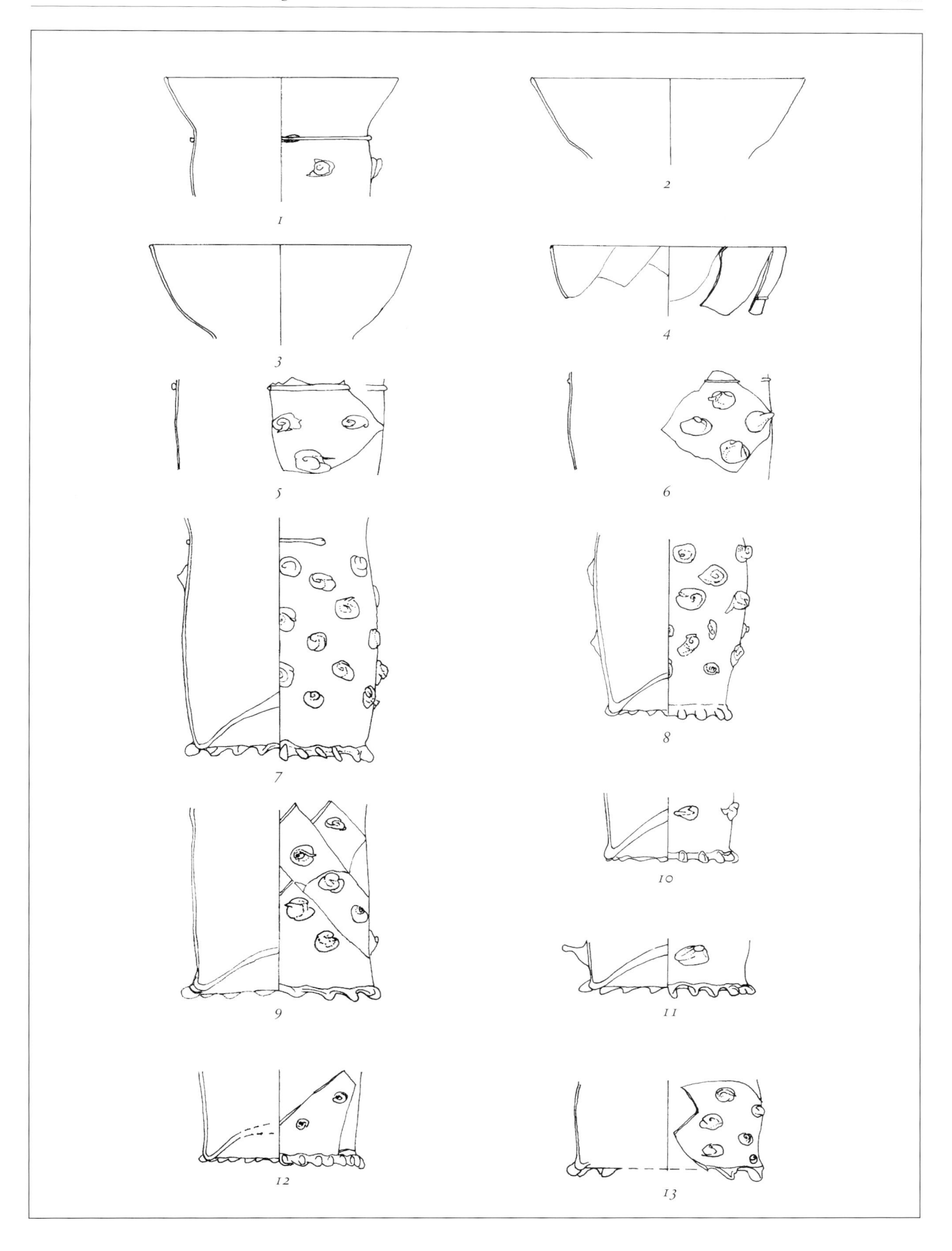

Eginoturm und Wirtschaftsbauten im Oberen Garten

Taf. 13

Phase 9: Die Funde aus den Brand- und Abbruchschichten des Ofenhauses P513 (erste Hälfte des 14. Jahrhunderts)

1
Keramik. 1 RS, 13 WS eines Majolika-Kruges. Roter, weicher, fein gemagerter Scherben. Scheibengedreht. Innen farblos glasiert (Spritzer weisser Engobe), aussen mit weisser Glasur und blauer und schwarzer Bemalung. Randdurchmesser unklar. Brandschutt P427 M95/17'806-39 bis -42. Abbruchschutt P422 M94/17'147-152, M94/17'447-10. Streufund M95/17'927.

2
Keramik. 6 RS und 9 WS eines Topfes. Grauer bis schwarzer, mittelharter mittel gemagerter Scherben. Scheibengedreht. Riefen auf der Schulter. Sekundär stark verbrannt. Brandschutt P427: M95/17'806-9, M95/17'823-14, M95/17'830-9, M95/17'830-85, M95/17'830-88, M95/17'933-8. Abbruchschutt P422: M94/17'147-4, M94/17'147-8, M94/17'147-13, M95/17'734-1, M95/17'734-2, M95/17'734-3, M95/17'734-304, M95/17'734-313.

3
Keramik. 3 RS eines Topfes. Grauer, harter, mittel gemagerter Scherben. Scheibengedreht. Sekundär verbrannt. Abbruchschutt P422. M94/17'147-9, M94/17'439-2, M95/17'734-4.

4
Keramik. RS eines Topfes. Grauer, harter, mittel gemagerter Scherben. Scheibengedreht. Brandschutt P427. M95/17'806-1.

5
Keramik. RS eines Topfes. Grauer, mittelharter, mittel gemagerter Scherben. Scheibengedreht. Brandschutt P427. M95/17'823-15.

6
Keramik. 2 RS und 3 WS eines kleinen Töpfchens. Braungrauer, mittelharter, mittel gemagerter Scherben. Scheibengedreht. Riefen auf der Schulter. Sekundär rötlich verbrannt. Abbruchschutt P422. M94/17'147-1, M94/17'147-22, M94/17'147-136.

7
Keramik. RS eines Topfes. Im Kern grauer, an der Oberfläche oranger, mittelharter, mittel gemagerter Scherben. Scheibengedreht. Geschwärzt. Abbruchschutt P422. M94/17'439-4.

8
Keramik. RS eines Topfes oder einer Schüssel. Im Kern grauer, an der Oberfläche oranger, mittelharter, mittel gemagerter Scherben. Scheibengedreht. Brandschutt P427: M94/17'462-1. Abbruchschutt P422: M95/17'830-8.

9
Keramik. RS eines Topfes. Im Kern grauer, an der Oberfläche oranger, mittelharter, mittel gemagerter Scherben mit wenig Glimmer. Scheibengedreht. Brandschutt P427. M95/17'830-4.

10
Keramik. 12 WS und 6 BS eines Topfes. Oberfläche innen beige-gelb, aussen ziegelrot–gräulich, im Kern grau. Mittelharter, mittel gemagerter Scherben mit wenig Glimmer. Scheibengedreht. Brandschutt P427: M95/17'806-34, M95/17'806-46, M95/17'806-50, M95/17'806-58, M95/17'806-70, M95/17'830-18, M95/17'830-33, M95/17'830-36, M95/17'830-56, M95/17'830-79. Abbruchschutt P422: M94/17'147-90, M94/17'147-152, M94/17'447-20, M94/17'447-22, M94/17'462-13, M95/17'734-47, M95/17'734-50, M95/17'734-51, M95/17'734-52, M95/17'734-56, M95/17'734-57, M95/17'734-58, M95/17'734-165, M95/17'734-201, M95/17'734-236, M95/17'734-254.

11
Keramik. RS eines Gefässes. Orientierung und Durchmesser unsicher. Ziegelroter, mittelharter, mittel gemagerter Scherben. Aussen Rillenverzierung. Scheibengedreht. Abbruchschutt P422. M95/17'734-5.

12
Keramik. 6 WS mit Rillenverzierung (Geschirrkeramik). Grauer, mittelharter, mittel gemagerter Scherben. Scheibengedreht (?). Grube P438: M95/17'856-21. Brandschutt P427: M95/17'830-80, M95/17830-84. Abbruchschutt P422: M95/17'734-44, M95/17'734-46.

13
Keramik. WS mit Rillenverzierung (Geschirrkeramik). Grauer, mittelharter, mittel gemagerter Scherben mit wenig Glimmer. Scheibengedreht. Abbruchschutt P422. M95/17'734-48.

14
Keramik. WS mit Henkelansatz eines Topfes (Dreifusstopfes). Grauer, harter, mittel gemagerter Scherben. Sekundär stark verbrannt. Abbruchschutt P422. M95/17'734-300.

15
Keramik. WS mit Fussansatz eines Dreifusstopfes. Orangegrauer, harter, mittel–grob gemagerter Scherben. Sekundär stark verbrannt. Abbruchschutt P422: M95/17'734-40.

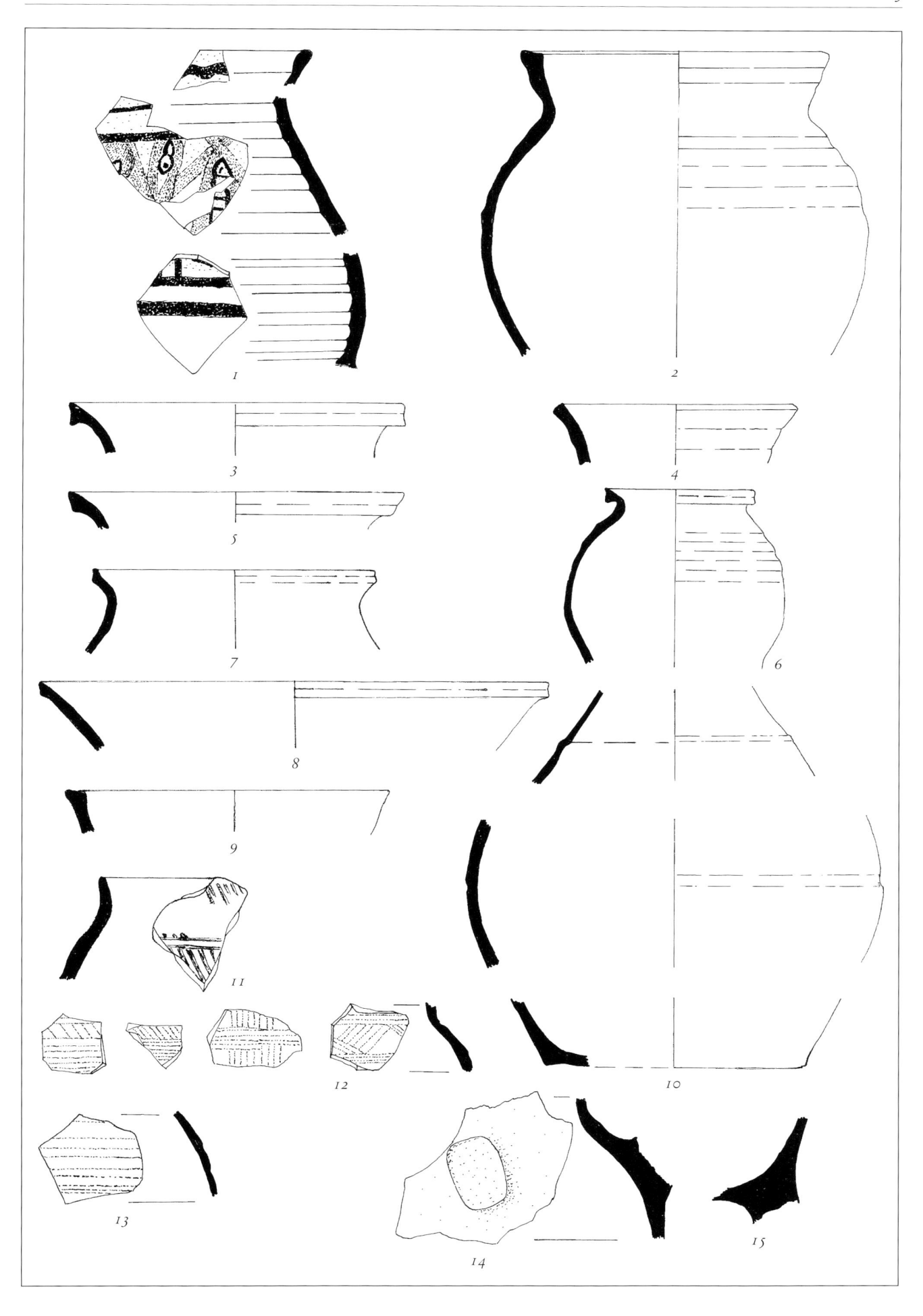

Eginoturm und Wirtschaftsbauten im Oberen Garten

Taf. 14

Phase 9 (Fortsetzung): Tiegel und Ofenkeramik aus den Brand- und Abbruchschichten des Ofenhauses P513.

1
Keramik. RS eines Tiegels. Grauer, harter, poröser Scherben. Verschlackt, innen Bronzereste. Abbruchschutt P422. M94/17'147-30.

2
Ofenkeramik. RS einer Ofenkachel (?). Ziegelroter, mittelharter, fein gemagerter Scherben. Innen grün glasiert. Scheibengedreht. Sekundär verbrannt. Abbruchschutt P422. M94/17'447-1.

3
Ofenkeramik. 3 RS, 2 WS und 1 BS einer Becherkachel. Rötlicher bis grauer, mittelharter, mittel gemagerter Scherben. Scheibengedreht. Durch sekundären Brand verformt, deshalb Profil und Durchmesser unsicher. Brandschutt P427: M95/17'806-4, M95/17'806-7. Abbruchschutt P422: M94/17'147-26, M94/17'147-28, M94/17'147-16, M95/17'734-278.

4
Ofenkeramik. 2 RS und 1 WS einer Becherkachel. Orangeroter, im Kern stellenweise grauer, mittelharter, mittel–grob gemagerter Scherben mit wenig Glimmer. Scheibengedreht. Abbruchschutt P422. M94/17'147-36, M94/17'147-66, M95/17'734-11. Vermutlich gehört RS M95/17'806-35 zur gleichen Kachel.

5
Ofenkeramik. 3 RS und 1 WS einer Becherkachel. Rötlicher, mittelharter, mittel–grob gemagerter Scherben mit wenig Glimmer. Scheibengedreht. Abbruchschutt P422. M94/17'147-37, M94/17'147-94, M94/17'147-145, M95/17'734-277. Vermutlich gehört RS M95/17'734-12 zur gleichen Kachel.

6
Ofenkeramik. 4 RS vermutlich der gleichen Becherkachel. Oranger, am Rand grauer, mittelharter, mittel gemagerter Scherben mit wenig Glimmer. Scheibengedreht. Abbruchschutt P422. M94/17'147-49, M94/17'147-53, M94/17'147-55, M94/17'147-63.

7
Ofenkeramik. 6 RS vermutlich der gleichen Becherkachel, davon 2 Passscherben. Grauer, harter, mittel gemagerter Scherben. Scheibengedreht. Sekundär verbrannt. Brandschutt P427: M95/17'830-11. Abbruchschutt P422: M94/17'447-4, M94/17'447-19, M94/17'462-16, M95/17'734-36, M95/17'734-208.

8
Ofenkeramik. 4 RS vermutlich der gleichen Becherkachel, davon 2 Passscherben. Rötlicher, am Rand grauer, mittelharter, mittel gemagerter Scherben mit wenig Glimmer. Scheibengedreht. Brandschutt P427: M95/17'823-4, M95/17'823-9, M95/17'823-12.

9
Ofenkeramik. 3 RS vermutlich der gleichen Becherkachel, davon 2 Passscherben. Oranger, mittelharter, mittel gemagerter Scherben mit wenig Glimmer. Scheibengedreht. Weisser, kalkiger Überzug. Abbruchschutt P422. M94/17'447-14, M94/17'462-5, M95/17'734-26.

10
Ofenkeramik. 3 RS vermutlich der gleichen Becherkachel, davon 2 Passscherben. Oranger, mittelharter, mittel gemagerter Scherben mit wenig Glimmer. Scheibengedreht. Weisser, kalkiger Überzug. Abbruchschutt P422. M94/17'447-14, M95/17'734-25, M95/17'734-26.

11
Ofenkeramik. RS einer Becherkachel. Rötlicher, an der Oberfläche grauer, mittelharter, mittel gemagerter Scherben mit wenig Glimmer. Scheibengedreht. Brandschutt P427: M95/17'806-2.

12
Ofenkeramik. 3 RS vermutlich der gleichen Becherkachel. Orange-roter, am Rand grauer, mittelharter, mittel gemagerter Scherben mit wenig Glimmer. Scheibengedreht. Brandschutt P427: M95/17'806-32. Abbruchschutt P422: M95/17'734-19, M95/17'734-37.

13
Ofenkeramik. 5 RS vermutlich der gleichen Becherkachel, davon 2 Passscherben. Rötlicher, mittelharter–harter, mittel gemagerter Scherben mit wenig Glimmer. Scheibengedreht. Stellenweise weisser, kalkiger Überzug. Brandschutt P427: M95/17'806-33, M95/17'830-2. Abbruchschutt P422: M94/17'147-56, M95/17'734-20, M95/17'937-8.

14
Ofenkeramik. 4 RS vermutlich der gleichen Becherkachel. Oranger, harter, mittel gemagerter Scherben mit wenig Glimmer. Scheibengedreht. Brandschutt P427: M95/17'806-37. Abbruchschutt P422: M94/17'147-40, M94/17'147-45, M95/17'734-22.

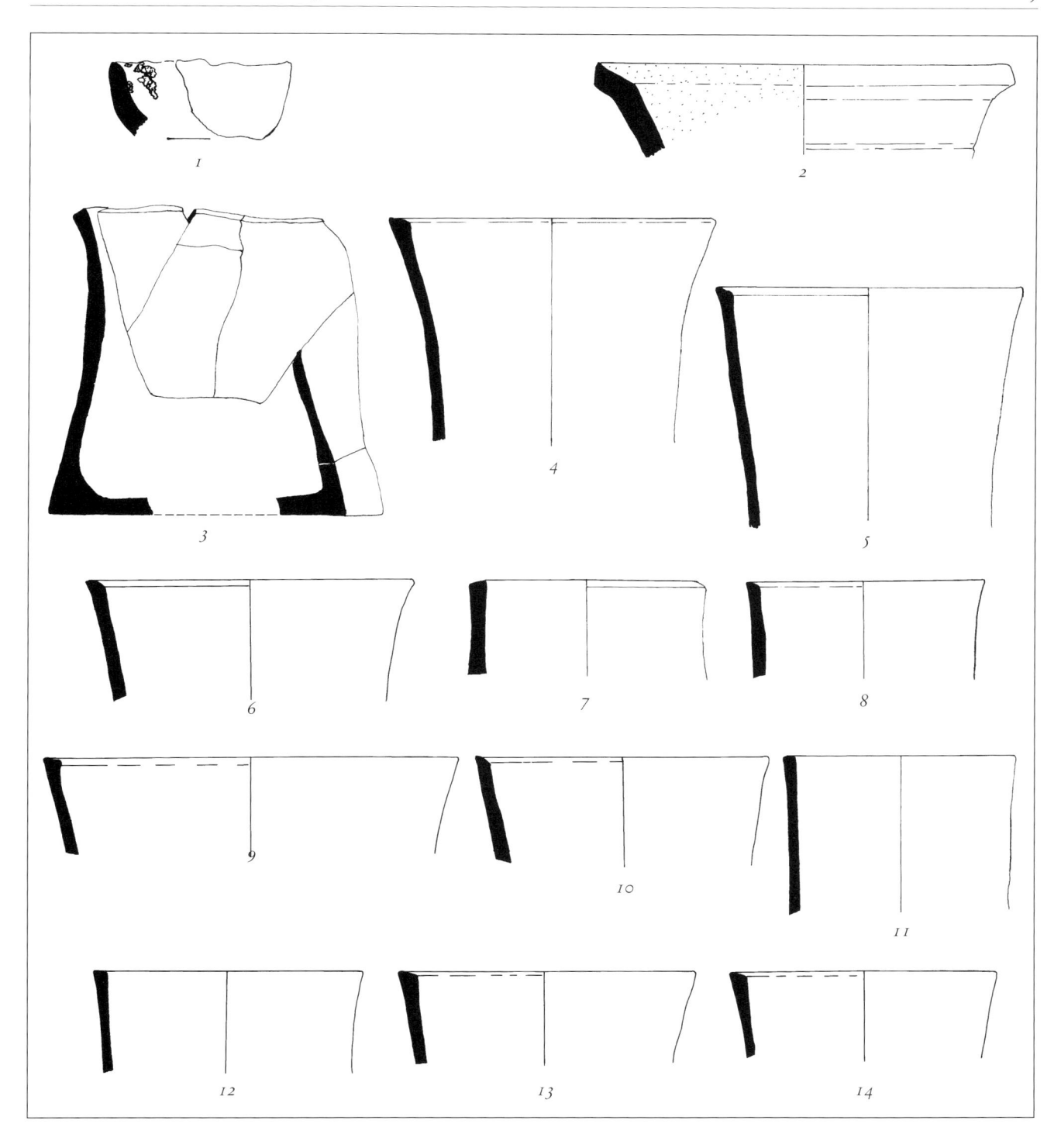

Eginoturm und Wirtschaftsbauten im Oberen Garten

Taf. 15

Phase 9 (Fortsetzung): Ofenkeramik aus den Brand- und Abbruchschichten des Ofenhauses P513.

1
Ofenkeramik. 5 BS und 2 WS vermutlich der gleichen Becherkachel, davon 5 Passscherben. Rötlicher, mittelharter, mittel gemagerter Scherben. Scheibengedreht. Innen russig geschwärzt. Grube P438: M95/17'856-1. Brandschutt P427: M95/17'830-16. Abbruchschutt P422: M94/17'147-102, M94/17'462-8, M95/17'734-80, M95/17'734-98, M95/17'734-99.

2
Ofenkeramik. 1 BS und 1 WS einer Becherkachel. Rötlicher, mittelharter, mittel gemagerter Scherben. Scheibengedreht. Innen russig geschwärzt. Abbruchschutt P422: M95/17'734-97, M95/17'937-2.

3
Ofenkeramik. 5 BS einer Becherkachel, davon 2 x 2 Passscherben. Grauer, an der Oberfläche stellenweise rötlicher, harter, grob gemagerter Scherben. Handgemacht (!). Innen russig geschwärzt. Sekundär verbrannt. Brandschutt P427: M95/17'830-21, M95/17'830-23. Abbruchschutt P422: M95/17'734-67, M95/17'734-68, M95/17'734-91.

4
Ofenkeramik. 2 BS und 1 WS einer Becherkachel. Grauer, mittelharter, mittel gemagerter Scherben. Scheibengedreht. Durch sekundären Brand verformt. Abbruchschutt P422: M94/17'415-1, M95/17'734-94, M95/17'734-294.

5
Ofenkeramik. 5 BS einer Becherkachel. Oranger, mittelharter, mittel gemagerter Scherben mit wenig Glimmer. Scheibengedreht. Innen russig geschwärzt. Brandschutt P427: M95/17'830-26. Abbruchschutt P422: M94/17'147-106, M94/17'147-116, M94/17'439-7, M95/17'734-93.

6
Ofenkeramik. 7 BS vermutlich der gleichen Becherkachel, davon 5 Passscherben. Oranger, mittelharter, mittel–grob gemagerter Scherben mit wenig Glimmer. Scheibengedreht. Innen russig geschwärzt. Abbruchschutt P422: M94/17'147-19, M94/17'147-83, M94/17'147-88, M94/17'147-96, M94/17'147-97, M94/17'147-108, M95/17'734-95.

7
Ofenkeramik. 5 BS vermutlich der gleichen Becherkachel, davon 4 Passscherben. Oranger, mittelharter, mittel gemagerter Scherben mit wenig Glimmer. Scheibengedreht. Innen russig geschwärzt. Brandschutt P427: M95/17'830-19. Abbruchschutt P422: M94/17'147-98, M94/17'147-99, M95/17'937-4, M95/17'937-5.

8
Ofenkeramik. 4 BS und 2 WS vermutlich der gleichen Becherkachel, davon 1 x 2 und 1 x 3 Passscherben. Rötlicher, mittelharter bis harter, mittel gemagerter Scherben mit wenig Glimmer. Scheibengedreht. Teils innen russig geschwärzt, teils aussen geschwärzt. Brandschutt P427: M95/17'933-3. Abbruchschutt P422: M94/17'147-114, M94/17'439-6, M94/17'447-2.

9
Ofenkeramik. 4 BS vermutlich der gleichen Becherkachel, davon 3 Passscherben. Im Kern grauer, an der Oberfläche rötlicher, harter, mittel gemagerter Scherben. Scheibengedreht. Innen russig geschwärzt. Durch sekundären Brand verformt. Brandschutt P427: M95/17'830-22. Abbruchschutt P422: M94/17'147-17, M94/17'147-112, M94/17'147-123.

10
Ofenkeramik. 4 BS einer Becherkachel. Oranger, mittelharter, mittel gemagerter Scherben mit wenig Glimmer. Bodenfläche handgeformt, Wand scheibengedreht. Abbruchschutt P422: M94/17'937-1.

11
Ofenkeramik. 3 BS einer Becherkachel. Oranger, mittelharter, mittel gemagerter Scherben mit wenig Glimmer. Bodenfläche handgeformt, Wand scheibengedreht. Innen kalkig weisse Flecken. Brandschutt P427: M95/17'830-27, M95/17'830-32. Abbruchschutt P422: M95/17'734-70.

12
Ofenkeramik. 1 BS und 1 WS einer Becherkachel. Im Kern grauer, an der Oberfläche stellenweise rötlicher, harter, mittel bis grob gemagerter Scherben mit wenig Glimmer. Scheibengedreht. Sekundär verbrannt. Innen kalkig weisse Flecken. Abbruchschutt P422: M95/17'734-82, M95/17'734-286.

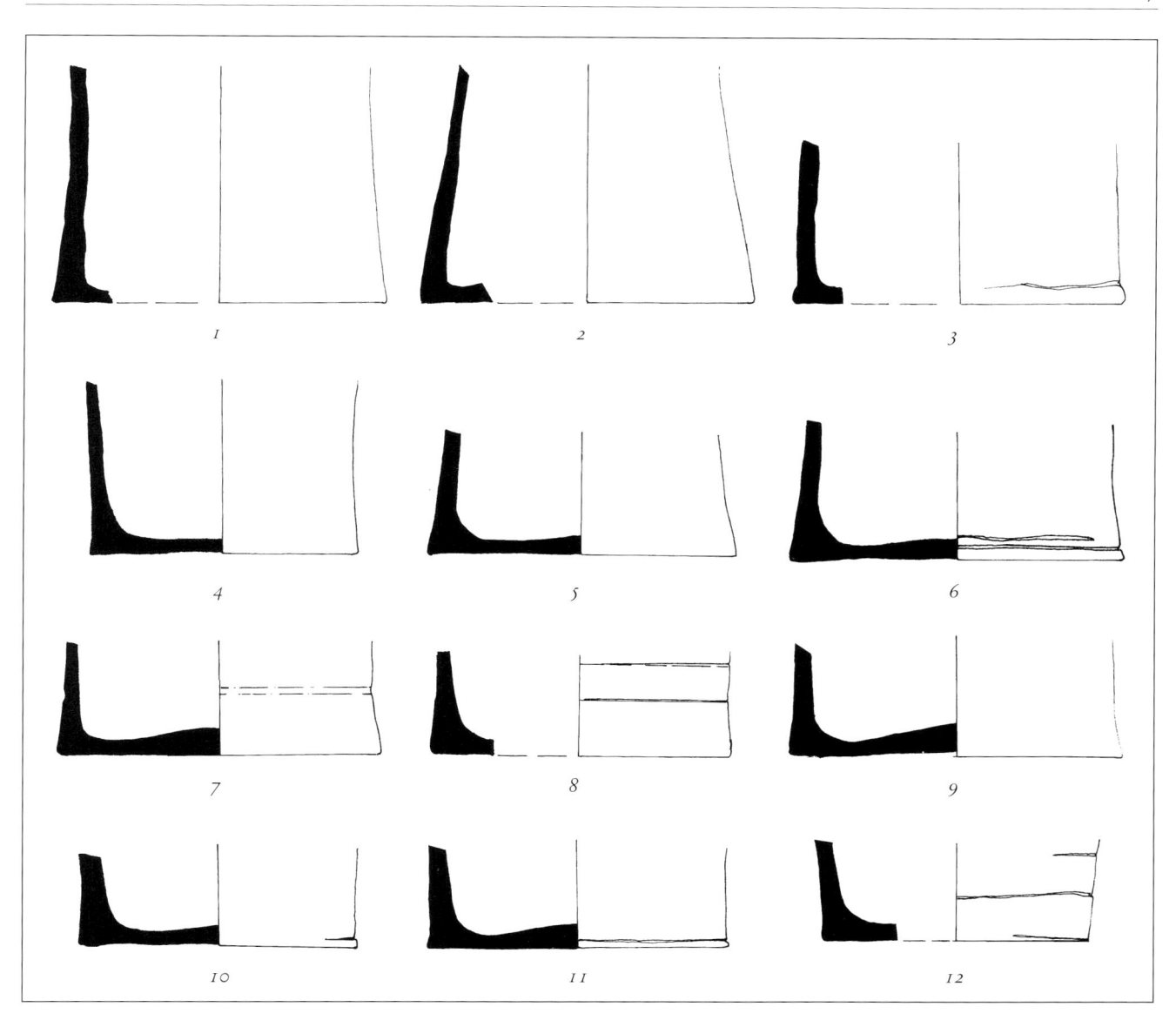

Eginoturm und Wirtschaftsbauten im Oberen Garten

107

Taf. 16

Phase 9 (Fortsetzung): Funde aus den Brand- und Abbruchschichten des Ofenhauses P513.

1
Keramik. Spinnwirtel. Brauner, mittelharter Scherben mit wenig Glimmer. Abbruchschutt P422. M95/17'940.

2
Keramik. Spinnwirtel. Brauner, weicher Scherben mit wenig Glimmer. Abbruchschutt P422. M95/17'720-1.

3
Keramik. Spinnwirtel. Brauner, mittelharter Scherben. Abbruchschutt P422. M95/17'720-2.

4
Lavez. 2 RS eines Topfes. 3 mm dick. Innen feine Rillen. Abbruchschutt P422. M94/17'110-2, M95/17'583-3.

5
Lavez. 9 BS eines Topfes mit Linsenboden. Bodendicke 4–8 mm, Wanddicke 3 mm. Sekundär verbrannt. Brandschutt P427. M95/18'709-1. Abbruchschutt P422. /17'583-1, M94/17'583-2, M95/17'734-132, M95/17'734-350, M95/17'734-351, M95/17'735-1, M95/17'735-2, M95/17'735-3.

6
Lavez. RS. 5 mm dick, Randdurchmesser unklar. Geschwärzt. Abbruchschutt P422. M95/17'583-7.

7
Lavez. 2 WS eines Topfes mit feinen Rillen aussen. Eine Scherbe gelocht. 6 mm dick. Durchmesser unklar. Sekundär verbrannt. Abbruchschutt P422 (=P406). M95/17'695.

8
Lavez. 2 BS. Bodendicke 4 mm, Wanddicke 6 mm. Durchmesser unklar. Sekundär verbrannt. Abbruchschutt P422 (=P406). M95/17'734-352, M95/18'480.

9
Glas. RS und WS eines emailbemalten Bechers. Farbloses Glas mit Bläschen. Zwei parallele, rote Horizontalstreifen und ein weisser Streifen (Schrift?). Wanddicke 1,4 mm. Brandschutt P427. M95/17'831.

10
Glas. WS einer Flasche (?). Farbloses Glas mit kobaltblauer Fadenauflage. Wanddicke 1 mm. Randdurchmesser unklar. Brandschutt P427. M95/17'831.

11
Glas. RS. Farbloses Glas. Wanddicke 1 mm, Randdurchmesser unklar. Brandschutt P427. M95/17'831.

12
Glas. RS. Farbloses Glas. Wanddicke 0,8 mm, Randdurchmesser unklar. Brandschutt P427. M95/17'831.

13
Glas. WS eines Rippenbechers. Farbloses Glas. Wanddicke 0,6–2,6 mm. Brandschutt P427. M95/17'831.

14
Glas. RS eines Bechers (?). Transparent grünes Glas mit Bläschen. Wanddicke 1,6 mm. Brandschutt P427. M95/17'831.

15
Glas. RS eines Bechers (?). Transparent grünes Glas mit Bläschen. Wanddicke 1,2 mm. Brandschutt P427 (= P406). M95/17'935.

16
Glas. WS eines Flaschenhalses. Transparent grünes Glas. Wanddicke 1,8 mm. Brandschutt P427. M95/17'831.

17
Glas. WS eines Nuppenbechers. Transparent grünes Glas. Wanddicke 1 mm. Abbruchschutt P422. M94/15'876.

18
Glas. WS eines Nuppenbechers. Transparent grünes Glas. Wanddicke 1 mm. Brandschutt P427 (= P406). M95/17'935.

19
Glas. BS eines Nuppenbechers. Transparent grünes Glas. Bodendicke 2 mm. Brandschutt P427 (= P406). M95/17'935.

20
Wetzstein. Kieselkalk mit vielen Schwammnadeln (Spongien) und einzelnen Silexknollen. Bestimmung durch Benno Schwizer, Geologisches Institut der Universität Bern. Brandschutt P427. M95/17'825.

21
Kalkstein. Spinnwirtel. Auf einer Seite eingeritzte Zeichen. Abbruchschutt P422. M95/17'720-3.

22
Knochen. Fragment einer Flöte (?). Tibia einer Ziege oder eines Schafes. Bestimmung durch Elsbeth Büttiker, Naturhistorisches Museum der Burgergemeinde Bern. Abbruchschutt P422. M94/17'582.

23
Knochen. 3 Ringlein eines Paternosters. Vermutlich aus der Metatarse eines Rindes. Bestimmung durch Elsbeth Büttiker, Naturhistorisches Museum der Burgergemeinde Bern. Abbruchschutt P422. M95/17'720-4 bis 6.

24
Knochen. 13 Ringlein eines Paternosters. Vermutlich aus der Metatarse eines Rindes. Bestimmung durch Elsbeth Büttiker, Naturhistorisches Museum der Burgergemeinde Bern. Brandschutt P427. M95/17'820.

25
Bronze. Kettchen aus acht in der Mitte zusammengezogenen Gliedern. In der letzten Öse Ansatz eines eisernen Gegenstandes. Abbruchschutt P422. M94/17'448-1.

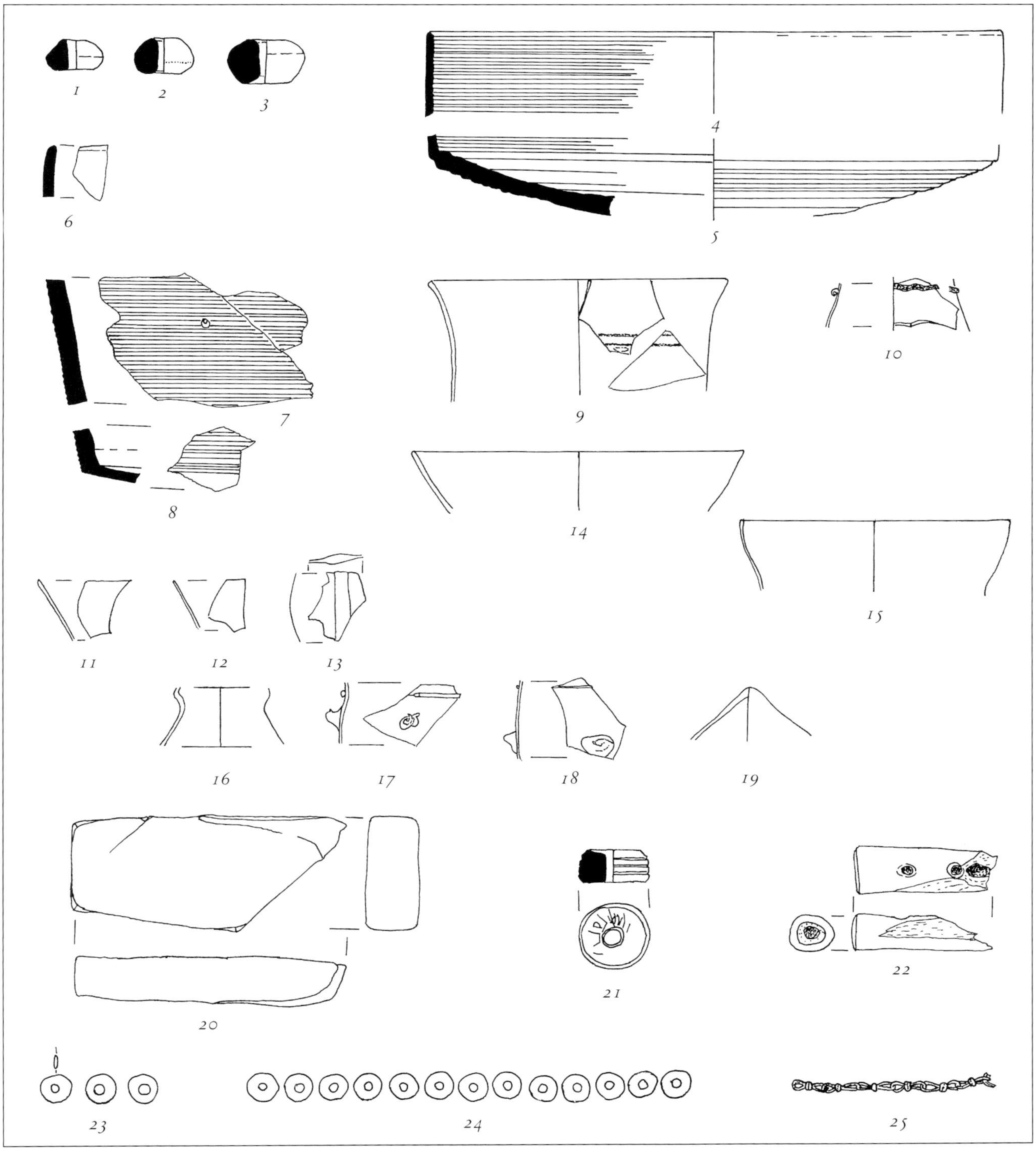
1
2
3
4
5
6
7
8
9
10
11
12
13
14
15
16
17
18
19
20
21
22
23
24
25

Taf. 17

Phase 9 (Fortsetzung): Eisenfunde aus den Brand- und Abbruchschichten des Ofenhauses P513.

1
Eisen. Messer. Abbruchschutt P440. M94/17'443-1.
2
Eisen. Schlüssel. Abbruchschutt P422. M95/17'719-1.
3
Eisen. Schlüssel. Abbruchschutt P422. M95/17'739-1.
4
Eisen. Schere. Abbruchschutt P422. M95/17'719-2.

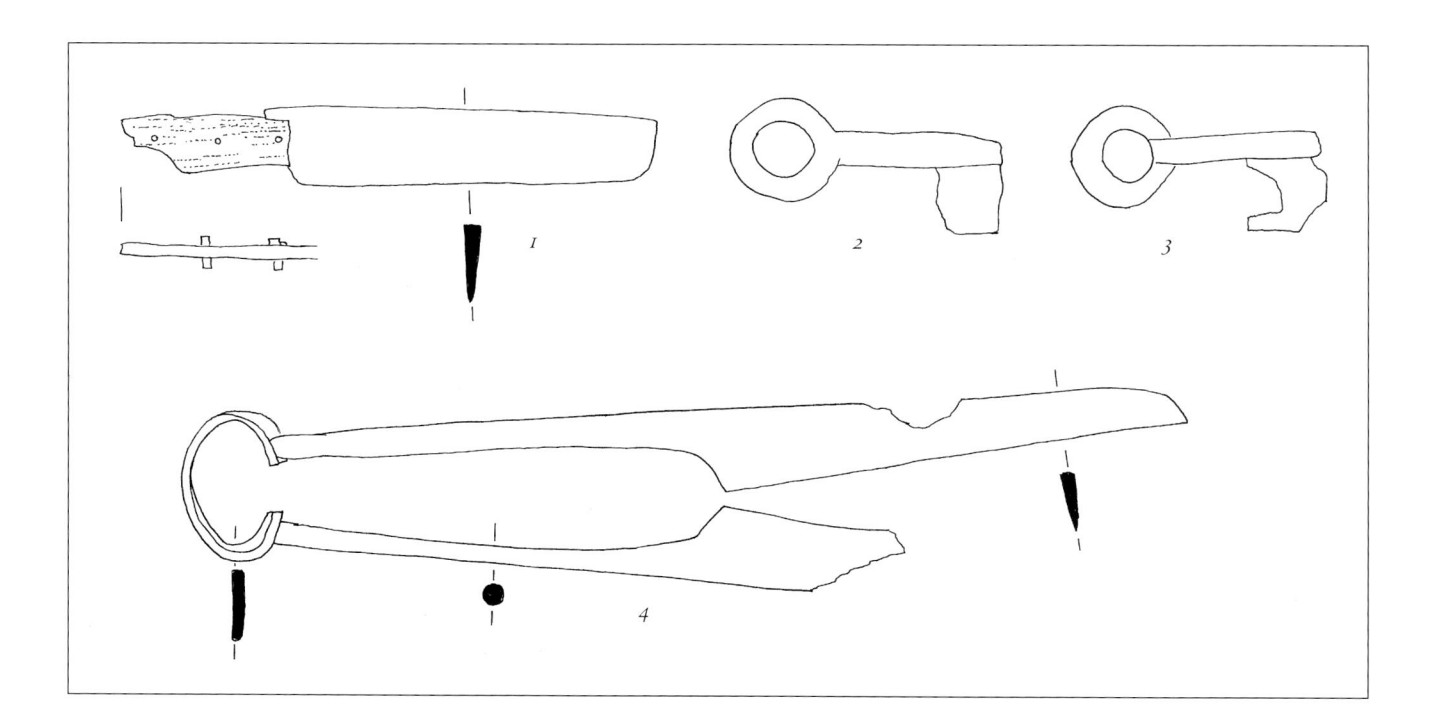

Anmerkungen

[1] Gekürzte Fassung einer Lizentiatsarbeit, die der Verfasser 2000 an der phil.-hist. Fakultät der Universität Bern eingereicht hat. Ich möchte meine Arbeit in Dankbarkeit Tünde Boschetti-Maradi, meinen Eltern und meinen Brüdern widmen. Für Hinweise und Beratung danke ich Andrea Bachmann, Roland Böhmer, Georges Descœudres, Jürg Goll, Alfred Hidber, Katrin Roth-Rubi, Hans Rudolf Sennhauser und Werner E. Stöckli. Für das Zeichnen der Planabbildungen danke ich Alfred Hidber und Werner Peter.

[2] Die karolingische Epoche und die spätmittelalterlich-neuzeitlichen Phasen werden nur zum Teil berücksichtigt. Die karolingische Epoche (774–958) ist mit den Resultaten der Grabungen im Plantaturm-Keller auszuwerten, und die spätmittelalterlich-frühneuzeitlichen Schichten haben nur wenige stratifizierte Funde geliefert. Zu den Ausgrabungen im Plantaturm-Keller: Hans Rudolf Sennhauser, Müstair, Ausgrabungen und Bauuntersuchung im Kloster St. Johann, in: Jahresberichte des Archäologischen Dienstes Graubünden und der Denkmalpflege Graubünden 1998, S. 6–13, hier S. 8–10.

[3] Hans Rudolf Courvoisier, Hans Rudolf Sennhauser, Zur Klosteranlage, in: Müstair, Kloster St. Johann, Band 1: Zur Klosteranlage. Vorklösterliche Befunde, Zürich 1996 (Veröffentlichungen des Instituts für Denkmalpflege an der ETH Zürich, 16.1), S. 15–66, hier S. 37–44 und 57–65. – Hans Rudolf Sennhauser, Müstair, Ausgrabung und Bauuntersuchung Kloster St. Johann, in: Jahresberichte 1995 des Archäologischen Dienstes Graubünden und der Kantonalen Denkmalpflege Graubünden, in: Jahrbuch 1995 der Historischen Gesellschaft von Graubünden, Chur 1996, S. 62–69, hier S. 62, 65.

[4] Courvoisier, Sennhauser (wie Anm. 3), S. 9–12.

[5] Josef Zemp, Robert Durrer, Das Kloster St. Johann zu Müstair in Graubünden, Genf 1906–1910, S. 4, 42, 106 und Abb. 97.

[6] Sulser-Akten, Mappe Kirche, S. 7, 11, 16, 17 und 27–32. Eine Kopie der Dokumentation Walther Sulsers liegt im Büro Sennhauser, Zurzach.

[7] Auf der Grabung Oberer Garten 1990 haben I. I. Andri, R. Cardani, L. Dobbelaere, W. Fallet, E. Federspiel, M. Flury, B. Folie, T. Hellrigl, M. Jaworek, A. Klotz, M. Nold, C. Schgör, L. Spiess, L. Stupan und E. Tscholl gearbeitet.

[8] Auf den Grabungen Oberer Garten 1993 bis 1995 haben I. I. Andri, A. Boschetti, J. Bromundt, G. Faccani, M. Flury, M. Gandolfi, G. Giordani, S. Hauschild, A. Hiltpold, S. Imeri, K. Kundner, H. R. Laganda, C. Maurer, A. Nold, F. Prenner, B. A. Piguet, M. Rainalter, J. Schöpf, L. Stupan, L. Tonezzer, G. Tschenett, E. Tscholl, P. Wallnöfer, J. Wenin, B. Wiesler und K. Zulbehari gearbeitet.

[9] Die schriftliche Dokumentation umfasst die Tagebücher und Beschreibungen (Tagebuch-Bände 96, 123, 132, 137) und Positionsnummern-Verzeichnisse (Tagebuch-Bände 103, 125, 133, 139). Daneben liegen unkolorierte Pläne im Massstab 1:20, Skizzen, Schwarzweissfotografien und Farbdias vor (Fotoverzeichnisse: Tagebuch-Bände 101, 120, 129, 14). Die Funde wurden nach Fundlage geordnet und nach Sachgruppen getrennt inventarisiert (Fundverzeichnisse: Tagebuch-Bände 102, 121, 130, 141). Die Höhe 0,00 der Grabung liegt auf 1254,29 m.ü.M. Das Netz der Grabungskoordinaten in Bezug auf die Landeskoordinaten ist ersichtlich bei: Hans Rudolf Courvoisier, Hans Rudolf Sennhauser, Das prähistorische Pfostengebäude, in: Müstair, Kloster St. Johann, Band 1: Zur Klosteranlage. Vorklösterliche Befunde, Zürich 1996 (Veröffentlichungen des Instituts für Denkmalpflege an der ETH Zürich, 16.1), S. 69–107, hier S. 74 und 93.

[10] Courvoisier, Sennhauser (wie Anm. 3). – Marcel Joos, Zur Sedimentation im Klosterareal von Müstair, in: Müstair, Kloster St. Johann, Band 1: Zur Klosteranlage. Vorklösterliche Befunde, Zürich 1996 (Veröffentlichungen des Instituts für Denkmalpflege an der ETH Zürich, 16.1), S. 199–234.

[11] Die Funde der Sondierungen 1990 aus dem Lehm W107 sind publiziert in: Paul Gleirscher, Die vorklösterlichen Kleinfunde (1962–1991), in: Müstair, Kloster St. Johann, Band 1: Zur Klosteranlage. Vorklösterliche Befunde, Zürich 1996 (Veröffentlichungen des Instituts für Denkmalpflege an der ETH Zürich, 16.1), S. 121–198.

[12] Fundnummer M94/16'118 aus Brandschutt P343 – Biba Teržan, Certoška Fibula, in: Arheološki vestnik 27, 1976, S. 317–536, Typ 7, 9 oder 10. – Martin Peter Schindler, Der Depotfund von Arbedo TI, Basel 1998 (Antiqua, 30), Typ 2 oder 4.

[13] Fundnummer M93/14'749 aus Grube P264. – Bestimmung durch Katrin Roth-Rubi, Bern.

[14] Sennhauser (wie Anm. 2), S. 8–10.

[15] Das Mörtelmischwerk P541 liegt unter dem Lehm P388, der nach Abschluss der karolingischen Bautätigkeit und vor dem Bau des Plantaturmes P270 ausplaniert worden ist.

[16] Daniel Gutscher, Mechanische Mörtelmischer. Ein Beitrag zur karolingischen und ottonischen Bautechnologie, in: Zeitschrift für Schweizerische Archäologie und Kunstgeschichte 38, 1981, S. 178–188. – Irmgard Bauer u.a., Üetliberg, Uto-Kulm. Ausgrabungen 1980–1989, Zürich 1991 (Berichte der Zürcher Denkmalpflege, Archäologische Monographien, 9A), S. 56–58 und 61–63. – Simon Burnell, Die reformierte Kirche von Sissach BL, Liestal 1998 (Archäologie und Museum, 38), S. 36, 44–47. Als Ergänzung zum Forschungsstand von 1998 ist ein Mörtelmischer der Abtei San Vincenzo al Volturno in Mittelitalien beizufügen, und das Mörtelmischwerk von Posen wird neuerdings als Taufbecken gedeutet: John Mitchell, Monastic Guest Quarters and Work-shops: The Example of San Vincenzo al Volturno, in: Hans Rudolf Sennhauser (Hrsg.), Wohn- und Wirtschaftsbauten frühmittelalterlicher Klöster. Internationales Symposium 16.9.–1.10.1995 in Zurzach und Müstair im Zusammenhang mit den Untersuchungen im Kloster St. Johann zu Müstair. Acta, Zürich 1996 (Veröffentlichungen des Instituts für Denkmalpflege an der ETH Zürich, 17), S. 127–155, Abb. 25. – Zofia Kurnatowska, Poznańskie Baptysterium, in: Slavia Antiqua 39, 1998, S. 51–69.

[17] Volker Bierbrauer, Hans Nothdurfter, Die Ausgrabungen im spätantik-frühmittelalterlichen Bischofssitz Sabiona-Säben, in: Der Schlern 62, 1988, S. 243–300.

[18] Courvoisier, Sennhauser (wie Anm. 3), S. 34.

[19] Das wilde Erscheinungsbild der Nordmauer P105 des Hofs P339 sowie ihre Mauerstärke zeigen Parallelen zum Plantaturm-Mauerwerk. Im Übrigen scheint sich der Umfassungsgraben P304 am Verlauf der Nordmauer P105 zu orientieren. Der Hof P339 ist jedenfalls älter als die Schicht P33 und kann daher nicht jünger sein als der Nordhof.

[20] Türe in der Ostwand des Plantaturm-Kellers und Hocheingang in der Ostwand des ersten Geschosses: Hans Rudolf Sennhauser, Jürg Goll, Müstair, Ausgrabung und Bauuntersuchung im Kloster St. Johann, in: Jahresbericht des Archäologischen Dienstes Graubünden und der Denkmalpflege Graubünden 1999, S. 6–15, hier S. 6–9.

[21] Vor dem Bau des Plantaturmes sammelte schon ein Zisternenhaus das Dachwasser des Nordannexes: Sennhauser (wie Anm. 2), S. 9–10.

[22] Mörtelmischwerke P27, P31, P445, P532 und evtl. P544. Die Mischwerke P27 und P532 liegen unter dem älteren Bauplatz-Niveau P25, das Mischwerk P445 durchschlägt das jüngere Bauplatz-Niveau P443. Alle Mörtelmischer liegen unter der steinigen Lehmschicht P32.

[23] Herzogenbuchsee: Archiv des Archäologischen Dienstes Bern. Der Graben ist gemäss C14- und dendro-chronologischer Datierung nach 941 ausgehoben worden. – Zu Meikirch: Peter Eggenberger, Adriano Boschetti-Maradi, Daniel Schmutz, Kirche: Baugeschichte und Funde, in: Peter Suter u.a., Meikirch: Villa romana, Gräber und Kirche, Bern 2004, S. 214–237, hier S. 215. – Zu Genf: Charles Bonnet, Béatrice Privati, L'établissement du haut Moyen Age: les structures archéologiques, in: Anastazja Winiger-Labuda u.a., Les Monuments d'art et d'histoire du canton de Genève, Band 2: Genève, Saint-Gervais: du bourg au quartier, Bern 2001 (Les Monuments d'art et d'histoire de la Suisse, 97), S. 15 und 18.

[24] Mechthild Schulze, Das ungarische Kriegergrab von Aspres-lès-Corps. Untersuchungen zu den Ungarneinfällen nach Mittel-, West- und Südeuropa (899–955 n.Chr.), in: Jahrbuch des römisch-germanischen Zentralmuseums Mainz 31, 1984, S. 473–514. – Egon Gersbach, Das „Bürkli" bei Riburg im Aargau, eine spätrömische Befestigung?, in: Rudolf Degen u.a. (Hrsg.), Helvetia Antiqua. Festschrift für Emil Vogt, Zürich 1966, S. 271–282.

[25] Christoph Ph. Matt, Die römische Station Gross Chastel im Solothurner Jura. Ein Vorbericht, in: Archäologie der Schweiz 4, 1981, S. 75–81. – C.H. Baer, Die Kunstdenkmäler des Kantons Basel-Stadt, Band 1, Basel 1932 (Die Kunstdenkmäler der Schweiz, 3), S. 53–55. – Ekkehardus Sangallensis IV, St. Galler Klostergeschichten, hrsg. von Hans F. Haefele, Darmstadt 1980 (Ausgewählte Quellen zur deutschen Geschichte des Mittelalters, 10), S. 114–141.

[26] Hans Rudolf Sennhauser, Funktionale Bestimmung von Trakten und Räumen der karolingischen Klosteranlage von Müstair, in: Hans Rudolf Sennhauser (Hrsg.), Wohn- und Wirtschaftsbauten frühmittelalterlicher Klöster. Internationales Symposium 16.9.–1.10.1995 in Zurzach und Müstair im Zusammenhang mit den Untersuchungen im Kloster St. Johann zu Müstair. Acta, Zürich 1996 (Veröffentlichungen des Instituts für Denkmalpflege an der ETH Zürich, 17), S. 283–302. – Sennhauser, Goll

(wie Anm. 20), S. 6–15, hier S. 11.

²⁷ Brandgeschwärzte Steine in der Nordhofmauer P497 entsprechen in Ausdehnung und Höhe ungefähr der Lage des Grubenhauses P516 (F. 8). Der Bereich mit brandgeschwärzten Steinen reicht aber 1 m weiter nach Osten als das Grubenhaus, ein Hinweis auf die Lage des Einganges an dieser Stelle.

²⁸ Gruben P363, P364, P366 und P369 an den Innenwänden des steinernen Gebäudes P154.

²⁹ Nordmauer P108, Ostmauer P114, Südmauer P89 und Westmauer P64 des steinernen Gebäudes P154.

³⁰ Die Innenansicht der Nordmauer P108 zeigt in der Mitte zwischen Kamin P110 und Ostmauer P114 eine Arbeitsgrenze im Bauvorgang. Die Steine des westlichen Mauerteils scheinen an diejenigen des östlichen Teils anzustossen. Die übrigen Mauern zeigen keine Baunähte.

³¹ Die ursprüngliche Türe dürfte sich an der Stelle der Türe P86 befunden haben, weil die Aussenfront nördlich und südlich der Türlaibungen P86 intensiv brandgerötet ist. Die Brandrötung muss älter sein als die Tür P86 und könnte beim ersten Brand durch das herauslodernde Feuer an den Seiten einer Vorgängertüre entstanden sein.

³² Das Zugloch P250 ist mehrmals erneuert worden: Aus der ersten Phase stammen die beiden Wangensteine, die in einen Lehmmörtel verlegt sind. Zur zweiten Phase gehören Flicke seitlich der Wangensteine; sie sind mit Kalkmörtel gebunden. Die Sturzplatte und die darüberliegende Mauerpartie wurde noch später erneuert, diesmal wiederum mit Lehm.

³³ Die Steinplattenreihen P354 und P355 liegen auf dem Benützungsniveau P360. Sie sind vom Brandschutt P343 teilweise überdeckt. Die Steinsetzung P359 ist jünger als die Feuerstelle P278 und die Steinplattenreihe P355.

³⁴ Der Ofen von Winterthur-Metzggasse stand in einem sehr kleinen, 1208 erbauten Erdgeschossraum. Neben Becherkacheln war ein quadratischer Lehmsockel erhalten, in dem sich die Negative kreisförmig angeordneter Ruten abzeichneten: Annamaria Matter, Werner Wild, Neue Erkenntnisse zum Aussehen von Kachelöfen des 13. und frühen 14. Jahrhunderts – Befunde und Funde aus dem Kanton Zürich, in: Mittelalter – Moyen Age – Medioevo – Temp medieval 2, 1997, S. 77–95.

³⁵ Die Pflocknegative P523 wurden nach der Aufgabe des Grubenhauses P516, vielleicht sogar erst nach dem Bau des steinernen Gebäudes P154 (auf dem Lehm P36) angelegt.

³⁶ Brand- und Schuttschichten P43, P343 und P345, Benützungsniveau P347.

³⁷ Die Reste der Feuerstelle P278 ragen über das Benützungsniveau P347 hinaus, und das Zugloch P250 wurde nie vermauert.

³⁸ Die jüngere Feuerstelle P160 ist auf die Wandgräbchen des älteren Hauses P159 gesetzt. Jünger als die hufeisenförmige Erneuerung sind die beiden an die Feuerstelle P160 anschliessenden Steine, an die der Mauerwinkel P100 stösst. Zur Feuerstelle gehören wahrscheinlich auch zwei Pfostenlöcher vor der Südfront.

³⁹ Die Funde zeigen, dass der Brandschutt P427, der Abbruchschutt P440 und die Abbruchschuttplanie P422 nicht vollständig vom Ofenhaus P513 stammen können (Kap. 4.9).

⁴⁰ Corvoisier, Sennhauser (wie Anm. 3), S. 43–44.

⁴¹ Uwe Gross, Mittelalterliche Keramik zwischen Neckarmündung und Schwäbischer Alb, Stuttgart 1991 (Forschungen und Berichte der Archäologie des Mittelalters in Baden-Württemberg, 12), S. 21. – Hans Losert, Die früh- bis hochmittelalterliche Keramik in Oberfranken, Köln 1993 (Zeitschrift für Archäologie des Mittelalters, Beiheft 8.1), S. 26. – Antonella Lavazza, Maria Grazia Vitali, La ceramica d'uso comune: problemi generali e note su alcune produzioni tardoantiche e medievali, in: Silvia Lusuardi Siena (Hrsg.), ad mensam. Manufatti d'uso da contesti archeologici fra tarda antichità e medioevo, Udine 1994, S. 17–54, hier S. 23–24.

⁴² Z.B. Schiedberg bei Sagogn, Grünenfels bei Waltensburg, Belmont bei Flims oder Niederrealta bei Cazis (Funde im Rätischen Museum Chur).

⁴³ Gian Pietro Brogiolo, Sauro Gelichi, La ceramica grezza medievale nella pianura padana, in: La ceramica medievale nel mediterraneo occidentale, Florenz 1996, S. 293–316.

⁴⁴ Lorenzo dal Ri, Gli edifici medioevali dello scavo di Piazza Walther a Bolzano, in: Bolzano dalle origini alla distruzione delle mura/Bozen von den Anfängen bis zur Schleifung der Stadtmauern, Bozen 1991, S. 245–304. – Hans Nothdurfter, Das spätantike und frühmittelalterliche Bozen und sein Umfeld aus der Sicht der Archäologie, in: Bolzano dalle origini alla distruzione delle mura/Bozen von den Anfängen bis zur Schleifung der Stadtmauern, Bozen 1991, S. 105–113, hier S. 105–106. – Gleirscher (wie Anm. 11), S. 145–146.

⁴⁵ Die Daten lauten: 1219 ± 56 n.Chr., 1251 ± 59 n.Chr. (Keramik aus dem ältesten Komplex), 1248 ± 54 n.Chr., 1210 ± 48 n.Chr. (als Mauermörtel verwendeter, verbrannter Ton). Daten nach: Marco Martini u.a., Datazione con metodi termoluminescenti di materiali ceramici dello scavo di Piazza Walther a Bolzano, in: Bolzano dalle origini alla distruzione delle mura/Bozen von den Anfängen bis zur Schleifung der Stadtmauern, Bozen 1991, S. 305–306. – Zur Methode der Thermolumineszenz-Datierung: Martin Jim Aitken, Thermo-luminescence Dating, London 1985. – Günther A. Wagner, Altersbestimmung von jungen Gesteinen und Artefakten, Stuttgart 1995, S. 131–155.

⁴⁶ Carola Jäggi u.a., Die Stadtkirche St. Laurentius in Winterthur. Ergebnisse der archäologischen und historischen Forschungen, Zürich/Egg 1993 (Zürcher Denkmalpflege Archäologische Monographien, 14), Taf. 6, Nr. 85 (zur Datierung S. 80–82 und 96). – Annamaria Matter, Keramikentwicklung in Winterthur vom 12. Jh. bis um 1400. Sechs Kellerfüllungen aus der Altstadt, in: Archäologie im Kanton Zürich 1997–1998, Zürich/Egg 2000 (Berichte der Kantonsarchäologie Zürich, 15), S. 183–245. – Christine Keller, Gefässkeramik aus Basel. Untersuchungen zur spätmittelalterlichen und frühneuzeitlichen Gefässkeramik aus Basel, Basel 1999 (Materialhefte zur Archäologie in Basel, 15.1), S. 122.

⁴⁷ Mineralogisch-petrographische Untersuchungen zur Abklärung der Herkunft könnten sich lohnen. Vgl. Atika Benghezal, Analyses minéralogiques, pétrographiques et chimiques de la céramique, in: Müstair, Kloster St. Johann, Band 1: Zur Klosteranlage. Vorklösterliche Befunde, Zürich 1996 (Veröffentlichungen des Instituts für Denkmalpflege an der ETH Zürich, 16.1), S. 235–257.

⁴⁸ Katrin Roth-Rubi u.a., La ceramica invetriata tardoromana e alto medievale. Atti del convegno Como 14 marzo 1981, Como 1985 (Archeologia dell'Italia Settentrionale, 2). – Lidia Paroli (Hrsg.), La ceramica invetriata tardoantica e altomedievale in Italia. Atti del seminario, Florenz 1992. – Marco Sannazaro, La ceramica invetriata tra età romana e medioevo, in: Lusuardi Siena (wie Anm. 41), S. 229–262, hier S. 250–257.

⁴⁹ Gleirscher (wie Anm. 11), S. 140–141.

⁵⁰ Werner Meyer, Das Castel Grande in Bellinzona, Olten/Freiburg 1976 (Schweizer Beiträge zur Kulturgeschichte und Archäologie des Mittelalters, 3), S. 74. – Rudolf Fellmann, Die ur- und frühgeschichtliche Höhensiedlung auf dem Crep da Caslac ob Vicosoprano im Bergell, Chur 1974 (Schriftenreihe des Rätischen Museums Chur, 18).

⁵¹ Der Erhaltungszustand verunmöglicht Beobachtungen zur Aussenglasur von Auge und damit auch die Beantwortung der Frage, ob es sich um Keramik mit Unterglasurmalerei oder um echte Fayence handelt.

⁵² Roberta Costantini, Le produzioni smaltate e la ceramica graffita, in: Lusuardi Siena (wie Anm. 41), S. 263–318.

⁵³ Giuliana Ericani, Paola Marini (Hrsg.), La ceramica nel Veneto. La Terraferma dal XIII al XVIII secolo, Verona 1990.

⁵⁴ Marina Junkes, Keramikgeschirr aus Konstanz, in: Stadtluft, Hirsebrei und Bettelmönch. Die Stadt um 1300 (Ausstellungskatalog), Stuttgart 1992, S. 340–345. – Annamaria Matter, Keramik um 1300 aus der Brandschuttverfüllung eines Steinkellers in Winterthur-Marktgasse 54, in: Archäologie im Kanton Zürich 1993–1994, Zürich/Egg 1996 (Berichte der Kantonsarchäologie Zürich, 13), S. 243–277, hier S. 188 und 252–253. – Matter (wie Anm. 46), S. 188. – Carola Jäggi, Bericht über die 1989 durchgeführten archäologischen Untersuchungen auf der Valeria/Sion, in: Nachrichten des Schweizerischen Burgenvereins 64, 1991, Nr. 1, S. 2–8, hier S. 4.

⁵⁵ Matter (wie Anm. 54), S. 254. – Fausto Berti, Note sulla maiolica arcaica di Montelupo Fiorentino, in: Archeologia medievale 9, 1982, S. 175–191. – Francesco Cozza, Ritrovamento di ceramiche e vetri dei secoli XIV–XV nel palazzo già Dondi dall'Orologio a Padova, in: Archeologia Veneta 11, 1988, S. 171–239. – Francesco Cozza, Manufatti dei secoli XIV–XVI dal Palazzo Gualdo a Vicenza, in: Bianca Maria Scarfì (Hrsg.), Studi di archeologia della X regio in ricordo di Michele Tombolani, Rom 1994 (Studia archeologica, 70), S. 539–553.

⁵⁶ Schalen mit einfacher, grüner Verzierung sind in Padua seltener als die blau-braun bemalten Majolika-Krüge: Costantini (wie Anm. 52), S. 290–312.

⁵⁷ Die Magerung der „Schwarzware" oder grauen Ware enthält zum Teil Glimmer und weisse Körner (Feldspat?). Es sollte mineralogisch untersucht werden, was dies für die Herkunft der Keramik bedeutet. Ebenso drängt sich die Frage auf, ob der Wechsel von roter zu grauer Irdenware nur durch die Brenntechnik oder auch durch andere Rohstoffe bedingt ist.

⁵⁸ Franziska Knoll-Heitz, Urstein. Die grösste Burg von Herisau, in: Appenzellische Jahrbücher 113, 1985, S. 3–143. – Edi Gross,

Die mittelalterliche Keramik der Ruine Urstein bei Herisau AR. Unpublizierte Seminararbeit am Seminar für Ur- und Frühgeschichte, Bern 1979. – THERESE INGOLD, Hoch- und spätmittelalterliche Keramik der Nordwest- und Nordostschweiz 950–1350. Relativchronologie und regionale Gliederung. Unpublizierte Seminararbeit am Seminar für Ur- und Frühgeschichte, Bern 1994. – DOROTHEE RIPPMANN u.a., Basel Barfüsserkirche, Olten/Freiburg 1987 (Schweizer Beiträge zur Kulturgeschichte und Archäologie des Mittelalters, 13), z.B. S. 143, Nr. 6.

59 HARALD STADLER, Die Oberburg bei Erpfendorf, Gem. Kirchdorf. Eine mittelalterliche Burganlage im Leukental/Nordtirol (Vorbericht 1989), in: Archaeologia Austriaca 75, 1991, S. 293–303. – HARALD STADLER u.a., Ausgrabungen in Kirchdorf in Tirol, Innsbruck 1994 (Nearchos, 2).

60 RIPPMANN (wie Anm. 58), z.B. S. 239, Nr. 13. – KELLER (wie Anm. 46), S. 148.

61 Burg Liechtenstein, 1278 eingenommen und 1284–1291 geschleift: LUCIANA PERINI, Nuove scoperte archeologice sul colle di Peterköfele, in: SILVIA SPADA PINTARELLI (Hrsg.), Festschrift Nicolò Rasmo. Scritti in onore, Bozen 1986, S. 103–122.

62 UWE LOBBEDEY, Untersuchungen mittelalterlicher Keramik vornehmlich aus Südwestdeutschland, Berlin 1968 (Arbeiten zur Frühmittelalterforschung, 3), S. 109. – STADLER 1991 und 1994 (wie Anm. 59).

63 RIPPMANN (wie Anm. 58), S. 207, Nr. 1. – DANIEL GUTSCHER, PETER J. SUTER (Hrsg.), Archäologie im Kanton Bern. Fundberichte und Aufsätze 4A, Bern 1999, S. 275–282. – Nicht berücksichtigt wurden hier die frühmittelalterlichen Töpfe mit Leistenrändern aus Oberitalien: VOLKER BIERBRAUER, Invillino-Ibligo in Friaul. Die römische Siedlung und das spätantik-frühmittelalterliche Castrum, München 1987 (Münchner Beiträge zur Vor- und Frühgeschichte, 33.1). – ALESSANDRA NEGRI, La ceramica grezza medievale in Friuli-Venezia Giulia, in: LUSUARDI SIENA (wie Anm. 41), S. 63–96.

64 KNOLL-HEITZ (wie Anm. 58).

65 KELLER (wie Anm. 46), S. 60–63. – RUDOLF SCHNYDER, Die Schalltöpfe von St. Arbogast in Oberwinterthur, in: Zeitschrift für Schweizerische Archäologie und Kunstgeschichte 38, 1981, S. 266–275, hier S. 270. – PETER FREY, Der Kernbau der „Alten Post" in Aarburg – ein neuentdeckter Adelssitz, in: Archäologie der Schweiz 12, 1989, S. 78–85, hier S. 82 und 85. – RETO MARTI, RENATA WINDLER, Die Burg Madeln bei Pratteln/BL, Liestal 1988 (Archäologie und Museum, 12), Taf. 2. – FELIX MÜLLER, Der Bischofstein bei Sissach, Kanton Baselland, Derendingen/Solothurn 1980 (Basler Beiträge zur Ur- und Frühgeschichte, 4), S. 38.

66 PIA KAMBER, Die Latrinen auf dem Areal des Augustinerklosters, Basel 1995 (Materialhefte zur Archäologie in Basel, 10), z.B. Taf. 187.

67 GROSS (wie Anm. 41), S. 119–120 – KELLER (wie Anm. 46), S. 66.

68 RIPPMANN (wie Anm. 58), S. 217, Nr. 15. – SCHNYDER (wie Anm. 65), S. 269.

69 Bozen-Lauben 60 (Mitteilung C. Terzer), Chur-St. Nicolai, Chur-Arcas 1976 und Maienfeld-Schloss Brandis (Funde beim Archäologischen Dienst Graubünden, Haldenstein).

70 Während in Fundkomplexen der zweiten Hälfte des 13. Jahrhunderts Füsse im Verhältnis zu den Rändern nur 1–2% ausmachen (Basel-Barfüsserkirche, Urstein), können es in Fundkomplexen der ersten Hälfte des 14. Jahrhunderts bereits 7% oder 20% sein (Alt-Eschenbach, Madeln bei Pratteln). In Müstair-Oberer Garten sind es aus der letzten Benützungsphase bis zum Abbruch des Ofenhauses P513 (Phasen 5–9) 19%.

71 KAMBER (wie Anm. 66), Taf. 181 und 196.

72 Fund beim Archäologischen Dienst Graubünden, Haldenstein, datiert vor den Abbruch des Hauses 1574: MANUEL JANOSSA, Ein Haus am Churer Martinsplatz, in: Jahrbuch 1995 der Historischen Gesellschaft von Graubünden, Chur 1996, S. 80–106.

73 Aufgabe der Burg Erpfenstein nach 1306: STADLER 1991 und 1994 (wie Anm. 59).

74 GLEIRSCHER (wie Anm. 11), S. 145–146 (Taf. 6,13–30).

75 BENGHEZAL (wie Anm. 47), S. 239 und 251. – GLEIRSCHER (wie Anm. 11), Taf. 6,26.

76 PERINI (wie Anm. 61). – Schicht 6e von Flaschberg mit zwei Münzen nach 1192 und nach ca. 1185: KURT KARPF u.a., Flaschberg. Archäologie und Geschichte einer mittelalterlichen Burganlage bei Oberdrauburg in Kärnten, Innsbruck 1993 (Nearchos, 3).

77 GLEIRSCHER (wie Anm. 11), Taf. 5, 35. 36.40, 6,1–6.41. – BIERBRAUER, NOTHDURFTER (wie Anm. 17). – BIERBRAUER (wie Anm. 63). – DAL RI (wie Anm. 44). – VOLKER BIERBRAUER, La ceramica grezza di Invillino-Ibligo, Friuli e i suoi paralleli nell'arco alpino centrale e orientale (secc. IV–VII d.c.), in: Archeologia medievale 17, 1990, S. 57–83.

78 Hinweis von Stefan Demetz, Landesdenkmalamt Südtirol in Bozen.

79 PERINI (wie Anm. 61).

80 Stadler 1991 und 1994 (wie Anm. 64).

81 KARPF (wie Anm. 76). – HARALD STADLER, Fünf Jahre Stadtkernarchäologie in Lienz, in: WERNER ENDRES, KONRAD SPINDLER (Hrsg.), Beiträge zum 25. Internationalen Hafnerei-Symposium in Lienz/Osttirol 1992, Innsbruck 1993 (Nearchos, 1), S. 13–78, hier S. 19–24.

82 Es wäre zu untersuchen, weshalb sich die Brenntechnik der Ofenkeramik von der gleichzeitigen Gefässkeramik unterscheidet. Interessanterweise ist die einzige reduzierend gebrannte Ofenkachel handgemacht und möglicherweise ein Ersatzstück (Taf. 15, 3).

83 JÜRG TAUBER, Herd und Ofen im Mittelalter, Olten/Freiburg 1980 (Schweizer Beiträge zur Kulturgeschichte und Archäologie des Mittelalters, 7). – RUDOLF SCHNYDER, Rezension zu Jürg Tauber, Herd und Ofen, in: Zeitschrift für Schweizerische Archäologie und Kunstgeschichte 38, 1981, S. 95–96.

84 MATTER, WILD (wie Anm. 33).

85 KNOLL-HEITZ (wie Anm. 58). Die Burg wurde wahrscheinlich um 1274–1277 zerstört.

86 Funde beim Archäologischen Dienst Graubünden, Haldenstein. In den jüngeren Schichten des 14. Jahrhunderts kommen nachgedrehte und scheibengedrehte Becherkacheln, glasierte Blatt- und Pilzkacheln zusammen mit einem farblosen Nuppenbecher vor. – ARTHUR GREDIG, Ein hochmittelalterlicher Palas beim Haus zum „Wilden Mann" – Bauforschung in der Rabengasse in Chur, in: Archäologie in Graubünden. Funde und Befunde, Chur 1990, S. 384–390.

87 JÄGGI (wie Anm. 46), Taf. 7–8 und S. 80–82 und 96 (Schicht 88 um 1300). – TAUBER (wie Anm. 83), S. 193–195 und 278–280 (Altbüron und Maschwanden vor 1309). – JUDITH RICKENBACH, Alt-Eschenbach. Eine spätmittelalterliche Stadtwüstung, Luzern 1995 (Archäologische Schriften Luzerns, 3), S. 149–153 (Gruben 21, 22 und 23 vor 1309). – JOSEF WINIGER, ANNAMARIA MATTER, ANDREA TIZIANI, Die Burg Schauenburg bei Hofstetten. Zeugnisse eines Burgenbruchs, Zürich/Egg 2000 (Monographien der Kantonsarchäologie Zürich, 33) (Burganlage vor 1344).

88 MARIANNE DUMITRACHE, Heizanlagen im Bürgerhaus, in: Stadtluft, Hirsebrei und Bettelmönch. Die Stadt um 1300 (Ausstellungskatalog), Stuttgart 1992, S. 280–287.

89 OTTO P. CLAVADETSCHER, WERNER MEYER, Das Burgenbuch von Graubünden, Zürich/Schwäbisch Hall 1984. – Funde im Rätischen Museum Chur (10,4 cm durchschnittlicher Mündungsdurchmesser der 14 Becherkacheln).

90 TAUBER (wie Anm. 83), S. 167–172.

91 MARTI, WINDLER (wie Anm. 65). – MÜLLER (wie Anm. 65). – KELLER (wie Anm. 46) (Leonhardsgraben 47 und Andreasplatz 7–12, beide Phase II).

92 GABRIELE KECK, Ein Kachelofen der Manesse-Zeit. Ofenkeramik aus der Gestelnburg/Wallis, in: Zeitschrift für Schweizerische Archäologie und Kunstgeschichte 50, 1993, S. 321–356.

93 TAUBER (wie Anm. 83), S. 195–211. – HUGO SCHNEIDER, Die Ausgrabung der Hasenburg, in: Zeitschrift für Schweizerische Archäologie und Kunstgeschichte 20, 1960, S. 8–34. – WERNER MEYER, Die Burgruine Alt-Wartburg im Kanton Aargau, Olten/Freiburg 1974 (Schweizer Beiträge zur Kulturgeschichte und Archäologie des Mittelalters, 1).

94 Aus den Schichten P68, P262, P304 und P33 im Oberen Garten. Weitere Lavezscherben mit Glasmasse aus dem Oberen Garten und ein gut erhaltener Glashafen aus Lavez (Fundnummer M92/12'924) aus dem karolingischen Südtrakt (vgl. Anm. 135).

95 HANS-GEORG STEPHAN, Die Glasschmelzgefässe der hochmittelalterlichen Waldglashütte Steimcke im Bramwald, in: Zeitschrift für Archäologie des Mittelalters 25/26, 1997/98, S. 107–140. – HEINZ HORAT, Der Glasschmelzofen des Priesters Theophilus interpretiert aufgrund einer Glasofen-Typologie, Bern/Stuttgart 1991, S. 18–25. – Technik des Kunsthandwerkes im zwölften Jahrhundert. Des Theophilus Presbyter Diversarum artium schedula, in der Auswahl übers. und erl. von WILHELM THEOBALD, Düsseldorf 1953², Kap. 2, V.

96 HANS-GEORG STEPHAN, KARL-HANS WEDEPHOL, Mittelalterliches Glas aus dem Reichskloster und der Stadtwüstung Corvey, in: Germania 75, 1997, S. 673–715. – DANIÈLE FOY, Le verre médiéval et son artisanat en France méditerranéenne, Paris 1989, S. 172–173.

97 CHRISTINE PROHASKA-GROSS, Die Glas- und Schmelztiegelfunde aus dem gemauerten Schacht bei St. Peter und Paul, in: Hirsau St. Peter und Paul 1091–1991, Stuttgart 1991 (Forschungen und Berichte der Archäologie des Mittelalters in Baden-Württemberg, 10.1), S. 179–198. – STEPHAN (wie Anm. 95), S. 107–140. – CHRISTIAN LEIBER, Hic officinae vitrariae. Die hoch- und spätmittelalterlichen Glashütten im Hils bei Grünenplan, Landkreis Holzminden, in: Die Kunde, Neue Folge 41/42, 1990/91, S. 511–552.

98 Vgl. den Beitrag von WALTER FASNACHT in diesem Band.

99 WALTER JANSSEN, Eine mittelalterliche Metallgiesserei in Bonn-Schwarzrheindorf, in: Beiträge zur Archäologie des Rheinlandes, Köln 1987 (Rheinische Ausgrabungen, 27), S. 135–236 und Taf. 33–66. – HANS-GEORG STEPHAN, Archäologische Erkenntnisse zu karolingischen Klosterwerkstätten in der Reichsabtei Corvey, in: Archäologisches Korrespondenzblatt 24, 1994, S. 207–216, hier S. 213.

100 A. MARTINELLI u.a., Indagine archeologica sulla collina di S. Pietro nel commune di Castel S. Pietro (Canton Ticino), in: Archeologia medievale 23, 1996, S. 129–205, hier S. 184. – GRAZIELLA MASSARI, Materiali dal monastero di S. Giulia a Brescia, in: La pietra ollare dalla preistoria all'età moderna, Como 1987 (Archeologia dell'Italia Settentrionale, 5), S. 183–194.

101 Auskunft von Benno Schwizer, Geologisches Institut der Universität Bern. – CHRISTIAN HOLLIGER, HANS-RUDOLF PFEIFER, Lavez aus Vindonissa, in: Gesellschaft Pro Vindonissa Jahresbericht 1982, S. 11–64. – ANNE HOCHULI-GYSEL u.a., Chur in römischer Zeit. Ausgrabungen Areal Dosch, Basel 1986 (Antiqua, 12.1), S. 130–156. – La pietra ollare in Liguria. Atti della giornata di studio in ricordo di Lella Massari 1985, in: Revue d'études Ligures 52, 1986, S. 151–319. – T. MANNONI, HANS-RUDOLF PFEIFER, VINCENT SERNEELS, Giacimenti e cave di pietra ollare nelle alpi, in: La pietra ollare dalla preistoria all'età moderna, Como 1987 (Archeologia dell'Italia Settentrionale, 5), S. 7–46. – GIANPAOLO DE VECCHI, ANTONIO ROSSO, Pietre ollari nel Veneto, in: Archeologia Veneta 11, 1988, S. 161–168.

102 UWE GROSS, ALFONS ZETTLER, Nachantike Lavezfunde in Südwestdeutschland, in: Zeitschrift für Archäologie des Mittelalters 18/19, 1990/91, S. 11–31, hier S. 25–26.

103 GUIDO SCARAMELLINI, La pietra ollare in Valchiavenna e in Valtellina, in: La pietra ollare dalla preistoria all'età moderna, Como 1987 (Archeologia dell'Italia Settentrionale, 5), S. 171–180.

104 Funde beim Archäologischen Dienst Graubünden in Haldenstein. – CLAVADETSCHER, MEYER (wie Anm. 89), S. 256–258.

105 HOCHULI-GYSEL (wie Anm. 101).

106 Für die römische Kaiserzeit stehen in Chur und für das 4. Jahrhundert im Gräberfeld von Bonaduz gute Referenzkomplexe zur Verfügung: HOCHULI-GYSEL (wie Anm. 101). – GUDRUN SCHNEIDER-SCHNEKENBURGER, Churrätien im Frühmittelalter auf Grund der archäologischen Funde, München 1980 (Münchner Beiträge zur Vor- und Frühgeschichte, 26), S. 27–29. – MAX MARTIN, Das spätrömisch-frühmittelalterliche Gräberfeld von Kaiseraugst, Kt. Aargau, Derendingen/Solothurn 1991 (Basler Beiträge zur Ur- und Frühgeschichte, 5A), S. 296–298. – GROSS, ZETTLER (wie Anm. 102), S. 29. – JÜRG SCHNEIDER, DANIEL GUTSCHER, HANSUELI ETTER, JÜRG HANSER, Der Münsterhof in Zürich, Olten/Freiburg 1982 (Schweizer Beiträge zur Kulturgeschichte und Archäologie des Mittelalters, 10), Taf. 60–67. – WERNER MEYER, Die Frohburg: Ausgrabungen 1973–1977, Olten/Freiburg 1989 (Schweizer Beiträge zur Kulturgeschichte und Archäologie des Mittelalters, 16), S. 69. – PAUL GUTZWILLER, Das vormittelalterliche Fundgut vom Areal der Frohburg bei Trimbach/SO, Basel 1989 (Antiqua, 18). – Niederrealta bei Cazis und Schiedberg bei Sagogn eignen sich nicht zur Datierung, da diese Burgstellen in vorrömischer und römischer Zeit besiedelt sind.

107 SILVIA LUSUARDI SIENA, M.R. STEFANI, La pietra ollare a Castelseprio, in: La pietra ollare dalla preistoria all'età moderna, Como 1987 (Archeologia dell'Italia Settentrionale, 5), S. 123–134 (von der Eisenzeit bis 1287 besiedelt).

108 PIERANGELO DONATI, Archeologia e pietra ollare nell'area ticinese, in: 2000 anni di pietra ollare, Bellinzona 1986 (Quaderni d'informazione, 11), S. 71–142. – PIERANGELO DONATI, Materiali di pietra ollare da scavi Ticinesi, in: La pietra ollare dalla preistoria all'età moderna, Como 1987 (Archeologia dell'Italia Settentrionale, 5), S. 117–121.

109 GLEIRSCHER (wie Anm. 11), S. 147–150 und Taf. 7–10.

110 Die Scherben (Taf. 3,10; 6,10–11) können von Krautstrünken des 15./16. Jahrhunderts stammen: REGULA GLATZ, Hohlglasfunde der Region Biel, Bern 1991, S. 19–21. – SENNHAUSER, GOLL (wie Anm. 20), S. 12. Die Phasen 4 und 5 sind aber älter (Kap. 4.4 und 4.5). Entweder handelt es sich um falsch zugewiesene Funde, oder ähnliche Becher treten früher auf als gemeinhin angenommen: ERWIN BAUMGARTNER, Glasfunde des 13. und 14. Jahrhunderts von der Frohburg (Kanton Solothurn), in: Zeitschrift für Schweizerische Archäologie und Kunstgeschichte 42, 1985, S. 157–172, hier S. 165. – ERWIN BAUMGARTNER, Fundreihe E Glas, in: Die Frohburg: Ausgrabungen 1973–1977, Olten/Freiburg 1989 (Schweizer Beiträge zur Kulturgeschichte und Archäologie des Mittelalters, 16), S. 71.

111 DANIELA STIAFFINI, La suppellettile in vetro, in: SILVIA LUSUARDI SIENA (Hrsg.), ad mensam. Manufatti d'uso da contesti archeologici fra tarda antichità e medioevo, Udine 1994, S. 216–218. – ANTONELLA SVEVA GAI, Reliquiengläser aus Altarsepulkren. Eine Materialstudie zur Geschichte des deutschen Glases vom 12. bis zum 19. Jahrhundert, Leinfelden-Echterdingen 2001 (Schriften zur südwestdeutschen Landeskunde, 30.1), S. 131–139.

112 KAMBER (wie Anm. 66), S. 177 und 199 (Basel-Augustinergasse, Latrinen 1 und 3 vor 1276 bzw. 1290/1300). – BAUMGARTNER 1985 (wie Anm. 110), S. 165 (Reliquienglas aus der Kirche Ottenhofen in Bayern vor 1354, Burg Altbüron vor 1309). – MÜLLER (wie Anm. 65), S. 28–29 und 52 (Bischofstein bei Sissach vor 1356).

113 ERWIN BAUMGARTNER, INGEBORG KRUEGER, Phönix aus Sand und Asche. Glas des Mittelalters, München/Bonn/Basel 1988, S. 44.

114 JUDITH OEXLE, Die Grabungen in der Katzgasse in Konstanz, in: Archäologische Ausgrabungen in Baden-Württemberg 1992, S. 320–325 (Kloake zwischen 1224 und 1350). – CHRISTINE PROHASKA-GROSS, ANDREA SOFFNER, Hohlglasformen des 13. und 14. Jahrhunderts in Südwestdeutschland und der nördlichen Schweiz, in: Stadtluft, Hirsebrei und Bettelmönch. Die Stadt um 1300 (Ausstellungskatalog), Stuttgart 1992, S. 299–310 (Latrine in Heidelberg nach 1399 erbaut). – JUDITH OEXLE, Die materielle Kultur – Beispiele aus Konstanz. Glas, in: CLAUDIA BRINKER, DIONE FLÜHLER-KREIS, Die Manessische Liederhandschrift in Zürich, Zürich 1991, S. 198–204 (Latrine an der Oberen Augustinergasse ab 1301 erbaut). – STADLER 1994 (wie Anm. 64) (Ruine Erpfenstein nach 1306 aufgelassen). – M.-D. WATON, Strasbourg-Istra: Verrerie des XIV–XVèmes siècles, in: Verrerie de l'est de la France. XIIe–XVIIIe siècles, Dijon 1990 (Revue archéologique de l'est et du centre-est, 9), S. 17–36 (Abfallgrube nach 1290 und vor 1349).

115 SVEVA GAI (wie Anm. 111), S. 144–146. – ANDREA SOFFNER, Die Hohlglasfunde, in: MATTHIAS UNTERMANN (Hrsg.), Die Latrine des Augustinereremiten-Klosters in Freiburg im Breisgau, Stuttgart 1995 (Materialhefte zur Archäologie in Baden-Württemberg, 31), S. 49–128, hier S. 96 (Kloake des Augustinereremiten-Klosters in Freiburg 1278 erbaut). – WATON (wie Anm. 114) (Abfallgrube nach 1290 und vor 1349). – OEXLE 1991 (wie Anm. 114) (Latrine an der Oberen Augustinergasse ab 1301 erbaut). – PROHASKA-GROSS, SOFFNER (wie Anm. 114), S. 305–306 (Latrine in Heidelberg 1399 erbaut). – GÜNTER STEIN, Der Schatzfund von Lingenfeld, in: Geschichte der Juden in Speyer, Speyer 1981 (Beiträge zur Speyerer Stadtgeschichte, 6), S. 65–72 (silberne Doppelscheuer vor 1345/55).

116 OEXLE 1992 (wie Anm. 114) (Kloake zwischen 1224 und 1350). – KAMBER (wie Anm. 66), S. 177, 199 und 210 (Latrinen 1, 3 und 4 unter dem Augustinerkloster Basel vor 1276 bzw. 1290/1300). – BAUMGARTNER 1985 (wie Anm. 110), S. 165 (Burg Altbüron vor 1309). – BAUMGARTNER, KRUEGER (wie Anm. 113), S. 132 und 151 (Kloake in Speyer vor der Mitte des 14. Jahrhunderts, Brunnen in Fritzlar um 1290/1300 erbaut, Keller im Cortile del tribunale in Verona vor 1350–1364).

117 BAUMGARTNER, KRUEGER (wie Anm. 113), S. 126–160. – SVEVA GAI (wie Anm. 111), S. 120–123.

118 CHRISTINE PROHASKA, Farblose Rippenbecher. Ein Trinkglastypus des 13. und 14. Jahrhunderts, in: Archäologisches Korrespondenzblatt 16, 1986, S. 467–471. – SVEVA GAI (wie Anm. 111), S. 139–142.

119 BAUMGARTNER, KRUEGER (wie Anm. 113), S. 206 und 222.

120 BAUMGARTNER, KRUEGER (wie Anm. 113), S. 218. – KAMBER (wie Anm. 66).

121 Fund im Rätischen Museum Chur. – CLAVADETSCHER, MEYER (wie Anm. 89), S. 106–107.

122 BAUMGARTNER, KRUEGER (wie Anm. 113), S. 267. – KAMBER (wie Anm. 66). – SOFFNER (wie Anm. 115), S. 115.

123 BAUMGARTNER, KRUEGER (wie Anm. 113), S. 60 und 436–439. – PETER STEPPUHN, Die Glasfunde von Haithabu, Neumünster 1998 (Berichte über die Ausgrabungen in Haithabu, 32), S. 59–60. – SOFFNER (wie Anm. 115), S. 126, Nr. 225.

124 Auskunft von Stefan Trümpler, Centre suisse de recherche et d'information sur le vitrail in Romont.

125 SEBASTIAN STROBL, Glastechnik des Mittelalters, Stuttgart 1990, S. 31–39.

126 DIETER BARZ, Fenster-, Tür- und Toröffnungen an den Burgen des 11. bis 13. Jahrhunderts in der Pfalz und im Elsass, in: HARTMUT HOFRICHTER (Hrsg.), Fenster und Türen in historischen Wehr- und Wohnbauten, Stuttgart 1995 (Veröffentlichungen der deutschen Burgenvereinigung Reihe B, 4), S. 26–31, hier S. 28.

127 STEFAN KIRCHBERGER, Beiträge der Archäologie Süd- und Südwestdeutschlands zu Tür- und Fensterverschlüssen, in: HARTMUT HOFRICHTER (Hrsg.), Fenster und Türen in historischen Wehr- und Wohnbauten, Stuttgart 1995 (Veröffentlichungen der deutschen Bur-

¹²⁷ genvereinigung Reihe B, 4), S. 79–87, hier S. 80.
¹²⁸ RICHARD MARKS, Stained Glass in England during the Middle Ages, London 1993, S. 92–94.
¹²⁹ BARBARA SASSE, CLAUDIA THEUNE, Perlen als Leittypen der Merowingerzeit, in: Germania 74, 1996, S. 187–231. – URSULA KOCH, Polychrome Perlen in Württemberg/Nordbaden, in: UTA VON FREEDEN, ALFRIED WIECZOREK (Hrsg.), Perlen: Archäologie, Techniken, Analysen, Bonn 1997 (Kolloquien zur Vor- und Frühgeschichte, 1), S. 143–148. – JOHAN CALLMER, MARTIN HECK, PETER HOFMANN, CLAUDIA THEUNE, Glasperlenproduktion im Frühmittelalter, in: Ethnographisch-Archäologische Zeitschrift 38, 1997, S. 225–234.
¹³⁰ SCHNEIDER-SCHNEKENBURGER (wie Anm. 106), S. 36.
¹³¹ ZDENKA KRUMPHANZLOVÁ, Glasperlen der Burgwallzeit in Böhmen, in: Památky Archeologické 56, 1965, Nr. 1, S. 161–188. – KATALIN SZILÁGYI, Perlentypen aus dem X.–XII. Jahrhundert in Ungarn und ihre archäologische Bedeutung, in: Památky Archeologické 85, 1994, Nr. 2, S. 75–110. – KATALIN SZILÁGYI, Beiträge zur Frage des Perlenhandels im 10.–12. Jahrhundert im Karpatenbecken, in: UTA VON FREEDEN, ALFRIED WIECZOREK (Hrsg.), Perlen: Archäologie, Techniken, Analysen, Bonn 1997 (Kolloquien zur Vor- und Frühgeschichte, 1), S. 235–242. – PETER STEPPUHN, Bleiglasperlen des frühen und hohen Mittelalters in Nordeuropa, in: UTA VON FREEDEN, ALFRIED WIECZOREK (Hrsg.), Perlen: Archäologie, Techniken, Analysen, Bonn 1997 (Kolloquien zur Vor- und Frühgeschichte, 1), S. 203–212. – JOHAN CALLMER, Trade beads and bead trade in Scandinavia ca. 800–1000 A.D., Lund 1977 (Acta Archaeologica Lundensia,11).
¹³² GEORGES DESCŒUDRES, ANDREAS CUENI, CHRISTIAN HESSE, GABRIELE KECK, Sterben in Schwyz, Basel 1995 (Schweizer Beiträge zur Kulturgeschichte und Archäologie des Mittelalters, 20/21), S. 191–192. – THEA E. HAEVERNICK, FRAUKE STEIN, BARBARA SCHOLKMANN, Die Glasfunde, in: GÜNTER P. FEHRING, BARBARA SCHOLKMANN (Hrsg.), Die Stadtkirche St. Dionysius in Esslingen a.N. Archäologie und Baugeschichte, Stuttgart 1995 (Forschungen und Berichte der Archäologie des Mittelalters in Baden-Württemberg, 13.1), S. 385–423, hier S. 394.
¹³³ HERMANN DANNHEIMER, Keramik des Mittelalters aus Bayern, Kallmünz 1973 (Kataloge der prähistorischen Staatssammlung, 15/Beiträge zur Volkstumsforschung, 21), Taf. 36.
¹³⁴ MOGENS BENGARD u.a., Wikingerzeitliches Handwerk in Ribe, in: Acta Archaeologica 49, 1978, S. 113–138, hier S. 126–128. – HEIKO STEUER, Der Handel der Wikingerzeit zwischen Nord- und Westeuropa aufgrund archäologischer Zeugnisse, in: KLAUS DÜWEL u.a. (Hrsg.), Untersuchungen zu Handel und Verkehr der vor- und frühgeschichtlichen Zeit in Mittel- und Nordeuropa, Band 4: Der Handel der Karolinger- und Wikingerzeit, Göttingen 1987 (Abhandlungen der Akademie der Wissenschaften in Göttingen philologisch-historische Klasse 3. Folge, 156), S. 113–197, hier S. 146–151.
¹³⁵ Vgl. Anm. 94. Der Südtrakt war mindestens bis im 10. Jahrhundert in Gebrauch; ein Deckenbalken aus dem Brandschutt hat das Endjahr 922 (ohne Waldkante, Bericht R3949 des Laboratoire Romand de dendrochronologie Moudon vom 1.1.1996).

¹³⁶ CHRISTOPH STIEGMANN, MATTHIAS WEMHOFF (Hrsg.), 799. Kunst und Kultur der Karolingerzeit. Karl der Grosse und Papst Leo III. in Paderborn (Ausstellungskatalog), Band 1, Mainz 1999, S. 175–177. – STEPPUHN (wie Anm. 135).
¹³⁷ STEPPUHN (wie Anm. 135), S. 106–110.
¹³⁸ GERHARD POHL, Die frühmittelalterlichen bis neuzeitlichen Baubefunde, in: JOACHIM WERNER (Hrsg.), Die Ausgrabungen in St. Ulrich und Afra in Augsburg 1961–1968, München 1977 (Münchner Beiträge zur Vor- und Frühgeschichte, 23), S. 465–470. – WILHELM WINKELMANN, Archäologische Zeugnisse zum frühmittelalterlichen Handwerk in Westfalen, in: Frühmittelalterliche Studien 11, 1977, S. 92–126, hier S. 123–125. – JOHN MORELAND, A monastic workshop and glass production at San Vincenzo al Volturno, Molise Italy, in: RICHARD HODGES, JOHN MITCHELL (Hrsg.), San Vincenzo al Volturno. The Archaeology, Art and Territory of an Early Medieval Monastery, Oxford 1985 (British Archaeological Reports International Series, 252), S. 37–60 und 97. – FOY (wie Anm. 96). – HORAT (wie Anm. 95), S. 56–57. – STEPHAN, WEDEPHOL (wie Anm. 96). – STIEGMANN, WEMHOFF (wie Anm. 136), S. 160–163 und 175–183.
¹³⁹ JÜRG TAUBER, Die Ödenburg bei Wenslingen – eine Grafenburg des 11. und 12. Jahrhunderts, Derendingen/Solothurn 1991 (Basler Beiträge zur Ur- und Frühgeschichte, 12), S. 103 und 105, Katalog-Nr. 566. – JOHN CLARK, The medieval horse and its equipment, London 1995 (Medieval finds from excavations in London, 5), S. 61–71.
¹⁴⁰ WALTER BAUER, Grabungen und Funde in der Burg zu Wilnsdorf (Kreis Siegen), in: WALTER BAUER u.a., Beiträge zur archäologischen Burgenforschung und zur Keramik des Mittelalters in Westfalen, Bonn 1979 (Denkmalpflege und Forschung in Westfalen, 2), S. 153–178, hier S. 178. – KARL-JOSEF GILLES, Die Entersburg bei Honthheim, in: Funde und Ausgrabungen im Bezirk Trier. Aus der Arbeit des Rheinischen Landesmuseums Trier 16, 1984, S. 38–55, hier S. 48.
¹⁴¹ CLAUS-PETER HASSE, Throne, Tiere und die Welfen. Zu Siegeln und Wappen im 12. und 13. Jahrhundert, in: JOCHEN LUCKHARDT, FRANZ NIEHOFF (Hrsg.), Heinrich der Löwe und seine Zeit. Herrschaft und Repräsentation der Welfen 1125–1235 (Ausstellungskatalog), Band 2, München/Braunschweig 1995, S. 78–88, hier S. 84–86.
¹⁴² CLAUS-PETER HASSE, Die Brüder Ottos IV. – Herzog Otto das Kind und die Gründung des Herzogtums Braunschweig-Lüneburg, in: JOCHEN LUCKHARDT, FRANZ NIEHOFF (Hrsg.), Heinrich der Löwe und seine Zeit. Herrschaft und Repräsentation der Welfen 1125–1235 (Ausstellungskatalog), Band 2, München/Braunschweig 1995, S. 361–364. – OTTO POSSE, Die Siegel der deutschen Kaiser und Könige von 751 bis 1806, Band 1: 751–1347, Dresden 1909 (vgl. auch Albrecht von Braunschweig 1251 mit Leoparden und König Alfons von Kastilien 1245 mit Löwen).
¹⁴³ HEINRICH KOHLHAUSSEN, Minnekästchen im Mittelalter, Berlin 1928, S. 66–67 und Taf. 2. – HORST APPUHN, Einige Möbel aus der Zeit um 1200, in: HEIKO STEUER (Hrsg.), Zur Lebensweise in der Stadt um 1200, Köln 1986 (Zeitschrift für Archäologie des Mittelalters, Beiheft 4), S. 111–128, hier S. 122–123.

¹⁴⁴ OTTO VON FALKE, ERICH MEYER, Romanische Leuchter und Gefässe. Giessgefässe der Gotik, Berlin 1935 (Bronzegeräte des Mittelalters, 1). – PETER SPRINGER, Kreuzfüsse. Ikonographie und Typologie eines hochmittelalterlichen Gerätes, Berlin 1981 (Bronzegeräte des Mittelalters, 3).
¹⁴⁵ Kaiser Friedrich Barbarossa liess die später als Reliquiar verwendete Porträtbüste um 1155–1160 als Geschenk an Graf Otto von Cappenberg in Aachen anfertigen: HERBERT GRUNDMANN, Der Cappenberger Barbarossakopf und die Anfänge des Stiftes Cappenberg, Köln/Graz 1959 (Münstersche Forschungen, 12). – HERMANN FILLITZ, Der Cappenberger Barbarossakopf, in: Münchner Jahrbuch der bildenden Kunst 3, Folge 14, 1963, S. 39–50.
¹⁴⁶ STADLER 1994 (wie Anm. 59).
¹⁴⁷ Der Fund aus Natters wird ins 13./14. Jahrhundert datiert: Eines Fürsten Traum. Meinhard II. – Das Werden Tirols (Ausstellungskatalog), Dorf Tirol/Innsbruck 1995, S. 245–246.
¹⁴⁸ Fund im Rätischen Museum Chur. – CLAVADETSCHER, MEYER (wie Anm. 89), S. 106–107.
¹⁴⁹ ILSE FINGERLIN, Gürtel des hohen und späten Mittelalters, München/Berlin 1971 (Kunstwissenschaftliche Studien, 46), S. 58–83. – KLAUS RADDATZ, Eine Bronzeschnalle von der Wüstung Bodenhusen, Gemeinde Friedland, Landkreis Göttingen, in: Die Kunde Neue Folge 41/42, 1990/91, S. 553–574. – KRZYSZTOF WACHOWSKI, Profilierte Schnallen in Mittelosteuropa, in: Zeitschrift für Archäologie des Mittelalters 22, 1994, S. 181–186. – FABIO PIUZZI, Su tre fibbie basso medievali dal Castello della Motta di Savorgnano (Povoletto UD), in: Archeologia medievale 25, 1998, S. 281–286.
¹⁵⁰ STIEGMANN, WEMHOFF (wie Anm. 136), S. 160–163 und 183. – MARIA-LETIZIA BOSCARDIN, WERNER MEYER, Burgenforschung in Graubünden. Berichte über die Forschungen auf den Burgen Fracstein und Schiedberg, Olten/Freiburg 1977 (Schweizer Beiträge zur Kulturgeschichte und Archäologie des Mittelalters, 4), S. 146 (Nr. F23). – MÜLLER (wie Anm. 65), S. 69–70.
¹⁵¹ Stefan Trümpler, Centre Suisse de recherche et d'information sur le vitrail, Romont.
¹⁵² Auf Schiedberg bei Sagogn sind zum Beispiel von 201 Eisenfunden 37 Waffenteile, 17 Gegenstände der Reiterei und 9 landwirtschaftliche Geräte: BOSCARDIN, MEYER (wie Anm. 150), S. 126–145. Von der Frohburg sind 220 Eisenfunde veröffentlicht, wovon 52 Waffenteile, 42 Gegenstände der Reiterei und ungefähr 8 landwirtschaftliche Geräte sind: MEYER (wie Anm. 106), S. 154–159.
¹⁵³ Z.B. FRANCESCA SOGLIANI, Utensili, armi e ornamenti di età medievale da Montale e Gorzano, Modena 1995.
¹⁵⁴ PETER DEGEN u.a., Die Grottenburg Riedfluh, Olten/Freiburg 1988 (Schweizer Beiträge zur Kulturgeschichte und Archäologie des Mittelalters, 14), S. 137.
¹⁵⁵ APPUHN (wie Anm. 143), S. 124–126.
¹⁵⁶ BOSCARDIN, MEYER (wie Anm. 150), S. 141–142.
¹⁵⁷ DEGEN (wie Anm. 154), S. 132.
¹⁵⁸ BOSCARDIN, MEYER (wie Anm. 150), S. 134–135.
¹⁵⁹ ANDREAS MOSER, Bündner Burgenfunde, in: HANS ERB u.a., Bündner Burgenarchäologie und Bündner Burgenfunde, Chur (o.J.) (Schrif-

tenreihe des Rätischen Museums Chur, 9), S. 12–19, hier S. 16.

[160] Florian Hoek u.a., Burg – Kapelle – Friedhof. Rettungsgrabungen in Nänikon bei Uster und Bonstetten, Zürich/Egg 1995 (Monographien der Kantonsarchäologie Zürich, 26), S. 40–46. – Bernd Zimmermann, Mittelalterliche Geschossspitzen. Kulturhistorische, archäologische und archäometallurgische Untersuchungen, Basel 2000 (Schweizer Beiträge zur Kulturgeschichte und Archäologie des Mittelalters, 26), S. 51–53 (Typ T2–5).

[161] Walter Drack, Hufeisen – entdeckt in, auf und über der römischen Strasse in Oberwinterthur (Vitudurum). Ein Beitrag zur Geschichte des Hufeisens, in: Bayerische Vorgeschichtsblätter 55, 1990, S. 191–239.

[162] Rudolf Moosbrugger-Leu, Die mittelalterlichen Brückenreste bei St. Jakob, in: Basler Zeitschrift für Geschichte und Altertumskunde 70, 1970, S. 258–282, hier S. 273.

[163] Auskunft von Margreth Gosteli, Naturhistorisches Museum der Burgergemeinde Bern. Es handelt sich eindeutig nicht um die im Mittelmeer verbreitete *Pecten jacobaeus L.*

[164] Kurt Köster, Pilgerzeichen und Pilgermuscheln von mittelalterlichen Santiagostrassen. Schleswiger Funde und Gesamtüberlieferung, Neumünster 1983 (Ausgrabungen in Schleswig. Berichte und Studien, 2).

[165] Günter Schmid, Pilgermuscheln, in: Günter P. Fehring, Barbara Scholkmann (Hrsg.), Die Stadtkirche St. Dionysius in Esslingen a.N. Archäologie und Baugeschichte, Stuttgart 1995 (Forschungen und Berichte der Archäologie des Mittelalters in Baden-Württemberg, 13.1), S. 423–426. – Peter Eggenberger, Heinz Kellenberger, Susi Ulrich-Bochsler, Twann. Reformierte Pfarrkirche, Bern 1988, S. 60. – Hansjörg Brem, Jost Bürgi, Katrin Roth-Rubi, Arbon-Arbor Felix. Das spätrömische Kastell, Frauenfeld 1992 (Archäologie im Thurgau, 1), S. 137 und 139. – Rippmann (wie Anm. 58), S. 243 und 245.

[166] Meyer (wie Anm. 106), S. 147. – Manuel Janossa, Marmels/Marmorera – Eine Grottenburg am Julierpass, in: Archäologie in Graubünden. Funde und Befunde, Chur 1990, S. 326–332. – Raymond Meylan, Nouvelle datation de la flûte en os „préhistorique" dite de Corcelettes, in: Helvetia archaeologica 29, 1998, S. 50–64. – Fund aus Waltensburg im Rätischen Museum Chur.

[167] Fund-Nummern M96/20'338 und M98/21'659.

[168] Martin Hell, Eine Gebetschnur der Karolingerzeit aus Anger bei Bad Reichenhall, in: Bayerische Vorgeschichtsblätter 25, 1960, S. 210–212. – Hans Erb, Maria-Letizia Boscardin, Das spätmittelalterliche Marienhospiz auf der Lukmanier-Passhöhe, Chur 1974 (Schriftenreihe des Rätischen Museums Chur, 17), Abb. 67, Katalog-Nr. H4. – Judith Oexle, Würfel- und Paternosterhersteller im Mittelalter, in: Der Keltenfürst von Hochdorf. Methoden und Ergebnisse der Landesarchäologie (Ausstellungskatalog), Stuttgart 1985, S. 455–462 und 484–489. – Marianne Schuck, Horn-, Geweih- und Knochenverarbeitung, in: Stadtluft, Hirsebrei und Bettelmönch. Die Stadt um 1300 (Ausstellungskatalog), Stuttgart 1992, S. 416–417. – Tilman Mittelstrass, Zur Archäologie der christlichen Gebetskette, in: Zeitschrift für Archäologie des Mittelalters 27/28, 1999/2000, S. 219–261.

[169] Ingrid Ulbricht, Die Verarbeitung von Knochen, Geweih und Horn im mittelalterlichen Schleswig, Neumünster 1984 (Ausgrabungen in Schleswig. Berichte und Studien, 3), Taf. 31.

[170] Vgl. Boscardin, Meyer (wie Anm. 150), S. 124–125.

[171] Mitteilung von Benno Schwizer, Geologisches Institut der Universität Bern.

[172] Heid Gjöstein Resi, Die Wetz- und Schleifsteine aus Haithabu, Neumünster 1990 (Berichte über die Ausgrabungen in Haithabu, 28), Taf. 7–9, 16 und 20.

[173] Lorenzo Dal Ri, Giuseppe Piva, Ledro B: Una stazione del primo medioevo a volta di besta sul Lago di Ledro nel Trentino, in: La regione Trentino-Alto Adige nel medio evo 2. Atti della accademia Roveretana degli agiati, Rovereto 1987 (Contributi della classe di scienze umane and di lettere ed arti Serie 6, 26A), S. 265–347. – Boscardin, Meyer (wie Anm. 150), S. 124 (Nr. D1). – Meyer (wie Anm. 50), S. 81 (Nr. G7).

[174] Danièle Martinoli, Christoph Brombacher und Marlis Klee haben im Labor für Archäobotanik der Universität Basel mehrere Schlämmproben und zwei „Vorratsfunde" mit Getreide der Oberen Gartens untersucht. Danièle Martinoli, Pflanzenfunde im Kloster St. Johann in Müstair. Kurzbericht über die bisherigen archäobotanischen Arbeiten, Typoscript Basel 1999. Fund-Nummer M94/15'831.

[175] Auskunft von Benno Schwizer, Geologisches Institut der Universität Bern.

[176] Fund-Nummern: M90/11'139, M90/11'149, M93/14'366, M93/14'364, M93/14'373, M94/15'889.

[177] Fund-Nummern: M93/14'013, M93/14'374, M94/15'892.

[178] Ein Kämpferstück ist in der Baugrube der Mauer P6 des Gewölbeanbaus P380 und eine Säulenbasis in der Aussenschicht P387 des Gewölbeanbaus P380 gefunden worden (Fund-Nummern: M94/17'026, M94/17'170).

[179] Brandschutt P343. Fund-Nummer: M94/15'891.

[180] Brandschutt P343 und P344. Fund-Nummern: M93/14'367, M94/15'896.

[181] Brandschutt P344. Fund-Nummer: M94/15'888.

[182] Backsteine sind in Müstair selten: 13 mögliche Backstein-Bruchstücke stammen aus der Schicht P33, und ein mögliches Backstein-Bruchstück stammt aus der Grube P363.

[183] Jürg Goll, Kleine Ziegel-Geschichte. Zur Einordnung der Ziegelfunde aus der Grabung St. Urban, in: Jahresbericht 1984 der Stiftung Ziegeleimuseum Meienberg Cham, S. 30–102. – Kurt Bänteli, Kurt Zubler, Die frühesten Flachziegel der Schweiz in Schaffhausen. Bald 900 Jahre auf dem Dach, in: 18. Bericht der Stiftung Ziegelei-Museum 2001, S. 5–24.

[184] Courvoisier, Sennhauser (wie Anm. 3), S. 53.

[185] Im Oberen Garten stammt kein Ziegelfund sicher aus dem Lehm W107, bei drei Stücken ist die Zuweisung unsicher: M90/11'012 (P26 oder Oberfläche von W107), M93/14'865 (P295 oder W107), M93/15'527 (P69 oder W107).

[186] Hinweis von Lucia Tonezzer, Stiftung Ziegeleimuseum Meienberg. – Goll (wie Anm. 183). – Michèle Grote, Les tuiles anciennes du Canton de Vaud, Lausanne 1996 (Cahiers d'archéologie romande, 67). – Hans Nothdurfter, Kirchengrabung in St. Cosmas und Damian in Siebeneich, in: Denkmalpflege in Südtirol 1985, S. 252–264 (Ziegelplattengrab des 7. Jahrhunderts mit 15 Leistenziegeln und 12 *imbrices*).

[187] Brandschutt P343, Fund-Nummern: M94/15'912, M94/15'918, M94/15'923, M94/16'088, M94/16'090, M94/16'119, M94/17'576. Weitere Reste bemalten Verputzes lagen im Brandschutt P43 (Phase 4, Fund-Nummern: M93/14'329, M93/15'016), in der Benützungsschicht P40 (Phase 5, Fund-Nummern: M93/14'285, M93/14'613) und in der Brandschicht P344 (Phase 7, Fund-Nummer: M94/15'991).

[188] Beurteilung durch Roland Böhmer. – Iso Müller, Geschichte des Klosters Müstair von den Anfängen bis zur Gegenwart, Disentis 1986³, S. 42–43. – Marèse Sennhauser-Girard u.a., Das Benediktinerinnenkloster St. Johann in Müstair, Graubünden, Bern 1986 (Schweizerische Kunstführer, 384/385), S. 30–33.

[189] José Diaz Tabernero, Die Fundmünzen aus dem Kloster St. Johann, in: Müstair, Kloster St. Johann Bd. 2. Münzen und Medaillen (Veröffentlichungen des Instituts für Denkmalpflege an der ETH Zürich, 16.2), Zürich 2004, 10–166. Abgesehen von zwei Denari scodellati aus Verona (1056–1183) in Schicht P131 und P344, einem Denaro scodellato aus Brescia (1186–ca. 1254) in Schicht P344, einem Denaro scodellato aus Como (1178–1186) in Schicht P427 und einem Denaro piccolo scodellato aus Mantua (1257–1276) in Schicht P422 sind alle Münzen in Schichten gefunden worden, die in die Prägezeit datiert werden können.

[190] Die dendrochronologischen Untersuchungen für Müstair besorgt das Laboratoire Romand de dendrochronologie (LRD) in Moudon.

[191] Beitrag von José Diaz Tabernero (wie Anm. 189), Katalog-Nummer 857 (Fund-Nummer M93/14'496).

[192] Josef Zemp und Rudolf Durrer haben den Norperttrakt und die Ulrichs- und Nikolauskapelle mit dem Bischof Norpert (1079–1088) in Verbindung gebracht. – Müller (wie Anm. 188), S. 24–32.

[193] Beitrag von José Diaz Tabernero (wie Anm. 189), Katalog-Nummern 66 und 269 (Fund-Nummer M93/14'498 und M93/15'705).

[194] José Diaz Tabernero (wie Anm. 189), Katalog-Nummern 431, 197, 388 und 393 (Fund-Nummern M93/15'737, M93/15'693, M93/15'692 und M94/15'884).

[195] Die Funde aus der Benützungsschicht P40 im westlichen Sondierschnitt von 1990 sind vermischt (ein Eternitfragment Fund-Nummer M90/10'964). Die Stratigraphie ist aber klar, und die Keramik jenes Grabungstages passt aufgrund von Passscherben in den Fundkomplex (Taf. 5,3; 5,6, betrifft die Fund-Nummer M90/10'963).

[196] José Diaz Tabernero (wie Anm. 189), Katalog-Nummer 606 (Fund-Nummer M95/18'544).

[197] Die Schicht P24 ist nicht berücksichtigt, da jüngere Glasscherben (Fund-Nummer M90/10'871) Fundvermischungen vermuten lassen.

[198] José Diaz Tabernero (wie Anm. 189), Katalog-Nummern 388, 210, 618 und 572 (Fund-Nummern M93/15'692, M94/15'881, M94/15'826 und M94/15'885).

[199] Der Münzumlauf erlitt in der Mitte des

¹⁴. Jahrhunderts einen Einbruch, so dass auch allgemein weniger Fundmünzen aus dieser Zeit zu erwarten sind: HEINZ MOSER, HELMUT RIZZOLLI, HEINZ TURSKY, Tiroler Münzbuch. Die Geschichte des Geldes aus den Prägestätten des altirolischen Raumes, Innsbruck 1984, S. 50–54. – Eines Fürsten Traum (wie Anm. 147), S. 283–296.

²⁰⁰ Eine glasierte (nicht gezeichnete) Scherbe dürfte aus dem Abbruchschutt P47 stammen und fälschlicherweise der Schicht P344 zugewiesen worden sein (Fund-Nummer M94/15'877-1).

²⁰¹ Zwei Passscherben aus dem Abbruchschutt P422 (Taf. 10,3 und 10,6) des Ofenhauses beweisen, dass die Grube P438 erst mit der Aufgabe des Ofenhauses P513 verfüllt worden ist. Die letzte Auffüllung der Grube P438 läuft auf eine Lehmschicht, die auf dem Holzboden P481 des Ofenhauses liegt.

²⁰² JOSÉ DIAZ TABERNERO (wie Anm. 189), Katalog-Nummern 409, 585, 560, 668, 506, 367, 368 und 706 (Fund-Nummern M95/18'543, M95/18'509, M95/18'463, M95/18'518, M95/18'504, M95/18'542, M95/18'533 und M94/17'513).

²⁰³ Ursprünglich war während der Grabung im Brandschutt P427 auch die Benützungsschicht P506 enthalten. Einzig zwei Münzen stammen sicher aus der Brandschicht P427 sowie Funde, die mit P406 bezeichnet sind.

²⁰⁴ JOSÉ DIAZ TABERNERO (wie Anm. 189), Katalog-Nummer 706 (Fund-Nummer M94/17'513).

²⁰⁵ Ein Überblick über die Keramik aus diesen Schichten hat ergeben, dass sie vor allem aus glasierter Ofenkeramik und – in etwas geringerem Masse – aus Malhornware besteht. Unglasierte Becherkacheln sind selten, graue Irdenware kommt nicht vor (ausser die Passscherben zu Topf Taf. 8,3). Unter anderem treten auf: glasierte Irdenware, graffitierte italienische Fayence, ein Steinzeugscherben, reliefierte Ofenkeramik und unglasierte Napfkacheln. Eine Durchsicht der Glasfunde hat ergeben, dass Butzenscheiben, Krautstrünke, Kugelflaschen, Kuttrolfe, Stängel- und Kelchgläser mit Diagonalrippen und Rautenmustern sowie durchbrochene Standfüsse vorliegen. Die Funde gehören ungefähr ins 15. bis 17. Jahrhundert.

²⁰⁶ Die humose „Aussenschicht" P51 von Gewölbeanbau P380 und Plantaturmanbau P155 enthält einige Funde. Eine erste Durchsicht der Keramik hat ergeben, dass neben älteren Funden glasierte Irdenware sowie Napf- und Kranzkacheln vorliegen.

²⁰⁷ COURVOISIER, SENNHAUSER (wie Anm. 3), S. 45–47. – MÜLLER (wie Anm. 188), S. 85–94. – HANS RUDOLF SENNHAUSER, Äbtissin Angelina Planta (1478–1509) als Bauherrin von Müstair. Herrschaftsdarstellung zur Zeit des Schwabenkrieges, in: Calven 1499–1999. Vorträge der wissenschaftlichen Tagung im Rathaus Glurns vom 8. bis 11. September 1999 anlässlich des 500-Jahr-Gedenkens der Calvenschlacht, Bozen 2001, S. 287–330, hier 317–323.

²⁰⁸ JOSÉ DIAZ TABERNERO (wie Anm. 189), Katalog-Nummer 819 (Fund-Nummer M94/17'514).

²⁰⁹ MÜLLER (wie Anm. 188), S. 94.

²¹⁰ SENNHAUSER (wie Anm. 2), S. 10–11.

²¹¹ Die arkadengeschmückte, romanische Ostmauer des Südhofes und die Westmauer des Nordtraktes im Kloster Müstair sind nicht absolut datiert. Der Turm der Burg Guardaval bei Madulain im Engadin wäre dendrochronologisch auf 1172 datiert, ist aber nicht untersucht (Mitteilung von Mathias Seifert, Archäologischer Dienst Graubünden, Haldenstein).

²¹² Martin Bitschnau, Tirolisches Landesmuseum Ferdinandeum, hält die Datierung des Mauerwerks des steinernen Gebäudes P154 für sehr problematisch. Im Obervinschgau sei Mauerwerk des 10.–13. Jahrhunderts allgemein sehr schwer einzuordnen. Die Kirche St. Benedikt in Mals hat eine dem Mauerwerk des Gebäudes P154 ähnliche Ummantelung, die wohl im 12. Jahrhundert den Mauern aussen vorgebaut worden ist. Einzelne grössere Steine erinnern ausserdem an Elemente von „Findlingsmauern", die in der Nordostschweiz an Burgtürmen vor allem um 1230/50 auftreten. Vgl. ELISABETH RÜBER, St. Benedikt in Mals, Frankfurt 1991 (Europäische Hochschulschriften Reihe 28, 130), S. 75–85. – DANIEL REICKE, „von starken und grossen flüejen". Eine Untersuchung zu Megalith- und Buckelquader-Mauerwerk an Burgtürmen im Gebiet zwischen Alpen und Rhein, Basel 1995 (Schweizer Beiträge zur Kulturgeschichte und Archäologie des Mittelalters, 22).

²¹³ Die Lage des Kamins – abgesetzt von der Mauermitte – zeigt etwa den Verlauf des Unterzuges in Nordsüdrichtung an, sondern hängt mit der Raumunterteilung zusammen. Der Kamin befand sich deshalb nicht in der Mauermitte, weil er ungefähr in der Mittelachse des vorderen Raumes stand. Keller- oder Erdgeschossräume verschiedener Südtiroler Burgen haben Unterzüge, die den grösseren Mauerabstand überbrücken. Vgl. dazu COURVOISIER, SENNHAUSER (wie Anm. 3), S. 38.

²¹⁴ Die erhaltenen Treppenstufen sind ungefähr 12–13 cm hoch und 40 cm tief. Wenn der Obergeschoss-Eingang sich in der Westfassade befunden hätte, so müsste die Treppe auf nur 4,25 m die erforderliche Höhe erreichen. Bei den genannten Massen der Stufen, würde der Treppenabsatz auf einer Höhe von nur 1,5 m enden. Wenn aber die Treppe bis zur Nordwestecke des Gebäudes P154 ansteigt, so erreicht sie eine Höhe von 2 m. Auf dieser Höhe ist eine Holzlaube rekonstruierbar, die zur Tür in der Nordmauer des Gebäudes P154 geführt hat.

²¹⁵ Biforien des 12./13. Jahrhunderts sind zum Beispiel an den Vinschgauer Kirchtürmen von St. Benedikt in Mals und St. Pankratius in Glurns zu sehen: JOSEF WEINGARTNER, Die Kunstdenkmäler Südtirols, Band 2, Bozen/Innsbruck/Wien 1991⁷, S. 897 und 947.

²¹⁶ Wie Anm. 174.

²¹⁷ Die Knochenfunde werden von Bruno Kaufmann, Aesch, untersucht; die Resultate lagen bei Abschluss des Typoskripts noch nicht vor.

²¹⁸ CLAVADETSCHER, MEYER (wie Anm. 89), S. 69, 145 und 245.

²¹⁹ DEGEN (wie Anm. 154), S. 100.

²²⁰ Systematische Fundkartierungen sind zwar vorgenommen, aber als zu wenig ergiebig wieder fallen gelassen worden. Problematisch ist die Kartierung von Funden im steinernen Gebäude P154 insofern, als das Gebäude mindestens zweigeschossig gewesen ist und die verschiedenen Stockwerke verschiedene Funktionen erfüllt haben können. Zu Siedlungsanalysen anhand von Funden: REINHARD BERNBECK, Theorien in der Archäologie, Tübingen/Basel 1997, S. 181–205.

²²¹ DEGEN (wie Anm. 154), S. 157–163. – SABINE FELGENHAUER-SCHMIEDT, Die Sachkultur des Mittelalters im Lichte der archäologischen Funde, Frankfurt 1993 (Europäische Hochschulschriften Reihe 38, 42), S. 178–179.

²²² TAUBER (wie Anm. 83), S. 176–177 (als Badeofen für ein Schwitzbad gedeutet, was aber einzig auf Schröpfkopffunden und historischen Nachrichten über eine nicht lokalisierte Badestube beruht).

²²³ Hinweise von Lucia Tonezzer aus Obfelden. Aus den Feuerstellen P160 und P348 sowie dem Ofen P515 sind Erd- bzw. Materialproben entnommen worden, deren Untersuchung vielleicht weitere Aufschlüsse bringen kann.

²²⁴ MÜLLER (wie Anm. 188), S. 60–62. – RAINER LOOSE, Grundzüge der Siedlungsgenese der Val Müstair bis etwa 1500, in: Calven 1499–1999. Vorträge der wissenschaftlichen Tagung im Rathaus Glurns vom 8. bis 11. September 1999 anlässlich des 500-Jahr-Gedenkens der Calvenschlacht, Bozen 2001, S. 23–43, hier S. 32–34.

²²⁵ HANS REINHARDT, Der St. Galler Klosterplan, in: Neujahrsblatt herausgegeben vom Historischen Verein des Kantons St. Gallen 92, 1952, S. 7–32. – KONRAD HECHT, Der St. Galler Klosterplan, Sigmaringen 1983. Da auf dem Klosterplan auch in der Schmiede keine Esse eingezeichnet ist, kann nicht davon ausgegangen werden, dass dort, wo kein Feuer eingetragen ist, auch kein Feuer existiert hat.

²²⁶ LOOSE (wie Anm. 224), S. 32.

²²⁷ In Müstair spielten auch Milchverarbeitung und Käseherstellung eine Rolle: MÜLLER (wie Anm. 188), S. 59.

²²⁸ Uwe Albrecht, Halle – Saalgeschosshaus – Wohnturm. Zur Kenntnis von westeuropäischen Prägetypen hochmittelalterlicher Adelssitze im Umkreis Heinrichs des Löwen und seiner Söhne, in: JOCHEN LUCKHARDT, FRANZ NIEHOFF (Hrsg.), Heinrich der Löwe und seine Zeit. Herrschaft und Repräsentation der Welfen 1125–1235 (Ausstellungskatalog), Band 2, München/Braunschweig 1995, S. 492–501. – Verschiedene Beiträge in: Schloss Tirol. Saalbauten und Burgen des 12. Jahrhunderts in Mitteleuropa, München/Berlin 1998 (Forschungen zu Burgen und Schlössern, 4), S. 119–231.

²²⁹ OSKAR WULFF, Die byzantinische Kunst. Altchristliche und byzantinische Kunst, Band 2, Berlin 1914, S. 387. – CYRIL MANGO, Byzanz. Weltgeschichte der Architektur, Stuttgart 1986, S. 86–90 (z.B. der 564 vollendete Palast des byzantinischen Militärstützpunktes Kasr ibn-Wardan in Syrien).

²³⁰ CORD MECKSEPER, Zur Doppelgeschossigkeit der beiden Triklinien Leos III. im Lateranspalast zu Rom, in: Schloss Tirol. Saalbauten und Burgen des 12. Jahrhunderts in Mitteleuropa, München/Berlin 1998 (Forschungen zu Burgen und Schlössern, 4), S. 119–128. – SABINE NOACK-HALEY, ACHIM ARBEITER, MANFRED KLINKOTT, Asturische Königsbauten des 9. Jahrhunderts, Mainz 1994 (Madrider Beiträge, 22).

²³¹ RICHARD KRAUTHEIMER, Roma. Profilo di una città 312–1308, Rom 1981, S. 361. – AURORA CAGNANA, Residenze vescovili fortificate e immagine urbana nella Genova dell' XI secolo, in: Archeologia dell'architettura 2, 1997, S. 75–100, hier S. 91. – GIAN PIETRO BROGIOLO, SAURO GELICHI, La città nell'alto

[232] GÜNTHER BINDING, Deutsche Königspfalzen von Karl dem Grossen bis Friedrich II., Darmstadt 1996, S. 155–161 und 223–234 (Magdeburg um 960/70 und Goslar um 1040/50 und vor 1071).
[233] OSWALD TRAPP, Tiroler Burgenbuch, Band 2: Burggrafenamt, Bozen/Wien 1973, S. 57–104. – MARTIN BITSCHNAU, WALTER HAUSER, Burg Tirol im Hochmittelalter – Bauphasen und Zeitstellung, in: Schloss Tirol. Saalbauten und Burgen des 12. Jahrhunderts in Mitteleuropa, München/Berlin 1998 (Forschungen zu Burgen und Schlössern, 4), S. 31–46, 155–161 und passim mit Literaturangaben (Wartburg 1157–1160, Wimpfen um 1160/70, Gelnhausen 1158–1173, Seligenstadt um 1180 und um 1220/30, Münzenberg 1160/65). – RAINER ATZBACH, Das Palatium in Seligenstadt. Ein Schlossbau Friedrichs I. Barbarossa, Münsterschwarzach 1997. – BETTINA JOST, Die Stellung des Münzenberger Palas im 12. Jahrhundert, in: Schloss Tirol. Saalbauten und Burgen des 12. Jahrhunderts in Mitteleuropa, München/Berlin 1998 (Forschungen zu Burgen und Schlössern, 4), S. 161–172.
[234] HANS RUDOLF SENNHAUSER, Der Profanbau, in: Ur- und frühgeschichtliche Archäologie der Schweiz, Band 6: Das Frühmittelalter, Basel 1979, S. 149–164, hier S. 159–161.
[235] Zu den einzelnen Bauten auf Abb. 78 und 79 folgen Literaturangaben in den Anmerkungen, ausser zum Grauen Haus in Winkel: ANITA WIEDENAU, Katalog der romanischen Wohnbauten in westdeutschen Städten und Siedlungen, Tübingen 1983 (Das deutsche Bürgerhaus, 34), S. 290–294.
[236] JÜRG E. SCHNEIDER, Zürichs Rindermarkt und Neumarkt, Zürich 1989 (Mitteilungen der Antiquarischen Gesellschaft in Zürich, 56). – Stadtluft, Hirsebrei und Bettelmönch. Die Stadt um 1300 (Ausstellungskatalog), Stuttgart 1992, passim. – IMMO BEYER, Bauliche Hinweise zur Gründung Freiburgs im Breisgau 1091, in: Nachrichten des Schweizerischen Burgenvereins 65, 1992, S. 58–66. – DOMINIQUE PITTE, Architecture civile en pierre à Rouen du XIe au XIIIe siècle. La maison romane, in: Archéologie médiévale 24, 1994, S. 251–299. – CLAVADETSCHER, MEYER (wie Anm. 89), S. 179–183 und 199–207 (z.B. Rhäzüns, Tarasp).
[237] WIEDENAU (wie Anm. 235), S. 26–30, 79–81 und 181–183.
[238] OSWALD TRAPP, Tiroler Burgenbuch, Band 5: Sarntal, Bozen/Wien 1981, S. 109–176. – OSWALD TRAPP, Tiroler Burgenbuch, Band 3: Wipptal, Bozen/Wien 1974, S. 101–140.
[239] ANNA MASUCH, Das Kloster in Bischopingerode, in: Niederdeutsche Beiträge zur Kunstgeschichte 15, 1976, S. 27–62. – WIEDENAU (wie Anm. 235), S. 35–39, 173–178 und 238–240.
[240] TRAPP 1981 (wie Anm. 238), S. 11–50.
[241] ANTJE KLUGE-PINSKER, Wohnen im hohen Mittelalter, in: ULF DIRLMEIER (Hrsg.), Geschichte des Wohnens, Band 2: 500–1800, Stuttgart 1998, S. 85–228, hier S. 176.
[242] LAURENT AUBERSON, JACHEN SAROTT, La tour de l'amphithéâtre d'Avenches ou l'échec d'une conception urbaine médiévale, in: FRANZ E. KOENIG, SERGE REBETEZ (Hrsg.), Arcvliana. Recueil d'hommages offerts à Hans Bögli, Avenches 1995, S. 195–222.
[243] ANITA WIEDENAU, Romanische Wohnbauten im Rheinland, in: Jahrbuch für Hausforschung 33, 1982, S. 159–182. – WIEDENAU (wie Anm. 235), S. 12–13.
[244] SENNHAUSER (wie Anm. 26), S. 288–292. – OTTO P. CLAVADETSCHER, WERNER KUNDERT, Die Bischöfe von Chur, in: Helvetia sacra I/1, Bern 1972, S. 466–505.
[245] MÜLLER (wie Anm. 188). – ELISABETH MEYER-MARTHALER, Müstair, in: Helvetia sacra 3. Die Orden mit Benediktinerregel 1, Bern 1986, S. 1882–1911. – REINHOLD KAISER, Churrätien im frühen Mittelalter. Ende 5. bis Mitte 10. Jahrhundert, Basel 1998.
[246] LOOSE (wie Anm. 224), S. 30.
[247] Eine gemalte Weiheinschrift in der Apsis der Nikolauskapelle erwähnt Bischof Thietmar von Chur (Grabungsdokumentation Tagebuch-Band 143).
[248] ELISABETH MEYER-MARTHALER, FRANZ PERRET, Bündner Urkundenbuch, Band 1: 390–1199, Chur 1955, S. 280–281.
[249] URBAN AFFENTRANGER, Die Bischöfe von Chur in der Zeit von 1122 bis 1250, Salzburg 1975, S. 69–74.
[250] OSWALD TRAPP, Tiroler Burgenbuch, Band 1: Vinschgau, Bozen/Wien 1972, S. 36–49 und 83–118.
[251] JULIA HÖRMANN, Zur Geschichte des Benediktinerinnenklosters Müstair im Mittelalter, in: Calven 1499–1999. Vorträge der wissenschaftlichen Tagung im Rathaus Glurns vom 8. bis 11. September 1999 anlässlich des 500-Jahr-Gedenkens der Calvenschlacht, Bozen 2001, S. 45–64, hier S. 54.
[252] LOOSE (wie Anm. 224), S. 31 (Anm. 21). – HÖRMANN (wie Anm. 251), S. 59.
[253] ELISABETH MEYER-MARTHALER, FRANZ PERRET, Bündner Urkundenbuch, Band 2: 1200–1275, Chur 1973, passim. – MEYER-MARTHALER (wie Anm. 245). – MÜLLER (wie Anm. 188), S. 49–52. – OTTO P. CLAVADETSCHER, LOTHAR DEPLAZES, Bündner Urkundenbuch, Band 3 neu: 1273–1303, Chur 1997, S. 32, 87, 133, 227, 242, 246, 269, 285, 317, 331–332. – LOOSE (wie Anm. 224), S. 32–34. – HÖRMANN (wie Anm. 251), S. 55–56.
[254] Es ist aber auch möglich, dass die bischöfliche und die klösterliche Propstei in verschiedenen Händen lag: LOOSE (wie Anm. 224), S. 32.
[255] ANNE-MARIE DUBLER, Hermetschwil, in: Helvetia sacra 3. Die Orden mit Benediktinerregel 1, Bern 1986, S. 1813–1847. – JOACHIM SALZGEBER, Fahr, in: Helvetia sacra 3. Die Orden mit Benediktinerregel 1, Bern 1986, S. 1760–1806.
[256] LOOSE (wie Anm. 224), S. 34.

Abbildungsnachweis

Eidgenössisches Archiv für Denkmalpflege, Bern: 1, 2, 3, 40
Bildarchiv Foto Marburg: 65.
Büro Sennhauser, Zurzach / Inst. für Denkmalpflege ETHZ (Zeichnungen und Fotos: Die an den Ausgrabungen beteiligten Personen werden in Anm. 7–9 aufgeführt): 5, 8, 11–18, 21–36, 38. Negativ-Nummern zu den einzelnen Grabungsfotos: 5: 2851-7; 8: 3775-6; 11: 3731-5; 12: 3656-3; 13: 3445-12; 14: 3702-1; 15: 2250-16; 16: 3118-9; 17: 3615-10 ; 18: 3607-1; 21: 3275-16; 22: 3316B-1; 23: 3316B-11; 24: 3119-14; 25: 3110-10 ; 26: 3122-12/3122-18; 27: 3317-18; 28: 3315-7; 29: 3315-11; 30: 3270-5; 31: 3270-9; 32: 3084-14; 33: 3011-16; 34: 3046-8; 35: 3011-1; 36: 3536-18; 38: 3388-7; 39: 2923-9; 67: 3258-9; 72: 3259-5.
Grabungspläne und Umzeichnungen: 6: Plan-Nr. 1753; F 1: S. Laube; F 8: Aufnahmepläne 2281/2241; F 9: Aufnahmepläne 2129, 2178, 2173/2136, 2109; 7, 75, 76, F 2–7: W. Peter; 20, 37, 77: A. Hidber; 64: J. Goll.
Adriano Boschetti-Maradi: 9, 10, 18, 69, 71, 74, F10, Taf. 1–14.
Christian Kündig, Bern: 48, 55, 60, 61: ;

Repros:
4: Material Sulser, Kopie im Büro Sennhauser, Zurzach.

45: Franziska Knoll-Heitz, Urstein. Die grösste Burg von Herisau, in: Appenzellische Jahrbücher 113, 1985, Abb. S. 67, 68, 73–77, 81, 82, Zeichnungen E. Gross.

46: Lorenzo dal Ri, Gli edifici medioevali dello scavo di Piazza Walther a Bolzano, in: Bolzano dalle origini alla distruzione delle mura/Bozen von den Anfängen bis zur Schleifung der Stadtmauern, Bozen 1991, S. 245–303, hier Fig. 1–12.

47: Luciana Perini, Nuove scoperte archeologice sul colle di Peterköfele, in: Silvia Spada Pintarelli (Hrsg.), Festschrift Nicolò Rasmo. Scritti in onore, Bozen 1986, S. 116–121.

49: Giuliana Ericani, Paola Marini (Hrsg.), La ceramica nel Veneto. La Terraferma dal XIII al XVIII secolo, Verona 1990, S. 189 .

50: Kurt Karpf u.a., Flaschberg. Archäologie und Geschichte einer mittelalterlichen Burganlage bei Oberdrauburg in Kärnten, Innsbruck 1993 (Nearchos, 3), Abb. 56, 57.

51: Harald Stadler, Die Oberburg bei Erpfendorf, Gem. Kirchdorf, eine mittelalterliche Burganlage im Leukental/Nordtirol (Vorbericht 1989), in: Archaeologia Austriaca 75, 1991, Taf. 1–6.

52: Rudolf Schnyder, Die Schalltöpfe von St. Arbogast in Oberwinterthur, in: Zeitschrift für Schweizerische Archäologie und Kunstgeschichte 38, 1981, S. 270. – Pia Kamber, Die Latrinen auf dem Areal des Augustinerklosters, Basel 1995 (Materialhefte zur Archäologie in Basel, 10), Taf. 187. – Peter Frey, Der Kernbau der „Alten Post" in Aarburg – ein neuentdeckter Adelssitz, in: Archäologie der Schweiz 12, 1989, S. 82 und 85.

54: Arthur Gredig, Ein hochmittelalterlicher Palas beim Haus zum „Wilden Mann" – Bauforschung in der Rabengasse in Chur, in: Archäologie in Graubünden. Funde und Befunde, Chur 1990, S. 388 (betr. Blattkacheln).

56: Hans-Georg Stephan, Karl-Hans Wedephol, Mittelalterliches Glas aus dem Reichskloster und der Stadtwüstung Corvey, in: Germania 75, 1997, S. 685 (Abb. 2).

58: Pierangelo Donati, Archeologia e pietra ollare nell'area ticinese, in: 2000 anni di pietra ollare, Bellinzona 1986 (Quaderni d'informazione 11), S. 121, 125 und 127.

62: Walter Bauer, Grabungen und Funde in der Burg zu Wilnsdorf (Kreis Siegen), in: Walter Bauer u.a., Beiträge zur archäologischen Burgenforschung und zur Keramik des Mittelalters in Westfalen, Band 1, Bonn 1979 (Denkmalpflege und Forschung in Westfalen, 2), S. 178.

63: Jochen Luckhardt, Franz Niehoff (Hrsg.), Heinrich der Löwe und seine Zeit. Herrschaft und Repräsentation der Welfen 1125–1235 (Ausstellungskatalog), Band 1, München/Braunschweig 1995, A: Abb. S. 262 (E25); B: Abb. S. 263 (E27).

66: Percy Ernst Schramm, Florentine Mütherich, Denkmale der deutschen Könige und Kaiser, Veröffentlichungen des Zentralinstituts für Kunstgeschichte in München, 2, München 1962, Abb. 173, S. 409.

68: Eines Fürsten Traum. Meinhard II. - Das Werden Tirols (Ausstellungskatalog), Dorf Tirol/Innsbruck 1995, S. 246.

78: Wiedenau 1983 (2-7, 9) und Kluge-Pinsker 1998 (8).

79: Oswald Trapp, Tiroler Burgenbuch, Band 3: Wipptal, Bozen/Wien 1974, Abb. 68. – Oswald Trapp, Tiroler Burgenbuch, Band 5: Sarntal, Bozen/Wien 1981, Abb. 4 und 84.

Adriano Boschetti-Maradi

Eine romanische Schlagglocke

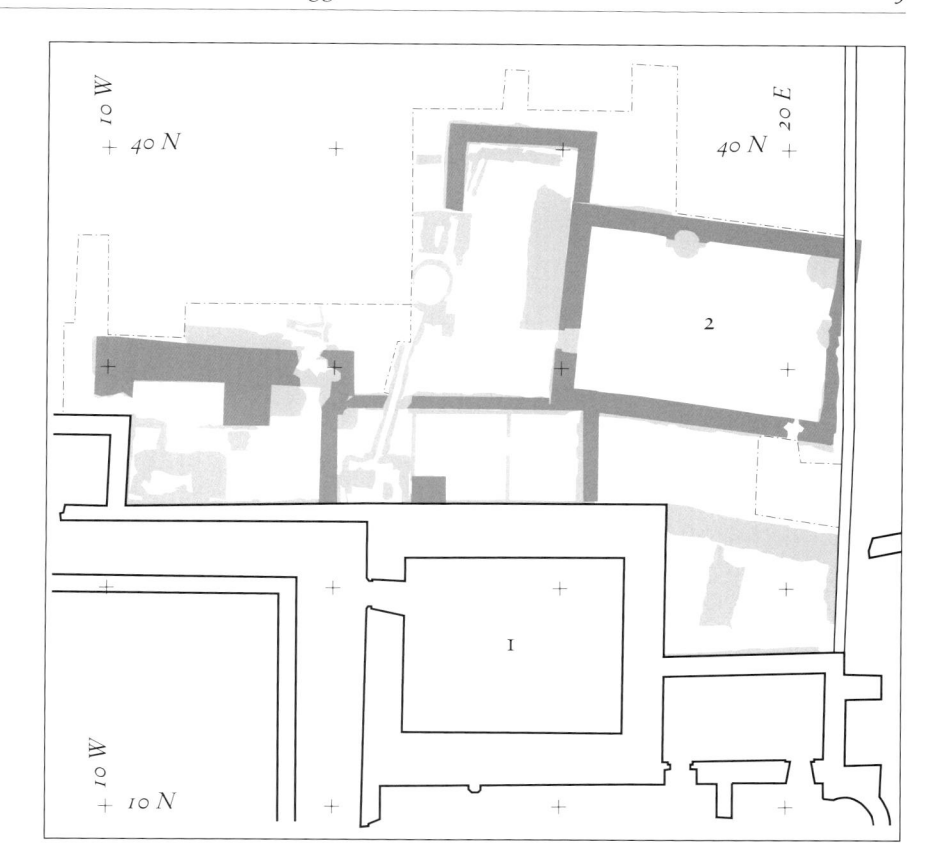

1 Müstair, Kloster St. Johann, Plan der Grabungsbefunde im Oberen Garten.
1 Plantaturm (erbaut 958/959).
2 „Eginoturm" (hochmittelalterliches Steinhaus) mit Freitreppe vor der Westmauer und jüngeren An- und Nachfolgebauten. Massstab 1:333.

Einleitung

Im Oberen Garten des Klosters St. Johann in Müstair kam 1994 eine bronzene Schlagglocke zum Vorschein (Abb. 1, 2). Sie lag im Abbruchschutt des „Eginoturmes", eines einst mehrgeschossigen, steinernen Gebäudes, das im späten 12. oder frühen 13. Jahrhundert erbaut wurde.[1] Münzen, Dendrodaten und Funde aus dem Brandschutt des Steinhauses belegen, dass das steinerne Gebäude nach 1306, aber noch in der ersten Hälfte des 14. Jahrhunderts einem verheerenden Brand zum Opfer gefallen ist. Der Abbruchschutt weist im Gegensatz zum Brandschutt Funde des 15. und 16. Jahrhunderts auf. Das heisst, dass das ruinöse Gebäude wahrscheinlich erst geraume Zeit nach dem zerstörenden Brand restlos abgebrochen worden ist. Die Glocke wurde zuunterst im Abbruchschutt, direkt auf der Brandschicht des steinernen Gebäudes gefunden.[2]

Fundzustand, Restaurierung und Herstellung von Kopien

Die Glocke war im Fundzustand stark oxidiert und mit einer Agglomeratkruste von Holzkohlestücken und Mörtel behaftet. Dennoch konnten die Ausgräber schon bei der Bergung des Fundes Teile einer Inschrift und der Ornamente erkennen. Gleich nach Abschluss der Grabungsetappe restaurierten Josef Lengler und Annina Bertogg im Rätischen Museum Chur das Fundstück. Sie schlossen ihre Arbeit im Sommer 1995 ab.
Wegen der Einzigartigkeit des Objektes kam eine chemische Restaurierung nicht in Frage. Wir hielten es für wichtig, die Patina des Bronzeobjektes zu erhalten. Deshalb legten die Restauratoren die ursprüngliche Oberfläche

der Glocke in einem zeitaufwändigen Verfahren mechanisch frei. Auf der Innenseite, wo sehr viel Mörtel und Holzkohle mit der Oxidationsschicht verbacken waren, arbeiteten sie vorwiegend mit einem kleinen Pressluft-hammer, während für die Feinarbeit ein Ultraschallfeinmeissel zum Einsatz kam. Mit diesem Vorgehen konnten stark oxidierte Stellen behutsamer bearbeitet werden als mit chemischen Mitteln. Anschliessend wurden Salze ausgewaschen, die eine Korrosion des Fundstückes bewirkt hatten. Zum Schutz vor weiterer Korrosion tränkten die Restauratoren die Glocke in Benzotriazol (3,5%) und Paraloid B48N (10%).

Der Kunstgiesser Peter Zollinger aus Bischofszell stellte im Sommer 1997 zwei Kopien der Glocke für Ausstellungszwecke her (Abb. 9). Er übernahm die Form des Originals mit einem Silikonabguss. Die in Glockenbronze mit einem Zinnanteil von ca. 21% gegossenen Kopien sind etwa 1,5% kleiner als das Original, da die Bronze beim Erkalten um diesen Wert schwindet.[3] Der Restaurator Hans Weber aus Fürstenau versah die Kopien anschliessend mit einer Patina, die optisch derjenigen des Originals entspricht. Die Kopien klingen sauberer als die in Müstair gefundene Glocke. Das Original klingt nur kurz und tönt eher wie eine eiserne Signalglocke.[4]

Zur Gestalt der Schlagglocke

Die Glocke (Abb. 2–6) hat einen Durchmesser von 17,6 cm und eine Gesamthöhe von 12,8 cm; sie wiegt 2,1 kg. Die Wandung ist gleichmässig stark. Ungewöhnlich sind die Proportionen der Glocke: Der eigentliche Glockenkörper ohne Knauf und Öse ist nur 5,4 cm hoch, hat also ein Breiten-Höhen-Verhältnis von ungefähr 3:1. Die Flanke der Glocke ist mit 3 cm Höhe ausserordentlich niedrig und weist einen Einzug von knapp 2 cm auf. Dadurch erinnert die Glocke auf den ersten Blick eher an einen Gefässdeckel.

Zur *Ornamentik*: Die Glocke ist von einer horizontalen Gliederung mit Abstufungen geprägt. Über dem äusseren Schlagring befindet sich eine Rille. Darüber folgt im Bereich der Flanke ein Rankenband, das von je einer Rille oben und unten begrenzt ist (Abb. 5). Insgesamt zwanzig mäandrierende Ranken (zehn nach oben und zehn nach unten gewendete) mit je drei flächigen Blättern folgen aufeinander. Das innere Blatt ist nach innen, die beiden anderen sind mit stumpfen knospenartigen Verdickungen am Blattende nach aussen gewendet. Die Ranken sind nicht profiliert. Darüber folgt die dreifach abgestufte Schulter. Auf der untersten, 1 cm breiten Stufe befinden sich eine Rille und eine Inschrift. Die mittlere Abtreppung trägt insgesamt fünf Rillen. Die oberste Stufe bildet die so genannte Haube der Glocke, mit der Knauf und Öse verbunden sind.

Am Rand der Haube sind zwei auf einer Achse liegende, ungleich grosse trapezoide Löcher im Guss ausgespart (Abb. 3), wahrscheinlich so genannte *Schalllöcher*. Schalllöcher sind ausser für die berühmte Lullusglocke aus Bad Hersfeld auch für andere Glocken des 8. bis 12. Jahrhunderts nachgewiesen. Aus Graitschen bei Jena ist eine Glocke mit zwei ungleich grossen Schalllöchern bekannt. Eine Glocke aus dem Stift Walbeck an der Aller, die ins 11. Jahrhundert datiert wird, weist zwei dreieckige Schalllöcher ohne saubere Öffnung auf.[5] Theophilus Presbyter, ein Benediktinermönch des 12. Jahrhunderts, schreibt zu den Schalllöchern in seiner „Diversarum artium schedula" im Kapitel über den Glockenguss: „..., *in adipe exarabis, quatroque foramina triangula juxta collum, ut melius tinniat, formabis.*"[6] Sinngemäss: Die dreieckigen Löcher dienen der Verbesserung des Glockenklanges und werden an der Gussform aus Wachs über der Glockenflanke angebracht. Die Löcher der Müstairer Glocke verbessern den Klang allerdings kaum.

Eine romanische Schlagglocke 125

*2   Gesamtansicht der Glocke,
Durchmesser 17,6 cm, Höhe 12,8 cm.
Klostermuseum St. Johann, Müstair.*

*3   Die Glocke von oben. Deutlich
erkennbar sind Inschrift und Schalllöcher. .*

Die Glocke ist entsprechend der Aussenseite auf der *Innenseite* mehrfach abgestuft (Abb. 4). Im Scheitelpunkt befindet sich eine kleine Mulde. An dieser Stelle ist die Glockenhaube nur wenige Millimeter dünn, darüber ist aber der Knauf angebracht. Die Mulde bildete sich wahrscheinlich, weil sich beim Guss durch die Hitze in der Form Gase bildeten, die nicht entweichen konnten. Im Innern fehlen jegliche Hinweise auf einen Bügel, der zur Auf-hängung eines Klöppels gedient haben könnte. Die Glocke wurde offenbar

4   Die Glocke von unten. Erkennbar sind die Abtreppung und die Mulde im Innern sowie die beiden Schalllöcher. Klostermuseum St. Johann, Müstair.

5   Detail der Glocke: Die Flanke mit dem Rankenband.

nicht mit einem Klöppel von innen geläutet, sondern mit einem Hammer von aussen angeschlagen; sie war eine Schlagglocke.

Der *Knauf* hat die Form einer gestauchten, durchbrochenen Hohlkugel. Er ist mit einem unsauber gegossenen Seilring mit der Haube verbunden und besteht aus einem durchbrochenen Flechtbandwerk. Zwei Bänder mit einfacher Mittelkerbe führen gegenläufig im Zickzack um den Knauf und umfassen somit auf die Spitze gestellte Rhomben. Darüber befindet sich eine Reihe von kleinen runden Vertiefungen. Im Knauf steht ein viereckiger, etwa 2 cm hoher Dorn. Zuoberst sitzt parallel zur Achse der beiden Schalllöcher eine Öse. Zwischen Knauf und Öse vermittelt ein wulstförmiger Ring. Das Profil der Öse weist eine ausgeprägte Mittelrippe auf. Die Restauratoren hatten in der Agglomeratkruste der Öse Eisenpartikel festgestellt, die vermutlich von der zugehörigen Aufhängung herrühren.

Öse

Knauf

Schallloch   Platte/Haube

Flanke

Schlagring

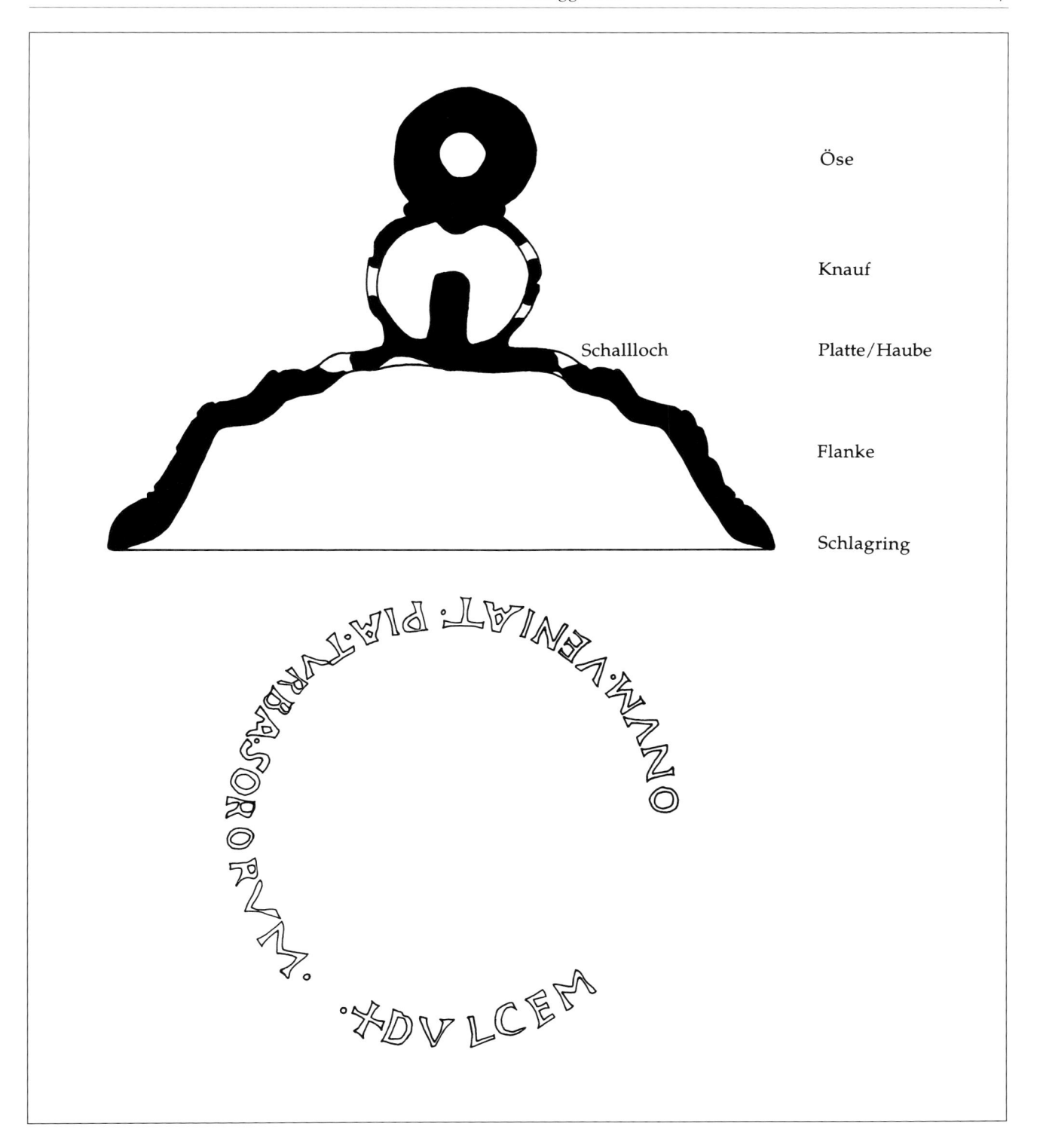

Die Inschrift

6   *Querschnitt durch die Glocke auf der Höhe der beiden Schalllöcher und Umzeichnung der lesbaren Stellen der Inschrift. Massstab 2:3.*

Auf der untersten Abtreppung der Glockenschulter befindet sich eine teilweise lesbare Inschrift (Abb. 3, 6). Sie ist in ziemlich schlanken romanischen Kapitalen ohne Unzialen oder Ligaturen geschrieben. Die Lettern sind unterschiedlich breit. Sie bilden an den Hasten- und Balkenenden relativ deutliche Sporen. Das A ist oben nur leicht abgeflacht, sein Balken nach unten geknickt. Die Wörter sind durch einen mittelständigen Punkt getrennt. Die Inschrift beginnt mit einem griechischen Kreuz. Da die Lettern meist saubere und klare Konturen aufweisen, dürften sie vor dem Guss in die Wachsform geschnitten worden sein.

Für die Teile der Inschrift ausserhalb der eckigen Klammer ist die Lesung gesichert:
· + DVLCEM [. . . . . .]ONVM · VENIAT · PIA · TURBA · SORORVM ·
Hans Rudolf Sennhauser hat vorgeschlagen, die Inschrift mit *dat sonum* zu ergänzen. Es bleibt nämlich an der unleserlichen Stelle nicht mehr Platz als für fünf oder sechs Lettern, beziehungsweise Zwischenräume. Das S von *sonum* und die beiden Trennungspunkte lassen sich noch schwach erahnen. Die Lesung *sonum* ist zudem im Zusammenhang mit *dulcem* und dem Gegenstand selbst – einer Glocke – wahrscheinlich. Das zu ergänzende Prädikat muss aufgrund des Versmasses einsilbig sein. *Dat* (oder *fert*) gibt dem ersten Teil des Verses einen Sinn und erklärt den Optativ im abhängigen Nebensatz.

Der Vers bildet einen leoninischen Hexameter, die typische mittelalterliche, stark vom Gebrauch der Reime beeinflusste Abwandlung des klassischen Hexameters. Am häufigsten reimt wie hier die Penthemimeres mit dem Versende; *sonum* und *sororum* bilden einen zweisilbig assonierenden Reim.[7] Diese Reimqualität tritt in Inschriften des 11. und 12. Jahrhunderts im Vergleich mit den allgemein häufigeren ein- oder zweisilbigen reinen Reimen nicht selten auf. Das Theoderichkreuz aus dem Dom- und Diözesanmuseum in Mainz, ein kupfer-vergoldetes Vortragekreuz aus der ersten Hälfte des 12. Jahrhunderts, trägt eine eingravierte, fünfversige Inschrift mit gleichem Versmass und gleicher Reimqualität.[8]

Die Übersetzung der Inschrift lautet sinngemäss: „Sie gibt einen lieblichen Klang, so möge die fromme Schar der Schwestern herbeikommen." Der Vers bezieht sich also auf die Glocke selbst und ein Frauenkloster, sehr wahrscheinlich auf den Fundort St. Johann in Müstair. Während der erste Versteil, der nur Längen aufweist, sich auf den Klang der Glocke bezieht, tönt der zweite Teil, der die herbeieilende Schar der Schwestern erwähnt, mit seinen zahlreichen kurzen Hebungen unruhig und lebhaft.

Glocken mit Inschriften von vergleichbarem Inhalt sind sehr selten. In der Regel haben Glockeninschriften apotropäische oder beschwörende Bedeutung. So werden Gott, die Heiligen Drei Könige oder Maria angerufen. Ab dem 13. Jahrhundert treten auch erste Inschriften auf, die den Giesser nennen. Der Müstairer Glocke kommt meines Wissens folgende Glockeninschrift inhaltlich am nächsten: + CAMPANA · CONVOCAT · HOMINES ·. Sie stammt von einer Glocke aus der Mitte des 12. Jahrhunderts aus Reinsdorf im Kreis Köthen.[9] Beide Inschriften verzichten auf eine beschwörende Formel. Stattdessen wird nur auf eine Funktion der Glocke – das Zusammenrufen der Gläubigen – Bezug genommen. In diesem Zusammenhang sei auch auf die Inschrift der unten beschriebenen Glocke aus Verona verwiesen.

Zur Technik des Glockengusses

Theophilus Presbyter hat im ersten Drittel des 12. Jahrhunderts in seinem Werk „Diversarum artium schedula"[10] verschiedene Kunsthandwerke beschrieben, darunter auch den Glockenguss. Das Werk des vermutlich mit dem Goldschmied Roger von Helmarshausen identischen Theophilus ist von Gotthold Ephraim Lessing ins Deutsche übersetzt und 1781 mit seinem Nachlass von Christian Leiste erstmals herausgegeben worden. Daneben liegen auch zahlreiche moderne Abhandlungen zur Technik des Glockengusses vor.[11]

Durch die Jahrhunderte hat sich die Technik des Glockengusses nur wenig verändert. Im 11. und 12. Jahrhundert war der Glockenguss allerdings noch kein spezialisiertes Handwerk, sondern lag in den Händen von geschickten Bronzegiessern, die auch andere Objekte herstellten.[12] Der Guss einer Glocke erfolgte nach Theophilus zusammengefasst auf folgende Weise: Eine Eichenholzspindel, waagrecht auf der Drehbank eingespannt und mit Lehm beschichtet, bildet die Negativform des Hohlraumes der Glocke (Abb. 7). Darauf wird mit Talg oder Wachs das Modell der Glocke schichtweise aufgebaut und solange bearbeitet, bis es der Glockenform samt ihren Verzierungen und Inschriften entspricht. Auf diese Wachsform wird ein Tonmantel aufgetragen. Wenn die Gussform mit dem Wachskern von der Drehbank genommen und die zentrale Holzspindel entfernt ist, wird die Gussform der Haube und der Glockenkrone aufgesetzt (Abb. 8). In einer Gussgrube wird der Talg oder das Wachs ausgebrannt, so dass die entstandene Hohlform ausgegossen werden kann. Es handelt sich beim Glockenguss nach Theophilus um ein Wachsausschmelzverfahren in verlorener Form.[13]

Die Glocke von Müstair dürfte im Prinzip so hergestellt worden sein, wie es Theophilus beschreibt. Der Künstler formte die sauberen Rillen auf einer Drehscheibe in das Wachs oder den Talg des Modells. Die Inschrift schnitt er wahrscheinlich in die Wachsform. Für das Rankenband bearbeitete er

7   Rekonstruktion des abgedrehten Kerns einer kleinen Glocke auf der Drehbank nach den Angaben des Theophilus Presbyter (Hans Drescher, Hamburg).

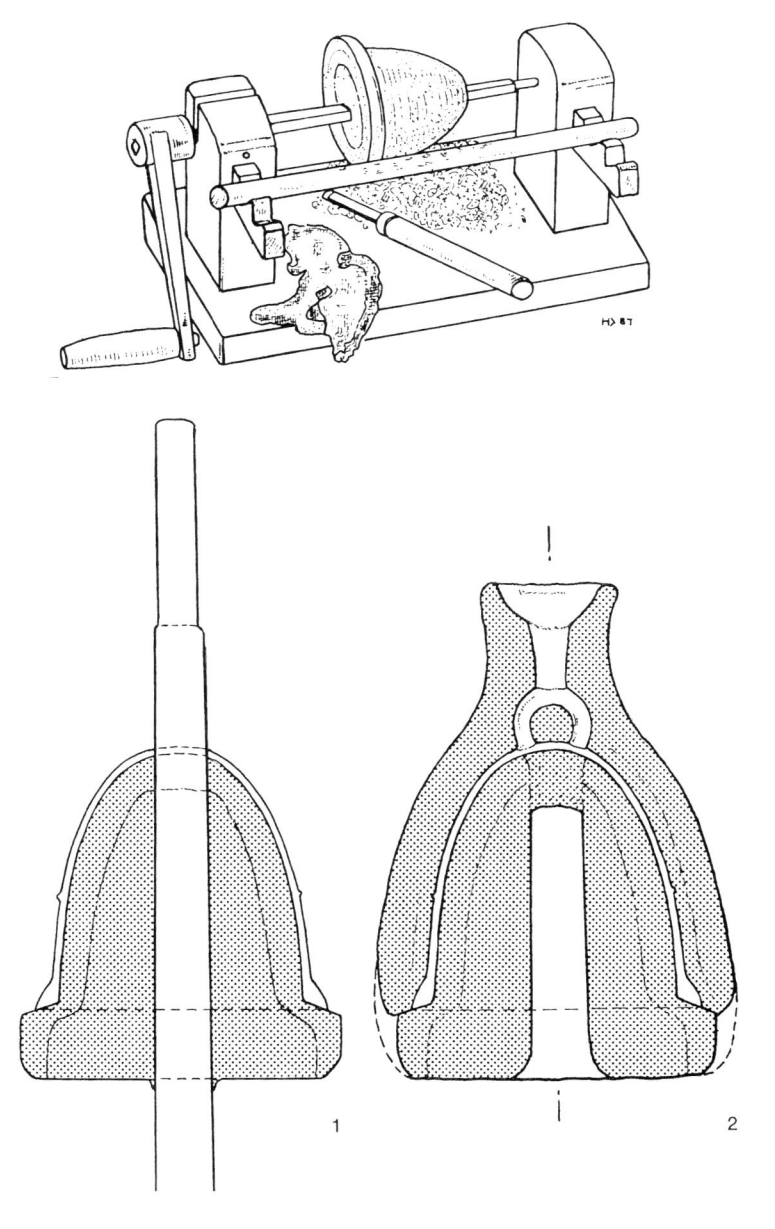

*8   Rekonstruktion der Giessform einer Zimbel aus Haithabu.
1 Lehmkern mit Wachsmodell auf der Drehbank,
2 Giessform vor dem Guss
(Hans Drescher, Hamburg).*

vermutlich mit einem spitzen Werkzeug ein Wachsband, das er nachträglich auflegte. Dies belegen zwei horizontale, um die Glockenflanke laufende Rillen zwischen – das heisst unter – den Blättern des Rankenbandes. Die Rillen sind vor dem Auflegen des wächsernen Rankenbandes in die Wachsform der Glocke geritzt worden. Der Hohlkörper des Knaufs wurde vermutlich in Ton geformt und auf die Wachsform des Glockenkörpers aufgesetzt. Der Künstler modellierte das Flechtwerk des Knaufs in Wachs und überdeckte es anschliessend wieder mit Ton. Möglicherweise war der tordierte Ring zwischen Glockenkörper und Knauf nicht aus Wachs geformt, sondern durch eine eingelegte Schnur entstanden, die der Stabilisierung der Wachsform diente. Es lassen sich nirgends Spuren feststellen, die auf eine Überarbeitung der Ornamente nach dem Guss hinweisen. Auch einzelne Körner und Grate auf der Glockenoberfläche zeigen, dass die Glocke nur geringfügig überarbeitet ist. Die Qualität des Gusses steht hinter der Qualität der Gestaltung zurück, denn die Glocke weist einige Gussfehler auf: die Mulde in Innern, einige Unsauberkeiten an der Oberfläche der Platte, die Fehlstellen am Flechtwerk des Knaufes und die unsaubere Form der beiden Schalllöcher.

Unklar war zunächst, ob Glockenkörper und Knauf in einem Guss entstanden oder ob der Knauf später angebracht wurde. Merkwürdig erschien in diesem Zusammenhang der Dorn im Knauf. Walter Fasnacht hat die Schlagglocke 1999 an der Eidgenössischen Materialprüfungs- und Forschungsanstalt (EMPA) in Dübendorf einer metallurgischen Untersuchung unterzogen.[14] Hierfür wurden computertomographische Aufnahmen gemacht und an fünf Stellen Proben genommen. Weder Schweiss- noch Gussnähte waren festzustellen; die ganze Glocke ist vielmehr in einem Stück mit dem Knauf gegossen worden. Der Dorn ist als Eingusskanal zu deuten, durch den sich die Hohlform des Klangkörpers mit Metall gefüllt hat. Er ist nicht mit der Öse verbunden, weil er laut Walter Fasnacht die Kontraktion des Metalls beim Erstarren ausgeglichen hat. Die Gussfehler im Knauf könnten auf schwindende Temperaturen in der vorgeheizten Gussform hinweisen. Dies kann nur dort geschehen, wo das Metall zuletzt erstarrt, nämlich in der Nähe des Eingusstrichters, der sich auf der Öse befunden haben muss. Bei genauerer Untersuchung lassen sich oben auf der Glockenschulter und auf der Öse tatsächlich kleine Buckel feststellen. Die beiden Buckel auf der Schulter könnten von abgefeilten Luftkanälen herrühren. Nach oben gerichtete Luftkanäle sind bei jedem derartigen Guss notwendig, damit die Luft aus der Gussform entweichen kann. Die Wachsabläufe, die sich am unteren Glockenrand befunden haben müssen, haben die Giesser spurlos abgearbeitet. Peter Zollinger fertigte auch die Kopien der Glocke in einem Guss an (Abb. 9),[15] und der Glockengiesser Johannes Grassmayr aus Innsbruck und der Metallurge Heinrich Feichtinger würden gleich vorgehen. Sie alle sind der Meinung, dass die Glocke in einem Guss hergestellt worden ist. Die Proben haben gemäss Walter Fasnacht ausserdem ergeben, dass der Zinngehalt der Glocke mit 12% bemerkenswert niedrig ist. Dies dürfte einer der Gründe für den dumpfen Klang der Glocke sein.

Glocken im mittelalterlichen Klosterleben

Die Glocke rief im Kloster die Schwestern zusammen; eine zuständige Schwester muss sie von Hand mit dem Hammer geschlagen haben. Die Glocke hing also irgendwo in nützlicher Reichweite und nicht etwa im Glockenturm. Glocken als Signalzeichen waren im mittelalterlichen Klosterleben mit seinem zeitlich geregelten Tagesablauf von grosser Bedeutung. Die gesamte Klostergemeinschaft musste Anhaltspunkte haben, um sich in den Rhythmus, den sich das Kloster gab, einfügen zu können.[16]

9   Wachsformen für den Nachguss der Müstairer Glocke.
Die Wachsformen wurden aus einem Silikonabguss gewonnen. Um den Dorn (rechts liegend) im Knauf einzusetzen, musste der Kunstgiesser Peter Zollinger (Bischofszell TG) den Wachsknauf abnehmen und anschliessend wieder aufsetzen.

Zur Verwendung von Glocken im Klosterleben gibt es eine grosse Anzahl von Schriftquellen, vor allem die monastischen Regeln und Consuetudines. Schon Hieronymus († 419/420), der die erste klösterliche Regel des Pachomius († um 347) übersetzt hat, nennt das Rufen zum Gottesdienst „*signum dare*" (Zeichen geben). Das wird in fast alle frühmonastischen Regeln, so auch in die benediktinische, aufgenommen.[17]

Benedikt von Nursia erwähnt in seiner Regel[18] des frühen 6. Jahrhunderts das *signum* zum Gottesdienst, das in der Regel wohl eine Glocke war. Die Mönche werden durch das Zeichen aufgerufen, in grösster Eile sofort herbeizukommen: „*Ad horam divini Officii, mox auditus fuerit signus, relictis omnibus quaelibet fuerint in manus, summa cum festinatione curratur, …*" (43,1). Es ist die Aufgabe des Abtes oder des dafür zuständigen Bruders, die Gebetszeiten bei Tag und bei Nacht anzuzeigen: „*Nuntianda hora Operis Dei dies noctisque sit cura abbatis: aut ipse nuntiare aut tali sollicito fratri iniungat hanc curam, ut omnia horis conpetentibus conpleantur*" (47,1). Speziell erwähnt werden das Zeichen, nach dem die Mönche morgens aufstehen und zum Gottesdienst gehen (22,6), sowie das Zeichen zur Non, bei dem die Mönche die Arbeit niederlegen und sich ins Refektorium begeben (48,12). In diesen Zusammenhängen wird das Wort *signum* verwendet. Es muss sich auf eine Glocke oder ein anderes, weiterum vernehmbares Signal beziehen.

Der fränkische Bischof Amalar († 850) geht in „De ecclesiasticis officiis"[19], einer allegorischen Interpretation des Gottesdienstes, auch auf die Verwendung von Glocken ein. Amalar beschreibt die Glocken, die er immer mit *signum* bezeichnet, als Mahnsignale in der Tradition der Hörner des Alten Testamentes. Er sieht in ihnen die Münder der Prediger des Neuen Testaments, die lauter tönen und länger fortbestehen als die der Propheten des Alten Bundes. Das Glockenläuten ist deshalb eine der hervorragendsten Tätigkeiten des Priesters.

In den verschiedenen Consuetudines der Benediktiner des 10. bis 12. Jahrhunderts werden erstmals verschiedene Glockentypen – nämlich grosse Turmglocken und kleinere Handglocken – unterschieden. Das Wort *signum* steht noch immer für Glocke. Im 10. Jahrhundert konnte in Fleury mit *campana* noch eine kleinere Gebetsglocke gemeint sein.[20] Im 11. Jahrhundert wurde in Fulda *campana* oder das gleichbedeutende, neue Wort *glocca* für die mit dem Seil gläutete Turmglocke verwendet. In Fulda war ein Bruder eigens für das pünktliche Läuten der Stundenglocken zuständig. Oft nannte man grosse Glocken auch *nola*.²¹ Im Gegensatz dazu wurde die kleinere Glocke oder Schelle meistens als *tintinnabulum* bezeichnet, etwa die Mess-, die Stunden- oder die Refektoriumsglocke. Im Kloster St. Emmeram (Regensburg, 10. Jahrhundert) läutete man damit zu jeder Hore und ins Refektorium.²² In Helmstad war das *tintinnabulum* im 11. Jahrhundert eine Tischglocke²³, während in Fulda mit diesem Wort das Glöckchen zum Wecken im Dormitorium bezeichnet wurde.²⁴ Die Glocken, die den Mönchen das Zeichen gaben, ins Refektorium zu kommen, wurden meistens *cymbala* genannt. In Fleury wurde das *cymbalum* im 10. Jahrhundert noch für das Stundengebet geläutet.²⁵ In den jüngeren Consuetudines von St. Emmeram, Fulda, Helmstad und Verdun (10. bis 12. Jahrhundert) ist das *cymbalum* fast ausschliesslich die Glocke, die ins Refektorium ruft.²⁶

Der von der Mystik geprägte Durandus von Mende (*1230/31, †1296) verfasste in seinem „Rationale divinorum officiorum" auch ein Kapitel über die Glocken. Er bezog sich dabei oft auf Amalar. Der Glocke gab er vor allem drei Funktionen: erstens den Aufruf der Gläubigen zur Besinnung und die Ermahnung zur Gottesfurcht, dann die Vertreibung von Angreifern, Abwehr von Unwettern und Gefahren sowie drittens das Zusammenrufen des Volkes in der Kirche bei Gefahr. Durandus erwähnte vier Arten von kleineren Glocken, die abgesehen von den Turmglocken in der Kirche verwendet werden: Die *squilla* (Schelle) im Refektorium, das *cymbalum* (Zimbel) im Kreuzgang, die *nola* (Glocke) im Chor und die *nolula* (kleines Glöckchen) im Uhrwerk.²⁷

Die Consuetudines der benediktinischen Klöster der Melker Reform im 15. Jahrhundert lassen schliesslich einen sehr differenzierten Blick auf die Verwendung der Glocken zu. Die Turmglocken zeigten mit unterschiedlichem Läuten den Tagesablauf an. Zur Beendigung des Turmläutens schlug der Abt auf eine kleinere Glocke. Die Chorzeiten wurden mit der Turmglocke oder einer Glocke im Kreuzgang angegeben. Daneben werden eine *campanella chori* (Chorglocke) und eine *campanella refectorii* (Tischglocke) erwähnt. Eine weitere Glocke, das *cymbalum* oder die *nola*, hing im Kreuzgang, beim Refektorium oder auf dessen Dach. Geläutet wurde sie mit dem Hammer: „*cum malleo super cymbalum vel nolam*".²⁸

Schlagglocken werden noch heute verwendet, zum Beispiel als Fahrradglocken oder in mechanischen Uhrwerken. In griechisch-orthodoxen Klöstern werden neben Glocken so genannte *Simantra* eingesetzt. Das *Simantron* ist ein Signalinstrument, das wie ein Schwirrholz funktioniert. Ein aufgehängtes, langes Brett oder Kantholz wird mit einem Metallhammer oder Holzklöppel zum Klingen gebracht. Die *Simantra* sind Schlaginstrumente mit der gleichen Funktion wie die *cymbala* oder *tintinnabula* im abendländischen Mönchtum. Eine Inschrift aus der zweiten Hälfte des 11. Jahrhunderts aus der „Grossen Lavra" weist dem *Simantron* ähnliche Eigenschaften zu, wie sie im Westen die Glocken tragen: Gotteslob, Herbeirufen der Gläubigen und Abwehr des Bösen.²⁹

Die Müstairer Glocke ist mit der in den benediktinischen Consuetudines als *cymbalum* bezeichneten Glocke zu vergleichen und dürfte sich beim oder im Refektorium befunden haben; sie könnte als Tischglocke verwendet worden sein. In ihrer Öse wurden spärliche Eisenreste gefunden, die vermutlich auf eine Aufhängevorrichtung hinweisen, zum Beispiel auf einen Haken oder eine Kette.

10 Eisenglocke aus Wilparting (Glocke des hl. Marinus). Durchmesser ca. 27,5 cm. Kirche St. Marinus und Anianus, Wilparting.

11 Bronzeglocke (a) und Klöppel (b) aus Westheim Grab 100. Durchmesser 10,2 cm. Germanisches Nationalmuseum, Nürnberg.

12 Bronzeglocke aus Niederstotzingen Grab 3c. Durchmesser 12,4 cm. Württembergisches Landesmuseum, Stuttgart.

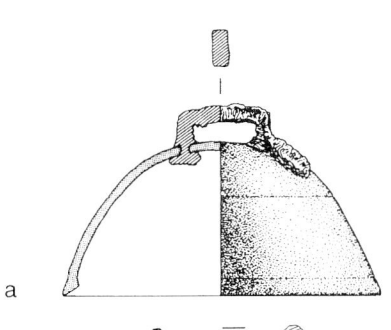

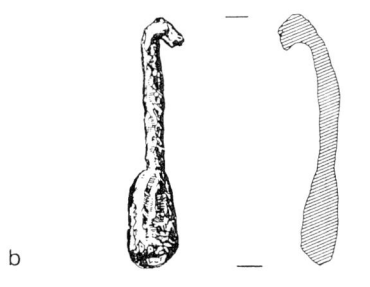

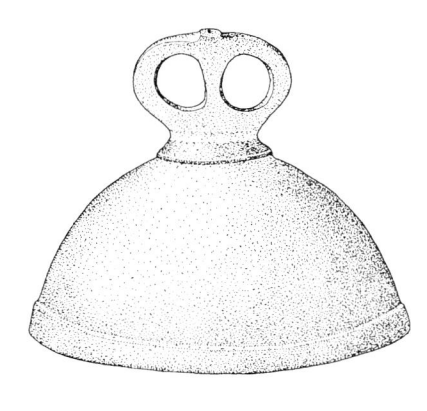

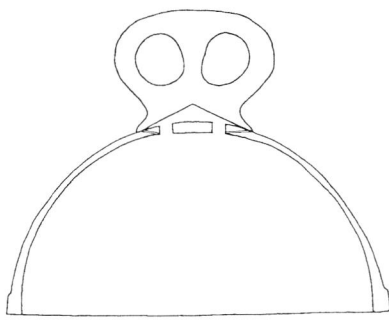

Zu einigen Glocken des Frühmittelalters

Aus Antike und Frühmittelalter sind mehrere Glocken mit einer der Müstairer Glocke vergleichbaren Form erhalten. Ähnlich breite Proportionen weisen die in der Regel kleineren Handglocken auf. Im antiken Kult wurden sehr kleine *tintinnabula* und *cymbala* mit teilweise halbkugeliger Form verwendet.[30]

Aus Oberbayern sind eiserne, geschmiedete Glocken mit halbkugeliger Form bekannt, so zum Beispiel die Glocke des hl. Marinus aus Wilparting (Abb. 10). Sie hat eine Höhe von 13,5 cm und einen Durchmesser von ca. 27,5 cm. Eine andere Glocke aus Pullach bei München kommt mit einer Höhe von 12 cm und einem Durchmesser von 16 cm den Massen der Müstairer Glocke noch näher. Beide Glocken wurden zwar nicht in einem datierenden Zusammenhang gefunden, stammen aber wahrscheinlich aus dem 7.–9. Jahrhundert.[31]

Eine im bayrischen Gräberfeld von Westheim gefundene, ähnliche Glocke wird als *Pferdeglocke* gedeutet. In einer grossen Grabgrube aus der ersten Hälfte des 6. Jahrhunderts fand sich eine halbkugelige Bronzeglocke mit Eisenöse und -kette (Abb. 11) neben Pferdezähnen.[32] Es handelt sich dabei allerdings nicht um eine Schlagglocke, sondern um eine Glocke mit Klöppel. Weitere frühmittelalterliche Pferdegräber mit Glockenbeigabe und ikonographische Belege zeigen, dass halbkugelige Glocken als Pferdeglocken verwendet wurden.[33] Die verbreiteten, eisernen Viehschellen sind formal nicht damit zu vergleichen. Ihre becherförmige Gestalt ist schon in römischer Zeit belegt und bleibt vom Frühmittelalter bis in die Neuzeit gleich.[34]

Andere Beispiele zeigen, dass derartige Glocken damals auch *Tischglocken* sein konnten: Eine bronzene, halbkugelige Glocke gehörte zur Ausstattung des alamannischen Kriegergrabes 3c aus Niederstotzingen in Schwaben, das in die Mitte oder in die 2. Hälfte des 7. Jahrhunderts datiert (Abb. 12).[35] Der Glockenkörper hat einen Durchmesser von 12,4 cm und eine Höhe von 6,3 cm. Seine halbkugelige Form wird von einem separat gegossenen Knauf abgeschlossen, an dem das Instrument mit zwei Fingern gehalten werden kann. Im Innern lassen zwei Ösen und Eisenreste zwar auf einen Bügel zur Aufhängung eines Klöppels schliessen, aber trotz der guten Erhaltungsbedingungen wurde kein Klöppel gefunden. Möglicherweise wurde der Schlagring der Glocke von aussen mit einem Hammer angeschlagen, nachdem der Klöppel beschädigt oder verloren war. Die Niederstotzinger Glocke lag neben Sattelzeug und Schild zu Füssen des Toten. Direkt bei der Glocke fanden die Ausgräber Reste von Speisebeigaben. Ein Glockenfund aus dem reichen Frauengrab 38 des Gräberfeldes Güttingen bei Konstanz ist gut vergleichbar mit dem Niederstotzinger Fund. Neben die Füsse der um 600 bestatteten Toten sind eine Bronzepfanne, ein Tongefäss und ein Holzeimer gelegt worden, was ebenfalls auf Speisebeigaben schliessen lässt. In ihrer Nähe lag das Bronzeglöckchen mit kleiner Griföse und Eisenklöppel.[36] Beide Fundvergesellschaftungen könnten auf die Verwendung als Tischglocken hinweisen, was der späteren Verwendung ähnlicher Glocken im Refektorium entsprechen würde. Wenn diese Glocken auschliesslich der Begräbniszeremonie gedient hätten, wären sie kaum ins Grab gegeben worden, da sich hier ansonsten nur persönliche Gegenstände des Toten fanden.

Besondere Erwähnung verdient hier die Sankt-Gallus-Glocke aus Bregenz (Abb. 13).[37] Formal entspricht sie zwar keineswegs derjenigen aus Müstair. Die Gallus-Glocke ist eine Treichel aus geschmiedetem, zusammen genietetem und später bemaltem Eisenblech. Gemäss der Tradition hat sie der hl. Columban selbst aus Irland mitgebracht. Er hielt sich von 610 bis 612 mit einer kleinen Mönchsgemeinschaft in Bregenz auf. Der hl. Gallus, einer der

Begleiter Columbans, gab der Glocke seinen Namen. In der Tat wurden ähnliche Eisenglocken im Frühmittelalter von irischen Mönchen verwendet. Im Jahr 1786 kam die Sankt-Gallus-Glocke an das Kloster St. Gallen.

Neuzeitliche Messglocken, wie sie etwa im Klostermuseum Disentis ausgestellt sind, haben manchmal ähnlich gedrungene Proportionen und werden nicht selten auch als Schlagglocken, so zum Beispiel in St. Stephan in Konstanz, verwendet. Möglicherweise stehen diese Messglocken, die während der Eucharistiefeier geschlagen werden, in der Tradition frühmittelalterlicher Tischglocken. Ausser den Messglocken funktionieren bisweilen auch Signal- oder Wetterglocken als Schlaginstrumente.[38]

Eine romanische Glocke aus Verona

13   Sankt-Gallus-Glocke aus Bregenz. Höhe 33 cm. Katholische Administration St. Gallen.

Glocken aus romanischer Zeit sind selten erhalten geblieben, obwohl sie damals in Kirchen und Klöstern bereits weit verbreitet waren.[39] In Deutschland zum Beispiel dürfte es heute nicht mehr als etwa 15, in Mitteleuropa höchstens 50 Exemplare geben.[40] Formale Vergleichsbeispiele für Müstair fehlen deshalb weitgehend.

Eine Ausnahme bildet eine 8,5 kg schwere, 16 cm hohe und am unteren Rand 25 cm breite, bronzene Glocke, die heute im Museo del Castelvecchio in Verona ausgestellt ist (Abb. 14). Sie zeigt eine ähnliche Gesamtform und hat aufgrund ihrer Inschrift vielleicht die gleiche Funktion in einem Frauenkloster erfüllt wie die Müstairer Glocke. Der annähernd halbkugelige, nur mit drei feinen Leistenpaaren gegliederte Körper und der breite Rand geben ihr eine schlichte Form. Sie hängt an einer Öse, die durch sich gegenseitig umwindende Wülste die Form eines Seilstückes erhält. Die Enden der Öse stehen mit drei Knubben wie Tatzen auf der Glockenhaube. Vor allem diese Ornamentik unterscheidet sie von der Glocke aus Müstair. Ausserdem wurde sie mit einem Klöppel geläutet, der noch heute an einem dicken Draht in einem Loch am obersten Punkt der Glockenhaube hängt.

Die Inschrift der Veroneser ist nicht wie diejenige der Müstairer Glocke eingetieft, sondern erhaben. Auf der oberen Zeile steht: VOX + DO + MI + NI + (Stimme Gottes). Die Kreuze haben mit den beiden unten angehängten Bögen die Form von Ankern. Auf der unteren Zeile steht: + A · N · M · L · X · X · I · HOC MONASTERIVM INCEPTVM E[ST]. Die Glocke hing also in einem Kloster, das im Jahr 1081 gegründet wurde, vermutlich im Benediktinerinnenpriorat S. Massimo in Verona.[41] Sie gelangte später ins Kloster S. Maria delle Vergine in Verona und von dort ins Museo del Castelvecchio. Die Jahreszahl 1081 muss sich nicht auf ihre Herstellung beziehen. Die Glocke darf aber anhand der Buchstabenformen noch ins späte 11. oder frühe 12. Jahrhundert datiert werden. Obwohl die Veroneser Glocke schwerer und grösser als die Müstairer Glocke ist, dürfte sie im Kloster als *cymbalum* gedient haben.

14   Glocke aus dem Kloster S. Maria delle Vergine in Verona, ursprünglich wohl S. Massimo in Verona. Durchmesser 25 cm. Museo del Castelvecchio, Verona.

Die Gusswerkstätte von San Zeno in Verona

Für die Rankenornamente und Zickzackmuster mit Rillen der Müstairer Glocke findet sich eine praktisch identische Entsprechung in der *Bronzetür* der Abteikirche des Benediktinerklosters San Zeno in Verona. Es handelt sich dabei vor allem um die durchbrochenen Halbrundstäbe, welche der ersten, älteren Werkstätte der Bronzetür zuzuweisen sind und die Platten

15 *Bronzeplatte mit der Darstellung des zwölfjährigen Jesus im Tempel, links begrenzt durch einen durchbrochenen Halbrundstab mit zwei gegenläufigen Ranken. Vor 1138. Bronzeportal der Kirche San Zeno, Verona.*

16 *Bronzeplatte mit der Darstellung der Austreibung aus dem Tempel, links begrenzt durch einen durchbrochenen Halbrundstab mit zwei sich überschneidenden Zickzackbändern. Vor 1138. Bronzeportal der Kirche San Zeno, Verona.*

mit den biblischen Darstellungen begrenzen. Der Halbrundstab am linken Rand der Darstellung des zwölfjährigen Jesus im Tempel ist mit zwei gegeneinander gerichteten gegenläufigen Ranken geschmückt (Abb. 15). Wie die flächigen Ranken der Müstairer Glocke laufen auch diese relativ breit und weisen drei bis vier eingerollte Blattenden auf. Das innere Blatt ist nach innen, die beiden anderen sind nach aussen gewendet. Einzig die Profilierung durch drei Rillen unterscheidet die Veroneser von der Müstairer Ranke. Der Rundstab am linken Rand der Darstellung der Austreibung aus dem Tempel besitzt das gleiche ornamentale Motiv wie der Knauf der Müstairer Glocke, nämlich zwei sich überschneidende Zickzackbänder, deren Zwischenräume durchbrochen sind (Abb. 16). In Verona besitzen die Bänder zwei Rillen und wiederholen sich dreimal nebeneinander.

Die Datierung der älteren Werkstätte von San Zeno ist umstritten. Nach baugeschichtlichen Überlegungen kann eine Inschrift des Jahres 1178, die eine 40 Jahre zurückliegende Erweiterung der Kirche erwähnt, auf die Westfassade bezogen werden, zu deren Portal die Bronzetüre gehört. Dendrochronologische Untersuchungen der Holzträger der Bronzeplatten von San Zeno scheinen die Datierung des Umbaus um 1138 zu bestätigen. Die Holzträger sind aus Rottanne, deren Mittelkurve mit der Weisstannenkurve Deutschlands verglichen worden ist. Mit dieser Einschränkung konnte der letzte erhaltene Jahrring dendrochronologisch in das Jahr 1126 datiert werden. Es ist zwar weder klar, ob es sich beim letzten Jahrring um die Waldkante handelt, noch wie lange vor ihrer Verwendung die datierten Holzträger gefällt wurden. Dennoch verdichtet sich somit das Datum eines Umbaus des Westportals von San Zeno um 1138.[42]

17 Vortragekreuz aus der Pfarrkirche von Monte Bré TI, seit 1935 im Schweizerischen Landesmuseum in Zürich (SLM 19905). Vergoldete Bronze, Gesamthöhe 31 cm, Höhe des Corpus 13 cm. Der Corpus lässt sich mit den Figuren der Bronzeportale von Verona vergleichen, zweites Viertel 12. Jahrhundert.

Aufgrund stilistischer Argumente wird die Arbeit der älteren Bronzegusswerkstätte vor 1138 gesetzt und die Arbeit der zweiten Werkstätte mit dem erwähnten Umbau in Verbindung gebracht. Unklar ist, ob das Wirken der älteren Werkstätte von San Zeno noch ins ausgehende 11. Jahrhundert oder erst kurz vor 1138 zu datieren ist. Einen Anhaltspunkt für die frühestmögliche Datierung liefert der Vergleich mit den in Nussbaumholz geschnitzten Türflügeln der Kölner Abteikirche St. Maria im Kapitol. Diese Türflügel zeigen eine Ornamentik, die – etwa in den Zickzackbändern – derjenigen von San Zeno sehr nahe verwandt ist. Die Kölner Holztüren schlossen einst das Portal der Nordkonche und dürften daher für die im Jahr 1065 überlieferte Weihe der Choraltäre unter Erzbischof Anno II. vollendet worden sein.[43] Aufgrund des Vergleichs mit anderen Bronzearbeiten, zum Beispiel dem Klosterneuburger Leuchter, ist eine Datierung ins beginnende 12. Jahrhundert aber trotzdem wahrscheinlicher als eine Datierung ins ausgehende 11. Jahrhundert (s. unten).[44]

18 Siebenarmiger Bronzeleuchter, Detail mit durchbrochenem Knauf und Schaft. Datiert vor 1136 (?). Augustiner-Chorherrenstift Klosterneuburg in Österreich.

Wahrscheinlich pflegten der oder die Künstler, welche die Müstairer Glocke gegossen haben, Beziehungen zum Veroneser Bronzehandwerk. Werkstattzuweisungen von Kleinbronzen sind freilich unsicher, da wir fast keine Anhaltspunkte über die Arbeitsorganisation in mittelalterlichen Gusshütten haben. Giesser und Bildhauer konnten umherziehen, und ihre Produkte wurden über grössere Distanzen gehandelt oder verschenkt.[45] Da aber das Münstertal in das obere Etschtal mündet und natürlicherweise enge Beziehungen zum Südtirol und ins Veneto hat, erscheint eine Zuweisung der Glocke zur Werkstätte von Verona zumindest nicht abwegig. Eine sichere Werkstattzuweisung wird in unserem Fall jedoch dadurch erschwert, dass sich die Bronzelegierungen des Veroneser Portals und der Müstairer Glocke nicht entsprechen. Eine Probe der älteren Veroneser Stücke enthielt etwa 91% Kupfer, 7,5% Zinn, 2,5% Blei und kein Zink, während eine Probe der jüngeren Stücke aus 80% Kupfer, 14,5% Zink, 6% Blei und fast keinen Zinnanteilen bestand.[46] Beide Proben unterscheiden sich bezüglich der Kupfer-, Zinn- und Zinkanteile beträchtlich von der Glocke aus Müstair.[47] Auffällig ist immerhin, dass die Zinnanteile bei allen Objekten sehr niedrig sind. Es ist die Aufgabe weiterer metallurgischer Untersuchungen, diese Beobachtung an anderen Objekten zu überprüfen und die Frage zu beantworten, ob auf diesem Wege die Werkstattzuweisung zu klären ist.

Dem stilistischen Umfeld der ersten Werkstätte der Bronzeportale von San Zeno werden mehrere Arbeiten zugewiesen: ein Reliquiar (?) aus Koblenz (heute in Hamburg),[48] ein Kentauren-Aquamanile aus Vordingborg in Dänemark,[49] ein Kruzifixus aus Meran, ein Vortragekreuz aus Bré im Kanton Tessin (heute im Schweizerischen Landesmuseum Zürich, Abb. 17), ein weiterer Kruzifixus (heute im Schnütgen-Museum in Köln),[50] eine sitzende Männerfigur (ein so genannter Püsterich, heute im Kunsthistorischen Museum Wien),[51] eine kniende Frauenfigur (heute in Basel)[52] und der siebenarmige Leuchter aus der Augustinerchorherrenkirche in Klosterneuburg in Österreich.[53] Es sind einmal mehr die durchbrochenen Schmuckformen des Klosterneuburger Leuchters, insbesondere die gravierten, parallel verlaufenden oder sich überschneidenden Zickzackbänder und die breiten Rankenblätter, die sich mit den Portalen von San Zeno vergleichen lassen (Abb. 18). Den Leuchter stiftete möglicherweise Markgraf Leopold III. († 1136), der die 1114–1136 neu erbaute Stiftskirche von Klosterneuburg reich beschenkte.[54] Diese Zuweisung liefert einen wichtigen Hinweis für die Datierung der zweiten Werkstätte von San Zeno ins beginnende 12. Jahrhundert. So wichtig der Klosterneuburger Leuchter für die Datierung ist, so bedeutend ist die kniende Frauenfigur aus Basel für die Werkstattzuweisung. Sie trägt die Inschrift STEF[A]N[U]S LAGER[ENSIS] ME FECIT. Valle Lagarina heisst das Südtiroler Etschtal unterhalb von Trento. Hier ist also die Herkunft eines Kunsthandwerkers aus der Umgebung Veronas bezeugt und damit die These einer Gusswerkstätte in Verona bekräftigt. In dieses Bild fügt sich auch die Verbreitung der meisten Fundorte von Bronzen, die der Veroneser Werkstätte zuzuweisen sind, nämlich Verona, Klosterneuburg, Meran, Bré und Müstair.

19   Bronzener Kreuzfuss. Niedersachsen, erste Hälfte 12. Jahrhundert. Höhe 15 cm. Bargello, Florenz.

20   Bronzener Kreuzfuss. Niedersachsen, zweite Hälfte 12. Jahrhundert. Höhe 15,1 cm. Ungarisches Nationalmuseum, Budapest.

Niedersächsische Bronzegeräte des 12. Jahrhunderts

Durchbrochene Knäufe begegnen uns nicht nur an der Müstairer Glocke, sondern auch an zahlreichen bronzenen Kreuz- und Leuchterfüssen, die in der Regel dem niedersächsischen Kunsthandwerk des 12. Jahrhunderts zugewiesen werden.[55] Das niedersächsische Bronzehandwerk mit seinem typischen Rankenstil hatte unter anderem Zentren in Hildesheim und Magdeburg.[56] Mit Roger von Helmarshausen, der wahrscheinlich identisch ist mit Theophilus Presbyter, kennen wir zufälligerweise den herausragenden Vertreter des niedersächsischen Kunsthandwerks namentlich. Der um 1100 wirkende Priestermönch Roger arbeitete nicht nur in Helmarshausen bei Paderborn, sondern auch in Köln und Stablo. Er ist somit einer der wenigen hochmittelalterlichen Künstler, deren Lebensgeschichte und Wirkungskreis wir kennen.[57]

Gerade die Proportion der Standbeine der Leuchter- oder Kreuzfüsse im Verhältnis zum Knauf erinnert an die Müstairer Glocke mit ihrem abschliessenden Knauf. Zum Vergleich seien nur drei Beispiele niedersächsischer Bronzearbeiten genannt, zumal der romanische Bronzeguss in Deutschland schon verschiedentlich eingehend behandelt worden ist.[58] Ein Kreuzfuss aus Florenz besitzt wie die Müstairer Glocke einen durchbrochenen, jedoch mit Ranken verzierten Knauf (Abb. 19). Der untere Teil des Kreuzständers enthält einige zoomorphe Darstellungen und recht lebendig wirkende, vegetabile Rankenornamente. Das unterscheidet ihn von der geometrischen, flächigen Ornamentik der Stücke, die der Veroneser Werkstätte zugewiesen werden. Stilistisch wird der Florentiner Kreuzfuss in die erste

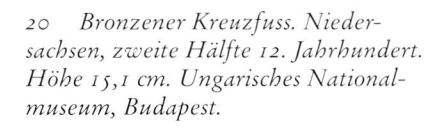

Hälfte des 12. Jahrhunderts datiert und dem niedersächsischen Kunsthandwerk zugewiesen.[59] Als zweites Beispiel sei ein Kreuzfuss aus Budapest mit durchbrochenem Knauf genannt (Abb. 20). Auch hier sitzt über dem Unterbau des Ständers ein durchbrochener Knauf mit Rankenmuster. Die Ornamentik dieses Kreuzfusses ist wie diejenige des Florentiner Stückes reich an zoomorphen und vegetabilen Formen. Der Budapester Kreuzfuss wird deshalb auch der niedersächsischen Schule – allerdings der zweiten Hälfte des 12. Jahrhunderts – zugewiesen.[60]

Eine weitere Bronzearbeit des niedersächsischen Kunsthandwerkes aus der ersten Hälfte des 12. Jahrhunderts ist ein Kreuzfuss im Churer Domschatz. Er trägt viele figürliche Darstellungen und vegetabile Ornamente und weist eine relativ geringe Gussqualität auf (Abb. 21). Gemäss der Inschrift fertigte ihn Azzo für den Praepositus Norbertus an (NORTPERTVS DEI GRATIA PRAEPOSITVS HOC IMPETRAVIT OPVS AZZO ARTIFEX). Norbert ist nicht mit dem Churer Bischof Norbert (1079–1088) zu identifizieren, der in Müstair residierte, sondern mit dem hl. Norbert von Xanten. Norbert von Xanten († 1134) war der Gründer des Prämonstratenserordens und Erzbischof von Magdeburg. Azzo hiess einer der ersten Mönche des 1131 von Norbert gegründeten Prämonstratenserklosters Gottesgnaden in der Altmark.[61] Norbert könnte den Kreuzfuss – natürlich zusammen mit dem nicht mehr erhaltenen Kreuz – anlässlich seines Italienzuges mit König Lothar von Süpplingenburg im Jahre 1132 dem Churer Bischof übergeben haben.[62] Von 1123 bis 1144 sass der reichstreue Konrad I. von Biberegg auf dem Stuhl des hl. Luzius in Chur. In diesen Zusammenhang passt, dass wahrscheinlich derselbe Bischof das Kloster St. Luzi in Chur an die Prämonstratenser übertragen hat.[63] Mönche aus dem Kloster Roggenburg in Bayern, aus dessen Stifterfamilie Konrad I. von Biberegg stammte, kamen gemäss einer ins 16. Jahrhundert zurückreichenden Tradition damals nach Chur. Es war möglicherweise auch Konrad I. von Biberegg, der die Neugründung Müstairs als Benediktinerinnenkloster veranlasste (s. unten).[64]

21 Bronzener Kreuzfuss. Niedersachsen/Sachsen, vor 1132 (?). Höhe 21,4 cm. Domschatz, Chur.

Der Vergleich verschiedener Bronzen des 12. Jahrhunderts zeigt, dass sich die Arbeiten aus dem Umfeld der Veroneser Bronzetüren zwar anhand stilistischer Eigenheiten vom niedersächsischen Kunsthandwerk abgrenzen lassen. In der Gesamtproportion und der durchbrochenen Ornamentik sind aber auch Beziehungen zwischen der Müstairer Glocke und den sächsischen Kreuzfüssen feststellbar, obwohl die Müstairer Glocke den älteren Bronzen des Portals in Verona am nächsten steht. Die Veroneser Werkstätte selbst war freilich auch beeinflusst vom niedersächsischen Bronzeguss in Hildesheim oder Magdeburg, denn die Bronzegiesser und Bildhauer der ersten Werkstätte der Portale von San Zeno waren sehr wahrscheinlich aus dem Norden eingewandert.[65]

Überlegungen zur Epigraphik

Die Glockeninschrift befindet sich weit oben, auf der Platte oder Haube der Glocke, was uns nur bei mittelalterlichen Glocken manchmal begegnet.[66] Eine ähnliche, im Kreis laufende Inschrift, deren Anfang beziehungsweise Ende mit einem kleinen, griechischen Kreuz markiert ist, trägt das so genannte Modoalduskreuz. Dieses Bronzekreuz wurde nach 1107 in Helmarshausen vielleicht von Roger selbst angefertigt.[67] Die Inschrift läuft um die zentrale, runde Platte, in der sich die Balken des Kreuzes vereinen. Das griechische Anfangskreuz steht oben in der Mitte.

Weite Abstände zwischen den Kapitalen, die alle Sporen und eine annähernd gleichbleibende Strichstärke aufweisen, charakterisieren die Müstairer Glockeninschrift (Abb. 3, 6). Typisch sind das A mit geknicktem Balken, das leicht nach rechts geneigte S und das M, dessen Mittelteil nicht bis auf die untere Zeilenlinie reicht. Die regelmässige Schrift kennt keine Doppelformen. Beachtenswert ist das Fehlen von Unzialen und Verschränkungen, Ligaturen, Enklaven oder Abkürzungen. Die Inschrift scheint ein klassisches Schriftbild vermitteln zu wollen und passt gut ins frühe 12. Jahrhundert.

Obwohl die datierten Inschriften des 12. Jahrhunderts recht zahlreich sind, gibt es nur wenige edierte Inschriften auf Metallobjekten. Deshalb lassen sich lediglich allgemeine Tendenzen in der Entwicklung des Schriftbildes feststellen, die Rudolf Michael Kloos folgendermassen beschreibt: „Der enggedrängte, ligaturen- und enklavenreiche Stil des 11. Jahrhunderts löst sich […] in Westdeutschland etwa mit dem Beginn der Salierzeit allmählich auf. Nunmehr setzt sich eine Stilrichtung durch, die mit breit laufender Schrift und zahlreichen Unzialformen bis gegen die Mitte des 12. Jahrhunderts zu verfolgen ist. Die Buchstaben selbst werden wieder breiter, die Zwischenräume grösser, die Ligaturen und Enklaven geringer an Zahl. […] Alle diese Veränderungen dienen einem deutlichen Streben nach grösserer Klarheit und Ausgewogenheit. […] Man darf jedoch nicht vergessen, dass neben dieser […] Entwicklung immer noch – bis zu Beginn des 13. Jahrhunderts – einzelne Inschriften stehen, die […] reine Kapitalformen anwenden. […] Überhaupt scheint sich in Süddeutschland der romanische Stil sehr viel länger gehalten zu haben als etwa im Rheinland."[68]

Ein schönes Beispiel für Inschriften, die reine Kapitalformen anwenden und weite Abstände zwischen den regelmässigen Lettern aufweisen, ist auf den Stuckgrabplatten der Äbtissinnen in der Stiftskirche von Quedlinburg zu finden (Abb. 22).[69] Die Grabplatten sind alle zusammen kurz vor der Weihe des Neubaus der Kirche im Jahre 1129 angefertigt worden. Mit Ausnahme der Datums- und Namenszeile gibt es nur selten Abkürzungen oder Kontraktionen. Die einzigen unzialen Lettern sind das Q und das E in Doppelform. Das A hat bisweilen einen geknickten Balken. Weitere Beispiele dieses Schrifttyps gibt es auch im näheren Umfeld Müstairs: die gemalten Weiheinschriften von 1087 in der Mittel- und Nordapsis der Klosterkirche von Müstair und die Inschrift am Churer Kreuzfuss.[70]

22 Stuckgrabplatte. Grab der 1095 verstorbenen Quedlinburger Äbtissin Adelheid II. Die Grabplatte wurde um 1129 anlässlich eines Neubaus der Stiftskirche angefertigt. Länge 214 cm. Zeichnung um 1875. Die Inschrift lautet:
III · IDVS · JAN[UARII] · HATELH[EID] · ABBA[TISSA] · OBI[IT]+ HOMO · SICVT FENVM · DIES · EIVS · TAMQVAM · FLOS · AGRI · SIC · EFFLOREBIT +.

Der historische Rahmen

Die Glocke ist laut Inschrift für ein Frauenkloster, wahrscheinlich für St. Johann in Müstair, als Auftragsarbeit hergestellt worden. Müstair wird erst 1157 explizit als Frauenkloster erwähnt, und zwar nach einer abgeschlossenen Reform unter dem später heilig gesprochenen Bischof Adalgott, einem Schüler Bernhards von Clairvaux.[71] Elisabeth Meyer-Marthaler vermutet, dass sich eine Weiheinschrift von 1087 auf die Neugründung Müstairs als Benediktinerinnenkloster unter Bischof Norbert bezieht. Aus dieser Inschrift geht allerdings nicht hervor, ob Müstair damals bereits ein Frauen- oder noch ein Männerkloster war. Sofern die Glocke tatsächlich eigens für Müstair hergestellt wurde, entstand sie jedenfalls frühestens im späten 11. Jahrhundert. Pater Iso Müller hält es aber für wahrscheinlich, dass erst Bischof Konrad I. von Biberegg um 1130 Müstair als Frauenkloster neu gegründet hat. Vor allem der kunsthistorische Vergleich zwingt uns auch zu einer Datierung der Glocke ins erste Drittel des 12. Jahrhunderts. Wenn Iso Müllers Datierungsvorschlag zutrifft, dürfte die Glocke daher zur Neugründung Müstairs als Frauenkloster hergestellt worden sein und könnte eine Gabe Bischof Konrads I. von Biberegg oder eines lokalen Adeligen sein. Konrad I. von Biberegg war ja jener Bischof, der vermutlich 1132 den

Churer Kreuzfuss vom hl. Norbert von Xanten erhalten und St. Luzi in Chur dem Orden des hl. Norbert übertragen hatte.

Die Müstairer Glocke stellt ein einzigartiges Zeugnis der hochmittelalterlichen, klösterlichen Kultur dar. Sie gewährt uns sowohl einen Blick auf das romanische Bronzehandwerk als auch auf die Organisation des Alltages in der Frühzeit des Benediktinerinnenklosters Müstair, und sie ist ein Kunstwerk, das sich neben verschiedene bekannte, spätromanische Bronzegeräte stellen lässt. Es zeigt sich auch hier, dass das an mehreren Alpenübergängen gelegene Kloster Müstair Beziehungen nach Deutschland und nach Oberitalien unterhielt.

Anmerkungen

[1] HANS RUDOLF COURVOISIER, HANS RUDOLF SENNHAUSER, Die Klosterbauten – eine Übersicht, in: Müstair, Kloster St. Johann, Bd. 1: Zur Klosteranlage, Vorklösterliche Befunde. 25 Jahre Untersuchungen im Benediktinerinnenkloster 1969 bis 1994, Zürich 1996 (Veröffentlichungen des Instituts für Denkmalpflege an der ETH Zürich, 16.1), S. 15–65, hier S. 38. – ADRIANO BOSCHETTI-MARADI, Die Residenz- und Wirtschaftsbauten im Oberen Garten. Teilauswertung der Grabungen 1990–1995 (in diesem Band). – Für Hinweise danke ich Hermann Dannheimer, Hans Drescher, Walter Fasnacht, Heinrich Feichtinger, Jürg Goll, Johannes Grassmayr, Clemens Kosch, Pascal Ladner, Josmar Lengler, Hans Rudolf Sennhauser und Peter Zollinger und vor allem Tünde Boschetti-Maradi.

[2] Fund-Nummer der Glocke: M94/15'810. Positions-Nummer der Fundschicht: Brandschutt P344 bzw. Abbruchschutt P47.

[3] Die Kopien sind auch nur ca. 2 kg statt ca. 2,1 kg schwer.

[4] Der Klang romanischer Glocken wird allgemein als schlecht eingestuft. – HANS DRESCHER, Glockenfunde aus Haithabu, in: KURT SCHIETZEL (Hrsg.), Ausgrabungen in Haithabu 19, Neumünster 1984, S. 9–62, hier S. 28.

[5] HEINRICH OTTE, Zur Glockenkunde. Nachgelassenes Bruchstück, Halle 1891. – HANS DRESCHER, Glocken und Glockenguss im 11. und 12. Jahrhundert, in: Das Reich der Salier 1024–1125 (Ausstellungskatalog), Sigmaringen 1992, S. 405–419, hier S. 417.

[6] Technik des Kunsthandwerkes im zwölften Jahrhundert. Des Theophilus Presbyter Diversarum artium schedula, in der Auswahl übers. und erl. von WILHELM THEOBALD, Reprint der Ausgabe Düsseldorf 1953², Düsseldorf 1984, S. 153 (III/84).

[7] Ein identischer Vers ist mir nicht bekannt. Die Wendung *pia turba sororum* ist jedoch mehrfach belegt, meines Wissens zum ersten Mal in einem Gedicht von Ennodius (Magnus Felix Ennodius, Opera, ed. FRIEDRICH VOGEL, Berlin 1885 [Monumenta Germaniae historica. Auctorum antiquissimorum, 7], S. 170; Nummer 213, carmen 1,2, 4. Vers). Magnus Felix Ennodius (* 473/474, † 521) lebte in Arles und Mailand und war Bischof von Pavia. Seine Werke wurden seit dem 9. Jahrhundert in Lorsch und Bobbio überliefert.

[8] PAUL KLOPSCH, Einführung in die mittelalterliche Verslehre, Darmstadt 1972, S. 42–49. – CLEMENS M. BAYER, Zur Entwicklung des Reimes in lateinischen metrischen Inschriften vom Ende des 8. bis zur Mitte des 13. Jahrhunderts, in: EWALD KÖNSGEN (Hrsg.), Arbor amoena comis, Stuttgart 1990, S. 113–132.

[9] KARL WALTER, Glockenkunde, Regensburg 1913, S. 160.

[10] Technik des Kunsthandwerkes (wie Anm. 6). Wolfgang von Stromer ist der Herausgeber des Reprints von 1984.

[11] Z.B. WALTER (wie Anm. 9), S. 92–147.

[12] DRESCHER 1992 (wie Anm. 5), S. 406.

[13] Eine ausführliche Darstellung zum Glockenguss nach Theophilus in DRESCHER 1984 und 1992 (wie Anm. 4 und 5).

[14] Vgl. den Beitrag von WALTER FASNACHT in diesem Band.

[15] Peter Zollinger brachte bei den Kopien der Glocke den Einguss unten am Schlagring an, da er beim Guss von oben den Dorn nicht hätte herstellen können. Er wollte ja möglichst originalgetreue Kopien herstellen. P. Zollinger geht allerdings auch davon aus, dass sich der Anguss des Originals einst oben befand.

[16] GERHARD DOHRN-VAN ROSSUM, Die Geschichte der Stunde. Uhren und moderne Zeitordnung, München 1992, S. 43 und S. 58–65.

[17] ALBERT SCHMIDT, Geschichte und Symbolik der Glocken, in: Glocken in Geschichte und Gegenwart. Beiträge zur Glockenkunde, Karlsruhe 1986, S. 11–20.

[18] Die Benediktusregel, lateinisch-deutsch, hrsg. von BASILIUS STEIDLE, Beuron 1980.

[19] Amalarus Episcopus, Opera liturgica omnia, hrsg. von JOHANNES MICHAEL HANSSENS, Vatikan 1948, S. 257–260.

[20] Consuetudines Floriacensis antiquiores, hrsg. von ANSELME DAVRIL und LINUS DONNET, in: KASSIUS HALLINGER (Hrsg.), Corpus consuetudinum monasticum VII/3. Consuetudinum saeculi X/XI/XII. Monumenta non-cluniacensia, Siegburg 1984, S. 3–60, hier S. 39.

[21] Redactio Fuldensis-Trevirensis, hrsg. von MARIA WEGENER und CANDIDA ELVERT, in: HALLINGER (wie Anm. 20), S. 260–322, hier S. 274–283.

[22] Redactio sancti Emmerammi, dicta Einsidlensis, hrsg. von MARIA WEGENER und CANDIDA ELVERT, in: KASSIUS HALLINGER (Hrsg.), Corpus consuetudinum monasticum VII/3. Consuetudinum saeculi X/XI/XII. Monumenta non-cluniacensia, Siegburg 1984, S. 187–256, hier S. 197 und 254.

[23] Redactio Helmstadiana-Fuldensis, hrsg. von MARIA WEGENER und CANDIDA ELVERT, in: KASSIUS HALLINGER (Hrsg.), Corpus consuetudinum monasticum VII/3. Consuetudinum saeculi X/XI/XII. Monumenta non-cluniacensia, Siegburg 1984, S. 323–364, hier S. 357.

[24] Redactio Fuldensis-Trevirensis (wie Anm. 21), S. 264.

[25] Consuetudines Floriacensis antiquiores (wie Anm. 20), S. 38.

[26] Redactio sancti Emmerammi, dicta Einsidlensis (wie Anm. 22), S. 216 und 238–241. – Redactio Fuldensis-Trevirensis (wie Anm. 21), S. 287. – Redactio Helmstadiana-Fuldensis (wie Anm. 23), S. 337. – Redactio Virdunensis, hrsg. von MARIA WEGENER und KASSIUS HALLINGER, in: KASSIUS HALLINGER (Hrsg.), Corpus consuetudinum monasticum VII/3. Consuetudinum saeculi X/XI/XII. Monumenta non-cluniacensia, Siegburg 1984, S. 375–426, hier S. 391.

[27] Durandus von Mende, Rationale Divinorum Officiorum, hrsg. von V. D'AVINO, Neapel 1859, S. 34.

[28] JOACHIM ANGERER, Klösterliches Musikleben unter besonderer Berücksichtigung der Einflüsse der Melker Reform, in: Klösterliche Sachkultur des Spätmittelalters, Wien 1980 (Veröffentlichungen des Institutes für mittelalterliche Realienkunde Österreichs, 3), S. 293–295.

[29] Henri Leclercq, Cloche/Clochette, in: FERNAND CABROL, HENRI LECLERQ (Hrsg.), Dictionnaire d'archéologie chrétienne et de liturgie, Bd. 3/2, Paris 1914, Sp. 1970–1976.

[30] EDM. POTTIER, Cymbalum, in: CH. DAREMBERG, EDM. SAGLIO (Hrsg.), Dictionnaire des Antiquités Grecques et Romaines, Bd. I/2, Paris 1873, S. 1697. – E. ESPERANDIEU, Tintinnabulum, in: EDM. SAGLIO (Hrsg.), Dictionnaire des Antiquités Grecques et Romaines, Bd. 5, Paris 1929, S. 341–344. – WOJCIECH NOWAKOWSKI, Metallglocken aus der römischen Kaiserzeit im europäischen Barbaricum, in: Archaeologia Polona 27, 1988, S. 69–146. – STEFANIE MARTIN-KILCHER, Eine Glocke mit Votivinschrift an Deus Mercurius aus Aventicum, in: Bulletin de l'Association Pro Aventico 42, 2000, S. 135-142.

[31] HERMANN DANNHEIMER, Führer durch die Ausstellung Frühe Holzkirchen aus Bayern, München 1984 (Prähistorische Staatssammlung München. Kleine Ausstellungsführer, 3), S. 11–12 und S. 26–30. – HERMANN DANNHEIMER, Frühe eiserne Kirchenglocken aus Altbaiern, in: Schönere Heimat. Erbe und Auftrag 91, 2002, S. 149–154.

[32] WILFRIED MENGHIN, Frühgeschichte Bayerns, Stuttgart 1990, S. 83–84. – ROBERT REISS, Reiter, Pferd und Glocke im Spiegel frühmittelalterlicher Grabfunde, in: Acta Praehistorica et Archaeologica 25, 1993, S. 272–288. – ROBERT REISS, Der merowingerzeitliche Reihengräberfriedhof von Westheim (Kreis Weissenburg-Gunzenhausen), Nürnberg 1994 (Wissenschaftliche Beibände zum Anzeiger des germanischen Nationalmuseums, 10), S. 35–39.

[33] Zu frühmittelalterlichen Glockenfunden und Pferdegräbern vgl.: REISS 1993 (wie Anm 32). – JUDITH OEXLE, Studien zum merowingerzeitlichen Pferdegeschirr am Beispiel der Trensen, Mainz 1992 (Germanische Denkmäler der Völkerwanderungszeit Serie A, 16).

[34] JOACHIM HENNIG, Zur Datierung von Werkzeug- und Agrargerätefunden im germanischen Landnahmegebiet zwischen Rhein und oberer Donau. Der Hortfund von Osterburken, in: Jahrbuch des Römisch-Germanischen Zentralmuseums 32, 1985, S. 583–584.

[35] PETER PAULSEN, Alamannische Adelsgräber von Niederstotzingen, Stuttgart 1967 (Veröffentlichungen des staatlichen Amtes für Denkmalpflege Stuttgart, Reihe A, 12/I). – Reiss deutet die Niederstotzinger Glocke aufgrund des Sattelzeuges, das neben der Glocke lag, als Pferdeglocke: REISS 1993 (wie Anm. 32), S. 273–274.

[36] GERHARD FINGERLIN, Grab einer adligen Frau aus Güttingen, Freiburg 1964 (Badische Fundberichte, Sonderheft, 4).

[37] JOHANNES DUFT, Frühes Christentum in Brigantium, in: Das römische Brigantium, Bregenz 1985 (Ausstellungskatalog des Vorarlberger Landesmuseums, 124), S. 101–126. – DANNHEIMER (wie Anm. 31, S. 152–153.)

[38] Sonnailles, cloches et Campaniles (Ausstellungskatalog), Sénanque 1983. – Vgl. auch die Schlagglocke vom Baarer Tor in Zug, gegossen 1729 (Museum Burg Zug).

[39] DOHRN-VAN ROSSUM (wie Anm. 16), S. 44–45.

[40] SCHMIDT (wie Anm. 17). – DRESCHER (wie Anm. 4), S. 10.

[41] LANFRANCO FRANZONI, Fonditori di campane a Verona dal XI al XX secolo (Ausstellungskatalog), Verona 1979, S. 18–20.

[42] FILIPPA M. ALBERTI GAUDIOSO, FABRIZIO PIERTOPOLI, Dendrochronologia dei supporti lignei e analisi dei materiali della porta bronzea di S. Zeno a Verona, in: SALVATORINO SALOMI (Hrsg.), Le porte di bronzo dall'antichità al secolo XIII, Rom 1987, S. 421–429.

[43] PETER BLOCH, Die Türflügel von St. Maria im Kapitol, Mönchengladbach 1959 (Kleine Bücher Rheinischer Kunst). – HANS ERICH KUBACH, ALBERT VERBEEK, Romanische Baukunst an Rhein und Maas. Katalog der vorro-

manischen und romanischen Denkmäler, Bd. 1, Berlin 1976, S. 557-568.

⁴⁴ ALBERT BOECKLER, Die Bronzetür von San Zeno, Marburg 1931 (Die frühmittelalterlichen Bronzetüren, 3). – URSULA MENDE, ALBERT HIRMER, IRMGARD HIRMER, Die Bronzetüren des Mittelalters, München 1983, S. 57–73. – FULVIO ZULIANI, La porta bronzea di S. Zeno a Verona, in: SALVATORINO SALOMI (Hrsg.), Le porte di bronzo dall' antichità al secolo XIII, Rom 1987, S. 407-420. Zu einer Datierung ins 11. Jahrhundert neigt: MECHTHILD SCHULZE-DÖRRLAMM, Die Bronzetüren von San Zeno in Verona – Kunstwerke der Karolingerzeit?, in: Jahrbuch des Römisch-Germanischen Zentralmuseums 33, 1986, Teil 2, S. 807–809.

⁴⁵ MENDE, HIRMER, HIRMER (wie Anm. 44), S. 60. – HANS DRESCHER, Zur Giesstechnik des Braunschweiger Burglöwen, in: GERD SPIES (Hrsg.), Der Braunschweiger Löwe, Braunschweig 1985, S. 289–428, hier S. 350. – URSULA MENDE, Zur Topographie sächsischer Bronzewerkstätten im welfischen Einflussbereich, in: JOCHEN LUCKHARDT, FRANZ NIEHOFF (Hrsg.), Heinrich der Löwe und seine Zeit (Ausstellungskatalog), Bd. 2, Braunschweig 1995, S. 427–439. – GEORG WACHA, Mittelalterliche Giesser und Gussstätten in Österreich, in: Beiträge zur Mittelalterarchäologie in Österreich 13, 1997, S. 127–149.

⁴⁶ MASSIMO LEONI, Studio metallografico della porta bronzea della basilica di S. Zeno in Verona, in: SALVATORINO SALOMI (Hrsg.), Le porte di bronzo dall'antichità al secolo XIII, Rom 1987, S. 431–435.

⁴⁷ Vgl. den Beitrag von WALTER FASNACHT in diesem Band.

⁴⁸ MECHTHILD SCHULZE-DÖRRLAMM, Reliquiar. Koblenz (Rheinland-Pfalz), in: Das Reich der Salier 1024-1125 (Ausstellungskatalog), Sigmaringen 1992, S. 397. Gegen eine Zuweisung des Reliquiars zur Veroneser Werkstätte argumentiert: URSULA MENDE, Reliquienschrein (?), in: JOCHEN LUCKHARDT, FRANZ NIEHOFF (Hrsg.), Heinrich der Löwe und seine Zeit (Ausstellungskatalog), Bd. 1, Braunschweig 1995, S. 140–143.

⁴⁹ Die Zuweisung des Aquamaniles zur Veroneser Werkstätte ist umstritten. URSULA MENDE, Kentauren-Aquamanile, in: JOCHEN LUCKHARDT, FRANZ NIEHOFF (Hrsg.), Heinrich der Löwe und seine Zeit (Ausstellungskatalog), Bd. 1, Braunschweig 1995, S. 142–143.

⁵⁰ Zu den drei Kreuzen: PETER BLOCH, Siebenarmige Leuchter in christlichen Kirchen, in: Wallraf-Richartz-Jahrbuch 23, 1961, S. 55–190.

⁵¹ MARTINA PIPPAL, Püsterich, in: ANTON LEGNER (Hrsg.), Ornamenta ecclesiae. Kunst und Künstler der Romanik (Ausstellungskatalog), Bd. 1, Köln 1985, S. 114–116.

⁵² BOECKLER (wie Anm. 44), Abb. 3. – MENDE, HIRMER, HIRMER (wie Anm. 44), S. 62.

⁵³ Zum Klosterneuburger Leuchter: BLOCH (wie Anm. 49). – PETER BLOCH, Der siebenarmige Leuchter in Klosterneuburg, in: Jahrbuch des Stiftes Klosterneuburg, Neue Folge 2, 1962, S. 163–173.

⁵⁴ MENDE, HIRMER, HIRMER (wie Anm. 44), S. 62.

⁵⁵ OTTO VON FALKE, ERICH MEYER, Romanische Leuchter und Gefässe. Giessgefässe der Gotik, Berlin 1935 (Bronzegeräte des Mittelalters, 1). – PETER SPRINGER, Kreuzfüsse. Ikonographie und Typologie eines hochmittelalterlichen Gerätes, Berlin 1981 (Bronzegeräte des Mittelalters, 3).

⁵⁶ Neben Niedersachsen gelten das Maasgebiet und Lothringen als Zentren des hochmittelalterlichen Bronzegusses. MENDE (wie Anm. 45).

⁵⁷ ECKHARD FRIESE, Zur Person des Theophilus und seiner monastischen Umwelt, in: ANTON LEGNER (Hrsg.), Ornamenta ecclesiae. Kunst und Künstler der Romanik (Ausstellungskatalog), Bd. 1, Köln 1985, S. 357–384.

⁵⁸ U.a.: SPRINGER (wie Anm. 55). – DRESCHER (wie Anm. 5). – MENDE (Anm 45).

⁵⁹ SPRINGER (wie Anm. 55), S. 104–106 (Katalog-Nr. 14).

⁶⁰ SPRINGER (wie Anm. 55), S. 159–160 (Katalog-Nr. 34).

⁶¹ ANTON LEGNER, ALBERT HIRMER, IRMGARD HIRMER, Deutsche Kunst der Romanik, München 1982, S. 75. – MARINA BERNASCONI REUSSER, Le iscrizioni dei cantoni Ticino e Grigioni fino al 1300, Freiburg 1997 (Corpus Inscriptionum Medii Aevi Helvetiae, 5), S. 74–77. – M. Bernasconi Reusser vermutet hinter dem Namen NORTPERTVS den Churer Bischof.

⁶² Für den Italienzug von 1132, als Norbert von Xanten König Lothar begleitete, sind nur Augsburg, die vallis Tridentina und der Gardasee als Etappenorte bezeugt (WILFRIED MARCEL GRAUWEN, Norbert, Erzbischof von Magdeburg (1126–1134), Duisburg 1986², S. 360–361). Es ist also möglich, dass der König und sein Gefolge über den Reschenpass oder wenigstens durch Meran und somit durch das Bistum Chur reisten. Dadurch wird ein Treffen des Churer Bischofs mit Norbert von Xanten theoretisch möglich.

⁶³ 1149 erste Erwähnung: URS CLAVADETSCHER, Mittelalter, in: Churer Stadtgeschichte, Bd. 1: Von den Anfängen bis zur Mitte des 17. Jahrhunderts, Chur 1993, S. 225.

⁶⁴ URBAN AFFENTRANGER, Die Bischöfe von Chur in der Zeit von 1122 bis 1250, Salzburg 1975, S. 9–36.

⁶⁵ Z.B.: BLOCH (wie Anm. 50), S. 133. – SCHULZE-DÖRRLAMM (wie Anm. 44), S. 809. – MENDE (wie Anm. 45), S. 434–436.

⁶⁶ WALTER (wie Anm. 9), S. 150.

⁶⁷ ANTON VON EUW, Modoaldouskreuz, in: ANTON LEGNER (Hrsg.), Ornamenta ecclesiae. Kunst und Künstler der Romanik (Ausstellungskatalog), Bd. 1, Köln 1985, S. 462–466.

⁶⁸ RUDOLF MICHAEL KLOOS, Einführung in die Epigraphik des Mittelalters und der frühen Neuzeit, Darmstadt 1980, S. 124 und 128.

⁶⁹ KLAUS VOIGTLÄNDER, Die Stiftskirche St. Servatii zu Quedlinburg, Berlin 1989, S. 143–152.

⁷⁰ BERNASCONI REUSSER (wie Anm. 61), S. 69–77.

⁷¹ ISO MÜLLER, Geschichte des Klosters Müstair, Disentis 1978. – ELISABETH MEYER-MARTHALER, Müstair, in: Helvetia sacra 3: Die Orden mit Benediktinerregel, Bd. I/3, Bern 1986, S. 1882–1911. – JULIA HÖRMANN, Zur Geschichte des Benediktinerinnenklosters Müstair im Mittelalter, in: Calven 1499-1999. Vorträge der wissenschaftlichen Tagung im Rathaus Glurns vom 8. bis 11. September 1999 anlässlich des 500-Jahr-Gedenkens der Calvenschlacht, Bozen 2001, S. 45-64.

Abbildungsnachweis

1: Büro Sennhauser, Zurzach.
2–5: Rätisches Museum, Chur.
6; 9; 14: Adriano Boschetti-Maradi.
10: Prähistorische Staatssammlung, München.
11: Repro aus: Robert Reiss, Reiter, Pferd und Glocke im Spiegel frühmittelalterlicher Grabfunde, in: Acta Praehistorica et Archaeologica 25, 1993, Abb. 1.
12: Repro aus: Judith Oexle, Studien zum merowingerzeitlichen Pferdegeschirr am Beispiel der Trensen, Mainz 1992 (Germanische Denkmäler der Völkerwanderungszeit Serie A, 16), Taf. 43,2.
13: Vorarlberger Landesmuseum, Bregenz.
15: Repro aus: Albert Boeckler, Die Bronzetür von San Zeno, Marburg 1931 (Die frühmittelalterlichen Bronzetüren, 3), Taf. III/11.
16: Repro aus: Albert Boeckler, Die Bronzetür von San Zeno, Marburg 1931 (Die frühmittelalterlichen Bronzetüren, 3), Taf. III/9.
17: Schweizerisches Landesmuseum, Zürich.
18: Bundesdenkmalamt Wien.
19: Repro aus: Peter Springer, Kreuzfüsse. Ikonographie und Typologie eines hochmittelalterlichen Gerätes, Berlin 1981 (Bronzegeräte des Mittelalters, 3), K119.
20: Repro aus: Peter Springer, Kreuzfüsse. Ikonographie und Typologie eines hochmittelalterlichen Gerätes, Berlin 1981 (Bronzegeräte des Mittelalters, 3), K273.
21: Repro aus: Peter Springer, Kreuzfüsse. Ikonographie und Typologie eines hochmittelalterlichen Gerätes, Berlin 1981 (Bronzegeräte des Mittelalters, 3), K144.
22: Repro aus: Klaus Voigtländer, Die Stiftskirche St. Servatii zu Quedlinburg, Berlin 1989, Abb. 63.

Walter Fasnacht

Die archäometallurgischen Untersuchungen an Funden aus der Klosteranlage

1. Einleitung

Im Frühjahr 1997 erhielt der Autor von der Projektleitung in Müstair den Auftrag, die Metall- und Schlackenfunde aus dem Kloster Müstair zu sichten und ein Projekt zu deren metallurgischer Untersuchung vorzulegen. Zuvor hatte Marianne Senn Vorabklärungen betreffend möglicher Schlackenuntersuchungen getroffen. Als Partner für die erforderliche Analytik konnte die EMPA Dübendorf, Abt. 131, Anorganische Analytik/Feststoffcharakterisierung, gewonnen werden. Am 28. Mai 1997 wurden vor Ort gegen 50 Fundkomplexe mit Metallen und Schlacken ausgewählt und an die EMPA Dübendorf gebracht. Die Auswahl, fast ausschliesslich aus Abfallprodukten bestehend, erfolgte primär auf visueller Grundlage, das heisst, es sollten möglichst alle Zeugen aus irgendwelchen pyrotechnischen Prozessen erfasst werden. Selbstverständlich waren die Funde bereits archäologisch erfasst, beschrieben und zum Beispiel als Eisenschlacken, Buntmetallschlacken, Blech, Nägel, Buntmetallklümpchen etc. klassifiziert. Die effektive materialgerechte Charakterisierung stand jedoch für alle Kategorien noch aus.

Die erste Frage lautete demnach, welche Metalle insgesamt über die Jahrtausende ihren Weg in die Klosteranlage gefunden hatten. Ohne analytische Abklärungen konnten nur Eisenschmiedetätigkeit und Buntmetallguss eindeutig festgelegt werden. Für die Eisenmetallurgie stellte sich die Frage, ob nicht auch eine Verhüttungstätigkeit im Bereiche des Klosters stattgefunden hatte. Dies konnte aufgrund der ersten Schlackenbeurteilungen bald verneint werden.

Aufgrund von Vergleichen aus ähnlichen Fundstellen im In- und Ausland wurde vermutet, dass im Buntmetallbereich Zinnbronze, Glockenbronze, Messing, Blei und eventuell auch Silber verarbeitet worden waren.

1998 wurde im Plantaturm im Kloster Müstair eine Brandschuttschicht aus dem 10. Jahrhundert ausgegraben. Sie enthielt unverhältnismässig viele Bronzeabfälle wie Schmelzklümpchen, Schrott, Fragmente von Gefässen oder sogar Glockenfragmente. Die stark korrodierten Glocken- oder Gefässfragmente wurden zuerst konservatorisch behandelt, das heisst im Restaurierungslabor der damaligen Sektion Archäologie des Schweizerischen Landesmuseums gereinigt und anschliessend von Adriano Boschetti identifiziert und dokumentiert. Mit diesem Fundensemble bestand die Möglichkeit, in Müstair für das 10. Jahrhundert den Guss von Glocken oder Gefässen mit definierbarem Altmaterial zu belegen oder das Schmelzen einer in Betrieb stehenden Glocke infolge eines Kirchenbrands nachzuweisen.

Erste Resultate der optischen Begutachtung und Oberflächenanalysen zeigten, dass der Schwerpunkt der in Angriff genommenen Bearbeitung der Metallfunde von Müstair auf dem Thema Glockenbronze liegen würde. Dies war bei Beginn der metallurgischen Bearbeitung nicht voraussehbar, da an Befunden keine schlagende Evidenz des Glockengusses vorlag, wie sie sonst in der Schweiz oft im Zusammenhang mit Kirchen und Klöstern gefunden wurde. Inzwischen ist eine Grube jedoch klar als Glockengussgrube anzusprechen, und in ihr wurden sogar Bronzegussreste gefunden.

1 Typischer Fundkomplex metallischer Abfälle. Stark korrodierte Kupferlegierungen, deren effektive Zusammensetzung erst eine Materialanalyse erbringen kann.

2. Analytisches Vorgehen

Die Fundkomplexe wurden im eingebrachten Zustand photographiert (Abb. 1). In einem ersten analytischen Durchgang wurden 100 Metallproben ausgelesen und oberflächlich und zerstörungsfrei mittels Röntgenfluoreszenz-Spektrometrie (WD-XRF) qualitativ auf ihre Haupt- und Nebenelemente untersucht. Dabei stellte sich heraus, dass

1. keine Silberobjekte vorhanden sind;
2. nur sehr wenige Objekte Zink enhalten, also fast kein Messing vorhanden ist;
3. die wenigen Bleiobjekte aus relativ reinem Blei bestehen;
4. einige Objekte aus unlegiertem Kupfer bestehen;
5. einige Objekte eine Fahlerz-Zusammensetzung haben, das heisst überdurchschnittlich viel Arsen, Antimon und Silber als Verunreinigung enthalten;
6. in den Bronzegussabfällen grosse Unterschiede im Zinngehalt vorkommen;
7. der Grossteil der analysierten Buntmetalle aus hoch zinnhaltiger Bronze, sogenannter Glockenbronze (20–23% Zinnanteil) besteht;
8. Blei systematisch als Verunreinigung in den Bronzen auftritt.

In einem zweiten Schritt wurde von über 100 Metallproben, vor allem Gusstropfen, ein Stück von wenigen Millimetern abgesägt und dies für die mikroskopische Begutachtung zu Anschliffen präpariert. Metallographische Untersuchungen an Schliffbildern bestätigten die ersten qualitativen Analysen: über 80% der Metallanschliffe zeigten Bronzen mit hohem Zinngehalt.

Von einigen dieser hoch zinnhaltigen Bronzen wurden Untersuchungen mittels Rasterelektronenmikroskopie (REM) durchgeführt. Damit lässt sich das Gefüge des Metalls untersuchen. Die Materialqualität und die thermische und mechanische Geschichte des Metallstücks ist damit eruierbar. Letztlich kann auch beurteilt werden, wie gut der Handwerker sein Metier verstand.

Die analytische Hauptarbeit stellte die quantitative Bestimmung der Haupt-, Neben- und Spurenelemente dar. Entsprechend den verschiedenen Gruppen der optischen und qualitativen Untersuchungen wurden über 100 Proben für eine chemische Analyse ausgesucht. Zweck dieser Analysen der Elementgehalte bis auf einige Zehntelprozente ist die Einteilung der Metalle in klar definierte Gruppen. Diese Materialgruppen sollten dann mit der zeitlichen und räumlichen Verteilung der Metallfunde, das heisst der archäologischen Information, vernetzt werden. Damit kann evaluiert werden, welche spezifischen Kupfer-, Blei-, Bronze- und Messingmetalle zu welcher Zeit nach Müstair gelangt waren. Mittels regionsübergreifender Vergleiche sollte als Endziel die Herkunft der einzelnen Metalle bestimmt werden können. Dass dies nur andeutungsweise gelingen dürfte, stand fest, da in Europa mittelalterliche und neuzeitliche Fundinventare von Buntmetallen nur sehr zaghaft analysiert werden und keinen allgemein anerkannten Forschungsschwerpunkt darstellen, zumindest nicht im Vergleich zu den Anstrengungen für die Erforschung der prähistorischen Metalle.

Für die Werkstoffanalyse der Bronzeproben wurden meist Bohr- oder Frässpäne am blanken Sägeschnitt der Objekte entnommen. Wo dies nicht möglich war, wurde die Korrosion an der Entnahmestelle vollständig entfernt und direkt in das Objekt gebohrt. Tief ins Gefüge eingreifende Restkorrosion kann an den Resultaten abgelesen werden, da das Analysenprogramm auch typische Korrosionselemente wie Silizium, Aluminium, Kalium und Kalzium einschliesst. Auch die Resultate von stark korrodierten Metallen sind, wie sich zeigte, brauchbar, da Anreicherung oder Verlust von einzelnen Elementen die Einordnung in eine der nachstehenden Materialgruppen nicht bis zur Unkenntlichkeit verwischen.

Die Spanproben (10–100 mg) wurden mit Hilfe von verdünntem Königswasser gelöst (Salpetersäure (HNO_3) : Salzsäure (HCl) = 1:3, verdünnt 1:1 mit entionisiertem Wasser). Diese Lösungen wurden dann mittels Plasmaemissions-Spektrometrie (ICP-OES) analysiert. Für die Hauptelemente liegt die relative Standardabweichung bei ca. 2%, für die Spurenelemente bei ca. 10%.

Die Elemente Cadmium und Mangan wurden ebenfalls bestimmt, liessen sich aber nicht nachweisen (Nachweisgrenze 0.003 g/100 g).

Abschliessend wurden die Schlacken untersucht. Ihre metallurgisch korrekte Charakterisierung stellt im Vergleich zu den Metallen erhöhte Anforderungen. Eine rein äusserliche, optische Beurteilung führt nur in spezifischen Fällen, wie zum Beispiel bei Eisenschmiedeschlacken, zu eindeutigen Aussagen. Es wurden deshalb über 20 Anschliffe von Schlacken hergestellt. Die Resultate der Rasterelektronenmikroskopie werden in Kapitel 4 präsentiert.

3. Resultate der Metallanalysen

3.1 Einleitung

Von den über 100 analysierten Proben stammen 87 von Bronzen mit einem Zinngehalt von 16–25%. Solche Legierungen werden als Glockenbronze bezeichnet, auch wenn bekannt ist, dass im Mittelalter auch Bronzegefässe mit derart hohen Zinnwerten gegossen wurden. Die Analysendaten erlauben die Einteilung der Metallfunde in die gleichen Materialgruppen, wie sie mit Oberflächenanalysen definiert wurden. Innerhalb dieser Gruppen zeigen sich nun aber Einzelheiten, wie sie eine Oberflächenanalyse nie feststellen kann; und erst mit diesen Detailinformationen ist eine Vernetzung mit der chronotypologischen Basisarbeit der Archäologie möglich.

3.2 Übliche Zinnbronzen (Tabelle 1)

Probennr.	Ag	As	Bi	Co	Cr	Fe	Ni	P	Pb	S	Sb	Sn	Zn	Cu
M93-14775	0.08	0.21	<0.01	0.07	<0.01	0.59	0.14	0	0.19	0.38	0.38	2.97	0.01	93
M73-344	0.14	0.26	<0.01	<0.01	<0.01	0.04	0.04	0.01	2.08	0.03	0.2	4.04	0.01	83.2
M82-3360	0.12	0.49	0.07	<0.01	<0.01	0.02	0.04	0.01	1.27	0.06	0.86	8.33	0.01	83.7
M93-14966	0.12	0.06	<0.01	0.01	<0.01	0.04	0.05	0.01	2.63	0.03	0.13	11.1	0.07	83.9
M94/17147	0.06	0.07	0.01	0.00	0.02	0.16	0.04	0.01	1.45	0.16	0.12	5.91	0.08	76.44

Mit üblichen oder „normalen Zinnbronzen" werden hier Legierungen von Kupfer und Zinn mit einem Gehalt von 3–11% Zinn verstanden. Die Abgrenzung von den dominanten Hochzinnbronzen von Müstair ist insofern nicht willkürlich, als jene immer über 16% Zinn enthalten (Tabelle 4). Die Spannbreite von 3–11% Zinn entspricht der bekannten Variation in Bronzeobjekten, auch in prähistorischen. Es finden sich mühelos nahezu identische Datensätze in den über 1000 Analysen prähistorischer Objekte in der Schweiz, auch mit solch hohen Bleigehalten von bis zu 2.6%.[1] Es drängte sich deshalb auf, anhand der Fundkomplexe abzuklären, ob es sich vielleicht um prähistorische Bronzen handelt, die mit den bronzezeitlichen Siedlungsresten in Verbindung stehen könnten. Die Fundlage all dieser Objekte ist frühmittelalterlich und später, eine Umlagerung von prähistorischen Schichten ist jedoch denkbar.

Die Kupferkomponente in diesen Legierungen mit den Verunreinigungen Silber, Arsen, Bismut, Kobalt, Chrom, Eisen, Nickel, Antimon und Zink ist in zwei Gruppen unterteilbar: eine mit erhöhtem Antimon- und Arsenanteil und eine mit deutlich geringerem Anteil dieser Elemente. Festzuhalten ist, dass Antimon ausser bei einer Probe immer fast um den Faktor 2 höher liegt als Arsen. Dasselbe Phänomen findet sich auch bei den reinen Kupferproben; es zeichnet sich demnach ein einheitlicher Kupfertyp ab, der als antimondominant beschrieben werden kann und der nördlich der Alpen typisch ist für die Spätbronzezeit.[2]

3.3 Antimon-Zinn-Bronzen (Tabelle 2)

Probennr.	Ag	As	Bi	Co	Cr	Fe	Ni	P	Pb	S	Sb	Sn	Zn	Cu
M73-249	0.2	0.92	0.04	0.01	<0.01	0.11	0.27	0.02	5.76	0.16	5.59	6.92	0.31	76.3
M73/262-1a	0.198	0.89	0.03	0.017	0.006	0.184	0.305	0.037	4.75	0.128	5.17	5.69	0.34	75.3
M73/262-2	0.204	0.95	0.05	0.012	0.003	0.182	0.203	0.035	4.83	0.176	5.24	6.07	0.29	73.8
M73/262-4	0.164	0.78	0.04	0.015	0.001	0.146	0.277	0.033	7.88	0.156	4.27	5.91	0.35	74.3

Gemäss ihrem Zinn- und Bleigehalt müssten diese Metalle als „normale" Bronzen bezeichnet werden, sie haben jedoch mit über 5% einen sehr hohen Antimongehalt. Dies ist eine Eigenheit, welche auf Fremdmetall schliessen lässt, insofern sie auf die Fundkomplexe M73/262,1–4 und M73/249 beschränkt ist. Beim Komplex M73/262 handelt es sich um den Fuss und zwei Wandfragmente ein und desselben gegossenen Bronzegefässes (Dreifuss).

Dieses Objekt dürfte ebenfalls als Fertigprodukt nach Müstair gelangt sein. Die hoch antimonhaltige Gruppe ist nicht mit dem Reinkupfer und normalen Zinnbronzen korrelierbar: Antimon liegt mindestens um das Fünffache höher als Arsen, und auch die Bleiwerte liegen zu hoch. Interessanterweise taucht diese Antimonbronze jedoch überall im spätmittelalterlichen Europa auf,[3] analytisch klar umschrieben ist sie in England fassbar, wo dieses Metall (mit z.T. weit höherem Gehalt an Blei und Antimon als in Müstair) als vom Festland importiert interpretiert wird.[4]

Die vereinzelten hoch zinnhaltigen Bronzen (Kap. 3.5.) mit erhöhtem Antimongehalt können als Verschnitt dieser Gruppe angesehen werden. Dies legt ein lokales Umschmelzen der importierten Gefässfragmente und ein Neulegieren zu Objekten nach dem für Müstair spezifischen Standardrezept der Hochzinnbronzen nahe.

3.4 Reines Kupfer (Tabelle 3, Abb. 2)

Probennr.	Ag	As	Bi	Co	Cr	Fe	Ni	P	Pb	S	Sb	Sn	Zn	Cu
M93-15538	0.11	0.19	0.01	0.01	-	0.01	0.07	0.01	0.14	-	0.61	0.01	0.01	98.4
M86-6694	0.74	0.61	0.01	0.01	-	0.01	0.2	0.01	0.02	-	1.64	0.01	0.01	92.8
M76-1005	0.15	0.11	<0.01	<0.01	<0.01	0.27	0.03	0	0.06	0.00	0.14	0.02	<0.01	96.2
M93-14355	0.11	0.2	0.01	0.01	-	0.02	0.07	0.02	0.15	-	0.65	0.18	0.01	94.9
M77-1151	0.1	0.01	<0.01	<0.01	<0.01	0.03	0.02	0.02	0.07	0.00	0.03	0.26	<0.01	93.7
M86-7079	0.1	0.01	<0.01	<0.01	<0.01	0.02	0.15	0	1.86	0.00	0.02	<0.01	<0.01	96.3

2   *Schliffbild des Objektes M93-15538, fast reines Kupfer mit sulfidischen und oxidischen Einschlüssen. 100fache Vergrösserung.*

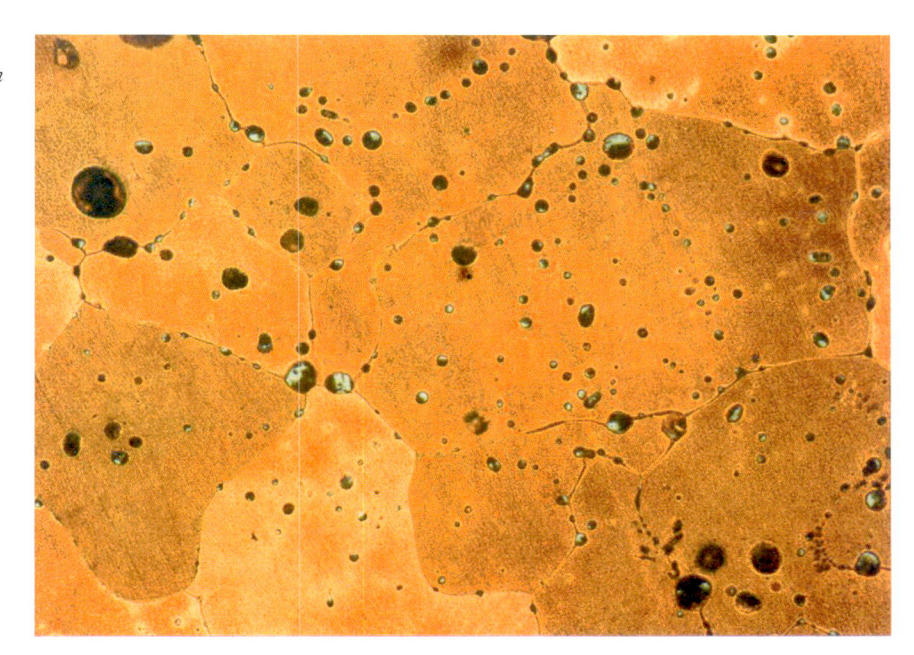

Nur sechs aller analysierten Proben beinhalten Zinn, Blei und Zink unter 0.3%, sind also unlegiertes, relativ reines Kupfer. Die Kupferproben belegen dieselben zwei Typen des Rohstoffes wie die Bronze und sind in den Kupferkomponenten der übrigen Materialgruppen der Buntmetalle von Müstair wiederzufinden. Auszunehmen sind hier M86-7079 mit fast 2% Blei und die Probe M86/6694 mit dem dreifachen Silbergehalt aller analysierten Proben (es liegt wahrscheinlich eine Verunreinigung durch Silberplattierung vor). Diese Daten von unlegiertem Kupfer sind am besten geeignet für die Suche nach dem Ursprungsgebiet des Rohstoffes. Diese gestaltet sich jedoch schwierig, da die umfangreichste Quelle von Kupfer- und Bronzeanalysen in der Urgeschichte beheimatet ist und diese Resultate nicht einfach übernommen werden dürfen, da nicht mit Abbaukontinuität über Jahrtausende in den gleichen Erzrevieren gerechnet werden kann.

3.5 Hoch zinnhaltige Bronzen (Tabelle 4, Abb. 3)

Probennr.	Ag	As	Bi	Co	Cr	Fe	Ni	P	Pb	S	Sb	Sn	Zn	Cu
M86-6374A	0.12	0.28	<0.01	0.01	<0.01	0.09	0.04	0.01	3.57	0.06	0.22	16.3	0.07	78.2
M93-14848A	0.27	0.1	<0.01	0.01	<0.01	0.05	0.05	0.01	4.26	0.02	0.2	16.4	0.32	77.9
M93-14905	0.05	0.22	0.01	0.01	<0.01	0.07	0.06	0.01	0.68	0.02	0.34	17.4	0.01	80.8
M93-14602	0.14	0.14	0.01	0.02	<0.01	0.34	0.05	0.01	8.32	0.14	0.13	18	0.28	71.8
M93-14917	0.04	0.32	0.02	0.01	<0.01	0.03	0.03	0.01	0.94	0.03	0.15	18.2	0.01	79
M88-8950	0.09	0.21	0.01	0.01	-	0.01	0.07	0.02	0.76	-	0.51	18.5	0.01	79.4
M93-14766	0.16	0.21	0.01	0.01	-	0.14	0.03	0.01	3.97	-	0.16	18.9	0.39	55.4
M77-1446	0.08	0.26	0.01	0.01	<0.01	0.03	0.03	0.01	5.92	0.04	0.17	18.9	0.05	73.5
M90-11043	0.02	0.23	<0.01	0.01	<0.01	0.35	0.02	0.01	7.36	0.21	0.06	19	0.04	71
M93-13255a	0.09	0.32	0.01	0.01	-	0.08	0.09	0.01	0.95	-	0.76	19.2	0.02	74.8
M93-14778A	0.02	0.23	<0.01	0.01	<0.01	0.35	0.02	0.01	8.51	0.11	0.06	19.2	0.04	69.4
M93-14779	0.02	0.23	<0.01	0.01	<0.01	0.39	0.02	0.01	8.4	0.11	0.06	19.2	0.04	70.1
M93-14837	0.14	0.11	0.01	0.01	-	0.09	0.05	0.01	6.07	-	0.14	19.4	0.25	71
M93-15420	0.13	0.33	0.01	0.01	-	0.15	0.04	0.01	6.6	-	0.37	19.5	0.01	69.2
M84-4555	0.1	0.32	0.02	0.01	0.01	0.09	0.13	0.01	1.15	0.02	1	19.5	0.02	77.5
M93-14778B	0.02	0.23	<0.01	0.01	<0.01	0.27	0.02	0.01	8.31	0.09	0.06	19.6	0.03	70.5
M93-14821	0.03	0.24	0.01	0.01	-	0.18	0.02	0.01	4.14	-	0.07	19.8	0.03	72.8
M84-4276	0.14	0.34	0.01	0.01	-	0.1	0.04	0.01	7.11	-	0.38	20.1	0.01	72.4
M73-345	0.07	0.16	0.01	0.01	-	0.21	0.04	0.01	0.87	-	0.16	20.1	0.03	75
M84-4305	0.17	0.34	0.01	0.01	<0.01	0.07	0.04	0.01	6.3	0.09	0.3	20.1	0.06	73.3
M85-5549	0.13	0.34	0.02	0.01	<0.01	0.06	0.13	0.02	1.05	0.06	1.12	20.1	0.01	73.3
M93-15420	0.14	0.34	0.01	0.01	<0.01	0.16	0.04	0.01	7.05	0.1	0.38	20.2	0.01	70.4
M81-2887	0.08	0.22	0.01	0.01	-	0.11	0.03	0.02	4.65	-	0.19	20.3	0.04	71.9
M9314938	0.03	0.25	0.01	0.01	-	0.44	0.02	0.03	4.73	-	0.07	20.3	0.01	66.8
M93-13855	0.11	0.45	0.01	0.03	-	0.1	0.06	0.01	5.6	-	0.95	21	0.01	69.1
M93-14681	0.11	0.13	<0.01	0.01	<0.01	0.23	0.04	0.01	4.26	0.09	0.19	21	0.17	73.3
M93-15577a	0.13	0.35	0.01	0.01	<0.01	0.05	0.13	0.01	1.33	0.03	1.05	21	0.01	75
M93-14681	0.12	0.14	0.01	0.01	-	0.28	0.04	0.02	4.29	-	0.2	21.3	0.18	74.9
M73-440A	0.07	0.06	<0.01	<0.01	<0.01	0.32	0.03	0.01	0.89	0.02	0.15	21.4	0.11	76.8
M93-15553	0.19	1.12	0.05	0.01	<0.01	0.05	0.15	0.01	1.41	0.07	2.73	21.7	0.01	71.5
M76-998	0.1	0.22	0.01	0.02	-	0.01	0.07	0.01	1.11	-	0.55	21.8	0.01	76.9
M93-14911	0.09	0.16	<0.01	0.01	<0.01	0.12	0.03	0.01	4.53	0.08	0.29	21.8	0.06	71.4
M75-939	0.07	0.06	<0.01	<0.01	<0.01	0.39	0.03	0.01	0.85	0.02	0.15	22.1	0.14	75.4
M86-6322	0.12	0.18	<0.01	<0.01	<0.01	0.1	0.04	0.01	4.54	0.07	0.29	22.1	0.12	71.9
M93-14785	0.11	0.15	0.01	0.01	-	0.16	0.05	0.02	3.94	-	0.37	22.3	0.04	70
M85-4682	0.14	0.39	0.02	0.01	<0.01	0.03	0.13	0.01	1.51	0.04	1.21	22.3	0.01	72.5
M85-6048	0.15	0.78	0.03	<0.01	<0.01	0.14	0.14	0.01	0.87	0.05	2.23	22.3	0.01	74
M93-15577A	0.16	0.19	<0.01	<0.01	<0.01	0.21	0.04	0.01	4.01	0.06	0.16	22.4	0.49	68.7
M75-927	0.06	0.05	<0.01	<0.01	<0.01	0.43	0.03	0.01	0.72	0.01	0.14	22.6	0.14	75.1
M93-14646	0.11	0.15	<0.01	0.01	<0.01	0.04	0.04	0.01	3.74	0.05	0.37	22.9	0.03	71.8
M93-14848B	0.11	0.14	<0.01	0.01	<0.01	0.1	0.04	0.01	4.21	0.06	0.36	23.2	0.08	70.7
M93-14637	0.19	0.26	0.01	0.01	-	0.18	0.04	0.1	4.92	-	0.2	23.3	0.44	68
M93-14709	0.18	0.24	<0.01	<0.01	<0.01	0.07	0.04	0.01	4.32	0.02	0.18	23.5	0.34	70.8
M87-8206B	0.09	0.08	0.01	<0.01	0.01	0.24	0.04	0.01	1.24	0.02	0.2	25.2	0.09	72.6
M98/21409	0.201	0.22	0.01	0.005	0.001	0.128	0.044	0.009	3.68	0.031	0.17	21.6	0.49	65.2
M98/21417	0.161	0.18	0.01	0.005	0.001	0.129	0.044	0.011	3.41	0.022	0.16	21.9	0.46	68.2
M98/21439	0.195	0.26	0.01	0.005	0.002	0.059	0.044	0.021	3.85	0.030	0.20	22.1	0.30	68.4
M98/21443	0.204	0.28	0.01	0.006	0.002	0.132	0.046	0.013	4.37	0.025	0.21	23.2	0.44	69.0
M98/21498	0.212	0.27	0.01	0.005	0.001	0.222	0.045	0.011	4.15	0.028	0.20	21.9	0.42	67.3
M98/21509	0.131	0.15	0.01	0.006	0.005	0.154	0.048	0.009	3.13	0.019	0.14	22.0	0.52	69.8
M98/21513	0.270	0.38	0.01	0.005	0.008	0.192	0.050	0.031	3.98	0.020	0.27	23.1	0.40	64.7
M98/21518	0.188	0.25	0.01	0.005	0.003	0.116	0.046	0.025	3.89	0.027	0.19	21.8	0.41	67.6
M98/21562	0.193	0.26	0.01	0.006	0.017	0.236	0.055	0.011	3.77	0.023	0.20	21.9	0.43	67.0
M98/21563	0.192	0.25	0.01	0.005	0.007	0.347	0.047	0.017	4.01	0.024	0.20	21.9	0.46	66.8
M98/21588	0.025	0.25	0.01	0.009	0.003	0.419	0.026	0.009	7.16	0.073	0.07	18.1	0.04	68.6
M98/21603	0.211	0.29	0.01	0.005	0.006	0.213	0.047	0.025	4.6	0.028	0.21	22.0	0.44	64.6
M98/21632	0.088	0.11	0.01	0.007	0.0017	0.173	0.037	0.051	2.82	0.088	0.27	17.8	0.08	71.0
M98/21633	0.131	0.18	0.01	0.007	0.005	0.139	0.043	0.012	3.75	0.093	0.34	20.8	0.12	69.4
M98/21670	0.205	0.28	0.01	0.005	0.003	0.112	0.046	0.009	4.47	0.025	0.21	22.4	0.44	67.1
M98/21671	0.356	0.55	0.01	0.006	0.007	0.222	0.060	0.018	3.31	0.022	0.37	25.1	0.31	63.3
M98/21700	0.180	0.24	0.01	0.006	0.005	0.195	0.046	0.010	3.69	0.023	0.19	21.5	0.49	67.9
M98/21705	0.181	0.24	0.01	0.007	0.002	0.111	0.041	0.020	4.15	0.064	0.53	22.8	0.06	66.6
M98/21766	0.131	0.16	0.01	0.006	0.003	0.081	0.045	0.009	2.45	0.020	0.14	21.1	0.46	70.1
M98/21800	0.107	0.14	0.01	0.007	0.015	0.157	0.046	0.009	3.29	0.146	0.35	19.6	0.08	70.9
M98/21828	0.211	0.28	0.01	0.006	0.003	0.127	0.047	0.010	4.68	0.030	0.22	23.1	0.41	66.1
M98/21834	0.127	0.16	0.01	0.007	0.003	0.059	0.040	0.010	4.10	0.074	0.39	22.2	0.03	70.6
M98/21629A	0.02	0.23	0.01	0.01	0.00	0.43	0.02	0.02	10.85	0.08	0.06	18.19	0.04	68.11
M98/21629B	0.02	0.22	0.01	0.01	0.00	0.15	0.02	0.04	9.32	0.08	0.06	17.90	0.03	67.36
M98/21595A	0.02	0.25	0.01	0.01	0.00	0.36	0.02	0.01	8.59	0.05	0.07	19.49	0.05	70.96
M98/21595B	0.13	0.18	0.01	0.01	0.00	0.09	0.04	0.01	5.00	0.02	0.40	23.44	0.07	69.38

M98/21595C	0.17	0.22	0.01	0.00	0.00	0.14	0.04	0.01	3.95	0.02	0.17	23.71	0.46	70.83
M98/21528A	0.02	0.24	0.01	0.01	0.00	0.29	0.02	0.02	9.16	0.07	0.06	18.25	0.04	69.53
M98/21528B	0.17	0.25	0.01	0.01	0.00	0.08	0.04	0.01	4.80	0.04	0.52	24.46	0.08	67.50
M98/21528C	0.17	0.23	0.01	0.00	0.00	0.15	0.04	0.01	3.74	0.02	0.16	23.26	0.52	70.90
M98/21528D	0.11	0.15	0.01	0.01	0.01	0.06	0.04	0.01	3.30	0.06	0.32	21.15	0.05	72.65
M98/21655	0.02	0.20	0.00	0.01	0.01	0.47	0.03	0.03	7.67	0.18	0.05	17.29	0.06	65.81
M98/21839	0.02	0.21	0.00	0.01	0.02	0.45	0.03	0.02	7.45	0.10	0.06	17.52	0.04	68.96
M98/21486	0.02	0.22	0.01	0.01	0.00	0.36	0.02	0.02	8.05	0.07	0.06	18.10	0.04	70.14
M98/21663A	0.02	0.22	0.01	0.00	0.00	0.40	0.02	0.01	8.66	0.07	0.06	18.39	0.04	69.80
M98/21663B	0.02	0.12	0.00	0.00	0.00	0.23	0.01	0.01	4.04	0.20	0.04	14.10	0.04	60.21
M98/21683A	0.15	0.11	0.01	0.01	0.00	0.09	0.05	0.02	6.65	0.03	0.14	19.18	0.26	69.90
M98/21432B	0.12	0.15	0.01	0.01	0.00	0.09	0.04	0.01	4.06	0.05	0.35	22.98	0.05	70.09
M98/21432C	0.19	0.18	0.01	0.00	0.02	0.18	0.05	0.01	3.74	0.03	0.14	20.19	0.40	66.13
M98/21480A	0.02	0.24	0.00	0.01	0.03	0.52	0.04	0.02	7.48	0.11	0.06	18.76	0.04	67.72
M98/21480B	0.12	0.14	0.01	0.01	0.00	0.09	0.04	0.01	3.70	0.07	0.35	22.45	0.09	70.25
M98/21480C	0.12	0.14	0.01	0.01	0.02	0.16	0.04	0.01	3.73	0.06	0.35	22.16	0.09	69.56
M98/21480D	0.15	0.17	0.01	0.00	0.00	0.14	0.04	0.01	2.89	0.04	0.13	21.82	0.50	67.40

Tabelle 4: Glockenbronzen. Bronzen mit einem Zinngehalt von 16–25%. Die Abgrenzung von den wenigen normalen Zinnbronzen von Müstair ist insofern nicht willkürlich, als jene nicht über 11% Zinn enthalten.

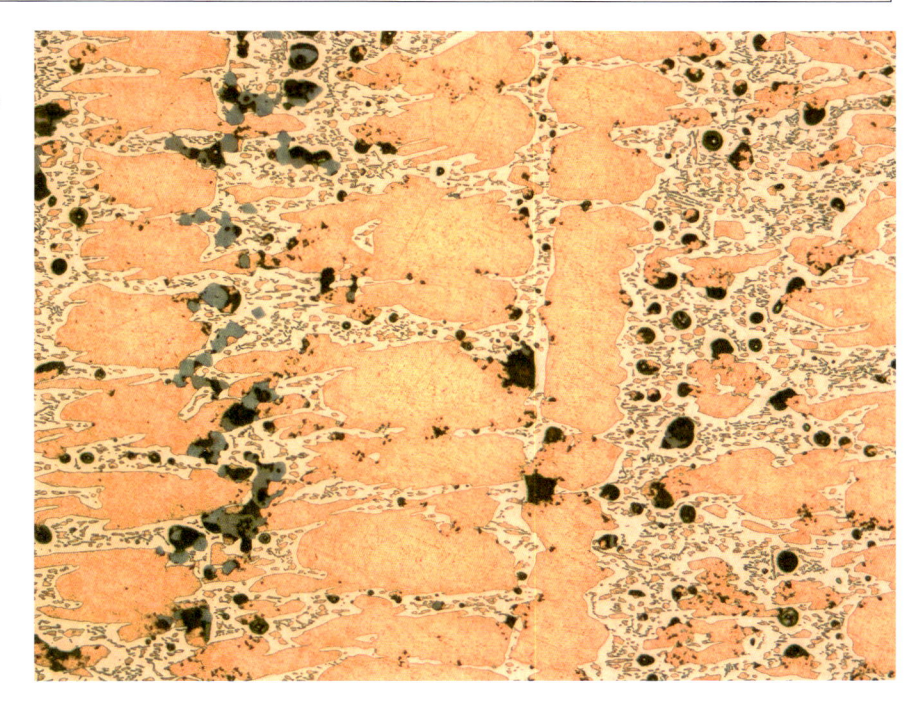

3 Schliffbild des Glockenfragmentes M93/14681, Bronze mit 21% Zinn und 4.3% Blei. Dendritisches Gefüge mit Blei- und Kupfer-Eisen-Schwefel-Einschlüssen. 150fache Vergrösserung.

3.5.1 Genereller Kommentar zu den Analysenresultaten

Von den über 80 Bronzen mit einem hohen Zinngehalt sind alle mit Blei zwischen 0.7 und 10.85% versetzt. Blei setzt den Schmelzpunkt der Bronze herunter und erhöht die Fliessbarkeit des Metalls. Mit Blei legierte Bronze kann allerdings nicht mehr geschmiedet werden, das heisst, die Objekte müssen in ihre Endform gegossen werden. Dasselbe gilt auch für Bronzelegierungen mit über 15% Zinn. Die Bronze von Müstair war also mehrheitlich für den Guss und nicht für die Toreutik (Metallbearbeitung durch Treiben) bestimmt. Bleiwerte von über 2% beeinträchtigen allerdings den Klang einer Glocke, dies scheint jedoch in Kauf genommen worden zu sein. Daneben ist mit einer beträchtlichen Anzahl eingeschmolzener Gefässe zu rechnen. Die übrigen Elemente wie Nickel, Antimon, Arsen etc. sind mit den relativ niedrigen Gehalten, wie sie in diesen Bronzen auftreten, für das Verhalten des Metalls im flüssigen oder erstarrten Zustand irrelevant (ausser bei Objekten mit hohen Antimonwerten: Antimon in Gefässmetall ist giftig!).

Metallurgisch gesehen ist sowohl die Einheitlichkeit der Legierungselemente Zinn und Blei sowie die der restlichen Verunreinigungen, welche aus der Kupferkomponente stammen, erstaunlich. Aus dem Rahmen fallen einzig zwei Proben mit erhöhtem Antimongehalt, welche einen Verschnitt des Antimon-Kupfertyps darzustellen scheinen. Es sind dies die Proben M93/

Sb/As

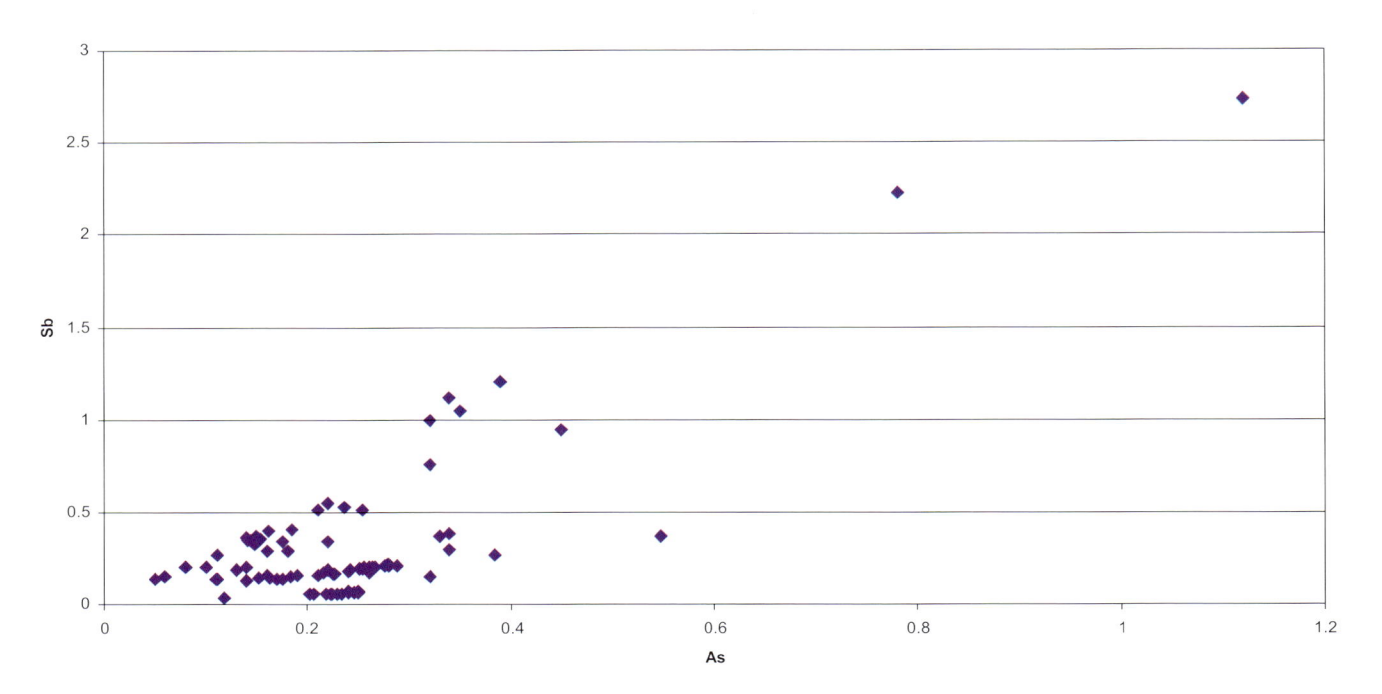

[Scatter plot showing Sb (y-axis, 0 to 3) versus As (x-axis, 0 to 1.2) with data points clustered mainly below As=0.4 and Sb=1.2, with three outlier points at higher values.]

15553 und M85/6048. Vier weitere Proben weisen einen Antimongehalt um 1% auf und könnten ebenfalls diesen Kupfertyp repräsentieren. Alle sechs Proben haben auch einen erhöhten Arsen- und Nickelgehalt, es handelt sich also nicht um eine Zulegierung von Antimon, sondern um das direkte Verhüttungsprodukt von Fahlerzen.

Der überwiegende Anteil der Bronzen muss als aus demselben Kupfertyp hervorgegangene Legierungen bezeichnet werden. Dies erstaunt umso mehr, als die Fundkomplexe über mehrere Jahrhunderte streuen (z.B. sind M98/21439 und M98/21443 neuzeitlich, M98/21409 und M98/21417 stammen jedoch aus dem 10. Jahrhundert, und alle vier Proben haben fast identische Zusammensetzungen). Es muss daraus geschlossen werden, dass entweder über Jahrhunderte immer derselbe Lieferant, das heisst ein geologisch gleicher Erzkörper, zur Verfügung stand, oder aber, was wahrscheinlicher ist, dass die Kontamination, das heisst die Vermischung der Schichten durch die Bautätigkeit, über Jahrhunderte derart gross war.

Als eigentliche Überraschung – dies gilt für das gesamte Buntmetallspektrum – muss aber festgehalten werden, dass keine der Bronzen mit Zink verunreinigt oder legiert ist. Es wurde auch kein einziger Abfall, kein einziges Schmelzprodukt und nur ein Objekt analysiert, welches aus Messing besteht. Messing ist eine Legierung von Kupfer und Zink, mit meist über 20% Zink. Damit steht das Metallinventar von Müstair in krassem Gegensatz zur gesamten mittelalterlichen Metallurgie der nordalpinen Schweiz und Deutschlands. Dies spricht wiederum für einen einheitlichen, wahrscheinlich südalpinen Lieferanten der Buntmetalle von Müstair.

Ausgerechnet die vollständig erhaltene Glocke aus dem 12. Jahrhundert ist jedoch mit Zink „verunreinigt", sie enthält 2.5% Zink (Tabelle 6) und fällt damit völlig aus dem Rahmen des gesamten Metallspektrums von Müstair. Dies spricht stark für einen Import als Fertigprodukt (Kap. 3.8).

4   Das Verhältnis Antimon/Arsen zeigt zwei Tendenzen: In der flacheren Geraden liegt es bei ca. 1:1, in der steileren ca. bei 2:1.

Sn/Pb

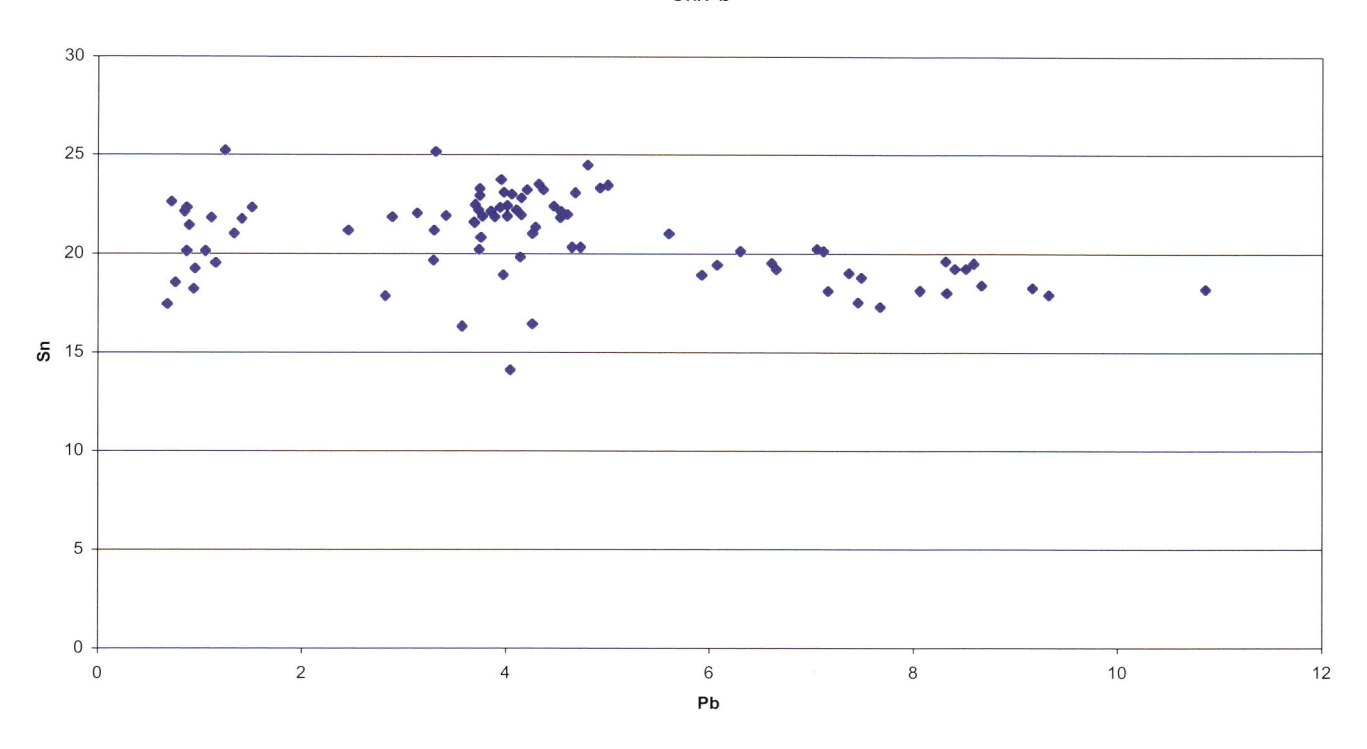

5 Das Verhältnis Zinn/Blei zeigt eine klare Aufteilung in drei Gruppen. Die bezüglich des Zinngehaltes einheitlichste Gruppe (17–20%) streut am breitesten im Bleigehalt (6–11%). Die drei Gruppen sind chronologisch interpretierbar.

3.5.2 Vertiefte Auswertung der Analysenresultate

Die Kupferkomponente in den Hochzinnbronzen (Abb. 4): Die an die Kupferkomponente der Legierung gebundenen Elemente wie Arsen, Antimon, Nickel, Silber Cobalt und Kobalt zeigen ein relativ einheitliches Bild. Diskriminierend sind einzig die Elemente Antimon und Arsen. Sie zeigen, wie bereits oben erwähnt, zwei Linien auf, eine mit dem Verhältnis Sb:As um 1:1, die zweite mit dem Verhältnis um 2:1. Die Korrelation dieser zwei Verhältnisse mit der Chronologie der Objekte gelingt nicht, karolingische Funde finden sich zum Beispiel auf beiden Linien. Als einzige Tendenz zeichnet sich ein höherer Antimongehalt in spätmittelalterlichen Metallen ab, ein weiterer Hinweis, dass im Spätmittelalter Hochantimonbronzen lokal umgeschmolzen wurden (Kap. 3.3).

Zink: Schwer zu glauben, aber dem generellen Bild der Zinkabstinenz in Müstair folgend, enthalten auch die Glockenbronzen kein Zink als Legierungselement. Mit Gehalten von nicht über 0.50% muss Zink als Begleitelement der Kupferkomponente angesehen werden. Es folgt keinem der oben erwähnten Begleitelemente des Kupfers systematisch. Auffallend ist jedoch, dass sich die Zinkgehalte unter 0.1% und über 0.4% konzentrieren, mit nur vereinzelten Proben mit Gehalten zwischen diesen Werten.

Zinn und Blei (Abb. 5): Die Graphik zeigt eine klare Dreiteilung der Bleigehalte und innerhalb dieser drei Gruppen bestimmte Konzentrationen des Zinngehaltes. Die drei Bleigruppen bilden sich zwischen
1. 0.7 und 1.5% Pb
2. 2.5 und 5% Pb
3. 5.6 und 11% Pb

In der niedrigsthaltigen Bleigruppe streuen die Zinngehalte von 17–25%, in der mittelbleihaltigen Gruppe streuen die Zinngehalte noch breiter, jedoch mit einer Konzentration zwischen 20 und 25%. Im Gegensatz dazu liegen die Zinngehalte in der hochverbleiten Gruppe mehrheitlich zwischen 17 und 20%.

Bei der chronologischen Aufschlüsselung der Proben innerhalb der genannten drei Gruppen zeichnet sich ebenfalls ein klares Bild ab:
Gruppe 1 mit den tiefsten Bleiwerten besteht zum grossen Teil aus spätmittelalterlichen Gussresten (mit der auffallenden Ausnahme von 2 Proben aus der karolingischen Gussgrube).
Gruppe 2 setzt sich fast ausschliesslich aus karolingischen Gussresten zusammen, mehrheitlich aus dem Plantaturm.
Gruppe 3 beinhaltet zur Hälfte hochmittelalterliche Gussreste, zum Teil aus der Nähe des Plantaturms und zur anderen Hälfte alle (!) nicht verschmolzenen, individuell definierbaren Glocken- oder Gefässfragmente, die aus dem Plantaturm stammen!

Das Zinn/Bleiverhältnis hat demnach in Müstair eine klare chronologische Aussagekraft – und dies wahrscheinlich nicht nur in Müstair: In der Zusammenstellung der Glockenanalysen von Island bis Russland und Norwegen bis Deutschland kristallisieren sich ebenfalls drei Gruppen heraus: eine mit Bleigehalten unter 2%, eine mit Blei zwischen 2 und 5% und eine mit Blei zwischen 6 und 11%. Diese Übereinstimmung wird wohl kein Zufall sein und bedarf näherer chronologischer und technischer Abklärungen, was hier nur bedingt möglich ist.

Es findet sich nämlich in der umfassenden Publikation von 400 Analysen mittelalterlicher Bronzen und Messinge von Otto Werner kein einziger Analysensatz, welcher mit der Mehrheit der Bronze von Müstair vergleichbar wäre.[5] Dies bedeutet, dass die Metalle der mitteleuropäischen kirchlichen Sakralgeräte aus dem 10. bis zum 20. Jahrhundert sich in keiner Weise mit dem Metall aus Müstair vergleichen lassen.

Die grosse Zahl von Analysendaten möglicher Glockengussrückstände von Müstair steht demnach singulär da. Aus der unmittelbaren Umgebung, das heisst von Norditalien und der Schweiz, konnten keine grösseren Vergleichsdatensätze zugezogen werden. Hinweise auf den Zinn- und Bleigehalt von mittelalterlichen Glocken aus Norditalien zeigen die normalen von 16–22% Zinn und tiefe Bleiwerte von 1–2%.[6] Dies wäre mit den Resultaten von Müstair als Analysen von nachkarolingischen Glocken zu deuten.

Vergleiche aus der Schweiz stehen nicht zur Verfügung, obwohl Dutzende von Glockengiessgruben in allen wichtigen Klöstern und Kirchen gefunden wurden. Die entsprechende Literatur legt das Schwergewicht aber immer auf die Befunde. Das oft nur en passant erwähnte Metall wird als Abfallmaterial taxiert und nicht weiter untersucht.[7]

Vom nördlichen und westlichen Europa, das heisst von Deutschland über England bis Schweden, stehen vergleichsweise viele Analysen von Glockenfunden zur Verfügung. Methodisch ist hier zwar Vorsicht geboten bei Schlüssen bezüglich Herkunft und Verbreitung, da es sich immer um effektive Glocken und nicht um Schmelzreste handelt, und zweitens Vergleiche über Tausende von Kilometern immer problematisch sind.

Überreste des Glockengusses sind häufig mit jenen des Gusses von Bronzegefässen vergesellschaftet. Angaben zu Metallzusammensetzungen sind jedoch eher selten, und wenn sie vorhanden sind, dann meist nur von den Legierungselementen Zinn und Blei. Die Spurenelemente Arsen, Antimon, Nickel, Kobalt etc. wurden entweder nicht analysiert oder, da sie sich meist unter einem Prozent bewegen und deshalb für das unmittelbare Gussverhalten nicht relevant sind, nicht angegeben.

Eine löbliche Ausnahme und eine schöne Parallele zu Müstair stammt aus dem Umfeld der Kathedrale von Worcester in Westengland: Die Bronzegussreste aus dem 13.–16. Jahrhundert liessen sich in drei Gruppen einteilen: Legierungen mit hohem Anteil an Antimon und Blei, Bronzen mit 10–24% Zinn sowie Messinge mit einem Zinkanteil von 17–28 %.

3.6 Messing (Tabelle 5)

Probe	Ag	As	Bi	Ca	Co	Cr	Fe	Ni	P	Pb	S	Sb	Si	Sn	Zn	Cu
M98/21432A	0.08	0.15	0.01	0.02	0.00	0.02	0.79	0.26	0.02	1.91	0.03	0.04	0.03	0.47	21.02	73.33

Diese Analyse markiert als einzige die Präsenz von Messing in Müstair. Damit fällt das Buntmetallspektrum des Klosters Müstair aus dem Rahmen bekannter gleichgelagerten Komplexe des europäischen Mittelalters. Der Grund liegt wahrscheinlich in der kontinuierlichen Versorgung mit Zinnbronze durch einen naheliegenden Produzenten, der kein Bedürfnis nach importiertem Messing aufkommen liess.

3.7 Blei

Probennr.	Ag	As	Bi	Ca	Co	Cr	Fe	Ni	P	Pb	S	Sb	Sn	Zn	Cu
M86-6860	0.02	0.01	0.01	0.01	0.01	-	0.01	0.01	0.01	40	-	0.01	0.01	0.01	0.08

Es wurde nur ein Bleiobjekt analysiert. Die Analyse zeigt, dass das Objekt stark korrodiert ist, der überwiegende Sauerstoff wurde von der Analyse nicht erfasst.

3.8 Die Glocke aus dem 12. Jahrhundert (Tabelle 6)

Ag	As	Bi	Cd	Co	Cr	Fe	Mg	Ni	P	Pb	S	Sb	Sn	Zn
0.114	0.155	0.004	0.002	0.006	0.003	0.227	0.003	0.045	0.011	2.716	0.063	0.192	12.236	2.507
0.100	0.150	-0.004	0.002	0.022	0.003	0.178	0.004	0.044	0.012	2.946	0.063	0.186	11.585	2.429
0.109	0.149	-0.043	0.005	0.008	0.016	0.870	0.025	0.061	0.039	2.968	0.075	0.164	11.106	2.363
0.111	0.169	-0.002	0.002	0.005	0.003	0.211	0.043	0.035	0.076	2.805	0.171	0.208	12.730	1.346
0.098	0.154	-0.004	0.002	0.006	0.006	0.162	0.002	0.058	0.010	2.903	0.054	0.183	12.053	2.630

Tabelle 6: Fünf Analysen an verschiedenen Stellen der Glocke von Müstair. Die Analysen zeigen eine homogene Verteilung der Elemente, keine nennenswerte Steigerung und kein angegossenes Metall am Glockenknauf.

Die romanische Glocke von Müstair gelangte erst in einem zweiten Analysenschritt an die EMPA Dübendorf. Es sollten vor allem herstellungstechnische Fragen abgeklärt werden, welche im Bericht von Adriano Boschetti (Stand März 1998) noch offen waren. Primär ging es um die Frage, ob die Glocke und deren Knauf in einem Guss gegossen wurden.

Hierfür wurde zuerst eine Aufnahme mittels Röntgen-Computertomographie der ganzen Glocke durchgeführt. Mit 320 horizontalen „Schnitten" wurden der gesamte Körper und der Knauf erfasst (Abb. 6). Dabei zeigte sich, dass die Grobstruktur im Inneren des Metalls nirgends einen abrupten Übergang, eine Korngrössenänderung oder Korrosionslinien aufweist. Insbesondere die „Schweissnaht" zwischen Klangkörper und Knauf ist völlig homogen, das heisst der eigenartige Dorn im Knauf setzt sich im Innern nicht als isoliertes Quadrat fort.

Dies weist auf einen einzigen Gussvorgang zur Herstellung von Glocke und Knauf hin. Der Dorn wird deshalb als Eingusskanal interpretiert, durch welchen sich zuerst die Gussform des Klangkörpers und anschliessend des durchbrochenen Knaufs von unten nach oben mit Metall gefüllt hat. Die Gussfehler im Knauf könnten auf schwindende Temperaturen in der vorgeheizten Gussform hinweisen. Der Dorn ist nicht mit dem Ring verbunden, weil er als Eingusstrichter die Kontraktion des Metalls beim Erstarren ausgleichen musste. Dies kann nur dort geschehen, wo das Metall am längsten flüssig ist.

6   Abbild der röntgen-computer-tomographischen Aufnahme der Glocke aus dem 12. Jahrhundert. Das Bild wurde aus über 300 horizontalen Einzelschnitten zusammengesetzt.

Mit der Hypothese eines einzigen Gussvorgangs wurde die Glocke anschliessend beprobt, und zwar im Dorn, im Knauf, in der „Schweissnaht" zwischen Knauf und Klangkörper, an einem Schallloch und zuunterst am Schlagring. Alle Analysen sind brauchbar, auch wenn zwei mit Korrosionsprodukten verunreinigt sind, was am erhöhten Mangangehalt und an der tieferen Summe aller Elemente zu erkennen ist (der Sauerstoff der verschiedenen Korrosionsprodukte wird mit ICP-OES nicht erfasst).

Die Übereinstimmung der Daten aller Elemente lässt zusammen mit der Röntgen-Computertomographie den eindeutigen Schluss zu, dass die Glocke in einem einzigen Guss hergestellt wurde.

Die Metallzusammensetzung fällt wie gesagt völlig aus dem Rahmen der in Müstair verarbeiteten Bronzelegierungen. Der Zinngehalt ist deutlich niedriger. Mit nur 12% Zinn kann nicht von einer eigentlichen Glockenbronze gesprochen werden. Der Zinkgehalt von etwas über 2.5% ist zwar um das Zehnfache höher als der durchschnittliche Zinkgehalt aller anderen Bronzen von Müstair, fängt jedoch das Zinnmanko nicht auf. Das Fehlen von 10% Zinn gegenüber der üblichen Glockenbronze ist der Grund für den dumpfen Klang der Glocke. Glocken mit Zink als Substitutselement für Zinn sind im europäischen Mittelalter zwar keine Seltenheit,[8] ein so frühes Exemplar wie das von Müstair ist jedoch schwer international einzuordnen.

4. Schlacken

4.1 Einleitung

Schlacken finden sich auf jeder grösseren archäologischen Fundstelle. Leider wird den verschlackten Materialien meist keine Aufmerksamkeit geschenkt, ihr archäologischer Wert wird allgemein als niedrig eingestuft. Dabei sind Schlacken erstklassige Prozessindikatoren. Sie geben bei richtiger Untersuchung viele Geheimnisse über die lokal ausgeführten handwerklichen Tätigkeiten preis; allerdings nur nach umfangreichen, speziell auf Schlacken ausgerichteten Analysen. Diese hätten den Rahmen des vorliegenden Projektes jedoch gesprengt, respektive ihm von Beginn an ein anderes Gesicht gegeben.

Die unmittelbare Frage an die Schlackenkomplexe nach der erfolgten Metallanalytik ist jene nach der Kongruenz mit den Metallabfällen. Können die anhand der Metalle identifizierten pyrotechnischen Tätigkeiten auch an den Schlacken nachgewiesen werden und finden sich eventuell darüber hinaus noch Hinweise auf weitere Werkstoffe und deren Verarbeitung? Um es gleich vorweg zu nehmen: es ergaben sich keine Überraschungen. Auch anhand der Schlacken und der verschlackten Tonreste konnte keine Edelmetallverarbeitung nachgewiesen werden.

Schlacken entstehen nur in künstlich auf hoher Temperatur gehaltenen Installationen, das heisst in Öfen mit aktiver Luftzufuhr; und deren Überreste müssten auch gefunden werden. Die Vernetzung der Schlackenuntersuchungen mit der Arbeit an den Ofenbefunden wäre deshalb zwingend, konnte hier jedoch aus Gründen des zeitlichen Ablaufs der Auswertung nicht erfolgen.

Über 60 Fundkisten mit Schlacken und Metallen wurden im Funddepot in Müstair durchgesehen und daraus wurde eine Grobklassifizierung erstellt. Umfangmässig weitaus der grösste Teil der Schlacken, das heisst einige hundert Kilogramm, stammen aus einem der vielfältigen Schritte der Eisenherstellung oder -verarbeitung. Gegen 90% dieses Inventars besteht aus Kalottenschlacken, was ein Beweis für das lokale Eisenschmieden ist. Kalottenschlacken finden sich in vielen Fundkomplexen verstreut, einige geschlossene und chronologisch gesicherte Befunde könnten von grossem Interesse für die alpine Eisenforschung sein. Ebenfalls zum Schmiedeprozess können die wenigen leichten und porösen Schlacken mit Quarzeinschlüssen gezählt werden.

Eine weitere Kategorie kann als „Fliessschlacke" definiert werden. Sie tritt nur vereinzelt und insgesamt im Umfang von einigen Kilogramm auf. Aus dieser Kategorie wurden visuell diejenigen Fragmente ausgesondert, welche aus einem Verhüttungsprozess stammen könnten. Es ist dabei festzuhalten, dass auch Schlackenspezialisten einer Fliessschlacke, welche einen hohen Ausbringungsgrad dokumentiert, das heisst fast kein Metall enthält, äusserlich nicht ansehen können, ob sie aus einem Eisen-, Kupfer- oder Bleiverhüttungsprozess stammt; und alle drei Metalle sind nachweislich im Umkreis des Ofenpasses verhüttet worden. Erfahrungsgemäss kann anhand weniger Fliessschlacken jedoch nicht auf einen Verhüttungsplatz im Kloster oder in unmittelbarer Nähe geschlossen werden. Schlacken können aus allen möglichen Gründen eingeschleppt worden sein, sei es nur zur Schotterung chronisch nasser Wegstellen.

Schliesslich liegen Schlacken aus Kalkbrennöfen vor. Es fanden sich nur wenige zentimeterdicke, homogen erscheinende Stücke. Über die optische und mikroskopische Beurteilung hinaus sind diese Schlacken nur von Spezialisten des historischen Kalkbrennens eindeutig identifizierbar.

Ebenfalls besondere Aufmerksamkeit hätten mögliche Überreste der Glasherstellung oder -verarbeitung verdient, deren Schnittstelle mit verglasten Tonen der Buntmetallgussutensilien, zum Beispiel Tiegeln, ist jedoch nicht ohne grossen anlytischen Aufwand zu definieren.

4.2 Untersuchungen

Die erfolgte optische Kategorisierung wurde analytisch überprüft. Hierzu wurden 27 Schlackenanschliffe hergestellt und zuerst unter dem optischen Auflichtmikroskop begutachtet. Die Proben liessen sich in drei Gruppen einteilen:
1. Eisenschlacken, 16 Proben: zum Beispiel M79/2363-4, M78/1741-1, M78/1741-2, M87/8081

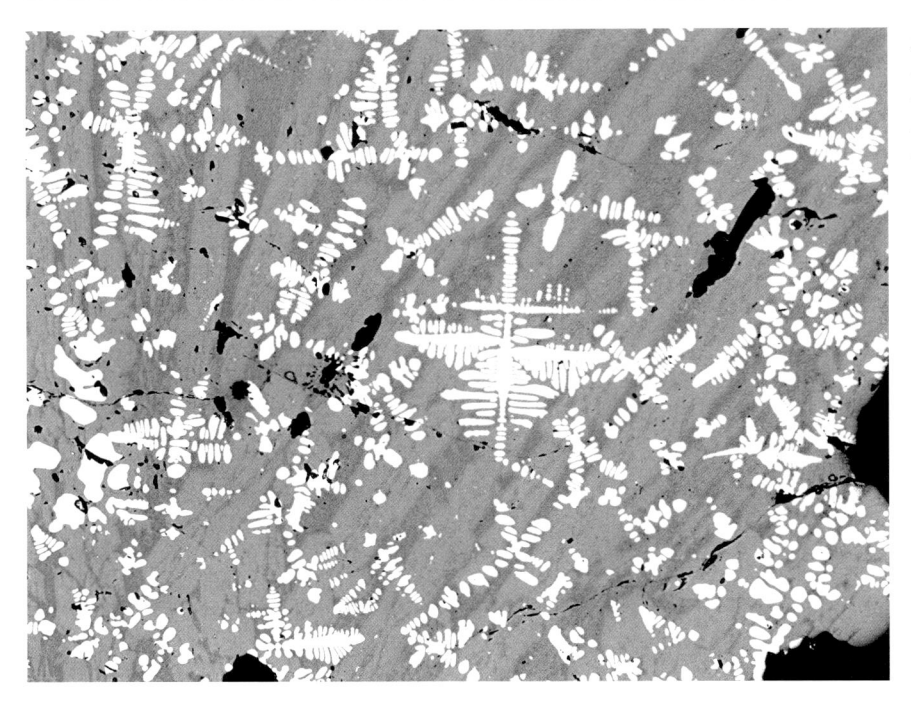

7 Schliffbild einer typischen Eisenschlacke aus dem Fundkomplex M78/1743. Die hellgrauen Leisten in der Matrix sind Eisensilikatkristalle, die hellen Sterne Eisenoxide.

2. Kupfer- oder Bronzeschlacken, 6 Proben: zum Beispiel M75/791-1, M78/1743-4, M73/262-1b
3. Verschlackte Tone ohne sichtbaren Bezug zu einem bestimmten Metall, 5 Proben: zum Beispiel M76/1009
Gemäss ihrer Fundlage sind diese Schlacken alle als spätmittelalterlich bis neuzeitlich zu bezeichnen.

Anschliessend wurde eine Probenauswahl dieser drei Gruppen unter dem Rasterelektronenmikroskop analysiert, um innerhalb der einzelnen Gruppen wenn möglich Unterschiede herauszufinden.

4.2.1 Eisenschlacken (Abb. 7)
Dreizehn der sechzehn Eisenschlacken zeigen ein homogen-kristallines Bild mit variablen Grössen der Eisensilikatkristalle und Eisenoxiddendriten. Alle diese Proben haben mehr oder weniger grosse Eiseneinschlüsse, die sich vielfach an den Aussenflächen aufreihen. Die Schlackenmatrix enthält auffallend viel Mangan und Titan. Zwei der Schlacken sind stark verglast mit sehr kleinen, feinstdispersen Eiseneinschlüssen. Eine Schlacke ist stark inhomogen mit unverschmolzenen Stein- oder Toneinschlüssen. Es könnte sich um ein stark verschlacktes Stück Ofenwand oder Essenboden handeln.

4.2.2 Kupfer- und Bronzeschlacken
Die Bezeichnung „Kupfer- und Bronzeschlacken" impliziert die Bearbeitung von zwei verschiedenen Werkstoffen und kann irreführend sein, da es sich beim sichtbarem Kupfer um ein korrodiertes, sekundäres oder entmischtes Produkt handeln kann, das in keiner Weise das Originalmaterial belegt. Bronze, vor allem mit derart hohen Zinngehalten wie Glockenbronze, kann „verbrennen", das heisst, sie verliert Zinn oder wandelt es zu Zinnoxidkristallen um und hinterlässt grosse Flecken von „Reinkupfer". Analytisch zeigt sich aber auch bei den Bronzeschlacken generell dasselbe Bild wie bei den Glockengussmetallen, das heisst, die Spektren der Zinnbronzeeinschlüsse in den Schlacken zeigen immer auch Blei an.

4.2.3 Verschlackte Tone/Ofenwandungen
Sie zeigen auch unter dem Rasterelektronenmikrokop keine Metallspuren an und können deshalb keinem der ober definierten Verarbeitungsprozesse zugeordnet werden. Die Bandbreite möglicher unidentifizierbarer Teile von

pyrotechnischen Einheiten ist riesig und muss primär von der Befundseite gelöst werden. Selbstverständlich ist die Tonanalyse eine Aufgabe für sich; mit ihr kann eventuell eine Zuordnung zu einzelnen Komplexen gelingen.

5. Schlusswort

Dieser Bericht enthält eine erste Übersicht über die in Müstair verwendeten metallischen Werkstoffe. Die EMPA hat in diesem ihrem bisher grössten Projekt über die Metallurgie von archäologischen Buntmetallen wesentliche Leistungen analytischer Untersuchungen erbracht, einschliesslich der unvorhergesehenen Untersuchung der Glocke und deren Untersuchung mittels Röntgen-Computertomographie.

Mit den vorliegenden metallanalytischen Daten beginnt die archäologische Arbeit an mittelalterlichen Buntmetallen in der Schweiz aber erst. Die Suche nach Vergleichsanalysen war wenig erfolgversprechend; zur Bestimmung der möglichen Herkunft oder zumindest der möglichen Handelswege fehlen die Daten. Hiefür wird zudem auf die geologische Literatur zurückgegriffen werden müssen. Wenn als geographischer Herkunftsort der romanischen Glocke Verona herauskristallisiert werden kann, stammt dann auch deren Metall aus dieser Umgebung oder muss dieses spezielle Metall erst noch aufgespürt werden?

Rein auf Müstair bezogene Forschungen könnten sich auf die Werkstoffe Glas, Eisen, die Erforschung des alpinen Bleis und die Suche nach weiteren Messingobjekten konzentrieren. Es wäre jedoch ebenso wichtig, über die Klostermauern hinaus festzustellen, zu welchen Themen von der karolingischen Zeit bis ins 19. Jahrhundert im gesamten Alpenraum noch archäometallurgische Forschungsdesiderate bestehen.
An erster Stelle wäre hier sicher die Eisenforschung zu nennen. Bestrebungen zur Erforschung der ur- und frühgeschichtlichen Herkunft des Eisens und der Verhüttungstechnologie sind im Gange, die mittelalterliche Geschichte des Eisens könnte sich nahtlos anschliessen.
Als ein sicher vielversprechendes gesamtschweizerisches, wenn nicht internationales Projekt, welches auf den Resultaten von Müstair aufbauen könnte, ist die Erforschung des Metalls der Glocken zu nennen.
Als primär metallurgisches Projekt könnte das Phänomen von Sekundärablagerungen von Reinkupfer in stark korrodierten Zinnbronzen angegangen werden. Viele Anschliffe von hoch zinnhaltigen Glockenbronzen zeigen diese Ablagerungen. Sie sind insbesondere für die Aussagekraft der Elementanalysen von Bedeutung.

Bibliographie

Kurt Bänteli, Rudolf Gamper, Peter Lehmann, Glockenguss im Pfalzhof, in: Das Kloster Allerheiligen in Schaffhausen, Schaffhausen 1999, S. 87–90, 204, Beilage 10.

Vannoccio Biringuccio, De la Pirotechnica, übersetzt und erläutert von Otto Johannsen, Braunschweig 1925, S. 310–332.

P.O. Boll, H. Vonmont, Dreizehn mittelalterliche bzw. römische Buntmetallproben. EMPA-Untersuchungsbericht Nr. 150'064, 1993.

Hans Drescher, Glocken und Glockenguss im 11. und 12. Jahrhundert, in: Das Reich der Salier 1024–1125 (Ausstellungskatalog), Sigmaringen 1992, S. 405–419.

Helena Forshell, Chemical analysis of bells, in: The inception of copper mining in Falun, Stockholm 1992 (Archaeological Research Laboratory – Stockholm University, Theses and papers in Archaeology B:2), S. 106–117.

Daniel Gutscher, Alexander Ueltschi, Susi Ulrich-Bochsler, Die St. Petersinsel im Bielersee, Bern 1997, S. 163–166.

Carola Jäggi, Hans-Rudolf Meier, Renata Windler, Martin Illi, Die Stadtkirche St. Laurentius in Winterthur, Zürich 1993 (Zürcher Denkmalpflege, Archäologische Monographien, 14), S. 43–46, insbesondere Abb. 40.

Medieval Metalworking, in: The Journal of the Historical Metallurgy Society 30, 1996, Nr. 2, diverse Autoren zum gesamten Spektrum des mittelalterlichen Metallhandwerks in England und Schweden.

Theophilus Presbyter, Schedula Diversarum Artium, Neudruck der Ausgabe Wien 1874, Osnabrück 1970 (Quellenschriften für Kunstgeschichte und Kunsttechnik des Mittelalters und der Renaissance, 7), S. 319–331 (Caput LXXXIV, De campanis fundendis).

Valentin Rychner, Niklaus Kläntschi, Arsenic, Nickel et Antimoine, Lausanne 1995 (Cahiers d'archéologie romande, 63).

Otto Werner, Analysen mittelalterlicher Bronzen und Messinge I, in: Archäologie und Naturwissenschaften 1, 1977, S. 144–220.

Otto Werner, Analysen mittelalterlicher Bronzen und Messinge II und III, in: Archäologie und Naturwissenschaften 2, 1981, S. 106–170.

B. Wittkopp, Glockenguss am Kirchturm, in: Archäologie in Deutschland 2001, Nr. 1, S. 43.

Anmerkungen

[1] Vgl. Rychner, Kläntschi.
[2] Rychner, Kläntschi, S. 134.
[3] Mündl. Mitteilung von J.P. Northover.
[4] Vgl. Gary Taylor, Medieval bronzefounding at Deansway, Dorchester, in: Historical Metallurgy, 30, 1996, Nr. 2, S. 111–115. – Werner 1981, S. 106–170, hier S. 166–168.
[5] Werner 1977, S. 144–220.
[6] Freundliche Mitteilung von Alessandra Giumlia, Universität Udine.
[7] Gutscher, Ueltschi, Ulrich-Bochsler, S. 163–166. – Jäggi, Meier, Windler, Illi, S. 43–46, insbesondere Abb. 40. – Bänteli, Gamper, Lehmann, S. 87–90, 204, Beilage 10.
[8] Freundliche Mitteilung von J.P. Northover.

Abbildungsnachweis

Alle Aufnahmen: EMPA Dübendorf, Abt. 131.

Antoinette Rast-Eicher

Textilfunde aus den Grabungen von 1976 bis 2000

1. Einleitung

Die hier aufgeführten 172 Textilien aus dem Kloster St. Johann wurden in der Zeit zwischen 1976 und dem Frühjahr 2000 ausgegraben. Sie stammen aus den unterschiedlichsten Kontexten und Perioden, aus Gräbern oder aus Gebäuden. Der Erhaltungszustand ist – entsprechend den Fundsituationen – ebenfalls sehr unterschiedlich. In den Gräbern sind einige (spät)mittelalterliche Textilien aus der Ulrichskapelle dank feuchtem, lehmigen Boden recht gut erhalten, während andere (jüngere) aus Gräbern des Kirchweges praktisch völlig vergangen sind. Textilien aus den Gebäuden sind entweder verkohlt oder in gutem Zustand erhalten.

Alle Textilien wurden nach textiltechnischen Kriterien aufgenommen (s. Katalog). Sie werden gruppiert nach Rohstoffen besprochen. In den Kapiteln 4 bis 6 sind nur tatsächlich erhaltene und definierbare Gewebe aufgeführt. Der karolingische Gewebeabdruck wird in Kapitel 10.1 diskutiert. Verfärbungen mit Faserresten aus Gräbern, die Hinweise auf Gewebe geben, sind bei den jeweiligen Befunden erwähnt.

Eine detailliertere Besprechung erfolgt vor allem bei den mittelalterlichen/ spätmittelalterlichen Funden und Befunden, da sie für die Textilgeschichte von Bedeutung sind.

Die Faseranalysen wurden so weit wie möglich mit dem optischen Mikroskop durchgeführt; die oxidierten oder verkohlten Funde wurden durch die Autorin mit dem Rasterelektronenmikroskop untersucht.

Die Farbanalysen besorgte Dr. Jan Wouters (Institut Royal du Patrimoine Artistique, Bruxelles), die Elementanalysen der Goldlahnfäden übernahmen Peter Wägli und Urs Jauch (Institut für Festkörperphysik, ETH Zürich).[1]

2. Datierung

Die Textilien stammen aus Gräbern oder aus den klösterlichen Gebäuden. Sie können vom Mittelalter bis ins 20. Jahrhundert datiert werden. Die Gräber sind zum Teil durch eine darüberliegende Schicht recht gut einzugrenzen. Von den Gräbern der Ulrichskapelle im Norperttrakt wissen wir zum Beispiel, dass sie nicht vor Mitte des 11. Jahrhunderts entstanden sein können (Baudatum der Kapelle: 1035) und unter der Brandschicht von 1499 liegen. Schwieriger ist eine Datierung von Funden aus Gebäuden, da es sich meist nicht um einen geschlossenen Komplex handelt. Gewebe können während des Baues als Füllmaterial in Zwischenböden oder später durch Ritzen in einen Boden geraten sein. Noch schwieriger wird die Datierung von Funden, wenn bauliche Strukturen so weit zurück liegen, dass die Funde eine Zeitspanne von mehreren Jahrhunderten umfassen. So liegen in den Mulden über dem 1492 entstandenen Kreuzgewölbe sowohl spätmittelalterliche Reste, die während des Brandes von 1499 verkohlten, als auch jüngste Textilreste, die von der Entfernung der Fresken im 20. Jahrhundert stammen. Die Entstehungszeit kann eingegrenzt werden, wenn ein Textilfund unter einer datierten Wand, einem Boden oder einem Täfer zum Vorschein kam: Der Fundzusammenhang gibt dann den jüngst möglichen Zeitpunkt an.

Im Katalog ist die archäologische Datierung in Klammern angegeben; in einzelnen Fällen kann durch ein auffälliges Muster eine genauere Datierung eines Gewebes gemacht werden. Ansonsten gilt der grobe Raster Mittelalter (MA, 11.–Mitte 13. Jh.), Spätmittelalter (SMA, Mitte 13.–Ende 15. Jh.), Frühneuzeit (FNZ, Anfang 16.–Mitte 17. Jh.), Neuzeit (NZ, Mitte 17.–1789) und jüngste Neuzeit (JNZ, 1789–20. Jh.).

1 Schnur aus Gramineen, rot eingefärbt (Kat. 15). Vergrösserung: 24x.

3. Faden, Seil, Metallfaden

In Geweben (ohne Bänder) wurde meist z-gesponnenes Garn verwendet.[2] Zwirne stammen aus jüngsten Komplexen (19./20. Jh.). Für Nähgarne wurden S-Zwirne gebraucht, bei Woll- und Seidengeweben Seidenfäden, bei den Geweben aus pflanzlichen Fasern Lein/Hanf.

Nähgarn aus Baumwolle erscheint bei den Geweben aus der jüngsten Neuzeit. Eine Schnur, die mit einem synthetischen Farbstoff rot eingefärbt wurde, besteht aus Gramineen (Abb. 1, Kat. 15); dieser Farbstoff weist in die jüngste Zeit, da er erst ab 1870 produziert worden ist. Die anderen Schnüre sind aus Lein/Hanf hergestellt.

Aus Müstair gibt es einige Metallfäden. Dazu wurden feinste Metallfolien (Gold, Silber, vergoldetes Silber) um einen Faden (die sogenannte „Seele") gewickelt oder auch nur das flache Blech verwendet. Da sich die Herstellungsweise bei den Fäden mit Seele je nach Periode unterscheidet, können wir anhand von gewissen Merkmalen die Metallfäden datieren.[3] In zwei unterschiedlichen Verfahren kann das Gold zu Lahn verarbeitet werden. Entweder es wird zu Folie gehämmert und in Streifen geschnitten oder gezogen und gewalzt. Die Goldfäden wurden spätestens von der frühen Neuzeit an gezogen und gewalzt. Um Material und Kosten zu sparen, wurde vom 11. Jahrhundert an Silberlahn – zum Teil einseitig – vergoldet statt reines Gold zu verwenden, eine Technik, die mit Material aus dem 13. und 14. Jahrhundert gut belegt ist.[4] Silberfaden wurde dabei gezogen und flachgehämmert. Im Gegensatz zu den scharfen Kanten der geschnittenen Bleche haben die späteren gezogenen und gewalzten Goldlahnfäden als Folge des Ziehvorganges gerundete Kanten.

Aus dem Material von Müstair wurden die Goldlahnfäden aus drei Gräbern genau analysiert.[5] Bei allen drei Proben wies der Goldlahn scharfe Kanten auf, die für mittelalterliche Metallfäden typisch sind, da diese geschnitten wurden (Abb. 2).

An einem Goldlahn (Kat. 74) gibt eine Verdickung zusätzlich einen Hinweis darauf, dass das Goldblech gehämmert war. Diese Verdickung liegt quer zum Band und hat eine geschichtete Struktur (Abb. 3a, b). Damit ist wahrscheinlich eine Stelle belegt, wo zwei Bleche zusammengehämmert worden sind.

Die Elementanalyse zeigt nun, dass die beiden Goldlahnfäden aus den Gräbern der Ulrichskapelle (Gräber U44 und U51) einen sehr hohen Goldanteil

2   Goldlahn aus Grab U51 (Kat. 78).

3a   Goldlahn mit Nahtstelle,
Grab U44 (Kat. 69).

3b   Goldlahn mit Nahtstelle,
Grab U44 (Kat. 69).
Vergrösserter Ausschnitt von Abb. 3a.

4 *Rips aus Metallfaden mit Musterfäden (Kat. 33). Vergrösserung: 35x.*

5 *Köper 2/1 aus Grab U44 (Kat. 75). Vergrösserung: 35x.*

6 *Wollgewebe aus Grab U41 (Kat. 77a). Vergrösserung: 33x.*

aufweisen, nämlich ca. 80% im einen (U44) beziehungsweise ca. 90% im andern Fall (U51). Der dritte, archäologisch ins Spätmittelalter datierte Metallfaden aus Grab N296 (Nordkreuzgang) besteht aus einem nur auf der Aussenseite vergoldeten Silberlahnfaden. Schon unter dem Binokular war bei diesem Metall eine leichte dunkle Korrosion sichtbar, die vermuten liess, dass es sich nicht um reines Gold handelt. Die zwei Goldlahnfäden aus den beiden Gräbern in der Ulrichskapelle sind aufgrund der Elementanalyse früher zu datieren als der vergoldete Silberlahn vom Grab aus dem Nordkreuzgang (Kap. 10.2.). Da reines Gold an vergleichbaren Funden nachgewiesen ist, die spätestens ins Hochmittelalter datiert werden können, sind die beiden Gräber aus der Ulrichskapelle nicht im Spätmittelalter anzusetzen. Aufgrund der Baugeschichte kommt das 11.–13. Jahrhundert in Frage, sofern die Gewebe nicht schon Jahrhunderte überdauert haben (Kap. 10.2 und 11).

Andere Metallfäden, die nach der grünen Korrosion beurteilt wahrscheinlich einen höheren Kupferanteil haben, sind schlecht erhalten und deutlich jünger. Bei Kat. 33 zum Beispiel ist das „Textil" als Rips mit Metallfaden erkennbar, der jedoch völlig korrodiert ist. Zum Rips (Kante?) gibt es einen Broschierfaden aus Seide, der diese Kante aus Metallfaden zusätzlich verziert (Abb. 4). Metallfaden kann auch als flaches Blech ohne Seele verwendet werden, wie Kat. 40, bei dem sowohl Blech als auch Draht verarbeitet wurden, oder als Stickfaden bei einem Geweberand (Abb. 23).

Kat. Nr.	Datierung	Metallfaden
Kat. 78	HMA	Goldlahn*
Kat. 74	HMA	Goldlahn*
Kat. 4	SMA	Silberlahn vergoldet*, um Seidenseele
Kat. 12g	NZ?	Silberlahn, Brettchengewebe
Kat. 33	NZ?	Silber/Kupfer?lahn, Rips
Kat. 51	NZ?	Silber?lahn ev. vergoldet um Seidenseele
Kat. 62c	NZ?	Silber?lahn
Kat. 1	JNZ	Silber/Kupfer?lahn, Kordel
Kat. 50	JNZ	Silber?/Kupfer?blech und Draht
Kat. 40	JNZ	Silberlahn Seidenseele, Stickerei

Tabelle 1: Textilien mit Metallfäden (*= mit Elementanalyse).

4. Wollgewebe

Die 30 Wollgewebe sind vorwiegend neuzeitlich, nur wenige sind mittelalterlich (Tabelle 2).

Zwei spätmittelalterliche Köper 2/2 (Kat. 7c) stammen aus einer Mulde im Dachraum über dem Gewölbe und sind verkohlt. Die Oberseite des Gewölbes, das 1492 in die Kirche hineingebaut wurde, bildet tiefe Mulden, in denen sich im Lauf der Zeit Reste verschiedenster Materialien ansammeln konnten. Wahrscheinlich gab es in diesem Komplex viel mehr Wollgewebe, aber die meisten sind nur noch als geschmolzene Klumpen erhalten. Ein dritter mittelalterlicher Köper 2/2 (Kat. 76) wurde in Grab U38 der Ulrichskapelle gefunden. Die andern zwei mittelalterlichen Wollgewebe stammen ebenfalls aus der Ulrichskapelle. Sie fallen vor allem durch ihre Feinheit auf. Das eine (Kat. 75), ein Köper 2/1, hat 17/60 Fäden pro Zentimeter (Abb. 5), das andere (Kat. 77a) in einer Richtung 30 Fäden pro Zentimeter (die andere Richtung ist nicht ausmessbar). Die Bindung des zweiten ist nicht genau feststellbar, wir können jedoch aufgrund des scharfen Wechsels von Kett- zu Schussbindung einen gemusterten Stoff vermuten, eventuell ein Mischgewebe, bei dem an dieser Stelle die eine Fadenrichtung nicht erhalten ist (Abb. 6).

Ein Typ, der in den verschiedenen Perioden wiederzukehren scheint, ist der mittelfeine Köper 2/2 (z/z). Grobe Köper sind braun und waren vermutlich Reste von Klosterkleidung, wie sie die Laienschwestern trugen (Abb. 7). Sie wurden noch im 20. Jahrhundert im Kloster gewebt, während die feineren schwarzen, plissierten Gewebe der Ordensschwestern eingekauft wurden.[6] Bei einigen Grabfunden lagen Bronzeknöpfe mit Öse (mit flachem oder gerundetem Kopf) an den Geweben, die ins 18./19. Jahrhundert zu datieren sind. Solche Knöpfe können sowohl von zivilen wie militärischen Kleidern stammen. Auffallend sind die schwarzen dreieckigen Schnittreste von gewalktem feinen Tuch. Ein kleines rotes Fragment eines Köpers 2/2 (Kat. 2) wurde mit Krapp gefärbt, eine Pflanze, die in Mitteleuropa angebaut wurde und für die Textilfärberei sehr wichtig war.[7]

Bindung	MA/SMA	FNZ?	NZ?/NZ	JNZ
Tuch		1	7	2
K 2/1	1			1
K 2/2	3	1	7	2
andere	1			
?			3	1

Tabelle 2: Wollgewebe.

7   *Brauner Köper 2/2 (Kat. 37). Vergrösserung: 34x.*

8   *Grobe Leinwand (Kat. 7). Vergrösserung: 34x.*

9   *Feine Leinwand (Kat. 7). Vergrösserung: 34x.*

10 *Köper 2/1 (Kat. 7). Vergrösserung: 33x.*

11 *Köper 3/1 abgesetzter Spitzköper (Kat. 7). Vergrösserung: 33x.*

12 *Naht (Kat. 7). Hell hervorgehoben die Fadenschleifen.*

5. Gewebe aus pflanzlichen Fasern

Insgesamt sind 93 verschiedene Textilien aus pflanzlichen Fasern dokumentiert. Dazu gehören Gewebe aus Lein/Hanf und Baumwolle (Tabelle 3). Die Fadendrehung ist z/z mit sehr wenigen Ausnahmen, die in die jüngste Neuzeit datiert sind.

Zu den ältesten Geweben gehören die Funde aus einer Mulde im Dachraum über dem Gewölbe von 1492 (Kap. 4). In dieser Mulde wurden mehrere Gewebe gefunden, die wahrscheinlich im Brand von 1499 verkohlten, dem letzten grossen Brand des Dachstuhles. Offensichtlich lagerten Ende des 15. Jahrhunderts in diesem Dachraum verschiedene (Kirchen-?)Textilien. Die meisten erhaltenen Fragmente waren aus Pflanzenfasern hergestellt worden, in Leinwand-, Rips-, Köper 2/1, oder Köper 3/1-Bindung. Einzelne Fragmente in Köper 2/2 bestehen aus Wolle, sonst sind die Wollgewebe geschmolzen und meist nur noch anhand einer kompakten faserigen Schicht mit kleinen Blasen erkennbar (Kap. 4). Da diese verkohlten Textilfragmente zum Teil sehr klein sind, wurden nach der Sichtung in Bezug auf Bindung und Qualität nur Fragmente ausgemessen, die in einer Fadenrichtung mindestens 3 cm gross sind oder ein spezielles Merkmal wie eine Naht aufweisen.[8] Faserbestimmungen wurden nur stichprobenartig von jeder Bindung gemacht. In Tabelle 3 sind trotzdem alle Gewebe aus pflanzlichen Fasern eingetragen, da sie im Gegensatz zur Wolle klar abgegrenzte Fäden haben und die Bindung meist gut erkennbar ist. Die Anzahl im Spätmittelalter (SMA) geht mit der Anzahl verschiedener Qualitäten einher.

Aus dem Spätmittelalter ist mit diesem Fundkomplex nun eine Reihe verschiedener Gewebequalitäten mit derselben Bindung nachgewiesen. Die verschiedenen Qualitäten in Leinwandbindung (Abb. 8, 9) sind Köper 2/1 (Abb. 10) und Köper 3/1 Gleichgrat und 3/1 Fischgrat (Abb. 11).

An den Köpergeweben sind Nähte vorhanden (Abb. 12, 13). Diese Gewebe lagen über anderen Geweben, entweder aus pflanzlichen Fasern oder über Wollgeweben. Reste von Verschlüssen (Metallösen und gezopfte Bändchen) lassen vermuten, dass es sich mindestens teilweise um Gewänder (liturgische Gewänder?) handeln musste. Weiter sind Altartücher oder sonstige Kirchentextilien möglich.

13 *Nähte (Kat. 7).*

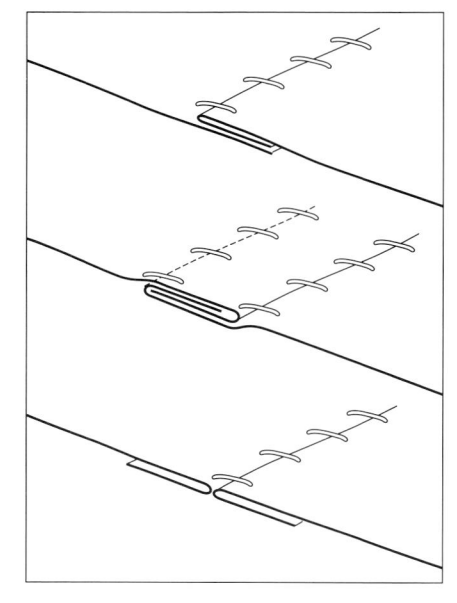

Textilfunde aus den Grabungen von 1976 bis 2000

7

8

9

10

11

12

*14   Band aus lancierten Goldlahn-
fäden (Kat. 4). Vergrösserung: 10x.*

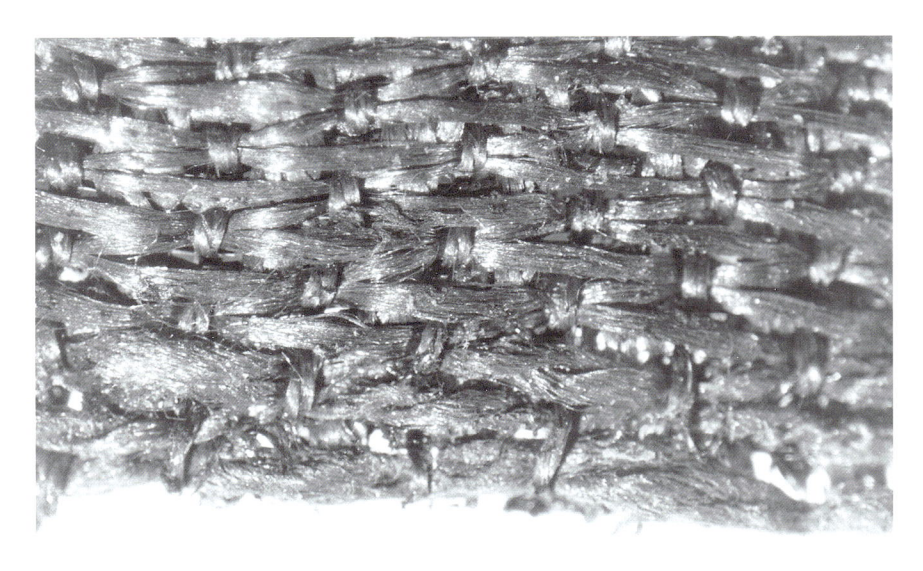

*15   Gewebe der Borte auf der
Rückseite des Bandes mit Metallfäden
(Kat. 4). Vergrösserung: 20x.*

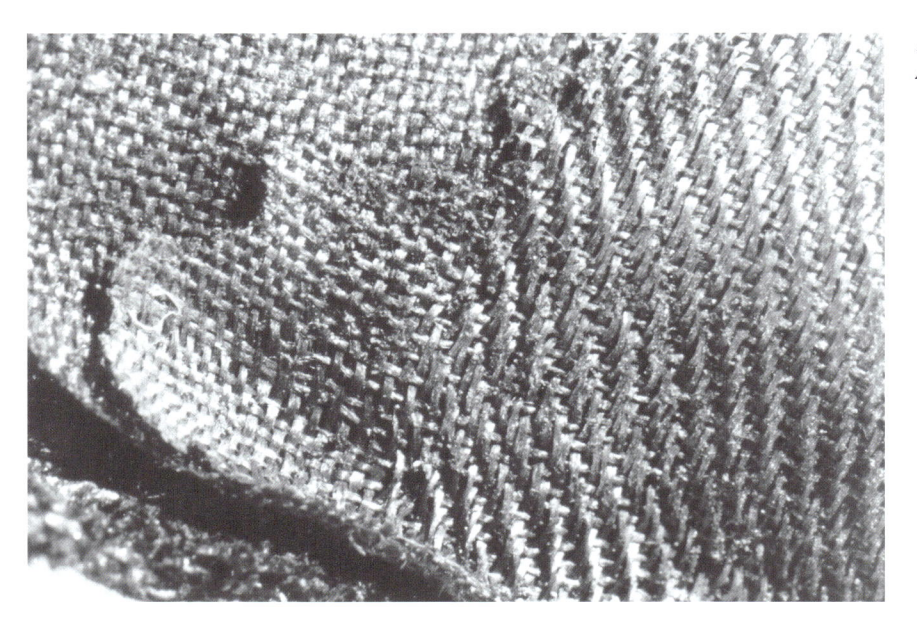

*16   Taft mit Muster in Köper 3/1 (Kat.
4b). Vergrösserung: 10x.*

Andere Gewebe aus Lein/Hanf sind unverkohlte, einfache Leinwandgewebe, wie zum Beispiel ein sehr feines Gewebe, das mit Metallfaden (nach dem Befund am Halsausschnitt) verziert wurde (Kat. 40, Abb. 23), oder gröbere Gewebe, die als Futterstoff verwendet wurden (z.B. Kat. 64g).
Die Baumwollgewebe sind ausnahmslos in die Neuzeit oder jüngere Neuzeit zu datieren. Darunter sind die Stoffblumen der Kränze in den Gräbern der Nonnengruft zu erwähnen. Die weissen Stoffblumen bestehen aus Baumwolle, die gelblichen (goldenen) aus Seide (Kap. 6). Ein rot bedrucktes Gewebe aus Baumwolle in Köper 2/2 (Kat. 14c) vom Kirchengewölbe vertritt den neuzeitlichen Zeugdruck. Drei Funde, die mit Leim und/oder Verputzresten versehen sind, gehören zu den für die Entfernung von Fresken im 20. Jahrhundert benutzten Textilien.

Bindung	SMA	FNZ	NZ?/NZ	JNZ
Leinwand	21		19 (2)	8 (10)
Rips	1		(1)	
Köper 2/1	20		2	
Köper 3/1	5			
Köper 2/2			(2)	
unbestimmt	1			

Tabelle 3: Gewebe aus Lein oder Hanf, in Klammer aus Baumwolle.

6. Seidengewebe

22 Seidengewebe (ohne Bänder) sind aus Müstair erhalten. Die mittelalterlichen Seidengewebe sind Tafte oder Köper 2/1. Eines der ältesten noch erhaltenen Seidengewebe ist spätmittelalterlich und stammt aus Grab N296 (Nordkreuzgang). Erhalten sind bandartige Reste der Ärmelborte (Kap. 10.2.1). Diese besteht aus einem Seidengewebe mit S-Zwirn in Kette und Schuss, abgebunden in Köper 1/2. Dazu sind dunklere Reste eines andern Schussfadens aus Seide mit feinen, nur schwach sichtbaren Resten von Metalllahn erhalten. Diese Borte wird durch zwei „Bänder" eingefasst (Abb. 14), die aus 40 lancierten Goldlahnfäden im Schuss (einseitig vergoldet, Kap. 3) bestehen (zum Befund Kap. 10.2, Abb. 26). Diese Bänder aus Metalllahn waren direkt eingewebt; zum Teil ist ein- oder beidseitig die Fortsetzung des Köpers 1/2 – das heisst das Gewebe zwischen den beiden „Bändern" mit Metallfaden – sichtbar. Beim Band teilen sich jeweils die gezwirnten Schussfäden in zwei Garne, wobei das eine den Goldlahnfaden bindet (in Köper 1/4), das andere den Köper 1/2 (Abb. 15). Über einem Bandfragment mit den Goldlahnfäden befanden sich mehrere Schichten eines Tafts (Kat. 4b) mit Muster in Köper 3/1 (Abb. 16). Es handelt sich um ein Exemplar, wie sie schon im frühen 11. Jahrhundert nachgewiesen sind.[9] Dieses Gewebe gehört wahrscheinlich zum gemusterten Gewand, das an den Ärmeln zusätzlich mit Borten verziert war (Kap. 11).
Aus den Gräbern in der Ulrichskapelle, die vermutlich älter sind als das Grab aus dem Nordkreuzgang (Kap. 10.2), sind zwei Gewebe mit z-gesponnener Kette und ungesponnenem Faden im Schuss erhalten (Kat. 70b, 77b). Das eine Gewebe (Kat. 70b, Grab U38) ist in Köper 2/1 gewebt, mit Doppelfäden in der Kette und einer Einstellung von 50/34 Fäden pro Zentimeter (Abb. 17). Das andere (Kat. 77b, Grab U41) ist wahrscheinlich ein Taft mit 40 Fäden pro Zentimeter in beiden Fadenrichtungen. Da es sehr schlecht erhalten ist und teilweise in eine schwarze Schicht übergeht, ist die Bindung unsicher und eine gemusterte Seide nicht ganz auszuschliessen.
Sechs Seidengewebe gehören in die jüngere Neuzeit und sind Taftreste der Blumenkränze aus Gräbern (Kat. 54–59). Vier gemusterte Seiden, drei davon Lampas, wurden im Plantaturm gefunden und sind aufgrund der Be-

funde und der Muster in die zweite Hälfte des 18. Jahrhunderts zu datieren (Kat. 9b, 61, 65, Abb. 18). Die Farbanalyse der roten resp. violetten Farbtöne ergab für Kat. 9b Färberdistel[10] und für Kat. 65 Indigo oder Waid. Diese Lampasfragmente sind Schnittreste mit Webkanten, was auf die Verarbeitung dieser Gewebe im Plantaturm deutet. Ein einziger kleiner Samtrest stammt ebenfalls aus dem Plantaturm und gehört wohl wie die andern Fragmente dieses Komplexes ins 18. Jahrhundert. Vor einigen Jahren wurde beim Ausräumen der Nonnenzellen im Plantaturm eine Reihe von Fadenspulen mit Seidenfaden und Posamenten weggeräumt. Sie waren dort deponiert und wurden bis heute für die Verarbeitung von Seidengeweben verwendet.

Bindung	MA/SMA	FNZ?	NZ	JNZ
Taft	2	1	5	6
Taft lanc.	1			
K2/1	1			
Samt			1	
Lampas			3	
sonstige			1	
unbestimmt	1			

Tabelle 4: Seidengewebe.

7. Mischgewebe

Es gibt in dem Material von Müstair nur ein einziges Mischgewebe (Kat. 17d); dieses besteht aus Wolle und Lein und ist in Köper 3/1 gewebt. Es lag in einer Mulde des Gewölbes, zusammen mit Schnittresten eines schwarzen Wollgewebes, das wohl ins 18. Jahrhundert datiert werden kann. Die rote Farbe wurde durch Färbung mit Krapp erreicht.

8. Bänder

Zu den wichtigsten Funden gehören die mittelalterlichen Bänder mit Goldlahnfaden. Die zwei Bänder aus der Ulrichskapelle (Kat. 69, 78) bestehen nur noch aus dem Metalllahn, beide aus Goldlahn (Kap. 3). Die Seele ist völlig vergangen. Die Breite des Bandes aus Grab U44 (Kat. 69) beträgt 1.9 cm (Abb. 19). Beim andern, einem kleinen Fragment auf dem rechten Schlüsselbein aus Grab U51 (Kat. 79), ist nicht mehr die ganze Breite erhalten (Abb. 20). Bei beiden Bändern verlaufen die Goldlahnfäden horizontal zur Körperachse. Der Goldlahnfaden war vermutlich ein Schussfaden einer Borte, die an ein Gewand angenäht war. Die Machart der Borte ist unklar; die regelmässig horizontal verlaufenden Fäden stammen sicher nicht von einer Stickerei, sondern von einem lancierten Schuss eines gemusterten Seidengewebes oder vielleicht von einem Musterschuss eines Brettchengewebes (Kap. 11).
Ein Brettchengewebe, das aus einer Mulde des Kirchengewölbes stammt (Kat. 12g), wurde mit Metallfäden hergestellt und weist in der Mitte drei dickere Fäden auf. Solche Bänder waren an Kleidern des 17. Jahrhunderts angebracht. Die übrigen Bänder wurden in Bandweberei, Leinwandbindung oder in Rips gewebt und gehören in die Neuzeit oder in die jüngste Neuzeit. Eines davon besteht aus einem feinen korrodierten Metallfaden (Silber/Kupfer?) mit Musterschüssen aus Seide (Abb. 4). Die Fadenrichtung mit dem Metallfaden ist so dicht, dass nur diese sichtbar ist.

KatNr.	Kette	Schuss	Bindung	Datierung
Nr. 69	?	Metallfaden (Au)	?	mittelalterlich
Nr. 78	?	Metallfaden (Au)	?	mittelalterlich
Nr. 4	Metall/Seide	Seide	Musterschuss	spätmittelalterlich
Nr. 12g	Metall/Seide	Seide	Brettchengewebe	neuzeitlich?
Nr. 33	?	Metall/Seide	Rips	neuzeitlich
Nr. 42	Seide	(Metall)	?	neuzeitlich
Nr. 51	Metall	Seide	Taft	neuzeitlich
Nr. 62c	Seide	Metall	Leinwandbindung	neuzeitlich
Nr. 57	Seide	Seide	Taft	jüngere Neuzeit

Tabelle 5: Bänder.

9. Netz, Gestricke, Spitze, Stickerei

Im Quertrakt/Mitteltrakt ist aus dem Brandversturz von 1499 ein feines Netz gefunden worden (Kat. 8). Es besteht aus Lein und wurde mit dem Weberknoten geknüpft (Abb. 21).
Da die Fäden mit 0.5 mm zu fein sind für eine landwirtschaftliche Verwendung, ist am ehesten an ein Fischernetz oder allenfalls an ein Vogelnetz zu denken.
Drei Gestricke aus der Neuzeit oder der jüngsten Neuzeit sind erhalten (Kat. 16, 29b, 45). Kat. 29b ist mit Zwirn (Z) gestrickt, die beiden andern mit z-Garn. Beim Rest unter dem Fuss im mittelalterlichen Grab U41 (Kat. 78) könnte es sich um ein Gestrick handeln (Kap. 10.2, Abb. 29).
Eine feine, wohl neuzeitliche Spitze aus Leinen ist in der Niklauskapelle in einem Spalt beim Altar gefunden worden (Kat. 66, Abb. 22). Sie wurde als Klöppelspitze mit s-Garn hergestellt.
Im Material von Müstair ist nur ein Fragment mit Stickerei erhalten (Kat. 40). Es handelt sich um einen neuzeitlichen Grabfund aus der Turmfläche, bei dem nur der Rand des Gewandes im Halsbereich mit Stickerei (Silberfaden) in Schlingenstich übriggeblieben ist (Abb. 23).

10. Befunde

10.1 Der Abdruck eines karolingischen Textils

In der Fensternische der Südapsis gibt es den Abdruck eines Textils in der karolingischen Malerei (Abb. 24). Offensichtlich lehnte sich jemand an die steile Sohlbank, während der Putz noch feucht war, so dass vom Kleid ein Abdruck blieb. Der Gewebeabdruck ist ca. 20 cm² gross und 1 cm tief.[11] Die Textur des Gewebes ist ganz klar zu erkennen: es handelt sich um einen Rautenköper – Spitz- oder Diamantkaro –, eine schon zu römischer Zeit häufige Bindung, die während des ganzen Frühmittelalters gut belegt ist (Kap. 11). Mit diesem Abdruck gibt es nun auch im Alpenraum in einer Zeit ohne Textilfunde aus Bestattungen einen Beleg für den Fortbestand dieser Bindung.

10.2 Die Textilien aus den Gräbern

Im Kloster St. Johann wurden in verschiedenen Bereichen und aus verschiedenen Perioden Gräber gefunden. Es handelt sich um Gräber der jüngeren Neuzeit in der Nonnengruft der Kirche mit Kränzchen aus Metallgeflecht

17 *Köper 2/1 aus Seide (Kat. 70b). Vergrösserung: 35x.*

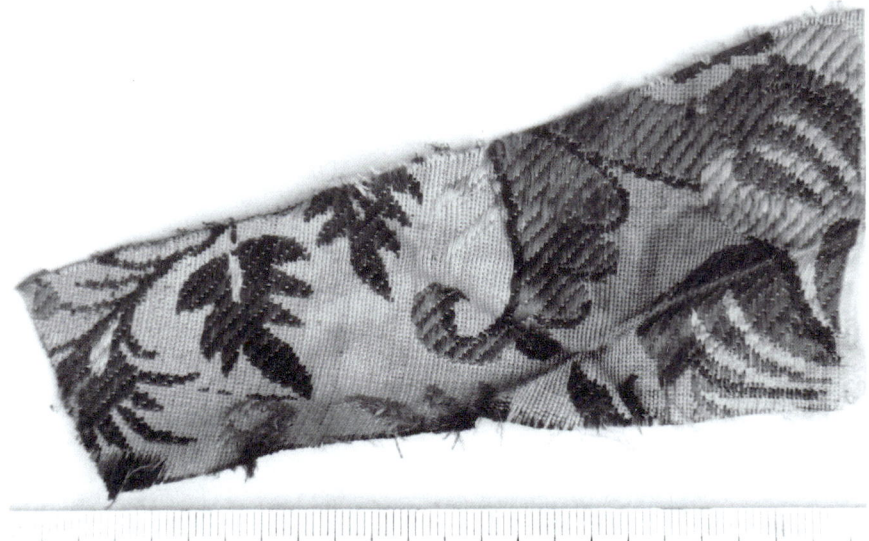

18 *Lampas (Kat. 61).*

19 *Rest eines Bandes in Goldlahnfaden (Kat. 69).*

20 *Goldlahnborte auf dem Schlüsselbein (Kat. 79). Vergrösserung: 23x.*

21 *Verkohltes Netz (Kat. 8). Vergrösserung: 67x.*

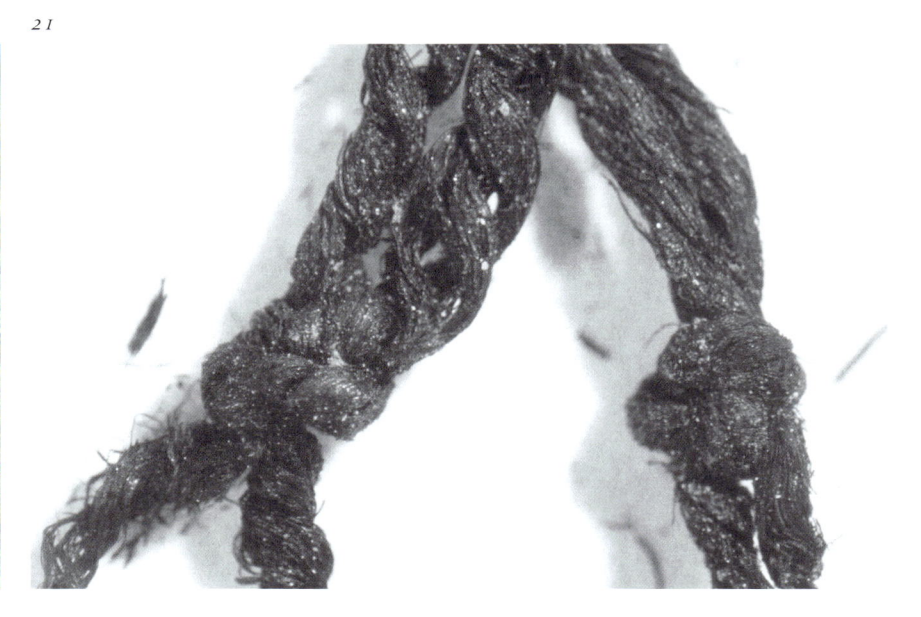

22 *Spitze (Kat. 66).*
Vergrösserung: 34x.

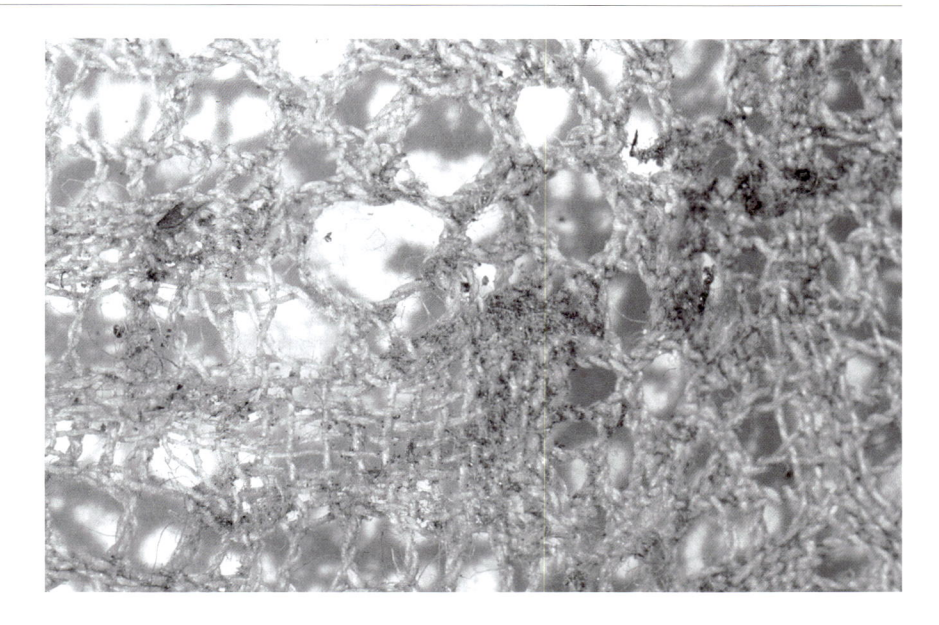

23 *Rand mit Stickerei in*
Schlingenstich (Kat. 40).
Vergrösserung 34x.

24 *Müstair, Klosterkirche,*
Fensternische der Südapsis. Abdruck
eines Gewebes im Putz des
karolingischen Freskos.

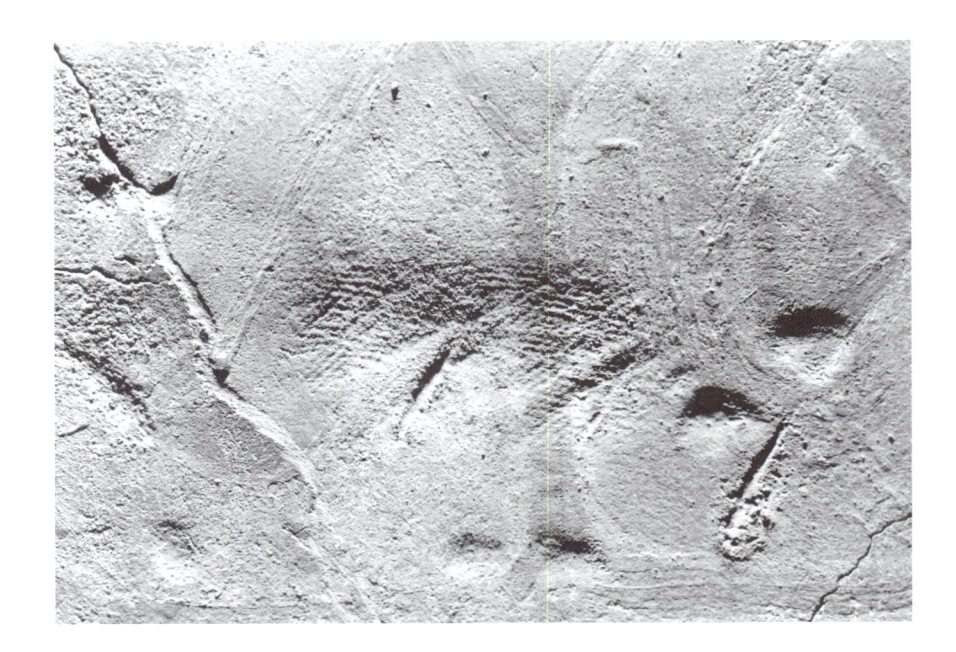

und Stoffblumen (Kat. 54–59), um Gräber aus dem Friedhof (Turmfläche, Kat. 37–51) und um neuzeitliche Gräber aus dem Friedhof (Kat. 19–31), von denen einige Bronzeknöpfe (gerundet oder flach, mit Öse auf der Rückseite) enthielten, wie sie im 18./19. Jahrhundert an zivilen oder militärischen Kleidern verwendet wurden. Der junge Mann aus Grab K614 kann möglicherweise aufgrund der Knöpfe an den Manschetten und seines jugendlichen Alters zu den Soldaten gerechnet werden.

Im Nordkreuzgang gibt es aus zwei Gräbern textile Reste, die spätmittelalterlich (Kap. 10.2.1) und frühneuzeitlich sind (Kat. 4–5 und 6). In einem andern spätmittelalterlichen Grab (Grab N311, nicht im Katalog) fand man nur Reste von Blumenstengeln.

10.2.1 Nordkreuzgang

Der Nordkreuzgang wurde im 11. Jahrhundert angelegt und brannte 1499. Beim Grab N296 handelt es sich um eine Männerbestattung (Abb. 25). Dieses Grab lag über anderen Gräbern; es gehört demzufolge zu den jüngeren – eher spätmittelalterlichen – Bestattungen des Nordkreuzganges. Der Mann hielt die Arme angewinkelt. An beiden Handgelenken und auf den Mittelhandknochen befanden sich Reste eines Gewandrandes. Wie aus der Detailzeichnung (Grabungsdokumentation) zu schliessen ist, gab es an jedem Handgelenk zwei Bänder von je ca. 50 cm Länge (Abb. 26). Darunter lag ein Gewebe, von dem ausser einem kleinen Taftrest mit lanciertem Muster nicht mehr viel erhalten ist. Wie in Kapitel 6 beschrieben, handelt es sich bei den Bändern mit Metallfaden um einen gemusterten Ärmelabschluss. Die Länge dieser Bänder, die eine Musterborte einfassten, beträgt je ca. 50 cm. Sie gehörten wohl zu einer gemusterten Dalmatik, dem liturgischen Gewand der Diakone (Kap. 11, Abb. 33). Die frühmittelalterliche Dalmatik war üblicherweise weiss und besass an den Ärmeln zwei schmale Besatzstreifen und an der Vorder- und Rückseite des Gewandes sogenannte „clavi", zwei purpurfarbige Streifen. Später, vom 13. Jahrhundert an, setzten sich farbige Dalmatiken – alle aus gemusterten Seiden – mehr und mehr durch.[12] Die Reste eines verzierten Tafts, die sich zum Teil mehrlagig auf den Metallstreifen befinden, sind wahrscheinlich Reste des Hauptgewebes einer solchen Dalmatik.

10.2.2 Ulrichskapelle

Die Ulrichskapelle wurde von Bischof Hartmann um 1035 als Teil seiner Residenz erbaut.[13] Dort lagen unter der Brandschicht von 1499 11 Männer- und Frauengräber (wohl keine Bischofsgräber).[14] Innerhalb der Bestattungen gibt es einige Überlagerungen, die auch für die Textilien von Wichtigkeit sind. So liegt Grab U44 über den Gräbern U43, U45 und U49, und alle in derselben Ecke deutlich über Grab U51. Somit muss Grab U51 mindestens eine Generation älter sein als U43/U45/U49 und mindestens zwei Generationen älter als Grab U44.[15] In Grab U51 lagen zudem bereits Fremdknochen. Im Gegensatz zu den Gräbern in der Turmfläche oder am Kirchweg sind die organischen Reste – im Vergleich zu den übrigen Gräbern und gemessen an ihrem Alter – recht gut erhalten. Dies liegt wahrscheinlich an der feuchten und lehmigen Erde in der Ulrichskapelle.

Die Gräber in der Ulrichskapelle wurden von Herbst 1999 bis Frühling 2000 ausgegraben. Dabei wurde in Grab U44 in Längsrichtung des Skelettes auf seiner Linken vom Hals bis zu den Unterschenkeln eine Borte aus Goldfäden beobachtet, von der zwei Blockbergungen herausgenommen wurden (Abb. 27). Im Fragment des kleineren Blocks konnte durch die Erhaltung beider Webkanten die Breite von 1.9 cm nachgewiesen werden (Abb. 19). Der Verlauf der Goldborte war im Halsbereich nicht genau festzustellen; Fäden lagen vermutlich beidseitig bis zum Schulterbereich. Unter der Wirbelsäule lag die Borte ebenfalls in Längsrichtung des Körpers.

Die Seele der Goldlahnfäden (Schussfäden) ist nicht mehr erhalten (zur Elementanalyse: Kap. 3). Das Metall war in S-Richtung um die Seele gewunden. Solche Borten wurden im Mittelalter meist in Brettchenweberei herge-

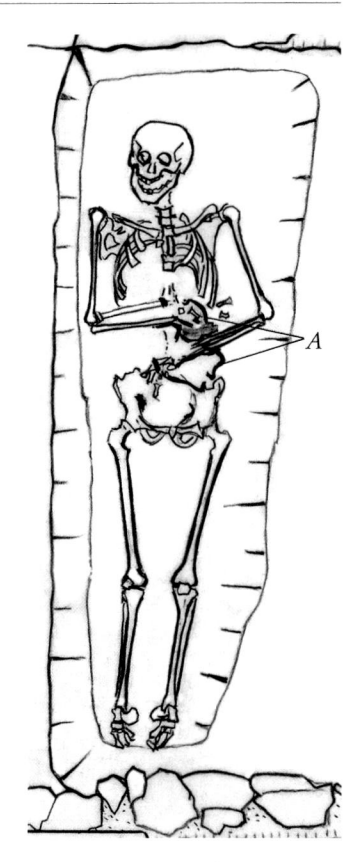

25 Plan des Grabes N296 im Nordkreuzgang, M. 1:20. A) Seidengewebe (Borte mit Metalllahn).

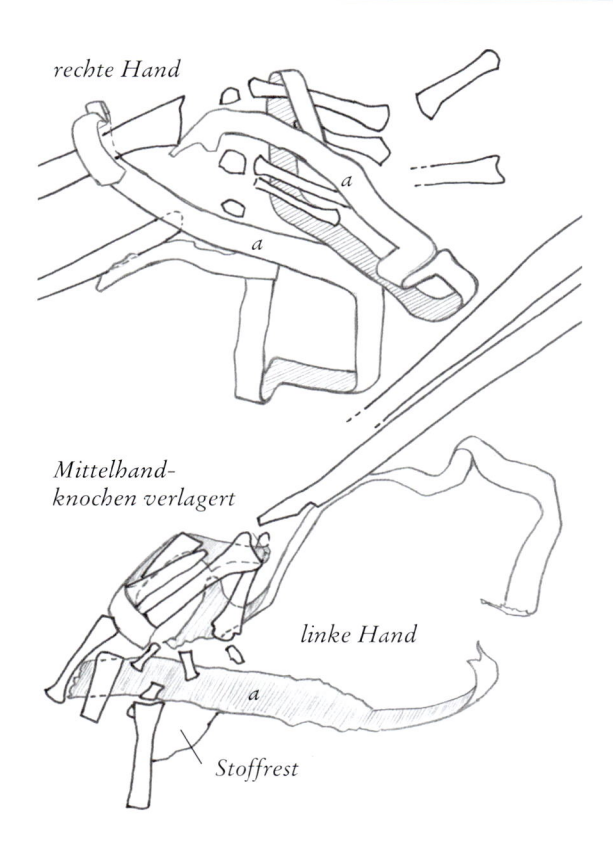

rechte Hand

Mittelhandknochen verlagert

linke Hand

Stoffrest

26a   Skizze der Hände und Bänder in Grab N296.

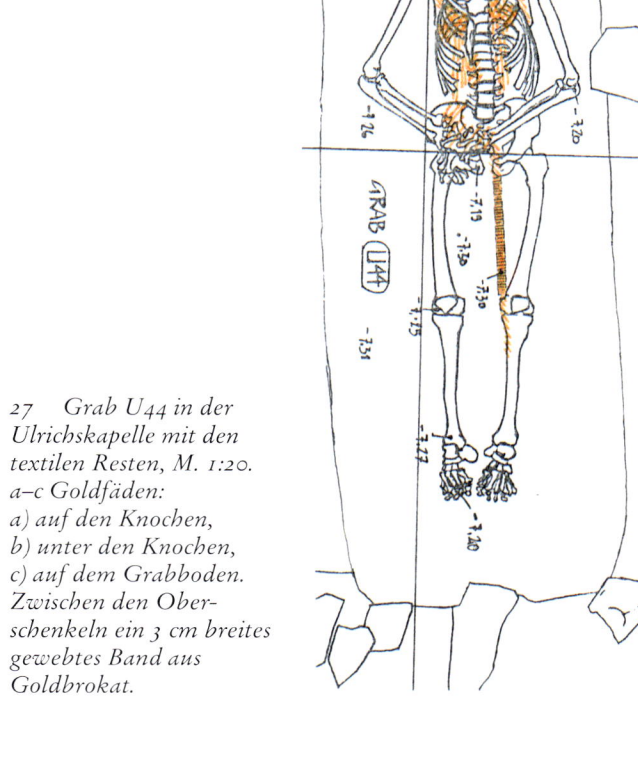

27   Grab U44 in der Ulrichskapelle mit den textilen Resten, M. 1:20.
a–c Goldfäden:
a) auf den Knochen,
b) unter den Knochen,
c) auf dem Grabboden.
Zwischen den Oberschenkeln ein 3 cm breites gewebtes Band aus Goldbrokat.

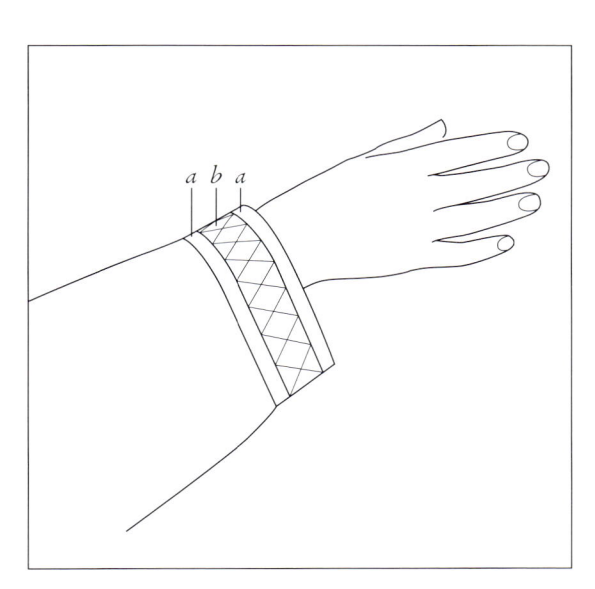

26b Rekonstruktion der Borte.
a) Bänder mit Metalllahn,
b) Mittelteil in Köper 1/2.

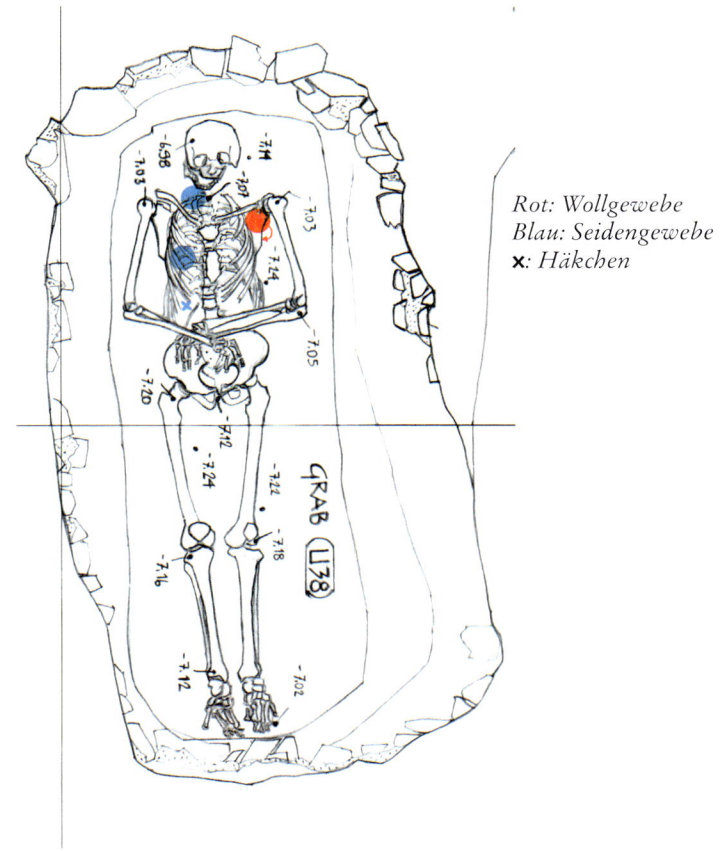

Rot: Wollgewebe
Blau: Seidengewebe
x: Häkchen

28   Grab U38 in der Ulrichskapelle mit Textilfunden, M. 1:20.

29 Rest eines Strumpfes (?) aus Grab U41 in der Ulrichskapelle. Vergrösserung: 10x.

stellt (Kap. 11). Das Gewebe, das unter/an der Borte lag, ist nur noch als braune Schicht sichtbar. Unter dieser braunen liegt eine schwarze Schicht. Verschiedene Proben erhellen das Bild über die Gewebe in U44. So lagen auf dem Becken Wollfasern über einer schwarzen Schicht, am rechten Unterarm waren einzelne Gewebereste zu erkennen, deren Fäden aufgedreht sind. Beim Becken konnten in der schwarzen Masse Seidenfasern erkannt werden. Das Wollgewebe, ein feines Gewebe in Köper 2/1, wurde auch unter dem Skelett gefunden (Abb. 5). Die braune Schicht kann also am ehesten als Wollgewebe identifiziert werden, die schwarze Schicht als nicht mehr erkennbares Seidengewebe. Die Borten mit Goldlahnfäden zierten vermutlich das Wollgewebe.

Der Befund der Goldborten – eine lange Borte auf der Vorderseite, die ursprünglich in der Mitte lag, und eine auf der Rückseite in der Mitte – und die Tatsache, dass die Goldlahnborten an einem Wollgewebe angebracht waren, deuten auf die Verzierung einer Kasel, einen sogenannten „Kaselstab", da Verzierungen eines Pluviale oder einer Tunika vermutlich symmetrisch seitlich und nicht einstreifig in der Mitte vorn und hinten verlaufen würden. Glockenkaseln wurden im Mittelalter aus Wolle, Leinen, Baumwolle oder Seide gewebt. Sie erreichten ohne Weiteres eine Länge von 1.60 m, was die Länge der Borte in Grab U44 erklären würde.[16] In diesem Fall ist eine Kasel aus Wolle nicht erstaunlich, da es sich bei den Gräbern in der Ulrichskapelle wohl kaum um Bischofsgräber handelt, sondern um solche weniger hochstehender Kirchenmänner.

30 Plan des Grabes U41 in der Ulrichskapelle mit Textilfunden, rot: Wollgewebe, blau: Seidengewebe, grün: Lein-Hanfgewebe?, Gestrick?

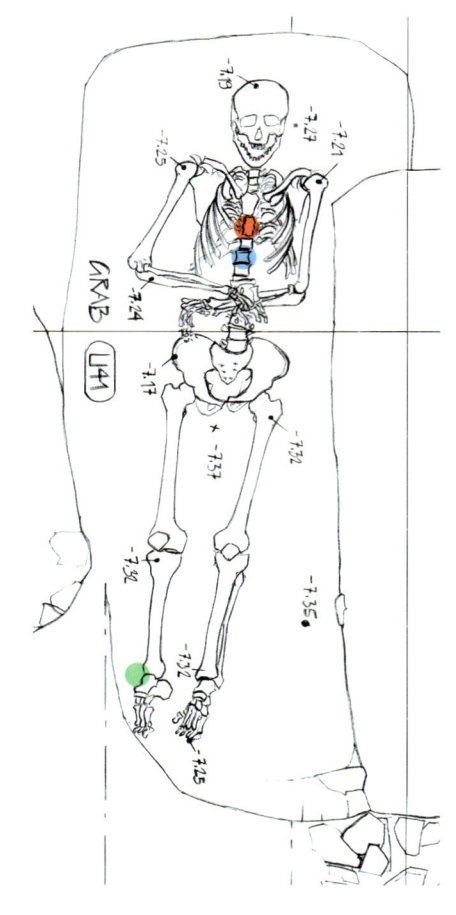

Aus Grab U38 – dem Grab einer Frau (Abb. 28) – sind einzelne Fragmente eines feinen Seidengewebes erhalten geblieben (Kap. 6). Dieses Seidengewebe, ein Köper 2/1 (Kat. 70b, c), lag an der rechten Seite und beim Unterkiefer (Abb. 17). Darunter befand sich eine schwarze Schicht mit Resten von Seidenfasern, die wahrscheinlich von einem andern, noch feineren Seidengewebe (Futter?) stammen. Ein korrodiertes Häkchen zwischen Becken und Rippen auf der rechten Seite weist auf den Verschluss des Gewandes hin. Nach der Entfernung des Skelettes wurde im Bereich des Oberkörpers auf der Grabsohle der Rest eines mittelfeinen Wollköpers geborgen (Kat. 76).

Aus Grab U41 stammen Reste eines feinen Wollgewebes (Kat. 77a, Abb. 6) und eines Tafts (Kat. 77b) aus dem Bereich Brust/Arme/Becken. Unter dem rechten Fuss lag ein Textilrest aus einer pflanzlichen Faser (Lein/Hanf), der wahrscheinlich vom Strumpf stammt (Kat. 77, Abb. 29, 30). Wenn es sich um aufgedrehte ursprüngliche Zwirne handelt, deutet dies eher auf ein Gestrick oder möglicherweise um eine Nadelbindung (Kap. 11).

In Grab U51 wurden im Frühling 2000 etliche Gewebe, darunter auch Fragmente einer Borte mit Goldlahn gefunden. In diesem Grab befanden sich schon umgelagerte Knochen, die vermutlich zum ältesten Grab der Ulrichskapelle gehörten (Abb. 31). Die Reste der Borte mit dem Goldlahn lagen auf dem linken Schlüsselbein. Wie in Grab U44 ist dieses Fragment der Rest einer Zierborte, die vermutlich an einer Kasel angebracht war. Technisch sind die beiden Metallfäden aus U44 und U51 sehr ähnlich, beide sind aus Goldlahn hergestellt (Kap. 3), wobei das Gold aus U51 noch etwas reiner ist als das aus U44. Aufgrund des Baudatums der Kapelle kann das Grab U51 frühestens in die zweite Hälfte des 11. Jahrhunderts datiert werden, nach der Fundlage unter vier weiteren Gräbern und der Brandschicht von 1499 spätestens wohl ins 14. Jahrhundert. Die technischen Merkmale an den Goldlahnresten deuten jedoch eher auf eine frühe Datierung ins 11. oder 12. Jahrhundert, allenfalls anfangs 13. Jahrhundert (Kap. 3 und 11).

11. Vergleiche

Der Abdruck des Gewebes im karolingischen Fresko hat Parallelen aus frühmittelalterlichen Gräbern der Nord- und Nordostschweiz, so in Elgg (ZH)[17], Schleitheim (SH) und Buus (BL)[18]. Rautenköper – vor allem Diamantkaro – ist zu dieser Zeit über grosse geografische Gebiete (Schweiz bis Skandinavien) ein Normgewebe mit gleichen Rapporten. Er fehlt, sobald im Hochmittelalter der horizontale Trittwebstuhl den Gewichtswebstuhl ablöst. Aufgrund der Befunde im Schweizer Material handelt es sich um äussere Kleidungsschichten, also eher um Mäntel/Umhänge als um Tuniken.

31   Plan des Grabes U51 in der Ulrichskapelle mit Goldlahnfragment.

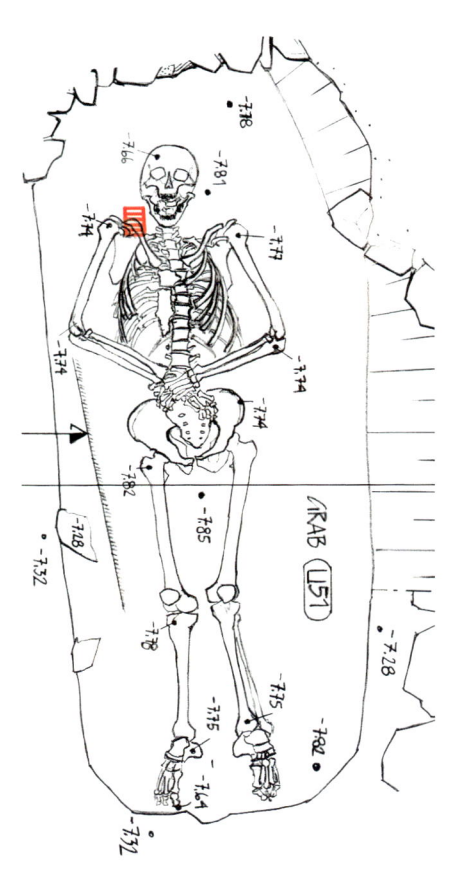

Funde aus dem Bamberger Dom sind der wichtigste Vergleichskomplex zu den mittelalterlichen Geweben aus Müstair. Die Borten (Kaselstäbe) mit Goldlahn aus der Ulrichskapelle (Grab U44 und U51) können mit den Brettchengeweben mit Broschierschuss M71 in der Breite von 1.8 cm oder M61 (12. Jh.) mit einer Breite von 1.4 cm, das letztere aber aus Silberlahn, verglichen werden.[19] Technisch sicher ähnlich, jedoch breiter sind die Kaselstäbe aus Goldlahnborten an der Kasel des Bischofs Bernhard von Hildesheim (M. 12. Jh.), an der Vitaliskasel (11. Jh.)[20] und an der Wolfgangskasel von Regensburg (11. Jh.)[21]. Ein Fresko aus dem Jahr 1397 in der Kirche von St. Peter in Mistail/Alvaschein bei Tiefencastel (GR) – ursprünglich ebenfalls eine karolingische Gründung – zeigt Petrus, der eine Glockenkasel – eine damals schon überholte Form – mit schmalen Verzierungen trägt, wie sie in Müstair in den Gräbern U44 und U51 gefunden wurde (Abb. 32).
Auf dem Fresko des 12. Jahrhunderts in der Südapsis der Kirche von Müstair trägt der hl. Stephanus, der zum Diakon geweiht wird, eine reich verzierte Dalmatik (Abb. 33). Diese wurde im Mittelalter den Diakonen anlässlich der Weihe vom Bischof überreicht.[22] (Sein altes Kleid trägt er selber auf einer Stange weg.) Die Ärmel sind mit einer breiten goldenen Borte verziert, die von feinen Bändern eingefasst wird; der Gewebeabschluss unten besteht ebenfalls aus einer breiten Borte. Das farbige Muster der dargestellten Dalmatik, Kreuze in Quadraten, lässt auf ein gemustertes Seidengewebe schliessen, wie es für Dalmatiken vom 13. Jahrhundert an üblich war.[23] Die Dalmatik aus Grab N296, die wohl spätmittelalterlich zu datieren ist, dürfte in dieser Art gefertigt worden sein. Die gezwirnten Fäden in beide Fadenrichtungen an deren Ärmelborten weisen eindeutig auf eine breitere Borte hin. Im Bamberger Material gibt es nur wenige Seidengewebe, die solche Zwirne aufweisen. Die Beispiele (ohne Brettchengewebe) mit S-Zwirn in Kette und Schuss stammen beide von Borten, so M53 (Köper lanciert, 12. Jh.) und M54 (Lampas, 11. Jh.).[24] Dass die ganze Breite der Borte aus N296, das heisst nicht nur die Bänder, sondern auch der innere Teil, mit Goldfaden verziert war, belegen die wenigen Reste des Gewebes an den Bändern. Ob

das praktisch nicht mehr erhaltene Hauptgewebe der Dalmatik wie die Borten Goldfäden besass, ist unsicher, aber für das Spätmittelalter gut vorstellbar.

Über den Herstellungsort der Gewebe mit Goldlahn lässt sich spekulieren. Goldlahnborten aus den älteren Gräbern (Ulrichskapelle, Gräber U44 und U51), deren Lahn praktisch aus reinem Gold besteht und die vermutlich aus dem 12./13. Jahrhundert stammen, wurden – wie die Zusammenstellung der Elementanalysen von Márta Járó schliessen lässt – in dieser Zeit in Europa produziert (Spanien, Italien, Deutschland); die vergoldeten Silberfäden aus Grab N296 (14./15. Jh.) sind jedoch schwieriger zu lokalisieren.[25]

Zum feinen Wollgewebe in Köper 2/1 aus Müstair (Grab U44, Abb. 5) gibt es auch aus Bamberg eine Parallele mit einem Einstellungsunterschied von ca. 5:1 und dadurch ripsartigem Aussehen. Dieser Gewebetyp ist in mittelalterlichen Stadtgrabungen unbekannt.[26]

Ein unter dem Fuss liegendes Fragment aus pflanzlichen Fasern deutet auf einen Strumpf (Abb. 29), vergleichbar den in Delémont (JU) erhaltenen sogenannten Pontifikalstrümpfen des hl. Germanus (12. Jh.).[27]

Mittelalterliche Gewebe aus pflanzlichen Fasern sind – vor allem in den grossen Komplexen Nordeuropas – äusserst selten erhalten. Hie und da kommen aus Grabungen in Gebäuden einzelne, meist kleine Fragmente zum Vorschein. Den grössten erhaltenen Komplex in der Schweiz bilden die Gewebe aus den spätmittelalterlichen Webkellern von Winterthur. Feine Leinwand, mittelfeine Leinwand und ein grober Köper 2/1 aus Lein oder Hanf zeugen von der Produktion im 13. und 14. Jahrhundert.[28] Die Funde aus einem Keller von Murten, der 1416 abbrannte, weisen noch auf ein anderes Element der spätmittelalterlichen Kleidung: bronzene Appliken (Nieten), die an Gurten und Gewandrändern fixiert wurden.[29] Aus Müstair gibt es möglicherweise auch einige Beispiele, die aber aufgrund der Dokumentation noch nicht klar den Kleidern zugewiesen werden können.[30]

Zu den jüngeren gemusterten Seidengeweben aus dem 18. Jahrhundert sind in Museen zahlreiche Beispiele zu finden. Modisch waren in der zweiten Hälfte des 18. Jahrhunderts Blumenmotive, die in Seide gewebt wurden.[31]

32   Mistail, St. Peter, Kirchweihe-Fresko des ausgehenden 14. Jahrhunderts an der Nordwand.
Ausschnitt: Petrus mit Glockenkasel.

33   Müstair, Klosterkirche, Südapsis. Stephanus als Diakon, Ausschnitt aus der romanischen Freskomalerei.

12. Zusammenfassung

In Müstair sind Gewebe gefunden worden, die aus verschiedenen Epochen – vom Mittelalter bis in die Neuzeit – stammen. Das älteste Zeugnis ist aber ein Gewebeabdruck: im karolingischen Fresko der Südapsis blieb der zufällige Beleg eines Diamantkaros erhalten. Aus den Gräbern der Ulrichskapelle und des Nordkreuzgangs stammen die mittelalterlichen Gewebe, welche mit Goldlahnfäden verzierte Borten aufweisen, Zeugen reicher Textilien – teurer Gewebe, die praktisch nur in kirchlichem Zusammenhang gefunden werden. Sie gehören zu den in der Schweiz archäologisch selten nachgewiesenen Gewebetypen. Ebenfalls aus dem Mittelalter stammt eine Reihe verkohlter Gewebe aus Lein oder Hanf und aus Wolle, die im Dachraum über dem Gewölbe lagen. Die jüngeren Gewebe, wie die groben Köper aus Wolle oder die gemusterten Seidengewebe, belegen – zum Teil als Schnittreste – die Textilverarbeitung im Kloster.

Die Textilien aus dem Kloster St. Johann

13. Katalog

Die Textilien wurden nach folgenden Kriterien aufgenommen: Fundnummer, Fundort, Objekt, Grösse, Spinnrichtung (Kette/Schuss), Fadendurchmesser (Kette/Schuss), Einstellung (Kette/Schuss), Bindung, Material, Farbe, Rand, Naht, Verzierungen, Datierung.

1
M71/87: Norperttrakt, Kordel geflochten, 4x2 cm, gezwirnt, Z, 0.8 mm, rot-gelb gemustert, gelber Faden mit Metalllahn, Seide, nach 1904?

2
M74/639: Südtrakt, Gewebe, 5x1.5 cm, gesponnen/gesponnen, z/z, 0.5/0.5 mm, 9/8 F/cm, Köper 2/2, Wolle, rot, Krapp *(Rubia tinctorium* oder *Rubia cordifolia)*, nach 1560/1904?

3
M85/5742: Raum 23, Gewebe, 6.3x6 cm, gesponnen/gesponnen, z/z, 1/1 mm, 8/8 F/cm, Leinwandbindung, Lein, weiss, voll Verputz, nach 1649.

4
M86/6356: Nordkreuzgang 1986, Grab N296, am rechten und linken Arm:
a) „Bänder", 32/20/42/35 cm B. 0.9 cm, gezwirnt/gezwirnt, S/S, 0.3/0.3 mm, 20/22 F/cm, Köper 2/1, Seide. Muster: Metallfaden (Seele aus Seide) in Köper 1/5, dazu feiner dunkler Schussfaden mit Metalllahnresten (schlecht sichtbar). Beim „Band" ist der Schussfaden (Zwirn) geteilt, ein Garn bindet den Metallfaden, der andere den Köper des Grundgewebes.
b) Gewebe, leichte s-Drehung/Haspelseide, 0.1/0.1 mm, 40/65 F/cm, Taftbindung, mit lanciertem Muster in Köper 3/1, z-Grat, Seide, spätmittelalterlich.

5
M86/6357: zu Skelett N296:
a) Gewebe fein, 1.8x0.7 cm, Haspelseide in beide Richtungen, 0.2/0.1 mm, 24/22 F/cm, Taftbindung, Seide;
b) Gewebe, 1.2x0.4 cm, gezwirnt/gezwirnt, S/S, 0.4/0.3 mm, Bindung und Einstellung nicht eruierbar, Seide, spätmittelalterlich.
M 86/6381: Blumenstengel mit Bronzering gehalten, Pflanzen nicht näher bestimmbar (Info Bot. Institut, Zürich).

6
M86/6412: Nordkreuzgang, Gewebe, auf 5./6. Brustwirbel von Grab N317, stark verkrustet, dunkelbraun, 3x2.5 cm, gesponnen/gesponnen, z/z, 0.5/0.5 mm, 10/7 F/cm, Tuchbindung, Wolle, am Durchlichtmikroskop leicht bläulich, frühe Neuzeit?

7
M86/7082: Kirchengewölbe, verkohlte Gewebe, wahrscheinlich Brandschicht von 1499, diverse Qualitäten:
a) Leinwandbindung:
– 2 Ösen mit Gewebe, z/z, 0.5/0.5 mm, F/cm?
– 4x3/3.2x2 cm, z/z, 0.4/0.3 mm, 15/12 F/cm
– 5.5x3.5 cm, z/z, 0.5/0.5 mm, 18/11 F/cm
– 4x2.3 cm, z/z, 0.5/0.5 mm, 12/9 F/cm
– 3x3/3x2 cm, z/z, 0.2–0.4/0.2–0.4 mm, 22/20 F/cm
– 3x2 cm, z/z, 0.4–0.8/0.6–0.8 mm, 11/7 F/cm
– 6x2/4.5x2/3.8x1.8 cm, z/z, 0.5–1/0.5–1 mm, 8/10 F/cm, letztgenanntes mit feiner LW (16/14 F/cm)
– 5x3.5/3x0.8/4x3.5/3x3/3x2 cm, z/z, 0.2–0.4/0.2–0.4 mm, 20/18 F/cm
– 3x2.4/3x3.5 cm, z/z, 0.5–1 mm Fø, 7/6 F/cm
– 3x1.8 cm, z/z, 0.1–0.2 Fø, 35/40 F/cm
– 3x2/3x2/6x4/3x3.5/5x3/5x4.5/6x4.5/4x2.5 cm, z/z, 0.3/0.5 mm, 22/14 F/cm
– 4.3x3.5/4.8x3/3.5x2/4x2.8/5x2/3.5x1.2/5.2x1.5/3x2/3.5x2/3.5x3/4.5/3.2/3.5x1.5/4x3/3x3.8/3.5x1.3/3.2/3.8 cm, z/z, 0.5–0.7/0.7–1.5 mm, 12/6.5 F/cm, einzelne Doppelfäden (Webfehler?)
– 2.5x2.1 cm, z/z, 0.4–0.6/0.3 mm, 24/16 F/cm
– 4.5x3/2x3/3.5x2.5/4x4/6x4 cm, z/z, 0.4/0.4 mm, 18/14 F/cm, letztgenanntes zusammen mit Köper 2/1
– 5.5x3.8/2x3x1.8/4x1.8/3.3x2.3, z.T mit anderer LW, z/z, 0.5/0.7 mm, 14/10 F/cm, Webkante
– 3x2.2/3.5x2.5/4.5x3/9x3/4.5x3/4x2.8/4x2.5 cm, z/z, 0.5/0.5 mm, 15/16 F/cm
– 3.8x2.5 cm, z/z, 0.4/0.4 mm, 26/15 F/cm, mit gezopften Fäden
– 3.3x2.9 cm, z/z, 0.5/0.6 mm, 10/10 F/cm, REM 00/178: Lein/Hanf
– 9.5x6 cm, z/z, 0.5/0.5 mm, 15/14 F/cm, zusammen mit K2/1 (19/13 F/cm)
– 7.5x8 cm, z/z, 0.5/0.5, 22/14 F/cm, mit K3/1, schöne Qualität
b) Köper 2/1:
– z/z, 0.5/0.5 mm, 12/10 F/cm
– 3x3.6/2.9x2 cm, z/z, 0.5/0.5 mm, 14/12 F/cm, Naht, Nähfaden S-Zwirn ø 1mm
– 3x3 cm, z/z, 0.5/0.7 mm, 15/13 F/cm
– 3.5x2.5/3.6x3.2 cm, z/z, 0.5–0.7/0.3–0.7 mm, 14/14 F/cm
– 3.5x1.5/4x2.2 cm, z/z, 0.3/0.5 mm, 18/12 F/cm, letztgenanntes mit Leinwand (12/10F/cm)
– 5.5x3.5/4.5x2.5/4.5x4.5/4.5x2.5/3.5x2/3x2/4x3.2/3.8x3.5 cm, z/z, 0.5/0.7 mm, 16/12 F/cm
– 3x1.5/3.5x3/3.5x3, 6x4 cm, z/z, 0.3/0.6 mm, 16/16 F/cm, Naht, letztes Stück mit Leinwand
– 5.3x4/4.5x1.6/3.7x3/3.5x2.2 cm, z/z, 0.5/0.3–0.8 mm, 20/16 F/cm
– 3.5x3.5/7x4.5/4x3/3x2.3 cm, z/z, 18/14 F/cm
– 3x2.5 cm, z/z, 0.3/0.5 mm, 20/12 F/cm, REM-Probe 00/177: pflanzlich (Lein/Hanf)
– 2.5x1 cm, z/z, 0.3–0.5/0.3–0.5 mm, 19/16 F/cm, Naht
– 3.2x2.2/3x2.1/3.8x3 cm, z/z, 0.3/0.3 mm, 18/16 F/cm
– 3.2x2, z/z, 0.5/0.4–0.6 mm, 16/14 F/cm

– 10.5x8 cm, z/z, 0.2–0.3/0.3 mm, 18/18 F/cm
– 11x8/3.5x5/4.5x2.5/3.5x1.5/3.8x2.5/3x1.5/3.8x3.5 cm, z/z, 0.5–0.8/0.5 mm, 17/13 F/cm
– 7x4/3.5x1.5/3x3/4.5x3.5 cm, z/z, 0.4/0.7 mm, 15/14 F/cm
– 3x1.7 cm, z/z, 0.3/0.3 mm, 18/16 F/cm
– 6.5x3 cm, z/z, 0.5/0.4–0.7 cm, 17/11 F/cm
– 9.5x6 cm, mehrlagig, z/z, 0.5/0.3–0.5 mm, 19/13 F/cm, zusammen mit LW (15/14 F/cm)
– 5.5x4 cm, mehrlagig, z/z, 0.3/0.5 cm, 15/12 F/cm, zusammen mit LW (18/16 F/cm)
– 3.3x1.7/4x1.5 cm, z/z, 0.3/0.5 mm, 16/10 F/cm

c) *Köper 2/2:*
– 3.7x2.3/3x1/4.5x3 cm, z/z, 0.6/0.3 mm, 14/12 F/cm, ein Teil geschmolzen, Probe 00/174: Wolle
– 4.5x4 cm, z/z, 0.5/0.5 mm, 15/13 F/cm, Probe 00/179: Wolle, zusammen mit K2/1 (16/12 F/cm)

d) *Köper 3/1:*
– 4x2 cm, z/z, 0.5/0.5 mm, 18/16 mm, Probe 00/175: Lein, darunter ein Wollgewebe, z.T. geschmolzen, wahrscheinlich gerauht, Köper 2/2?
– 3x2.3 cm, z/z, 0.5/0.4 mm, 23/?F/cm, zusammen mit Köper 2/1 (ca. 16/14 F/cm) und Leinwand (14/14 F/cm)
– 7.5x8 cm, mehrlagig, z/z, 0.3/0.3 mm, 27/18 F/cm, darüber LW (22/14 F/cm), darunter geschmolzene Wolle

e) *Köper 3/1 Fischgrat:*
– 5.5x1.5/4.5x3.5/6x2 cm, z/z, 0.5/0.5 mm, 22/10 F/cm
– 3.5x4/4,5x1.5 cm, z/z, 0.3/0.3 mm, 22/18 F/cm, Probe 00/176: pflanzlich (Lein/Hanf)

f) *Rips:*
– 3x1.5 cm, z/z, 2.5/0.7 mm, 3/12 F/cm

g) *Filz:*
– 4x3 cm, Filz, Probe 00/180: Wolle

8
M89/10423: Quertrakt/Mitteltrakt, Netz aus Brandversturz 1499, verkohlt, Faden gezwirnt, S, 0.5 mm, Weberknoten, spätmittelalterlich.

9
M93/13287: Kirchengewölbe, Mulde 9S, nach 1492)
a) Gewebe, 4x8 cm, Haspelseide, 0.3/0.3 mm, 27/25 F/cm, Taftbindung, Seide, grünlich.
b) Gewebe, 5x6 cm, dreieckig, Kette Haspelseide 0.3 mm, 51/22 F/cm, Kette weiss, Schuss grün und rot, 1 mm (4 Fäden Haspelseide zusammen), Lampas brochiert, Seide, mit Webkante, wahrscheinlich Schnittrest, Färberdistel (*Carthamus tinctorius*), 18. Jh.?

10
M93/13288: Kirchengewölbe, Mulde 7N, 3 Gewebe, nach 1492:
a) Gewebe, 10.2x2 cm, zerrissen, gezwirnt/gezwirnt (4fach), S/S, 0.3/1–1.4 mm, 8/5.5 F/cm, Kattunbindung, Baumwolle, nicht merceri siert, neuzeitlich?
b) Gewebe, 6.5x3 cm, in beide Richtungen gesponnen, z, 0.5 mm, 18 F/cm, Leinwandbindung, Lein;
c) Gewebe, 6.5x3 cm, mit b) zusammengenäht, in beide Richtungen gesponnen, z, 0.3–1 mm, 12 F/cm, Leinwandbindung, Hanf, grobe Qualität, Faserbündel erhalten.

11
M93/13289: Kirchengewölbe, Mulde 8S, Gewebe und Filz nach 1492:
a) Gewebe, 6x5 cm, gesponnen/gesponnen, z/z, 0.8–1.2 mm, 7/5 F/cm, Leinwandbindung, Hanf;
b) Gewebe, 5.5x5/4.2x3.5/14x3.5/3x2.8/2.7x1.8 cm, in beide Richtungen gesponnen, z, 0.3 mm, 12 F/cm, Kattunbindung, Baumwolle, weiss, geleimt und mit Verputzresten, 20. Jh.;
c) Gewebe, 3x6 (3 Mal), 3.5x6.2/3x6.5/4x6.5/3x4/3x5/3.7x6 (mit Naht), 2.5x6 (Rand umgelegt, Naht) cm, gesponnen in beide Richtungen, z/s, 0.3/0.3 mm, 23/22 F/cm, Tuchbindung, schwarz, Wolle, gekratzt, fast alle Fragmente dreieckig, Schnittreste. Nähfaden: Z-Zwirn, 0.2 mm, Baumwolle, neuzeitlich;
d) Gewebe, 12.5x5 cm, in beide Richtungen gesponnen, z/z, 0.4–0.5 mm, 20 F/cm, Kattunbindung, Baumwolle, weiss, mit Webkante, darauf einige Reste von b);
e) Gewebe, 3x2/6x2/4x3 cm, in beide Richtungen gesponnen, z, 0.3–0.5 mm, 14 F/cm, Leinwandbindung, Lein, weiss. Mit angenähter Metallöse an einem Fragment;
f) Gewebe, 1.8x3 cm, gesponnen/gesponnen, z/z, 0.7/1.5 mm, 7.5/5 F/cm, Leinwandbindung, Lein/Hanf, weiss;
g) Gewebe, 8x7/7x5 cm, gesponnen/gesponnen, z/z, 0.3/0.4 mm, 13/11 F/cm, Köper 2/1, Lein, weiss;
h) Gewebe, 14x3.8 cm, in beide Richtungen gesponnen, z/z, 0.3–0.5 mm, 15 F/cm, Leinwandbindung, Lein, weiss;
i) Gewebe, 6.5x2.5 cm, in beide Richtungen gesponnen, z/z, 0.3/0.3 mm, 24/23 F/cm, Köper 2/2 (Gleichgrat), Baumwolle, ursprünglich dunkelblau oder schwarz gefärbt, mit blauem Wollfaden (gezwirnt, Z, 1.4 mm) geflickt;
k) Gewebe, 1.4x2 cm, gesponnen/gesponnen, z/z, 0.3/0.3 mm, 32/26 F/cm, Leinwandbindung, Lein, Flick von l);
l) Gewebe, 10x7 cm, gesponnen/gesponnen, z/z, 0.3–0.5 mm in beide Richtungen, 17/16 F/cm, Kattunbindung, Baumwolle;
m) Gewebe, 10x7 cm, gesponnen/gesponnen, z/z, 0.4–1.6 mm, 7.5/7 F/cm, Leinwandbindung, Hanf, an l) genäht, Nähfaden S-gezwirnt, 0.7 mm, Lein.

12
M93/13290: Kirchengewölbe, Mulde 9N, nach 1492:
a) Gewebe, 3.5x6/2.5x3 cm, gesponnen in beide Richtungen, z/s, 0.3/0.3 mm, 23/22 F/cm, Tuchbindung, schwarz, Wolle, gekratzt, fast alle Fragmente dreieckig, Schnittreste, das eine Fragment mit Naht, Nähfaden S-Zwirn, 0.5 mm, Lein. Wie M93/13289 c);
b) Gewebe, ca. 8.5x3 cm, gesponnen/gesponnen, z/z, 0.3–0.7 mm, 14/12 F/cm, Leinwandbindung, Lein, geleimt, mit Verputzresten, 20. Jh.;
c) Gewebe, 6x1.5 cm, gesponnen/gesponnen, z/z, 0.3–0.5 mm, 16/14 F/cm, Leinwandbindung, Lein, ungefärbt, auf einer Seite ev. anderes, zerfallenes Gewebe, als dunkle Schicht erkennbar;
d) Gewebe, ca. 5x3.5 cm, gesponnen in beide Richtungen, 0.2–0.3 mm, 17 F/cm, Leinwandbindung, Lein, ungefärbt.
e) *Gewebe*, 5.5x2.5 cm, Haspelseide, 0.2/0.3 mm, 60/34 F/cm, Taftbindung, Seide, hellgrün;
f) Gewebe, 13.5x1.5 cm, in beide Richtungen gesponnen, z, 0.5 mm, 12 F/cm, Leinwandbindung, Hanf, ungefärbt;
g) Band, L: 96 cm, B: 0.6 cm, gesponnen, 0.5 mm, z, auf jeder

Seite 5 Fäden, in der Mitte 3 Fäden dicker (Muster), teilweise Metalllahn (Silber) erhalten, der alle Fäden umwickelte, Brettchenweberei, Seide, ungefärbt?, wahrscheinlich 17./18. Jh.

13
M93/13291: Kirchengewölbe Mulde 11, Gewebe, 6.4x5 cm, gesponnen in beide Richtungen, z, 0.5–1 mm, 11/10 F/cm, Leinwandbindung, Lein, ungefärbt, nach 1492.

14
M93/13292: Kirchengewölbe, Mulde 16, nach 1492:
a) Gewebe, 0.8x56/0.8x77 cm, in beide Richtungen gesponnen, z, 0.8–1 mm, 12/9 F/cm, Leinwandbindung, Lein (Probe 00/156, am REM klar), ungefärbt, abgeschnittene Säume;
b) Gewebe, 0.5x10 cm, gesponnen/gesponnen, z/z, 0.3/0.3 mm, 24/15 F/cm, Köper 2/2, Wolle, grün, Webkante, Kette deutlich schärfer gesponnen;
c) Gewebe, 6x36.5 cm, gesponnen/gesponnen, z/z, 0.1/0.1 mm, 31/30 F/cm, Köper 2/2, Baumwolle, rot bedruckt, Saum.

15
M93/13293: Kirchengewölbe Mulde 17, Seil, L. 24 cm, ø 8 mm, S-gezwirnt, rot, Gramineen, synthetischer Farbstoff, nach 1492, Farbanalyse weist auf eine Datierung nach 1870.

16
M93/13294: Kirchengewölbe Mulde 18, Gestrick, 7.3x10 cm, Faden z-gesponnen, 0.8 mm, auf 3 cm 11 Reihen und 8 Maschen, glatt rechts gestrickt, dunkelbraun, nach 1492.

17
M 93/13295: Kirchengewölbe, Mulde 8N, nach 1492:
a) Seil, L. 18 cm, Z-geschlagen, aus drei Schnüren (s), ø 0.7 mm, Hanf;
b) Gewebe, 18x2.5 cm, 0.8/0.5 mm, 22/18 F/cm, Leinwandbindung, Lein, Ärmelbund plissiert;
c) Gewebe, 3.5x6.5, gesponnen in beide Richtungen, z/s, 0.3/0.3 mm, 23/22 F/cm, Tuchbindung, schwarz, Wolle, gekratzt, dreieckig, Schnittrest, wie M93/13289 c) und M93/13290 a);
d) Gewebe, 8x2.5/2x2.5/1.5x1.572x1 cm, gesponnen/gesponnen, z/z, 0.8/0.4 mm, 14/20 F/cm, K3/1 S-Grat, Kette rot, Schuss weiss, Krapp und Tannin *(Rubia tinctorium)*, Wolle/Lein.

18
M93/13296: 5 Gewebe aus Kirchengewölbe Mulde 2, nach 1492:
a) Gewebe, 4.5x6/17x6 (gefaltet)/15.5x10/4.5x4/5x1.7/5x4/4x1.5/20x3 cm, gesponnen in beide Richtungen, z/z, 0.5/0.5 mm, 14/14 F/cm, Kattunbindung, Baumwolle, ungefärbt, z.T. mit Verputzresten, ein Fragment ohne Leim, wahrscheinlich 20. Jh.;
b) Gewebe, 9x5/4x6/22x4 cm, gesponnen/gesponnen, z/z, 0.3/0.3 mm, 24 F/cm, Kattunbindung, Baumwolle, ungefärbt;
c) Gewebe, 5.5x3/9.5x3/5x1/5x4 cm, gesponnen/gesponnen, z/z, 0.8/0.8 mm, 16/14 F/cm, Köper 2/2 S-Grat, Wolle, gerauht, braun, Seitenkante in Panama; Nähfaden S-Zwirn, 0.4 mm, Seide, Vorstich;
d) Gewebe, 20x1.5 cm, gezwirnt (aus 6 z-Fäden)/gesponnen, S/z, 2/0.3 mm, 7/3 F/cm, Rips, Baumwolle, ungefärbt;
e) Gewebe, 3.5x3 cm, gesponnen in beide Richtungen, z, 0.5 mm, 17/15 F/cm, Köper 2/2 S-Grat, grün, Wolle.

19
M93/14104: Kirchweg, Grab K597, Gewebe, 4x3 cm (Klumpen) mit schlecht erhaltenen Gewebresten, Dreck. An Gewebe fragmentierte Gewandösen, Gewebe: Leinwandbindung, Fadendurchmesser und Einstellung nicht mehr messbar, wahrscheinlich Wolle, barock.

20
M93/14105: Kirchweg, Grab K597, Klumpen mit Dreck, Knochenreste und ev. Fasern, stark mit Wurzeln durchsetzt. Die schwarzen Fasern sind nicht mehr bestimmbar.

21
M93/14201: Kirchweg, Grab K600, völlig auseinandergefallenes Wollgewebe an Bronzeknopf. Nähfaden: S-Zwirn, ø 1 mm, Wolle, nicht vor 1770.

22
M93/14295: Kirchweg, Schicht K284, Gewebereste, 0.5x0.5(2x)/1x1.2 cm, gesponnen/gesponnen, z/s, Bindung und Einstellung nicht mehr erkennbar, wahrscheinlich Wolle, neuzeitlich.

23
M93/14325: Kirchweg, Grab K626, 7 Fragmente, max. 2x2 cm, gesponnen/gesponnen, z/z?, 0.5/?, Bindung und Einstellung nicht erkennbar, da eine Fadenrichtung praktisch völlig fehlt, Wolle, 2 Knöpfe mit Öse auf der Rückseite, nicht vor 1673.

24
M93/14541: Kirchweg, Schicht K284, Gewebe, 9 Fragmente, max. 1.5x1.5 cm, schlecht erhalten, gesponnen/gesponnen, z/z, Faden ca.0.3–0.5 mm, Einstellung nicht messbar, Köper 2/? (wahrscheinlich 2/2), Wolle, braun. Dazu 5 Bronzeknöpfe mit Öse auf der Rückseite, neuzeitlich, um 1800.

25
M93/14542: Kirchweg Grab K613, Gewebe an grossem Bronzeknopf mit Öse ø 2.7 cm, ankorrodierter Rest, Faden gesponnen, z/s, 0.3/0.5 mm, Einstellung nicht messbar, Köper 2/2, Wolle. Am zweiten Knopf dieser Grösse Schichtung erkennbar: zum Knopf hin (Unterseite) eine feine braune Schicht (unbest.), darüber (resp. darunter) eine schwarze Schicht, die wahrscheinlich das Köpergewebe war. Dazu 6 Bronzeknöpfe mit Öse, ein Beinknopf mit 5 Löchern und bei der Hüfte zwei Häkchen, 18./19. Jh.

26
M93/14594: Kirchweg Grab K615, Klumpen 5x1.5 cm mit Haaren (Schafwolle), keine textile Struktur erkennbar, 18./19. Jh.

27
M93/15595: Kirchweg, Fadenreste, S-Zwirn, ø 0.3 mm, Seide, grün. War wahrscheinlich ein Nähfaden eines Wollgewebes, das im Deckklumpen nur noch als Faserrest erkennbar ist, 18./19. Jh.

28
M93/14607: Kirchweg, Rest aus Grab K615, Faden S-gezwirnt, ø 0.4 mm, Seide grün, die Naht ist erhalten, das dazugehörige Gewebe nicht mehr, 18./19. Jh.

29
M93/15039: Kirchweg, Grab K 614, Gewebereste in Erdklumpen:
a) Faden gesponnen/gesponnen, z/z, 0.3/0.3 (Faden wahrscheinlich geschrumpft), 16/15 F/cm, Köper 2/2, Wolle, jetzt braun, war wahrscheinlich weisse Wolle;
b) Gestrick, auf Kopf, 3x3 cm, rund gefaltet, Faden gezwirnt, Z, ø 0.5 mm, auf 2 cm 7 Maschen und 8 Reihen, glatt rechts, braun.

30
M 93/15591: Kirchweg, Grab K615, 4x3.5 cm, kompaktes Stück mit Wollhaaren, Filz?, 18./19. Jh.

31
M93/15594: Kirchweg, Grab K615, wie M93/14607, 18./19. Jh.

32
M94/15860: Kirchweg, aus Profilsteg, Knopf mit halbrundem Kopf und Öse, neben Öse Textilrest, S-Zwirne in beide Richtungen, ø 1 mm, möglicherweise von Kante, 18./19. Jh.

33
M94/16164: Friedhof Kirchweg, Grab F36, Band, 5x4/2x3.5 cm, nur eine Fadenrichtung sichtbar, die Seidenfäden scheinen Musterschüsse eines feineren Gewebes mit Metallfaden (Rips, Faden 0.2 mm, 50/5 F/cm) zu sein. Am Rand Nähfaden (S-gezwirnt, Seide) sichtbar, nach 1500.

34
M94/16172: Friedhof Kirchweg, Grab F36, Gewebereste auf Eisenkette, lag über den Rippen auf der l. Seite, gesponnen/gesponnen, z/z, 0.4/0.4 mm, ca. 10–12 F/cm, Tuchbindung, Wolle (Probe 00/157), nach 1500.

35
M95/18270: Friedhof 1995, Kapellenfläche, Textile Reste, Grab 417, schwarze Masse mit feinen Fäden, nicht mehr bestimmbar, barock.

36
M95/18271: Friedhof 1995, Kapellenfläche, Textile Reste, Grab F417, Beckenbereich, einzelne Fadenreste an Gewandverschluss (Häkchen), schlecht erhalten, ca. ø 0.3 mm, Seide, Spinnrichtung nicht erkennbar, barock.

37
M96/19011: Friedhof 1996, Turmfläche, Gewebe, Grab 622, 8x5/7x3/7x3/9x4 cm, gesponnen/gesponnen, z/z, 0.4/0.5mm, 18/14 F/cm, Köper 2/2, Wolle, dunkelbraun, Naht, Nähfaden nicht mehr bestimmbar, 18.–20. Jh.

38
M96/19013: Friedhof 1996, Turmfläche, Fadenreste, Grab F607, Kopfschmuck aus Drahtgeflecht, Fadenreste, gesponnen, s, ø 0.5 mm, Seide, an Metallgeflecht, 19./20. Jh.

39
M96/19 104: Friedhof Turmfläche, Grab F614, Wollstoff um Münzen, ca. 10x4 cm, z/s, Fø 0.3/0.5 mm, 13/10 F/cm, K2/2, nach aussen verfilzt, auf der VS 2 Lagen (umgelegt); auf der RS Wollhaare als rötlich erkennbar, Stoff gewalkt und geraut; die Wolle ist in einer Fadenrichtung rot gefärbt (Probe 00/29: Wolle, rot gefärbt); ev. auf der einen Schmalseite Naht, auf der andern Gewebe offen/beschädigt, 20. Jh.

40
M96/19116: Friedhof Turmfläche, Textile Reste, Grab F634 unter Kinn, kleine Gewebereste an Stickerei mit Metallfaden, oxidiert, 0.5x0.3 mm, Gewebe: gesponnen/gesponnen, z/z, 0.1–0.2 mm Fadendurchmesser, ca. 50 F/cm, Leinwandbindung, Lein, daran gestickt im Schlingenstich Reste Zierrand aus Metallfaden, ø 0.3 mm, s-gesponnene Seele aus Seide, 18.–20. Jh.

41
M96/19130: Friedhof Turmfläche, Grab K804, Textil gelöst, 3.4x3 cm, z/z, Fø 0.4/0.5 mm, 9/11 f/cm, K2/2, Wolle (Probe 00/33). Wolle braun, nicht geraut. Innenseite: filzige Lage → ev. Überreste eines Futterstoffes, nicht näher bestimmbar. Medaillon gereinigt, darauf einzelne Wollfasern und Reste einer kl. Schnur, S-Zwirn, ø 1.5 mm, Baumwolle, 18.–20. Jh.

42
M96/19170: Friedhof Turmfläche, Textilreste, Grab F627, Band, B. 1 cm, 4 Teilstücke von 0.5 cm, oxidiert, Kette ausser Randfaden nicht mehr sichtbar (Randfaden s-gesponnen, ø 0.8 mm, Seide), Schuss ursprünglich Metallfaden, das Metall ist praktisch vollständig weg, hinterlässt grüne Oberfläche auf Schussfaden, ø 0.5 mm, Seide, 18.–20. Jh.

43
M96/19331: Friedhof Turmfläche, Gewebereste an Bronzekette, Grab F750, im Halsbereich, 2x1.5/2x1 cm, wie M96/19333, Kettenende an das Gewebe fixiert, 20. Jh.

44
M96/19333: Friedhof Turmfläche, Geweberest, Grab F750, 5x3 cm, dreilagig, lag bei Rosenkranz, gesponnen/gesponnen, z/z, 0.4/0.3 mm, 28/40 F/cm, Tuchbindung, Wolle, rot, 20. Jh.

45
M96/19336: Friedhof Turmfläche, 2 Textilreste, Grab F748, neben Becken (Hosenträger?), Schnalle mit doppelter Lederlasche und Öse, 20. Jh.:
a) auf der Oberseite, Gewebe, 3.5x1 cm, gesponnen/gesponnen, z/z, 0.2/0.4 mm, 30/20 F/cm, Köper 2/2, Faser?;

Die Textilien aus dem Kloster St. Johann

b) auf der Unterseite Gestrick, 4x3 cm, Faden z gesponnen, 0.4 mm, auf 1 cm 14 Maschen x 12 Reihen, glatt links, Faser?

46
M96/19338: Friedhof Turmfläche, Gewebe, Grab F748, Geweberest an Lederöse, 2x1.8 cm, gesponnen/gesponnen, z/s, 0.4/0.4mm, 18/15 F/cm, Köper 2/1, Wolle?, 20. Jh.

47
M96/19339: Friedhof Turmfläche, Gewebe, Grab F748, über einem der beiden Medaillons feines Gewebe, 0.7x0.3/1x0.2/0.7x0.4 cm, z/z, Fø 0.1–0.2 mm, 54/55 F/cm, Kattunbindung, Baumwolle (Probe 00/32, REM 00/3/1). Dat.?

48
M96/19450: Friedhof Turmfläche, Gewebereste oxidiert, Grab F632, 2x1 cm, an Eisenschnalle? Baumwolle? Darunter feineres Gewebe, das aber nicht mehr bestimmbar ist, ev. Leinwand, 18.–20. Jh.

49
M96/19813: Friedhof Turmfläche, Fadenreste, F608, oxidiert, Fadenreste um Eisendraht, S-Zwirn, ø 0.9 mm, Seide ungefärbt, 18.–20. Jh.

50
M96/19830: Turmfläche, Grab F634, kleinste Gewebereste an Stickerei? mit Metallfaden, z/z, 0.2/0.2 mm, 25/25 F/cm, LW, Lein, Metallfaden völlig korrodiert, schlecht erhalten, ø 0.4 mm, 18.–20. Jh.

51
M96/19936: Friedhof Turmfläche Grabfüllung F285 und F655, Band, L. 4.8/4.5 cm, B. 0.4 cm, Metallfaden/S-Zwirn, 0.4/0.3 mm, Band mit 15 Kettfäden, 12 Schussfäden/cm, Seide, braun (Seele und Schussfaden), frühe Neuzeit.

52
M96/20413: Kirche 1996, Nonnengruft, Streufunde, Drahtblumen mit Stoffresten, Stoff als Umwicklung von Draht, Blumenblätter oder Blüten, nach 1758:
a) Gewebe, 4.5x0.5 cm, Haspelseide, 0.1/0.1 mm, 60/45 F/cm, Taft, Seide, braun;
b) Gewebe, Stoffblume ø ca. 3x3 cm, gesponnen/gesponnen, z/z, 0.1/0.2 mm, ca. 35–40 F/cm (nicht ausmessbar), Kattunbindung, Baumwolle, ungefärbt;
c) Gewebe, 3x1/5x1 cm, Haspelseide, 0.1/0.2 mm, 45/45 F/cm, Taft, Seide, hellbraun.

53
M96/20 416: Kirche 1996, Nonnengruft, Ossuarium SW-Ecke der Gruft, Grab F240, nach 1758:
a) Über Rand von beiden Medaillons Faserreste, wahrscheinlich von einem Gewebe, Probe 00/31: Lein (REM 00/3/4);
b) 2 zusammenoxidierte Gnadenpfennige, Textilreste, Seite 1: 1.8x0.4; 2. Seite: 1.5x0.7/2x0.5/1.4x0.3 cm, z/z, Fø 0.3/0.5 mm, 12/10 F/cm, Leinwandbindung, Mischgewebe Baumwolle/Lein oder Hanf (Probe 00/35, REM 00/3/2–3), wahrscheinlich Taschenrest;
c) Lederetui, Kreuz+Medaillon mit Textil, bedeckt beide Seiten fast vollständig, 5x2.5 cm, z/z, 0.4/0.5 mm, 13/18 F/cm, Leinwandbindung, pflanzlich (Lein/Hanf – schlecht erhalten, Probe 00/36). Auf der Kreuz-Seite 2 Lagen mit Nähfaden (S-Zwirn); Medaillon und Kreuz sind angenäht. Lederetui hat Nahtreste, Wollfaden (ø und Drall nicht bestimmbar) Probe 00/37.

54
M96/20424: Kirche 1996, Nonnengruft, Grab 1, Gewebe in den Drahtgeflechten, nach 1758:
a) Gewebe, 2.5x0.5 cm, gesponnen/gesponnen, z/z, 0.4/0.3 mm, 14/10 F/cm, Kattunbindung, Baumwolle, am Mikroskop noch einzelne rote Fasern zu erkennen;
b) Gewebe, 3x0.5 cm, unter a), Haspelseide, 0.1/0.1 mm, 60/45 F/cm, Taft, Seide, braun;
c) Gewebe, 2.5x1 cm, Stoffblume, gesponnen/gesponnen, z/z, 0.1/0.2 mm, ca. 35–40 F/cm (nicht ausmessbar), Kattunbindung, Baumwolle, ungefärbt.

55
M96/20427: Kirche 1996, Nonnengruft, Grab 8, Kopfschmuck aus Draht mit Stoffblume, ca. 3x2 cm, mehrlagig, als Blume geschnitten, gesponnen/gesponnen, z/z, 0.2/0.2 mm, 14/14 F/cm, Kattunbindung, Baumwolle, nach 1758.

56
M96/20428: Kirche 1996, Nonnengruft, Grab 9, verschiedene kleine Gewebereste, auf denen die Metallgeflechte fixiert sind, nach 1758:
a) Gewebe, 9x3 cm, Haspelseide in beiden Richtungen, 0.1 mm, 60/45 F/cm, Seide, braun, liegt an Eisenring;
b) Gewebe, 5x2/7x3.5 cm + Füllung von Blütenblättern, Hapelseide, 0.1/0.2 mm, 45/45 F/cm, Taft, Seide, braun, liegt auf bemaltem Papier = Blätter?
c) Blume aus Textil, ø 0.8 cm, gesponnen/gesponnen, 0.2/0.2 mm, 14/14 F/cm, Kattunbindung, Baumwolle.

57
M96/20429: Kirche 1996, Nonnengruft, Grab 7, Kopfschmuck aus Drahtgeflecht, Kruzifix und Rosenkranz, Gewebe, Band, 3x0.5 cm, Haspelseide/Haspelseide, 0.2/0.2 mm, ca. 50 F/cm, Taft, Seide, gelblich, beide Webkanten erhalten, nach 1758.

58
M96/20432: Kirche 1996, Nonnengruft, Grab 11, Kopfschmuck aus Drahtgeflecht, Geweberest, Band, 0.5x0.5 mm (2mal), Haspelseide/Haspelseide, 0.2/0.2 mm, ca. 50 F/cm, Taft, Seide, gelblich, nach 1758.

59
M96/20433: Kirche 1996, Nonnengruft, Grab 11, Kopfschmuck aus Drahtgeflecht, daran Geweberest, in schlechtem Zustand, Haspelseide/Haspelseide, 0.2/0.2 mm, ca. 50 F/cm, Taft, wahrscheinlich mit Lancierungen, Seide, gelblich, nach 1758.

60
M97/20897: Plantaturm, Raum 134, Stopfmaterial in einem Riss, Gewebe, 7x3/7x3/12x14 cm, gesponnen/gesponnen, z/z, 0.6/0.5 mm, 15/12 F/cm, Leinwandbindung, Lein/Hanf. Dat.?

61
M97/20941: Plantaturm, Raum 134, hinter Wandtäfer P598, Gewebe, 11.5x5.5 cm, gesponnen/gesponnen, s/s, Hauptkette 0.2 mm, 54 F/cm, beige, Schuss 0.4 mm, S, 18/F/cm, Musterschuss grün, Grundschuss beige, Broschierfaden gelb oder rosa, Seide, Lampas broschiert, in Köper S-Grat abgebunden, jüngere Neuzeit, 2. H. 18. Jh.

62
M98/21138: Nordtrakt, Hohenbalken 1998, Schuttmaterial aus P738, nach 1630:
a) Gewebe, 13x2.5 cm, gesponnen/Haspelseide, s/-, 0.2/0.2 mm, 80/50 F/cm, Taft, grün/orange, Seide.
b) Gewebe, 6.5x1.5 cm, gesponnen/Haspelseide, s/-, 0.2/0.3 mm, 31/36 F/cm, Seide, Taft, gelb;
c) Band, 7.5x1.5 cm, Kette aus S-Zwirn, ø 0.6 mm, Schuss aus Silber(Kupfer?)draht oder -blech.

63
M98/21352: Geweberest, Plantaturm, aus Siebgut Schuttmaterial über Gewölbe P593, 3.2x1.2 cm, gesponnen/gesponnen, z/z, 0.4/0.4 mm, 18/15 F/cm, Leinwandbindung, Lein, spätmittelalterlich.

64
M98/22077: Plantaturm, Schuttmaterial über Lichtschacht 79, nach 1500:
a) Gewebe, 6.5x5.5/8x5.5/3x2.5 cm, gesponnen/gesponnen, z/z, 0.4/0.4 mm, 18/13 F/cm, Leinwandbindung, Lein;
b) Gewebe, 4x2.3 cm, gesponnen/gesponnen, s/s, 0.2/0.4 mm, Samt, Kette weiss, grüner Flor; Nahtreste in Vorstich, S-Zwirn, ø 0.8 mm, Seide, grün;
c) Gewebe, 12x3 cm, gezwirnt/gesponnen, S/z, 0.6/0.4 mm, 20/15 F/cm, Tuchbindung, Wolle, braun, Webkante mit zwei schwarzen Fäden, ø 1.5 mm;
d) Gewebe, 5x1 cm, gesponnen/gesponnen, z/z, 0.8/0.8 mm, 14/13 F/cm, Leinwandbindung, Lein/Hanf, blau, dreieckig, Naht;
e) Gewebe, 8.5x5.5/4x3.5/3x1.5/7.5x6.3 cm, gesponnen in beide Richtungen, z, 0.3 mm, 18 F/cm, Leinwandbindung, Lein;
f) Gewebe, 6.5x1 cm, Haspelseide in beide Richtungen, 0.2/0.2 mm, 60/60 F/cm, Taft, Seide, Kette grün, rot, gelb/weiss gestreift, Schuss grün, Webkante, Naht, Nähfaden S-Zwirn, ø 1 mm, Lein; daran Gewebe g (= Futterstoff);
g) Gewebe 1x1 cm, gesponnen/gesponnen, z/z, 0.4/0.4 mm, 10/10 F/cm, Lein, ungefärbt, an f genäht;
h) Gewebe, 3.3x2.5 cm, gesponnen/Haspelseide, s/-, 0.1/0.3 mm, 50/46 F/cm, Taft mit Muster, Gerstenkorn, Seide, blau/weiss gestreift, Ende 18. Jh.

65
M98/22088: Plantaturm, Estrich über Heubalkenzimmer 136, Siebgut, Gewebe, 4.5x2.8 cm, gezwirnt/gesponnen, S/s, 0.2/0.4 mm, 54/22 F/cm, Kette dunkelrosa, an der Kante grün und ungefärbt, Schuss ungefärbt, lachsrosa, Seide, Lampas, in Köper z-Grat 1/5 abgebunden, Webkante gestreift, Indigotin (Waid *Isatis tinctoria* oder Indigo *Indigofera tinctoria*), nach 1630, 2. H. 18. Jh.

66
M98/22095: Spitze, 22.5x2.5 cm, Niklauskapelle, vor Altarblock in Spalt, Faden gesponnen, s, ø 0.1 mm, Klöppelspitze, Lein, barock?

67
M99/22214: Plantaturm, Zellentäfer der Räume 182/183, Schuttmaterial P926, Täfer 1710, dendrodatiert:
a) Gewebe, 17x5.5 cm, gesponnen/gesponnen, z/z, 0.5/0.5 mm, 16/12 F/cm, Köper 2/2, Wolle, braun;
b) Gewebe, 7x4.7 cm, gesponnen/gesponnen, z/z, Faden 0.4–0.5 mm, 20/20 F/cm, Leinwandbindung, Lein/Hanf, ungefärbt;
c) Gewebe, 17x5 cm, gesponnen/gesponnen, z/z, 16/16 F/cm, Leinwandbindung, Lein/Hanf, rot, 2 identische Schnittteile zusammengenäht, wahrscheinlich Kragen, Brazilholz (*Caesalpinia sp.*) und Tannin;
d) Gewebe, 8x3.5 cm, gesponnen/gesponnen, z/z, 0.4/0.4 mm, 19/15 F/cm, Leinwandbindung, Lein, grün, mit Leim?
e) Gewebe, 5.5x2 cm, Haspelseide/Haspelseide, 0.2/0.2 mm, 40/40 F/cm, Seide, eine Fadenrichtung hellblau, die andere gelb, gemustert, 18. Jh.?

68
M99/22215: Plantaturm, Zellentäfer der Räume 182/183 im 3.OG, Schuttmaterial P926, Reste von Kordeln bestehend aus Schnur a, b und an Schnur c aufgehängt. Oben ist die Kordel mit einem in rote Seide eingefassten Holzring befestigt. Schnur a): Z-Zwirn (3fach), ø 0.8mm, Seide ungefärbt; Schnur b): Metallfaden, Seele aus Baumwolle, ø 0.7 mm. Schnur c): S-Zwirn bestehend aus zwei Z-Zwirnen (1 Seidenfaden und zwei Metallfäden), Täfer 1710.

69
M99/22298: Ulrichskapelle, Grab U44, Reste des Goldlahnfadens, ø 0.2 mm, s-gedreht, Seele fehlt, vor 1499.

70
M99/22303: Ulrichskapelle:
>Beutel a) Grab U44, auf r. Becken, Gewebereste, nur als einzelne Fäden oder Fasern erkennbar, Wolle, wahrscheinlich das gleiche wie M99/22380, Kat. 75. Darüber schwarze Schicht, unbestimmt;
>Beutel b) Grab U38, keine genauen Angaben über Lage, GP 2834, Geweberest, 3.5x2.5 cm, 2 Lagen, gesponnen/Haspelseide, z/-, 0.1/0.3 mm, 50/34 F/cm, Köper 2/1, Kettköper, 2 Kettfäden parallel
Über dem K2/1 schwarze Schicht, die anhand von Fasern als Seide bestimmt werden konnte. Das K2/1-Gewebe war mit einem – wahrscheinlich noch feineren – Seidengewebe verbunden. Am K2/1 sind einzelne Nahtschlaufen zu sehen. Dazu korrodiertes Häkchen.
>Beutel c) Gewebe, 1.2x0.8 cm, Seidengewebe wie in Beutel b), bei rechtem Unterkiefer.

71
M99/22305: Ulrichskapelle, Grab U44, an r. Unterarm. Gewebefragmente, schlecht erhalten, Fäden aufgedreht, wahrscheinlich Wolle, rot gefärbt, REM 00/181, vor 1499.

72
M99/22347: Ulrichskapelle, Grab U44, linkes Becken, schwarze Masse, darin einzelne Fasern, Seide, vor 1499.

73
M99/22349: Ulrichskapelle, Grab U44, ev. aus gestörtem Grab U043, lag auf Wirtel. Gewebefragment, schlecht erhalten, 2x1.5/3x1.5 cm, Fäden aufgedreht, Faserreste, ev. Pflanzenfaser, vor 1499.

74
M99/22358: Ulrichskapelle, Grab U44, einzelne Goldlahnreste und dunkles organisches Material, das nicht mehr bestimmt werden kann, vor 1499.

75
M99/22380: Ulrichskapelle, Grab U44, in Grabsohle, US Skelett, im Bereich des Oberkörpers, Gewebe, gesponnen/gesponnen, z/z, 0.3/0.1 mm, 17/ca. 60 F/cm, K2/1 Schussköper, Wolle, vor 1499.

76
M00/22381: Ulrichskapelle, Grab U38, aus der Grabsohle, im Bereich des Oberkörpers nach dem Bergen des Skeletts, Gewebe, 1.5x2.5 cm, z/z, 0.5/0.4 mm, 14/12 F/cm, Köper 2/2, Wolle, vor 1499.

77
M00/22441: Ulrichskapelle, U41, im Bereich des Brustkorbs, der Arme und des Beckens, keine genaue Lagebeschreibung:
a) Gewebe, 4.5x2.5/6x4/5x2.5/3.5x1.5/8x9 cm, z/?, 0.2–0.3/0.2 mm, 30/? F/cm, Bindung? (wahrscheinlich Köper), sieht aus wie Damast, Wechsel von Kett- und Schussrichtung, unsicher, da Gewebe stark beschädigt ist, Wolle.
b) Gewebe, 4.5x2.5, 4x3 cm, 2x1.7 cm, z/Haspelseide, 40/40 F/cm, Taft? (könnte auch gemusterte Seide sein, schlecht erhalten), geht teilweise in schwarze Schicht über.

78
M00/22443: Ulrichskapelle, Grab U41, Textil unter dem rechten Fussknochen, 1.5x1 cm, Faden aufgedreht, Zwirn?, könnte sich ev. um ein Gestrick handeln, Bindung und Einstellung nicht erkennbar, wahrscheinlich Rest von Strumpf, vor 1499.

79
M00/22444: Ulrichskapelle, Grab U51, Schlüsselbein links mit Resten von Goldfäden, s-gedreht, fast bei Gelenk, Fläche von 2x2 cm, Probe 00/186.

80
M78/1929: Auffüllung R283, Gewebe, 9x5.5, 2.5x1.5 cm, z/z, 0.8–1.3/1 mm, 5/8 F/cm, Köper 2/1, Lein/Hanf.

81
M78/1954: aus R295, Gewebe, 18x7 cm, z/z, 1/1–1.5 mm, 8.5/5.5 F/cm, Köper 2/1, Lein/Hanf.

Glossar

Brettchenweberei: Gewebe (Bänder), die mit gelochten Karten oder Brettchen als Webgerät hergestellt werden.

broschieren: Verarbeiten eines Musterfadens (Schuss), der nur in der Breite des Musters geführt wird.

Filz: Wolle kann verfilzt werden, indem mehrere Lagen Vlies mit Wasser, Seife und mechanischer Bearbeitung zu einem kompakten Filz geknetet oder gerollt wird, der zu Schuhen, Hüten, Jacken etc. verarbeitet werden kann. Filz ist im Gegensatz zu gewalktem Tuch vorher nicht gewebt.

Flottierung: Fäden aus Kette oder Schuss, die durch die Gewebebindung (Grundbindung) über mehrere Kett- bzw. Schussfäden nicht abgebunden sind.

Garn: einfach gedrehter Faden; s. auch Zwirn.

Gestricke: Gestricke gehören zu den Maschenstoffen; ein endloser Faden wird rechts oder links verschlungen.

Gewebebindungen:
  a) Leinwandbindung (Lein/Hanf), Tuchbindung (Wolle), Taft (Seide), Kattun (Baumwolle): Einfachste Bindung, bei der der Schussfaden immer abwechselnd über/unter einen Kettfaden geführt wird.
  Rips: Leinwandbindung, bei der aufgrund verschieden starker Kett- und Schussfäden nur das eine Fadensystem sichtbar ist (Kett- oder Schussrips).
  Panama: Leinwandbindung, bei der Kett- und Schussfaden doppelt geführt werden.
  b) Köperbindung: Bindung, bei der der Schussfaden mindestens über einen Kettfaden/unter zwei Kettfäden verläuft (= K2/1). Die Bindungsstelle wird mit jedem Schussfaden um einen Kettfaden verschoben, so dass ein Grat entsteht. Variationen der Köperbindung: z.B. Rautenköper, Diamantköper, Rosettenköper, Spitzgrat.
  c) Atlasbindung: Bei der Atlas- oder Satinbindung berühren sich die Bindungspunkte von Kett- und Schussfaden nicht. Nach jeder Bindung erfolgt eine Flottierung über mindestens vier Fäden, wobei mit jedem Schuss die Bindungspunkte um mindestens zwei Fäden verschoben werden.
  d) Samt: Gewebe, bei dem aus einem Grundgewebe herausstehende Schlingen gekappt werden, so dass ein Flor entsteht.

Haspelseide: Ungesponnene Seide, die als Webfaden verwendet wird.

Kattun: Baumwolle.

Kammgarn: Garn aus langen, schlichten Wollfasern. Beim Kämmen werden die kurzen Wollhaare von den langen getrennt (s. auch Streichgarn).

Kette: Fäden, die auf den Webstuhl gespannt werden. Sie werden durch den Schuss gebunden. Hauptkette und Bindekette: s. Lampas, Samit.

Lampas: Gemustertes Gewebe, bestehend aus Hauptkette, Bindekette, einem Grundschuss und einem oder mehreren Musterschüssen. Auf der Oberseite bindet die Hauptkette mit dem Grundschuss den Grund, die Bindekette mit dem Lancierschuss (oder Lancierschüssen) das Muster (Schussflottierung).

lancieren: Zierfaden (Schuss), der über die ganze Gewebebreite geführt wird (s. broschieren).

Metallfaden: Faden der gebildet wird, indem um eine Seele aus Lein, Baumwolle oder Seide Metalllahn gewickelt wird.

Nadelbindung: Stoff, der durch das Verschlingen eines Fadens mit Hilfe einer Nadel entsteht.

Posamenten: von frz. „poser", textile Besätze wie Bänder, Borten, Quasten, Fransen.

Rips: s. Gewebebindungen a) Leinwandbindung

S, Z: Spinnrichtung, links- oder rechtsgedrehter Faden. Notation Kette/Schuss: zum Beispiel z/s, bei Zwirnen in Grossbuchstaben Z/S.

Samit: Gewebe mit einer Hauptkette, einer Bindekette und zwei oder mehreren Schüssen (Passées). Die Hauptkette, die in der Regel unsichtbar bleibt, bewirkt, dass ein Schuss auf der Gewebeoberseite bleibt, die andern aber auf der Unterseite zu sehen sind. Die Flottierungen der Schussfäden werden in Köperbindung abgebunden.

Samt: s. Gewebebindungen d) Samt

Schuss: Eintragsfäden, die die Kette binden und mit den Kettfäden ein Gewebe bilden (s. Kette).

Schnur/Seil: Schnur ab ø 2 mm; Seil ab ø 8 mm.

Seele: Faden, um den der Metalllahn gewickelt ist.

Streichgarn: Garn aus kurzen gekräuselten Wollfasern.

Spitzen: Feine Gewebe oder Geflechte mit durchsichtigem Grund und dichteren Partien (Klöppelspitzen, Filetspitzen).

walken/Walke: Verdichtung/Verfilzen von Wollgeweben mit einem Walkmittel.

Z: siehe S

Zeugdruck: Drucktechnik, bei welcher der Stoff entweder mit Farbe (Beizendruck) bedruckt oder mit Wachs (Reservedruck) bedruckt und anschliessend gefärbt wird.

Zwirn: zwei- oder mehrfach gedrehter Faden.

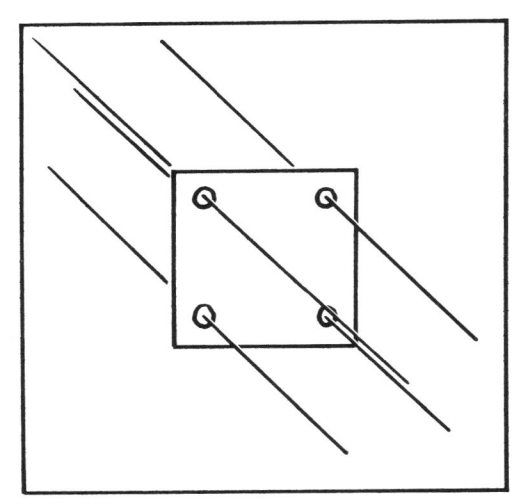

Die Textilien aus dem Kloster St. Johann

Brettchenweberei

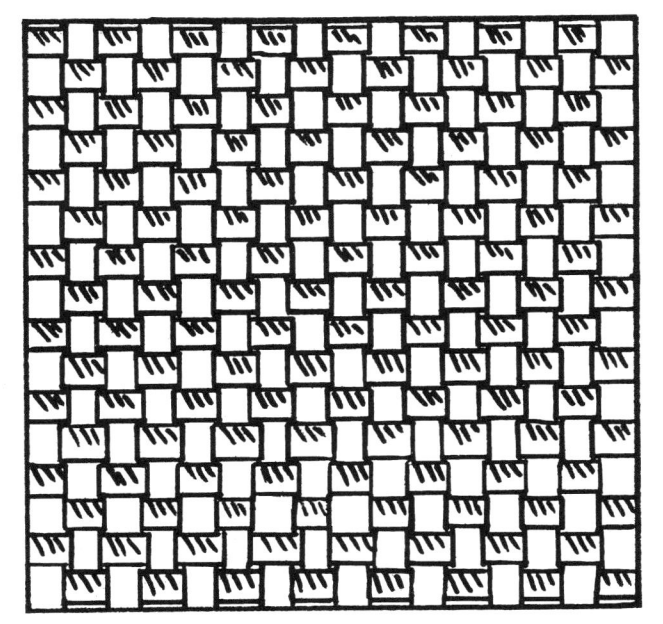

Leinwandbindung

Leinwandbindung, Panama

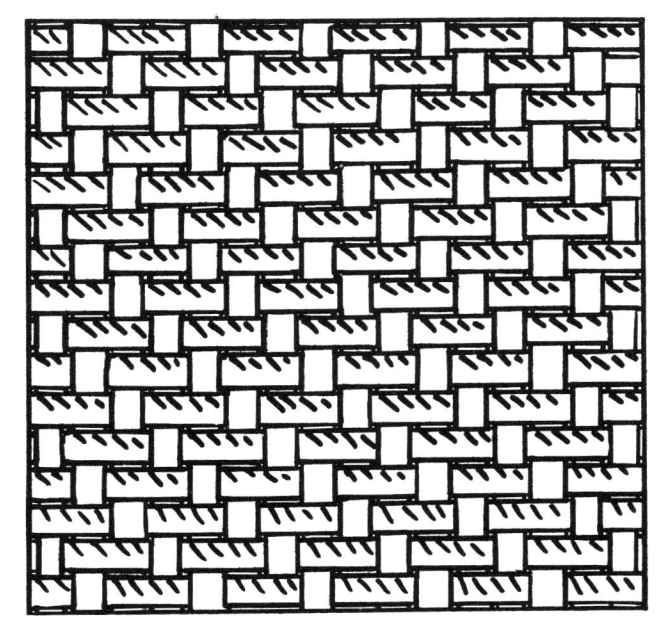

Köperbindung, K2/1

Köpervariante: Diamantkaro

Anmerkungen

1 Für Hinweise und Anregungen danke ich Valentin Boissonnas (Zürich), Jürg Goll (Müstair), Karin v. Lerber (Prevart, Winterthur), Barbara Raster (Schweiz. Landesmuseum Zürich) und Klaus Tidow (Neumünster, D).
2 Zum Spinnen und Weben zusammenfassend: ANTOINETTE RAST-EICHER, Mittelalterliche und neuzeitliche Textilfunde aus dem Kanton Zug, in: Tugium 15, 1999, S. 71–98.
3 MÁRTA JÁRÓ, Gold embroidery and fabrics in Europe: XI–XIV centuries, in: Gold Bulletin 23, 1990, Nr. 2, S. 40–57. – J. A. DARRAH, Metal threads and filaments, in: JAMES BLACK (Hrsg.), Recent advances in the conservation and analyses of artifacts, Jubliee Conservation Conference Papers, London 1987, S. 211–221.
4 JÁRÓ 1990 (wie Anm. 3), S. 47. Ein weiteres, im Mittelalter belegtes Verfahren für „Goldfäden" ist das Vergolden von feinen Lederstreifen, s. MÁRTA JÁRÓ, Catalogue of metal threads in medieval woven textiles in the German National Museum, Nürnberg, in: SABINE MARTIUS, SIBYLLE RUSS (Hrsg.), Historische Textilien. Beiträge zu ihrer Erhaltung und Erfoschung, Nürnberg 2002, S. 51–58.
5 U44 (Kat. 74), U51 (Kat. 78), N296 (Kat. 4). Die Analyse erfolgte am 3.7.2000 am Laboratorium für Festkörperphysik der ETH Zürich durch Peter Wägli und Urs Jauch. Die Proben tragen folgende Untersuchungsnummern: 00/186 (Kat. 74), 00/188 (Kat. 78), 00/189 (Kat. 4). Im Folgenden wird aus dem Untersuchungsbericht zitiert:
„Resultate:
Querschnitte konnten nicht angefertigt werden, da die Proben zu stark gequetscht würden. Man muss sie in Kunststoff einbetten, anschleifen und polieren.
– Die Inspektion unter der Stereolupe (Binokular) ergibt folgenden Befund
Probe 186, 188 hoher Goldanteil; Probe 189 geringer Goldanteil.
– Energiedispersive Analyse mit Röntgenstrahlen (EDX), Scanflächen 10x7 und 70x50 Mikrometer [bei den folgenden Zahlen handelt es sich um Atomanteile in %]
• Probe 186 aussen: Ag 2–6, Cu 2–3, Au 91–95; Probe 186 innen: Ag 5–15, Cu 3–10, Au 75–92. Goldblech mit hohem Goldgehalt: ca. 90%.
• Probe 188 aussen: Ag 10–11, Cu 8, Au 80; Probe 188 innen: Ag 11–16, Cu 8–9, Au 74–78. Goldblech mit hohem Goldgehalt: ca. 80%.
• Probe 189 aussen: Ag 75, Cu 3, Au 21; Probe 189 innen: S 8, Ag 90, Cu 2. Silberblech mit Goldauflage aussen, Goldgehalt: ca. 20%.
Schlussfolgerungen:
Trotz der Problematik der EDX Messungen und der Restverschmutzung der Präparate glauben wir, dass es sich bei den Proben 186 und 188 um Goldbleche handelt, während Probe 189 ein Silberblech mit einseitiger, äusserer Goldbeschichtung ist. Aus der Literatur ist bekannt, dass frühe Goldfäden aus Goldblech mit hohem Goldgehalt gefertigt wurden, während spätere Fäden einen abnehmenden Goldgehalt aufweisen oder nur noch ein- bez. zweiseitig mit Gold beschichtet sind. Weitere Analysen (Schliffe) der Proben 186 und 188 sind möglich aber sehr aufwendig, erlaubten aber eine genaue Aussage, ob es sich um Goldbleche oder um goldplattierte Bleche handelt."

6 Freundlicher Hinweis von Schwester Scholastica, Müstair.
7 DOMINIQUE CARDON, Le monde des teintures naturelles, Paris 2003, bes. S. 101–110.
8 Die Sichtung dieser verkohlten Gewebe nach Bindung und Qualität übernahm Margrit Zeller.
9 LEONIE V. WILCKENS, Die textilen Künste von der Spätantike bis 1500, München 1991, S. 61–62.
10 Zur speziellen Färbung auf Seide: HELMUT SCHWEPPE, Handbuch der Naturfarbstoffe, Landsberg/Lech 1993, S. 186.
11 OSKAR EMMENEGGER, Karolingische und romanische Wandmalerei in der Klosterkirche. Technik, Restaurierungsprobleme, Massnahmen, in: Die mittelalterlichen Wandmalereien im Kloster Müstair. Grundlagen zu Konservierung und Pflege, hrsg. von ALFRED WYSS, HANS RUTISHAUSER, MARC ANTONI NAY, Zürich 2002 (Veröffentlichungen des Instituts für Denkmalpflege an der ETH Zürich, 22), S. 77–139, hier S. 84.
12 JOSEF BRAUN, Die liturgische Gewandung im Occident und Orient, Darmstadt 1964, S. 261–270.
13 Für dieses Datum sprechen mehrere Dendrodaten aus der frühromanischen Residenz. Jürg Goll, mündliche Mitteilung.
14 U38: Fauengrab; U41, U42, U44, U51: Männergräber; U37, U43, U45, U47, U49: unklar; U50: leer
15 Grundrissplan 2824.
16 BRAUN 1964 (wie Anm. 11), S. 173–184.
17 RENATA WINDLER, Das Gräberfeld von Elgg und die Besiedlung der Nordostschweiz vom 5.–7. Jahrhundert, Zürich/Egg 1994, S. 105.
18 ANTOINETTE RAST-EICHER, Die Textilfunde, in: ANKE BURZLER, MARKUS HÖNEISEN, JAKOB LEICHT, BEATRICE RUCKSTUHL, Das frühmittelalterliche Schleitheim – Siedlung, Gräberfeld und Kirche, Schaffhausen 2002 (Schaffhauser Archäologie, 5), S. 211–228. – Buus (BL). ANTOINETTE RAST-EICHER, Römische und frühmittelalterliche Gewebebindungen, in: RENATA WINDLER, MICHEL FUCHS (Hrsg.), De l'Antiquité tardive au Haut Moyen-Âge (300–800) – Kontinuität und Neubeginn, Basel 2002 (Antiqua, 35), S. 115–124.
19 Textile Grabfunde aus der Sepultur des Bamberger Domkapitels, Internationales Kolloquium, Schloss Seehof, 22./23. August 1985, München 1987, (Bayerisches Landesamt für Denkmalpflege, Arbeitsheft 33), S. 229, 230.
20 MECHTHILD FLURY-LEMBERG, Textilkonservierung im Dienste der Forschung, Bern 1988, S. 196 (Kasel Hildesheim), 166 (Vitaliskasel), mit Abb.
21 WILCKENS 1991 (wie Anm. 9), S. 94.
22 BRAUN 1964 (wie Anm. 11), S. 297–298.
23 BRAUN 1964 (wie Anm. 11), S. 270–280. gibt dazu einige Beispiele; weitere Beispiele: GABRIEL VIAL, Les vêtements liturgiques dits de Saint Valère, in: SOPHIE DESROSIERS (Hrsg.), Soiries médiévales, Paris 1999 (Techniques et cultures, 34), S. 67–81, besonders die Dalmatik S. 73.
24 Textile Grabfunde 1987 (wie Anm. 18), S. 182, 183.
25 JÁRÓ 1990 (wie Anm. 3), Tabelle 1 und 2. – BRIGITTE TIETZEL, Italienische Seidengewebe des 13., 14. und 15. Jahrhunderts, Krefeld 1984.
26 KLAUS TIDOW, Gewebefunde aus Ausgrabungen in mittelalterlichen Siedlungen und Kirchen – ein Vergleich der Webtechniken einfacher Gewebe, in: Textile Grabfunde aus der Sepultur des Bamberger Domkapitels, Internationales Kolloquium, Schloss Seehof, 22./23. August 1985, München 1987, (Bayerisches Landesamt für Denkmalpflege, Arbeitsheft 33), S. 91–98, hier S. 95.
27 BRIGITTA SCHMEDDING, Mittelalterliche Textilien in Kirchen und Klöstern der Schweiz, Bern 1978, S. 99.
28 RENATA WINDLER, ANTOINETTE RAST-EICHER, Spätmittelalterliche Webkeller aus Winterthur, in: Zeitschrift für Archäologie des Mittelalters 18, 2000, S. 1–82.
29 Antoinette Rast-Eicher, Murten Kreuzgasse 11: Die Textilien, Manuskript Kantonsarchäologie Fribourg 1999.
30 Diese Funde sind noch nicht ausgewertet.
31 JENNY SCHNEIDER, Schweizerische Damenkostüme des 18./19. Jahrhunderts, Bern 1967. – BARBARA MARKOWSKY, Europäische Seidengewebe des 13.–18. Jahrhunderts, Köln 1976.

Abbildungsnachweis

Antoinette Rast-Eicher, Ennenda: 1, 2, 4–15, 17–23, 29. – Urs Jauch, Zürich: 3a, b. – Oskar Emmenegger, Zizers: 24. – Büro Sennhauser (Ausgrabungen Müstair): 25, 26a, 27, 28, 30, 31, 33, (Zurzach): 16, 26b, 32.

Adresse der Autoren

Adriano Boschetti-Maradi
Kantonsarchäologie Zug
Hofstrasse 15
CH–6300 Zug
E-Mail: adriano.boschetti@di.zg.ch

Walter Fasnacht
General-Wille-Strasse 364
CH–8706 Feldmeilen
E-Mail: almyras@tiscalinet.ch

Antoinette Rast-Eicher
archeoTex/Büro für archäologische Textilien
Kirchweg 58
CH–8755 Ennenda
E-Mail: archeotex@bluewin.ch

F. 1, Erläuterungen zu den roten Nummern:

0. *Karolingische Schichten, die auf dem Hanglehm W107 liegen und älter als der Bau des Plantaturmes sind, kommen nur fleckenweise vor, vor allem unter dem Gewölbeanbau P380 im Bereich der Mörtelmischgrube P541.*
1. *Schichten aus der Bauzeit des Plantaturmes P270 können fast im ganzen Oberen Garten erfasst werden. Auf den mächtigen Aushubschichten der Baugruben liegen die sandigen und mörtelhaltigen Niveaus des Bauplatzes mit den Mörtelmischwerken. Nach dem Bau des Plantaturms folgten die Ausplanierung der steinigen Lehmschicht P32 und die Anlage des Befestigungsringes mit dem Graben P304.*
2. *Schichten, die vom Bau des Nordhofes bis zum Bau des steinernen Gebäudes P154 abgelagert worden sind, liegen vorwiegend westlich und südlich des Gebäudes P154. Nach dem Bau des Nordhofes wurde der Lehm P33 ausplaniert; er dient als Leithorizont im ganzen Schichtengewirr. Darauf liegen verschiedene Benützungs- und Bauschichtchen P426, während deren Ablagerung das Grubenhaus P516 errichtet worden ist. Der Ofen P515 nördlich davon ist beim Abbruch des Grubenhauses P516 erbaut worden.*
3. *Mit dem Bau des steinernen Gebäudes P154 erfolgte der grösste Eingriff im Oberen Garten seit dem Bau des Plantaturmes P270. Die Baugruben des Gebäudes P154 schneiden in den Lehm P33; vom Aushub der Baugruben stammt der Lehm P34. Die älteste Benützungsschicht zum Gebäude P154 ist der kiesige Lehm P36.*
4. *Vom zweiten Brand des steinernen Gebäudes P154 stammten in seinem Innern die holzkohlige Brandschicht P345 und der Brandschutt P343, ausserhalb der Brandschutt P43. Der Holzbau P280 westlich vor dem Gebäude P154 brannte spätestens beim zweiten Brand ab, denn seine verfüllten Balkengräben wurden vom Brandschutt P43 überdeckt. Ferner war auch der Hof P339 vom Brand betroffen.*
5. *Auf den zweiten Brand folgen im Gebäude P154 das Benützungsniveau P347 und westlich davon das Benützungsschichtenpaket P40. Während dieser Zeit entstanden der Hausgrundriss P143/P159 und der Mauerwinkel P100.*
6. *Nach dem Abbruch des Ofens P515 wurden der Backofen P430 und das Ofenhaus P513 gebaut. Der Holzboden P481 des Ofenhauses P513 liegt auf dem Abbruchschutt P494 des Ofens P515. Die Benützungsschicht P401 und der Wandgraben P408 nördlich des Ofenhauses P513 gehören vermutlich zu einem Haus, das westlich an das Holzgebäude P159 angebaut war.*
7. *Der dritte und letzte Brand des steinernen Gebäudes P154 zerstörte auch seine Nebenbauten. Im Gebäude P154 lagerte sich die Brandschicht P344 ab.*
8. *Die Grube P438 im Ofenhaus P513.*
9. *Die letzte Benützungsschicht P506 und die Brand- und Abbruchschichten P427, P440 und P422 des Ofenhauses P513 können zwar nicht direkt mit dem letzten Brand des steinernen Gebäudes P154 parallelisiert werden. Dass sie aber ungefähr gleichzeitig abgelagert worden sind, zeigen die Funde (s. Kap. 4.9).*
10. *Die folgenden Phasen bleiben für die Fundbearbeitung ausgeklammert. Der Bau des Gewölbeanbaus P380 ging dem Abbruch des steinernen Gebäudes P154 voraus, und der Plantaturmanbau P155 wurde an den Gewölbeanbau P380 gebaut; beide brannten ab. Auf dem Abbruchschutt P47 des Gebäudes P154 liegen Humus- und Gartenschichten. Sie enthalten unter anderem die Reste der Abortanlagen P90 und P91.*